탈인습적 기독교교육

이론과 실천

연세기독교교육학포럼 편

연세대학교 출판문화원

탈인습적 기독교 교육

이론과 실천

연세기독교교육학포럼 편

연세대학교 출판문화원

머리말

이 책은 연세대학교 신학과 기독교교육학 전공의 지도교수이신 김현숙 교수님의 연세대 임용 20주년을 축하하고 이를 기념하기 위해 그동안 교수님의 지도 가운데 박사학위를 취득한 제자들이 여러 학술지에 기고했던 논문들을 수정, 보완해 만든 논문 모음집이다. 우리는 먼저 김현숙 교수님의 『탈인습성과 기독교교육』(대한기독교서회, 2004)을 통해 삼위일체론의 현대적이고 실천적인 재해석에 기초한 '다양성 속의 일치'(Unity in Diversity)라는 가르침을 이해할 수 있었고 기독교교육학자로서 우리의 사명이 현대를 살아가고 있는 기독교교육의 학습자들로 하여금 삼위일체 하나님의 신적 공동체의 특징인 관계성과 평등성, 개방성에 기초한 탈인습적 자아정체감을 형성할 수 있도록 도움으로써 세상 속에서 하나님 나라를 세워가는 데 있음을 인식했다.

특히 김현숙 교수님은 기독교교육의 학습자들이 직면해 있는 사회적 정황 가운데 공적 실천신학으로서 기독교교육이 그들을 어떻게 도울 수 있을지에 관심하면서 정보화 사회로의 전환을 비롯해 신자유주의적 글로벌 시스템의 구축, 문화적 다원주의의 확산과 다문화 사회의 도래 등 다양한 사회적 변화가 학습자들에게 어떤 영향을 미치고 있으며 이에 대해 어떻게 응답할 것인지에 대해 천착하셨다. 이로써 현 상황에서 요청되는 기독교교육은 내용적 측면에서 인습적 수준의 교리교육을 초월해 신적 공동체의 특징인 관계성과 평등성, 개방성을 지향하는 탈인습적 교육이 되어야 한다는 점과, 방법적 측면에 있어서 탈인습적 기독교교육은 주입식 교육 대신 공유적 권위에 기초한 대화교육을 통해 성별 · 인종 · 지위 · 연령 등의 차이를 넘어 의사소통적 합리성에 근거하여 상호주관적 합의를 이끌어내는 방식으로 수행되어야 한다는 점을 주장하셨다.

교수님의 이런 논의들을 토대로 우리 연세기독교교육학포럼의 모든 회원은 석 · 박사과정 시절부터 이를 학문적으로나 실천적으로 어떻게 구체화할 수 있을지에 대해 고심해왔으며 그런 노력의 작은 결실로서 본 논문집을 출판하게 되었다. 각 연구자는 서로 다른 관심사를 가지고 다양한 학문적 논의들을 이어나가면서도 그 중심에는 김현숙 교수님의 탈인습성 개념에 기초해 현재 상황에서 도출되는 여러 문제들에 대해 실천적 대안을 도출해내고 이를 교육현장에서 어떻게 구체적으로 적용할 수 있을지를 모색했다. 끝으로 본 논문집을 구성하기 위해 최은택 박사(기획), 유은주 박사(논문 교정 및 편집), 조미영 박사(교정 및 출판과정), 장윤석 박사(출판 디자인)를 비롯해 논문들의 수정, 보완, 출판을 위해 수고해주신 저자들과 연세대학교 출판문화원 관계자들께 감사드리며 김현숙 교수님의 임용 20주년을 다시 한번 축하드린다.

2023년 2월

연세기독교교육학포럼 출판기념위원회

목차

머리말 _ iv

서론: 시대와 호흡하는 기독교교육 _김현숙 … 1

이론적 관점

1. 포스트 코로나 시대의 탈인습적 성인교육 _유은주 … 19

2. 호모 콩코르스를 지향하는 탈인습적 성서교육 _최은택 … 57

3. 평화역량을 강화하는 탈인습적 평화교육 _조미영 … 95

4. 탈인습적 노년기 교육과정 연구 _김진영 … 135

5. 탈인습적 내러티브 교수학습방법 _정동욱 … 165

실천적 관점

6. 탈인습적 신앙공동체를 지향하는 교육 _장윤석 … 201

7. 탈인습적 노인평생교육 연구 _문수경 … 247

8. 기술혁명 시대의 탈인습적 기독교교육 _김형희 … 285

9. 탈인습적 기독교교육과 영성의 사회적 확장 _황인혜 … 315

10. Postconventional Christian Education for Adults amid Radicalization in Indonesia _Justitia Vox Dei Hattu … 355

서론: 시대와 호흡하는 기독교교육

● 김현숙 ●

탈인습적 기독교교육은 개인화되고 분화되며 다원화된 사회 속에서 살아가는 현대 기독교인들의 삶을 고려하면서, 기독교적 자아정체감을 형성할 수 있도록 돕는 교육모형이다. 이 교육은 관계성(relationality)의 원리, 평등성(equality)의 원리 그리고 개방성(openness)의 원리를 기반으로 형성된 기독교교육 모형인데, 먼저 관계성의 원리는 개인화된 사회 속에서 타인에 의해 제시된 관점을 자신의 관점으로 바꾸어 생각해 볼 수 있도록 배려하면서 상호적인(intersubjective) 관계를 형성할 수 있도록 돕는 원칙이다. 또한 평등성의 원리는 구조적으로 분화된 현대 사회 속에서 기독교교육에 참여한 학습자들이 그들 자신의 신앙과 생각을 동등한 입장에서 자유롭게 제시할 수 있도록 돕는 원칙이다. 그리고 개방성의 원리는 글로벌 사회의 도래와 함께 문화 다원적인 입장이 공존하는 상황 속에서 자신의 견해와 다른 입장에서 제시된 여러 가지 주장에 대해 개방적인 태도를 취할 수 있도록 격려하며 도와주는 교육의 원칙이다. 세 가지 원칙의 기반 위에서 탈인습적 기독교교육은 기독교 신앙을 확립하고 교회공동체의 신앙이 성숙하도록 돕기 위한 교육으로서, 대화나 담론에의 참여를 통해 성숙한 기독교적 인간관, 세계관, 가치관, 신앙관을 재구성하고 형성하려는 목적을 지니고 있다.[1)]

여기서 탈인습적이란 하버마스(Jürgen Habermas)에 의해 사용된 용어로서,

하버마스 역시 콜버그(Lawrence Kohlberg)의 발달단계이론에서 사용된 용어를 차용하였다. 콜버그에 의해 제시된 도덕적 발달단계이론은 크게 전인습적(preconventional), 인습적(conventional), 탈인습적(postconventional)의 세 가지 수준으로 구분되어 있으며, 각각의 수준은 두 단계로 구성되어 있다. 여기서 탈인습적 수준은 제5단계인 사회-계약적 성향과 제6단계인 보편적 · 윤리적 원칙의 성향으로 구성되어 있다. 이 탈인습적 수준에서 나타나는 도덕적 추론은 특정 집단과의 동일시를 통해 형성하는 타당성의 범주를 벗어나서 보편적 가치나 원칙을 지향하는 형태이다. 콜버그는 피아제(Jean Piaget)의 인지발달 이론과 롤스(John Rawls)의 정의 이론에 근거하여 그의 도덕발달 이론을 형성하였다. 먼저 피아제의 이론은 지식과 도덕성의 발달에 대한 이론적 원칙을 제공하였고 롤스의 이론은 인식론적 도덕적 규범과 근거 기준에 대한 원칙을 제시함으로써, 콜버그가 발달단계의 이상적인 형태인 탈인습적 단계를 형성하는 데 심리학적 · 철학적 기초를 제공하였다고 볼 수 있다.[2)]

하버마스는 이러한 콜버그의 탈인습적 수준의 개념을 차용하였으나 콜버그의 개념이 지닌 개인적 관점을 극복하기 위해 사회적 관점을 내포한 개념을 제시했다. 곧 하버마스에 의해 재정립된 탈인습적이라는 개념은 단순히 보편적 · 윤리적 원칙의 적용만이 아닌 상호관계성을 강조하고, 대화의 상대자를 도덕적 타자로 존중하는 태도를 내포하면서, 타인과의 개방적인 의사소통에 참여하는 능력을 지칭한다. 하버마스는 특히 탈인습적 개념 설명에 있어 개방적인 대화의 장에서 상호관계적인 인식과 동등한 기회를 제공하는 평등성을 강조하였다. 하버마스에 의하면, 탈인습적 단계는 의사소통에 참여한 대화자를 도덕적 타자로 인정하고 대화 참여자 모두가 의사소통에 참여할 수 있는 기회를 지녀야 한다는 전제 아래, 관점의 전환, 보편성, 그리고 상호호혜성에 기반을 둔 의사소통적 행위를 지향하는 특징을 지닌다는 것이다. 탈인습적 단계에 속한 개인은 도덕적 추론에 있어 정의의 원칙에 근거하여 판단을 내리며, 이러한 원칙의 타당성을 의사소통적 과정을 통해 발견할 수 있는 능력을 지닌 사람을 의미한다. 따라서 탈인습성의 개념은 도덕적 원리의 규범적 타당성을 대화와 절차적 의사소통을 통해 상호 확인하며 합의하려는 형태를 지칭한다.[3)]

하바머스와 마찬가지로 길리건(Carol Gilligan)도 탈인습적이라는 용어를 활용하였는데, 그들에 의해 이해된 탈인습적이라는 용어는 일반적으로 인간 발달과정에 있어 인습적 단계를 넘어선 성숙의 단계를 의미한다.[4)] 또한 비록 탈인습적이란 용어를 직접적으로 사용하지는 않았으나, 파울러(James Fowler), 키건(Robert Kegan), 벨렝키(Mary F. Belenky) 등과 같은 발달심리학자들도 도덕 발달 형태의 규명에 있어 인습적 단계를 넘어선 성인들이 지니는 특징을 서술하는 데 이와 유사한 개념을 사용하였다. 저자의 탈인습성 개념은 벨렝키와 길리건, 그리고 키건의 접근으로부터는 사회적 자아관에 근거를 둔 관계성의 중요성을, 그리고 파울러의 이론으로부터는 자신과 다른 관점에도 개방적인 태도를 취하는 개방성의 개념을 차용하여 제시되었다.

또한 기독교적 자아정체감(Christian identity)이란 외부 환경의 변화와 자연발생적인 신체적 · 정서적 성장에도 불구하고 기독교인으로서의 동일성과 일관성을 유지하게 하며, 힘든 상황 속에서도 하나님의 사랑을 인식하고 하나님 나라의 실현을 위한 믿음을 유지하게 하는 상징적 구조(symbolic structure)를 지칭한다. 이 같은 기독교적 자아정체감에 대한 개념 정의로부터 다음의 두 가지를 도출해 낼 수 있는데, 그중 하나는 기독교적 자아정체감과 자아의 확립 사이의 상관관계이다. 달리 서술하여, 기독교적 정체감을 형성한다는 것은 곧 자아의 확립을 전제로 함을 의미하는데, 이는 기독교인으로서의 헌신을 유지하면서 사회적 · 개인적 동일시를 재구성하고 재해석하는 과정을 통해 신앙적 성숙을 이루어 나가는 것을 지칭한다. 다른 하나는 기독교적 자아정체감을 지닌다는 것은 기독교인으로서의 동일성을 유지한다는 것으로서, 기독교인들에게 의미, 형식, 일관성을 지닐 수 있도록 도움을 주는 지속적이며 통일된 관점을 형성하는 것을 의미한다.

이 같은 탈인습성과 기독교적 자아정체감의 개념을 기반으로, 탈인습적 기독교교육은 교육에 참여한 모든 학습자들이 그들 자신의 신앙과 생각을 동등한 입장에서 제시할 수 있으며, 타인에 의해 제시된 관점을 자신의 관점으로 바꾸어 생각해 볼 수 있는 기회를 지니게 하며, 자신의 견해와 다른 입장에서 제시된 여러 가지 주장에 개방적인 태도를 지닐 수 있도록 도와주는 관계적 · 평등적 · 개방적 교육 형태를 지칭한다. 이 같은 관점에서 볼 때, 탈인습적 기독교교육은 다음과 같은 적어도 네 가지 기본과제를 수행해야 할 필요성을 지니고 있다. (1) 각 개인이 속해 있는 전통과 문화 속에 내재된 인습적 가치와 규범을 비판할 수 있는 성찰의 과제, (2) 이러한 비판적 성찰을 기반으로 21세기 글로벌 사회에 필요한 형태의 도덕적 규범을 재구성해야 할 과제, (3) 자신의 관점과 구별되는 타인의 관점을 존중하고 이해하려는 타자에 대한 배려의 과제, 그리고 (4) 기독교적 전통을 단순히 수용하고 전수하는 데 머무는 것이 아니라, 시대적 변화에 적절히 대응하고 호흡할 수 있도록 이를 변형시키는 과제라는 네 가지 당면과제가 시대적으로 요청되고 있다는 것이다. 이는 21세기의 글로벌 사회에서 앞으로 탈인습적 기독교교육이 나아가야 할 방향과도 밀접한 관련성을 지니고 있다.[5)]

본 저서는 저자의 교수 임용(2002) 후 20년간의 교수 생활을 기념하기 위해 연세대학교에서 기독교교육학을 전공한 제자들이 함께 모여 탈인습적 기독교교육을 소개하고, 다양한 탈인습적 기독교교육의 형태를 제안하는 형태로 지술되있다. 지난 20년을 되돌아 보며, 앞서 제시한 4가지 과제에 대해 다시 한번 점검할 수 있는 시점이라는 생각이 들었으며, 과연 탈인습적인 교육이 글로벌 사회 속에서 활용 가능한지에 대한 나름대로의 평가를 내릴 수 있는 시점이라는 생각도 들었다. 또한 이 저서를 통해 10편의 논문이 제안하고 있는 탈인습적 기독교교육에 대한 학문적 점검의 시간도 가져야 할 필요가 있다는 생각도 들었다.

처음 탈인습성에 대한 개념을 기독교교육 모형과 연계시킨 시점은 박사학위 논문 작성 기간이었다. 미국에서 처음 학위를 시작하면서 접한 저서인 *American Mainline Religion*을 읽으면서 근대화 이후 기독교를 포함한 다양한 종교들이 쇠퇴하는 현상을 이해하게 되었고, 이를 통해 근대화 이후 세속화된 사회 속에서 기독교인들이 경험하는 다양한 상실의 과정, 즉 집을 잃은 현대인(homeless mind)을 분석하는 계기가 되었다.[6)] 울리히 벡(Ulrich Beck)과 앤소니 기든스(Anthony Giddens)의 후기 현대 사회에 대한 분석을 토대로, 규범적 전통이 더 이상 기독교인들을 뒷받침해주지 못하는 상황을 이해하면서 공동체 속에서 인습적으로 전수된 기독교적 자아정체감의 문제를 새롭게 규명해야 하는 과제를 도출하게 되었다. 벡에 의하면, 현대 산업사회로의 이행은 인간 생활의 편리함을 증대시키는 긍정적인 결과와 동시에 여러 가지 부정적인 현상을, 즉 현대인의 소외현상이나 자아정체감 혼란과 같은 새로운 문제를 파생시키거나 경우에 따라 심화시키고 있다는 것이다. 또한 기든스에 따르면, 근대화의 과정은 현대 사회를 살고 있는 현대인들에게 풍요로운 삶의 양식을 제공하고 삶의 일부 영역에 존재하는 위험성을 제거하는 데 도움을 주었으나, 동시에 전통적인 사회에서 겪지 못한 새로운 유형의 위험, 즉 자아정체감의 혼돈 혹은 삶의 의미 상실 등과 같은 위험을 야기했다는 것이다.[7] 이 같은 자아정체감의 혼돈 현상은 현대 사회의 기독교인들이 근대화의 과정에서 접하게 되는 부차적인 위기가 점차 더 증대되고 심화되어 결과적으로 그들의 종교적 삶과 자아정체감마저 위협받는 상황에 직면하게 되며, 더 나아가 자아정체감의 재구성이 필수적으로 요청되는 시대적 어려움을 단적으로 잘 보여주고 있다.

이 같은 사회학적 분석의 기반 위에서, 저자는 하버마스의 의사소통이론(theory of communicative action)과 몰트만(Jürgen Moltmann)의 삼위일체론(Doctrine of Trinity)을 해석학적-실천적 연구 방법(hermeneutical-praxis method)으로 연계하는 과정에서 관계성, 평등성, 개방성의 원리를 기반으로 하는 탈인습성의 개념을 규명하였고, 이를 탈인습적 기독교교육으로 발전시켰다.[8] 물론 몰트만이 직접적으로 탈인습성의 개념을 서술하지는 않았지만, 그의 삼위일체론에서 제시되고 있는 신적 공동체의 개념을 통해 그가 삼위의 신 사이의 관계성과 일치성 그리고 개방성에 대해 관심을 기울인 것을 발견하였다. 이를 통해 인습적인 신관과는 구별되는 탈인습적 신관을 확인할 수 있었다. 이 같은 탈인습적 신관은 인간 공동체에 대한 새로운 이해를 제시하면서, 다양성과 일치성을 그리고 공동체와 개인을 함께 중시하는 탈인습적 자아개념을 도출할 수 있는 계기를 마련했다.[9]

학위 논문이 완성되면서 이 학위 논문을 발표하고 설명하는 구술시험을 진행하게 되었는데, 이 구술시험은 5명의 교수님과 30여 명의 동료 박사과정생들이 참관하는 형태로 진행되었다. 심사 교수님 중에는 기독교교육학의 제임스 로더(James Loder) 교수님이 계셨는데, 로더 교수님께서 다음과 같은 질문을 하셨다. “탈인습적 교육의 중요성과 필요성에 대해서는 잘 알겠습니다. 그러나 아직도 위계적 관계가 만연한 한국 상황에서 탈인습적 교육이 과연 가능할까요?”라는 질문을 저자에게 주셨다. 이에 대해 저자는 다음과 같이 대답하였다. “물론 포스트모더니즘을 주창하는 학자들이나 로더 교수님 같은 분들은 탈인습적 교육의 현실 가능성에 대해 문의할 것이라고 예상하였습니다. 그러나 현실적으로 상황이 어렵고 실현 가능성이 미미하다고 해서 제가 가야 할 방향과 목표를 포기해야 할까요?”

이 장면은 지난 20년 동안 저자의 삶과 교육에 지표가 된 장면이다. 탈인습적 기독교교육은 현실적으로 활용하기 어려운 교육모형이다. 이상적 교육환경이 마련되지 않는 한, 탈인습적 교육은 성공 여부를 판가름하기 어려운 교육모형으로 평가되며, 그렇기에 현실적으로 활용하고 싶은 마음은 있으나 실제로 실천하기에는 어려운 교육모형이라고 볼 수 있다. 그러나 로더 교수님에게 대답한 것과 같이 저자는 지난 20여 년 동안 힘들지만 가야 할 길이라고 생각하며 탈인습적 기독교교육을 실천해 보려고 노력했다. 물론 개인적인 결함과 부족으로 인해 많은 어려움을 겪었고 시행착오도 있었지만 가야 할 방향 그리고 실천해야 할 교육이라는 생각에서 20여 년을 노력해왔다. 파울러(James W. Fowler)는 *Developing a Public Faith*에 수록된 저자의 논문 "Postconventional Faith for Public Life"에 대해 다음과 같이 논평하였다.[10] 파울러는 한국 상황에 대한 그의 인식이 제한적이라고 명시하면서도 탈인습적 신앙의 형성을 방해해 온 한국의 종교적 · 문화적 압력을 지적하였다. 특히 그는 대중적 근본주의자와 보수적 대형교회에 의해 유지되어온 집단 연대와 그에 대한 순응이 탈인습적 신앙의 발달과 형성에 어려운 환경을 제공해 왔지만 그럼에도 불구하고 탈인습적 신앙을 위한 노력은 "수행해야 할 가치가 있는 작업(one well worth engaging)"이라고 논평하였다.[11]

탈인습적 기독교교육은 그 실천의 어려움에도 불구하고 근대화 이후의 기독교인뿐 아니라 21세기 글로벌 사회의 기독교인들로 하여금 변화된 환경 속에서 그들 자신의 인습적인 자아정체감을 성찰하게 하며, 더 나아가 탈인습적 기독교적인 정체감을 형성하는 데 도움을 줄 수 있는 교육 형태라 볼 수 있다. 달리 서술하여 단순히 정당하고 타당한 논리를 선택하는 교육 형태만을 강조하는 것이 아니라, 개방적인 대화의 교수-학습

과정을 통해 이해를 도모하고, 타인에 대한 상호 존중성과 평등성이 강조되며, 타인의 관점을 자신의 관점으로 전환하여 생각할 수 있는 관계성을 형성하고 획득하는 것이 곧 탈인습적 대화를 지향하는 기독교교육이라고 볼 수 있다.

본 저서에는 총 10명의 기독교교육학자들의 논문이 수록되어 있다. 탈인습성의 개념을 이해하고 탈인습적 교육모형을 다양한 형태로 제안하고 적용한 논문들이 포함되었으며, 이 10편의 논문은 각각 이론적 관점과 실천적 관점으로 구분하여 제시되었다. 그러나 기독교교육학의 특성상 이론과 실천을 엄밀히 구분하는 것은 쉽지 않다. 수록된 모든 논문은 이론적 관점과 실천적 관짐을 모두 포함하고 있으나, 성인교육 혹은 노인교육과 같이 포괄적인 개념을 포함한 논문은 이론적 관점으로 그리고 구체적인 방안에 중점을 둔 논문들은 실천적 관점으로 구분하여 수록하였다. 먼저 이론적 관점에는 기독교 성인교육(유은주), 성서교육(최은택), 평화교육(조미영), 노인교육(김진영), 내러티브 교수-학습 방법(정동욱)이 수록되었고, 실천적 관점에는 갈등 해결을 위한 공동체 교육(장윤석), 대학과의 연계를 통해 진행하는 노인 평생교육(문수경), 비인간화를 극복하고 창조적 인간을 형성하기 위한 인격교육(김형희), 개인 영성의 차원을 넘어 사회적 관계를 지향하는 영성교육(황인혜), 종교적 급진주의를 극복하기 위한 탈인습적 교육모형(Justitia Vox Dei Hattu)이 포함되었다.

먼저 유은주 박사는 포스트 코로나 시대에 요청되는 탈인습적 기독교 성인교육에 대해 저술하면서, 기독교의 사회적 역할과 연계된 기독교 성인교육의 가능성을 모색하였다. 유박사는 탈인습적 성인교육이 코로나19 팬데믹 이래로 심화되고 있는 경제적 어려움 속에서 기독교적 정의에 대한 재개념화를 통해 삼위일체 하나님의 신적 공동체가 담보하는 관계성과 평등성, 개방성을 현실 사회 속에서 구현하게 하는 데 긍정적인 역할을 할 수 있다고 주장한다. 그는 기독교적 정의가 성서 전반에 걸쳐 사회·경제적 약자들의 입장을 공감(체다카)하고 그들의 억울함을 변호(미쉬팟)한다는 점에서 사회적 통념과 차이가 있음을 주장하였으며, 이런 논의를 토대로 문제 해결을 위한 기독교적 공적 담론을 형성하고 그것을 실천하는 데 기여할 수 있는 탈인습적 기독교교육을 제안하였다.

최은택 박사는 인공지능 시대에 요청되는 청소년을 위한 성서교육의 모형으로서 탈인습적 성서교육의 이론적인 모형을 제시하였다. 특히 최은택 박사는 사회적 삼위일체론과 비판적 포스트 휴머니즘의 관점에서 인공지능 시대를 설명하고, 융합적 인간상 곧 '호모 콩코르스'(Homo Concors)를 기반으로 융복합적 성서교육을 제안하였다. 여기서 콩코르스(CONCORS)는 7가지 역량, 곧 융합성(Convergence), 협력성(Operation with), 연결성(Networking), 창의성(Creativity), 개방성(Openness), 관계성(Relationality), 평등성(Sharing equally)의 역량을 의미하는데, 이 중 협력성, 연결성, 창의성은 인공지능 시대에 요구되는 역량으로 간주할 수 있고 개방성, 관계성, 평등성은 탈인습성의 원리가 반영된 역량으로 이해될 수 있다고 보면서, 이러한 역량을 융합할 수 있는 탈인습적 성서교육을 제안하였다.

조미영 박사의 연구는 양극화 현상, 다문화 상황, 그리고 환경의 위기로 발생된 평화 부재의 상황 속에서 요청되는 기독교 평화교육 모형을 제시하는 데 그 목적이 있다. 이를 위해 조미영 박사는 세계화 시대의 문제점으로 인해 발생되는 평화 부재의 상황을 살펴보고 기독교의 영역에서 인식하고 있는 '평화'에 대한 이해를 제시한 후, 세계화 시대에 요청되는 기독교 평화 개념과 평화교육에서 강화해야 할 평화역량을 소개하며 이 역량을 형성할 수 있는 이론적 근거를 제안하였다. 특히 탈인습적 관계성, 평등성, 개방성의 원칙과 평화역량을 상호 연결함으로써, 자신, 타인, 세계 그리고 환경과의 평화로운 관계 맺음을 지향하는 평화교육 모형을 제시하고, 더 나아가 인습적 평화 개념을 재조명하고 평화역량을 강화하는, 즉 평화감수성, 비폭력 의사소통, 평화상상력을 고양하는 기독교 평화교육 모형을 제안하였다.

김진영 박사는 세계화, 정보화, 다양화에 의해 특징지어지고 있는 현대사회 속에서 한국 사회가 직면하고 있는 고령화 현상에 대해 탈인습적인 접근과 함께 그에 따른 교육적 성찰을 시도하였다. 김진영 박사는 그의 연구에서 기독교적 노인교육을 위한 대안적인 교육과정을 제안하였는데, 특히 노인에 대한 인습적인 이해의 극복과 삶의 의미발견, 창조적인 생산자라는 새로운 정체성의 인식, 그리고 선교적 삶의 수행을 위한 중요한 실마리를 제공하였다. 이를 위해 이 연구는 탈인습성의 원칙인 관계성, 평등성, 그리고 개방성을 기반으로 기독교 노인을 위한 교육과정을 계획할 것을 주장하였으며, 노인의 특징을 고려한 참여적 교수-학습과정과 성에 대한 차이를 배려하는 탈인습적 노인 교육모형을 제안하였다.

정동욱 박사는 인습적 신앙교육의 문제와 한계를 지적하면서 탈인습적 내러티브 교수-학습 방법을 제안하였다. 특히 성서의 내러티브와 오늘의 현실적 경험을 연계하여 기독교인의 역동적 삶을 지향하기 위한 탈인습적 기독교 교수-학습의 방법론을 제시하였다. 정동욱 박사는 오늘의 학습자가 삶의 경험 속에서 성서의 이야기를 유의미하게 재해석하고 기독교인으로서의 자아정체감을 형성하면서 기독교적 인식의 근간과 삶의 경험을 새롭게 획득하는 과정에 관심을 갖고, 인간 담화행위의 기본 수단과 의사소통의 도구인 내러티브를 활용한 교수-학습 방법을 강조하였다. 옛 전통과 오늘의 경험을 내러티브의 의사소통 구조 안에서 해석학적으로 연계시킨 이 교수-학습 방법은 인습적 형태를 벗어난 탈인습적 기독교교육의 한 모형으로 기독교교육의 현장에서 다양한 형태의 교수-학습 과정에 활용될 수 있는 이론적 모형으로 제시될 수 있다.

장윤석 박사는 교회의 세대 갈등으로 인해 신앙공동체로서의 교육적 기능이 약화되고 있는 상황에서 신앙공동체의 교육적 기능을 회복하기 위한 방향을 제시하였다. 특히 현대 문화의 빠른 변화와 코로나 팬데믹의 상황, 탈종교화 현상 등으로 인해 젊은 세대의 공동체에 대한 의식이 약화되고 있는 상황에서, 이 연구는 젊은 세대의 교회이탈을 세대 갈등의 관점에서 해석하여 이를 토대로 갈등 전환적 접근을 활용한 신앙공동체 교육의 탈인습적 방향을 제안하였다. 여기서 세대 갈등에 대한 갈등 전환적 접근이란 갈등을 공동체에 발생되는 자연스러운 현상으로 보고 이를 교육적 기회로 전환함으로써 역량을 지닌 회중 양성과 신앙공동체의 재구성을 목적으로 하는 교육모형이다. 장윤석 박사는 회중과 신앙공동체의 관계성, 평등성, 개방성, 성찰성을 함양하는 것을 목적으로 삼고, 신앙공동체의 교육적 기능을 회복할 수 있는 교육모형을 제안하였다.

문수경 박사는 노인 학습자의 성공적인 노화를 지향하는 관점에서 대학개방을 통해 초고령사회를 대비하는 노인 평생교육의 활성화 방안을 모색하였다. 이 연구는 기독 노인 학습자의 '성공적 노화'와 '활동적 노화'를 지향하는 것을 기독교 노인 평생교육의 목적으로 상정하였으며, 탈인습성의 원리와 영성 · 성찰성 · 연대성이라는 주요 핵심 원리를 기반으로 영성교육, 역량 강화교육, 지역 통합교육을 제안하였다. 문수경 박사는 초고령사회에 진입 예정인 한국의 시대적 상황 속에서 노인 평생교육의 중요성과 발전 방향을 이론적 · 실천적으로 제시하였으며, 특별히 대학교의 개방을 활용한 기독교 노인교육의 가능성을 제안하였다. 이 같은 성공적 노화를 위한 탈인습적 교육모형은 기독교 대학과 기독교교육을 연계하는 새로운 틀을 제시함으로써, 노인 평생교육의 실천적 모형을 제안하고 있다.

김형희 박사는 기술혁명의 흐름 속에서 비인격화를 조명하며 새로운 인간상을 지향하는 탈인습적 기독교 인격교육을 제안하였다. 이를 위해 기술혁명 시대의 새로운 인간상으로 제시된 창조적 인간, 즉 '호모 크레토스'(Homo Creators)를 지향하며, 창조적인 해석과 학제 간의 창조적 통합 그리고 탈기계 · 탈인습 패러다임의 인격적 대화를 통해서 창조적 인간을 형성하는 것을 제안하였다. 이 연구는 탈기계와 탈인습의 특징을 통섭하는 인격 대화를 기반으로 기술의 시스템적 사고와 인격 대화가 실현되도록 에듀테크(Edu-Tech), AIED(교육 분야의 인공지능)를 활용하는 교육모형을 제시하고 있다. 김형희 박사는 기술혁명 시대의 현실적인 상황을 수용하면서도 인간의 본질적 특성을 중시함으로써, 인간의 정체성을 규명하고 창조적 인간상에 관한 연구를 시도하였으며, 더 나아가 기독교 인격교육의 새로운 방향을 제안하였다.

황인혜 박사는 기독교인의 영성이 사회적 관계로 확장되는 것을 적극적으로 촉진할 수 있는 교육 이론을 제시하고, 그 이론에 따른 실천적 교육방안들을 제안하였다. '믿음의 생명막'과 '탈인습적 기독교 자아정체감'을 수직적으로 확장한 '인격적 자아'라는 두 가지 새로운 개념을 통해서, 이 연구는 일반적으로 개인 영성의 핵심이 된다고 알려진 하나님과의 관계가 어떻게 효과적으로 동료 인간과의 사회적 관계로 확장될 수 있는지를 실제 다양한 교육 내용과 방법을 통해 입체적으로 보여주고 있다. 특별히 이 연구는 교육의 내용과 교수-학습 과정으로 활성화할 수 있는 실천적 교육모형을 제시하면서, 학습자들의 삶에서 사회적 영향력 전파를 가져올 수 있는 입체적인 인격적 관계망을 드러내 주고 지역교회들에서 그 관계망에 따라 실천할 수 있는 실제적 영성교육 내용과 방법을 제안하였다.

저스티(Justitia Vox Dei Hattu) 박사는 인도네시아 사회의 종교적 급진주의 경향을 살펴보고, 이 같은 상황 속에서 급진주의를 극복할 수 있는 성인들을 위한 탈인습적 교육모형을 제시하였다. 특히 이 연구는 SNS 등 미디어를 통해 나타나는 혐오 발언 및 공적 공간에서 발생 되는 다양한 테러의 현상이 기독교인과 교회에 직접적인 영향을 미치고 있으며, 이러한 급진적 행위는 기독교인들에게 부정적 영향을 미쳐 또 다른 형태의 급진주의로 진행될 가능성을 지적하였다. 그리고 이러한 급진주의적 경향은 젊은 세대뿐 아니라 성인에게도 나타날 수 있다는 위험성을 지적하면서, 급진주의를 극복하는 기독교 성인교육의 필요성을 제안하였다. 성인 기독교인들은 교회공동체에서 가장 중요한 결정권자로서 기능하며 교육의 담당자로서의 역할을 수행하기 때문에, 저스티 박사는 관계성, 평등성, 개방성에 기반을 둔 성인을 위한 탈인습적 교육이 필수적으로 요청된다고 주장하였다.

지난 20여 년간 탈인습적 교육의 어려운 과정에 참여해 주신 모든 분들께 진심으로 감사를 드린다. 또한 가장 바쁜 시기에 시간을 내어 논문을 투고하고 탈인습적 교육의 가능성에 대해 제안해 주신 참여 박사님들께도 깊은 감사를 드린다. 집필된 논문을 읽으면서 앞서 제기했던 실천 가능성에 대한 물음을 확인하고 찾을 수 있는 계기를 마련할 수 있었다. 포스트 코로나 시대, 글로벌(세계화) 시대, 인공지능 시대, 고령화 시대, 탈종교화의 시대, 기술혁명 시대 등 다양한 개념으로 소개되는 현대 사회 속에서 참여 저자들은 시대를 이해하고 시대가 제기하고 있는 다양한 문제에 대응하고 해결할 수 있는 "시대와 호흡하는 기독교교육" 모형을 각각 제안하였다. 앞으로 이 논문들이 한국 기독교교육의 이론 형성에 중요한 역할을 수행하며, 실천적 차원에서 활용 가능한 모형 제공에 주요 디딤돌이 되기를 진심으로 바란다.

미주

1) 김현숙, 『탈인습성과 기독교교육』 (서울: 대한기독교서회, 2004) 참조.
2) Lawrence Kohlberg, "From Is to Ought: How to Commit the Naturalistic Fallacy and Get Away with It in the Study of Moral Development," in *Cognitive Development and Epistemology*, ed. Theodore Mischel (New York: Academic Press, 1971), 151–235.
3) Jürgen Habermas, *Moral Consciousness and Communicative Action*, trans. Christian Lenhardt and Shierry Weber Nicholson (Cambridge, MA: The MIT Press, 1995); *Justification and Application: Remarks on Discourse Ethics*, trans. Ciaron P. Cronin (Cambridge, MA: The MIT Press, 1994) 참조.
4) Carol Gilligan, *In a Different Voice: Psychological Theory and Women's Development* (Cambridge, MA: Harvard University Press, 1982) 참조.
5) 김현숙, 『탈인습성과 기독교교육』; 『글로벌 시대와 기독교교육』 (서울: 연세대학교 출판문화원, 2022) 참조.
6) Wade Clark Roof and William McKinney, *American Mainline Religion: Its Changing Shape and Future* (New Brunswick, NJ: Rutgers University Press, 1987); Peter L. Berger, Hansfried Kellner, and Brigitte Berger, *The Homeless Mind: Modernization and Consciousness* (New York: Vintage Books, 1974) 참조.
7) Ulrich Beck, *Risk Society: Toward a New Modernity*, trans. Mark Ritter (London: Sage, 1992); Anthony Giddens, *Modernity and Self-Identity: Self and Society in the Late Modern Age* (Stanford, CA: Stanford University Press, 1991); Ulrich Beck, Anthony Giddens, and Scott Lash, eds., *Reflexive Modernization: Politics, Tradition and Aesthetics in the Modern Social Order* (Stanford, CA: Stanford University Press, 1994).
8) Hyun-Sook Kim, "The Hermeneutical-Praxis Paradigm and Practical Theology," *Religious Education*, 102, 4 (Fall 2007): 419–436.
9) Jürgen Moltmann, *History and the Triune God: Contribution to Trinitarian Theology*, trans. John Bowden (New York: Crossroad, 1992); *Hope and Planning* (New York: Harper & Row, 1971).
10) Hyun-Sook Kim, "Postconventional Faith for Public Life," in *Developing a*

Public Faith: New Directions in Practical Theology, edited by Richard R. Osmer and Friedrich L. Schweitzer (St, Louis, MO: Chalice Press, 2003), 157–173.

11) James W. Fowler, "Faith Development Theory and the Challenges of Practical Theology," in *Developing a Public Faith*, 246–247.

더 읽을거리

김현숙. 『탈인습성과 기독교교육』 서울: 대한기독교서회, 2004.

______. 『글로벌 시대의 기독교교육』 서울: 연세대학교 출판문화원, 2022.

Habermas, Jürgen. *Moral Consciousness and Communicative Action*, trans Christian Lenhardt and Shierry Weber Nicholson. Cambridge, MA: The MIT Press, 1995.

Kim, Hyun-Sook. "Postconventional Faith for Public Life." In *Developing a Public Faith: New Directions in Practical Theology*, edited by Richard R. Osmer and Friedrich L. Schweitzer, 157-173. St, Louis, MO: Chalice Press, 2003.

Moltmann, Jürgen. *History and the Triune God: Contribution to Trinitarian Theology*, trans. John Bowden. New York: Crossroad, 1992.

01

포스트 코로나 시대의 탈인습적 성인교육[1]

유은주

1. 들어가는 말

뉴노멀 이래로 코로나19 팬데믹까지 겹치면서 전 세계는 심각한 경기 침체를 경험하고 있다. 우리나라에서도 사회적 거리두기와 집합 금지 명령이 장기간에 걸쳐 시행되면서 경제적 손실이 발생했고 영세 자영업자들의 파산과 기업의 신규 채용 연기 및 고용 축소는 서민들의 생계를 크게 위협했다. 옥스팜(Oxfam)의 「2021 불평등 보고서」에 따르면, 코로나19 상황 속에서 전 세계적으로 정규직 일자리가 5억 개 이상 사라졌고 이들 중 4분의 3은 실업 급여와 같은 사회보장제도의 혜택을 받지 못했다.[2] 치솟는 금리와 물가는 서민들로 하여금 생계문제와 부채부담을 악화시킨다.[3] 이에 정치계는 재난지원금 지급을 비롯해 기본소득에 대해 논의한 바 있다.[4] 노동 없는 경제와 고용 없는 성장이 예측되는 기술혁명 시대에 대비해 최소한의 생계를 보장하고 소비를 지속시키기 위한 방안으로 이재명 더불어민주당 대표는 지난 대선 때 기본소득을 자신의 핵심 공약으로 내걸었다.[5] 그러나 여러 일간지들을 비롯해 정치적 보수주의를 표방하는 기독교인들은 이를 '퍼주기', '좌파 포퓰리즘' 등으로 매도했다.[6] 부채

탕감에 대한 반대나 코로나19 손실 지원에 대한 인색한 반응도 종종 목도되었다.[7)]

포스트 코로나 상황 가운데 교회는 어떤 역할을 수행할 수 있을까. 종교사회학자인 피터 베이어(Peter F. Beyer)는 사회 속의 여러 하부 체계들, 즉 정치, 경제, 교육, 복지 부문 등에서 발생하는 다양한 문제들에 대해 종교는 적극적으로 참여해야 할 필요가 있고 이를 통해 종교의 사사화(privatization)가 극복될 수 있다고 보았다.[8)] 그러나 지금까지 한국교회는 특히 민주화 이후 서민들의 경제적 문제나 여러 사회적 이슈들에 대해 적극적으로 대안을 마련하려는 노력이 부족했다. 결과적으로 한국교회는 사회적 인정은커녕 비난의 대상이 되었고 교회 세습 문제나 목회자의 성적 부도덕 문제가 불거질 때마다 사회적으로 조롱거리가 되고 있다.[9)] 하지만 이번 코로나19 위기를 통해 학계 및 교계 내 자성의 목소리가 높아지면서 예수 그리스도의 하나님 나라 비전, 즉 사회경제적 약자들의 고통에 동참함으로써 기독교의 공적 책임을 재인식하고 사회적 신뢰를 회복할 수 있는 중요한 기점에 놓여 있다.[10)] 코로나 이후 한국교회는 성도들의 예배 참석률에 대한 관심만큼 생계문제로 수심이 깊어지는 사람들에게 관심을 가지고 개인적 차원의 자선과 구제는 물론, 보다 광범위한 관점에서 사회정의를 위한 기독교의 공적 책임에 대해 적극적으로 성찰하고 행동할 필요가 있다.

무엇보다 세계화의 신자유주의적 기조 가운데 심화되는 소득 불평등의 문제와 2008년 세계경제 위기 이래 뉴노멀로 일컬어지는 장기적 경제침체, 더 나아가 제4차 산업혁명으로 인해 초래될 일자리 부족과 극심한 양극화를 염려하면서 국내 신학계에서는 기본소득에 대한 논의가 활성화되고 있다.[11] 우선 기독교윤리학자인 곽호철은 제4차 산업혁명의 도래가 실업 및 인간의 가치 하락을 초래할 수 있는데 이런 문제들은 기본소득과 새로운 노동관의 도입을 통해 해소될 수 있다고 주장했다. 그에 따르면, 기본소득 제도가 도입되면 기존의 유급노동 중심의 노동관과 그로부터 비롯된 무급노동의 주변화 문제가 극복될 수 있다.[12] 이와 유사한 인식을 공유하면서 신약학자인 정용한은 기본소득이 예수의 하나님 나라 운동 및 희년의 구체적인 실천 방안이 될 수 있다고 보았다.[13] 더 나아가 기독교윤리학자인 강원돈은 기본소득의 정당성과 필요성을 신자유주의적 노동 연계 복지와 비교해 실용적 측면과 철학적 측면에서 논하는 한편, 심화되는 노동 부족 상황에서 근로소득의 일부가 고용지대로 사회에 귀속되어야 한다고 주장했다.[14] 이런 논의들은 앞으로 닥칠 문제들에 대한 예비적 고찰로 시의적절하며 기독교의 공적 책임을 제고하는 데 도움을 준다. 그럼에도 불구하고, 기본소득을 비롯해 가난한 사람들을 위한 제도적 개혁이 능력주의에 기초한 여론의 한계에 부딪혀 제대로 시행되지 못하는 점 등을 고려할 때 먼저 기본소득이 과연 기독교적 정의 개념과 상충되는지, 이를 어떻게 해석해야 할지를 고찰함으로써 적어도 교회 내부에서만이라도 일관된 입장이 마련될 필요가 있다. 사회 일반적으로는 기본소득이 정의 개념에 반한다고 인식하기도 하고 노동 능력이 있는데도 남의 노동에 의지해 살아가는 것은 공정하지 못하다는 인식이 편만한 상황이다.[15] 공정과 형평에 대한 기독교적 정의관의 확립은 기본소득의 재원 마련에 있어 어떤 방식이 적합한지에 대한 합의를 도출하는 데에도 도움

을 줄 수 있을 것이다.[16)]

이런 견지에서 본고는 존 롤즈(John Rawls)와 마이클 샌델(Michael J. Sandel)의 담론을 통해 정의에 대한 사회적 통념의 한계를 비판적으로 재고한 후 마태복음 20장에 등장하는 포도원 주인의 비유에 대한 재해석을 통해 기독교적 정의관을 재정립함으로써 기독교교육의 학습자들로 하여금 탈인습적 프락시스(postconventional praxis)를 수행할 수 있도록 이론적 바탕을 마련하고자 한다. 여기서 탈인습성(postconventionality)은 기독교교육학자 김현숙의 개념 정의에 기초하며 프락시스(praxis)의 개념은 토머스 그룸(Thomas H. Groome)에 기초한다.[17)] 요약하면, 기독교적 정의관은 사회경제적 약자들의 고통을 공감(체다카)하고 그들의 입장에서 그들을 대변(미쉬팟)하는 것이며 이는 구약의 출애굽 사건과 신약의 하나님 나라 운동의 기저를 이룬다. 본고는 탈인습적 기독교 전환학습을 통해 학습자들이 정의에 대한 인습적 통념을 초월해 사회정의를 위한 기독교적 실천을 수행할 수 있기를 기대한다.[18)] 이를 위해 포스트 코로나 시대의 탈인습적 기독교 성인교육은 소유와 존재에 대한 깊이 있는 성찰을 비롯해 교회에서 상용하는 기본 개념들에 대한 재개념화, 시민사회 운동에 대한 이해 등을 포괄하는 변혁적 교육과정을 요청한다.

2. 정의의 철학적 개념과 그 한계

먼저 정의(正義)에 대한 사전적 정의는 진리에 맞는 올바른 도리, 바른

의의(意義), 개인 간의 올바른 도리 또는 사회를 구성하고 유지하는 공정한 도리 등으로 풀이되고 있으며[19] 영어로 justice는 마땅한 공과(desert)를 주는 것, 공정함(fairness), 동등한 대우, 율법의 준수 등을 의미한다.[20] 또한 어원적으로 '법'을 뜻하는 디케(*δίκη*), 유스(*ius*)에서 파생된 헬라어 디카이온(*δίκαιων*)과 디카이오쉬네(*δικαιοσύνη*), 라틴어 유스티티아(*iustitia*)는 정의가 법에 기초함을 시사한다. 법은 공동체 안에서 다양한 주체들 간의 이해관계를 중재하고 조정하는 사회계약적 기능을 가지므로 준법 행위를 통해 공동체 안에서 조화가 이루어지면 정의가 구현되었다고 이해된다.[21] 그러나 무엇이 옳고 그른지를 가려주는 규범의 기준으로서 법 자체가 항상 정의롭지만은 않다는 데 그 한계가 있다. 한나 아렌트(Hannah Arendt)가 언급한 대로, 레종 데타트(raison D'état)는 권력과 폭력의 묘연한 결합관계를 보여준다.[22] 극단적인 일례로 나치의 일원이었던 오토 아이히만(Otto A. Eichmann)은 당시 독일의 법률 체제 하에서 자신의 행위는 위법적이지 않았으므로 본인은 아무 혐의가 없다고 주장했다.[23] 이런 사례는 한 국가 내의 법과 제도가 권력의 유지를 위해 때때로 전쟁을 비롯한 폭력 행위를 정당화할 수도 있기 때문에[24] 정의의 기준이 인간 사회의 실정법에 국한될 수 없음을 시사한다.

무엇이 정의인가에 대한 소크라테스의 질문은 현재까지도 철학과 사회적 사고를 이끄는 핵심적인 질문 중의 하나로서 고대 그리스에서 플라톤과 아리스토텔레스는 사회적 존재인 인간에게 있어서 가장 중요하고 필수적이며 최상의 덕으로서 정의를 꼽았다.[25] 아리스토텔레스의 『니코마코스 윤리학』(The Nicomachean Ethics)은 고대 그리스에서 이상 사회인 새로운 폴리스의 건설을 꿈꾸면서 윤리학의 본격적인 주제로 정의를 다루었다.[26] 아리스토텔레스는 정의를, 정의로운 행동을 하고 정의로운 것을 바라게 하는 어떤 상태로 규정했다. 그에 따르면, 법을 어기는 사람과 탐욕스러운 사람, 공정하지 않은 사람은 정의롭지 않다. 이와 반대로 법을 지키고 공정한 사람은 정의롭다. 그래서 정의는 적법성과 공정성으로 구성된다는 점,[27] 광의적으로는 타자와 관련하여 법이나 사회적 규범 또는 관례가 명시적 혹은 암묵적으로 정하는 올바른 행동을 총칭하며 협의적으로는 다른 미덕과 구별되는 도덕적 품성의 하나로 이해할 수 있다.[28] 또한 정의의 하위개념으로 그는 '배분적 정의'와 '교정적 정의'를 구별했다. 그에 따르면, 부나 명예 등의 할당과 관련된 배분적 정의는 A:B=C:D라는 비례식을 만족시킬 때 정의롭다고 할 수 있는 '비례적 정의'이다. 만일 불의로 인해 상대편이 좋은 몫을 덜 갖게 되는 것은 비례에 어긋난다고 보았다. 교정적 정의는 상품의 매매를 비롯해 임대, 보정, 대여, 공탁, 대부 등과 같이 자발적인 경우나 다양한 형태의 범죄 행위와 관련된 비자발적 경우에 있어서 한 쪽이 불의를 행하고 다른 쪽이 희생을 당했을 때, 한 쪽이 손해를 입히고 다른 쪽이 손해를 입었을 때 재판을 통해 동등성을 회복시키는 것을 의미한다.[29] 아리스토텔레스의 이런 정의 개념은 비록 초보적인 형태이긴 해도 현대 모든 정의론의 출발점이라고 할 수 있다.[30] 그밖에도 '응보적'(reciprocity, *antipeponthos*) 정의 개념 역시 『니코마코스 윤리학』에 등장하지만 아리스토텔레스는 범죄에 대한 앙갚음의 의미로서 그것은 정의의 본질적 개념과 부합하지 않으며 다만 그것은 교환적 정의의 한 가지로 이해될 수 있다고 보았다.[31] '교환적 정의'란 재화의 교환 관계에 있어서 서로 다른 재화를 생산하기까지 공헌도와 가치를 비교하여 등가를 맞춤으로써 배분적 정의의 기하학적 비례의 측면과 교정적 정의의 산술적 비례의 측면을 함께 지닌다.[32)]

에밀 브룬너(Emil Brunner)에 따르면, 아리스토텔레스처럼 정의의 개념에 대해서 잘 설명해 준 사람이 없다.[33)] 그럼에도 불구하고 그의 정의에 대한 이해는 다음과 같은 한계가 있다. 첫째, 아리스토텔레스의 정의론은 고대 그리스 노예 자본주의 체제를 기반으로 폴리스 공동체의 정치경제적 정의를 이상적인 형태로 제시하고 있기 때문에 노예와 여성, 외국인을 제외한 자유 시민 간에 한정된 것이었고 따라서 폴리스 구성원 간의 인격의 불평등을 전제로 하고 있다.[34)] 둘째, 그가 주장하는 비례적 정의는 필연적으로 능력이 있는 사람은 자신의 능력만큼 많이 차지하고 능력이 없는 사람은 적게 차지하는 것, 즉 오늘날 능력주의적 사고의 근원이 된다.[35)] 그는 기존의 법체계와 질서체계의 불합리한 구조에 대해서는 문제 삼지 않고 다만 그것을 묵인하고 유지하는 입장에서 정의론을 전개했다.[36)] 플라톤으로부터 아리스토텔레스, 칸트, 루소, 밀, 니체 등의 정의론 역시 기득권을 가진 서구의 백인 남성들에게만 적용될 수 있는 "이성적"인 관점에서 빈곤이라든지 폭력, 차별 등의 불의에 대해 실질적으로는 아무런 기여를 하지 못했으며 수백 년간 식민주의를 정당화하는 근거로 작용했다.[37)] 그러나 인간에게는 본성상 균등(평등)이란 없다는 이해를 바탕으로[38)] 분배나 교환에 있어서 형평성 또는 각자가 받아야 하는 응분의 몫(desert)으로서 이런 정의 개념은 근대에 이르러서 특히 사적 소유권과 개인의 자유와 관련된 다양한 질문들을 초래했다.[39)]

이와 유사한 관점에서 아리스토텔레스 이후 로마의 황제 유스티니아누스는 정의를, 각자에게 각자의 몫을 배분하기 위한 일정하고 영속적인 의지로 규정하면서 어떻게 하면 배분과정이 정의로울 수 있는가, 즉 정의가 구현되는 절차에 관심을 가졌다. 그에 따르면, 정의로운 배분은 첫째, 자의적인 방식이 아니라 일관성(consistency) 있게 이루어져야 한다. 둘째, 그 일관성은 관련성(relevancc)의 보조가 필요하다. 그러나 만약 차등의 관련 근거가 없다면 모든 사람들은 동일한 방식으로 대접받아야 한다. 즉, 평등성(equality)을 전제로 한다. 마지막으로 넷째, 만약 어떤 근거에 따라 차등이 불가피하다면 비례성(proportionality)의 원칙을 충족시켜야 한다.[40] 즉, 인간은 기본적으로 평등하다는 전제에서 출발하지만 그럼에도 불구하고 차등 배분이 불가피한 상황 속에서는 관련된 기준(예를 들면, 사회적 기여도)에 따라 비례적으로, 일관성 있게 배분한다면 정의가 성취된다는 것이다.

언뜻 보기에는 이와 같은 정의의 원칙이 매우 합리적으로 보일 수 있다. 그러나 문제의 본질은 게임의 룰을 누가, 어떻게 설정하느냐 하는 데 있다. 흔히 사회의 기득권층은 자신들의 사회적 공헌에 대한 정당한 대가로 엄청난 몫을 가져가는 데 비해 천부적으로 자원이 부족한 사람들은 이미 정해진 게임의 룰에 따라 자신의 정당한 몫을 빼앗기는 상황을 감수할 수밖에 없다. 배분의 정당성을 주장하는 기득권층에 대해 데이비드 밀러(David Miller)는 그들의 사회적 공헌도를 과연 어떻게 정확히 측정할 수 있으며[41] 설사 그들의 사회적 공헌을 인정한다손 치더라도 그것이 가령, 자신의 노력과는 상관없는 태생적 조건, 즉 성격이나 성향, 인종, 성별 등에 있어서의 개인적 운, 혹은 인간관계와 같은 사회적 운에 기인하는 경우 그런 우연으로 인한 성과를 온전히 자기 것이라고 주장할 수 있겠느냐고 반문한다.[42] 롤즈 역시 『정의론』에서 이런 출발선의 문제를 지적했다.

> 우리가 사회에서 우리의 최초 출발 위치에 대해 그것은 마땅히 내 몫이라고 말할 자격이 없는 것처럼 우리에게 분배된 타고난 재능도 내 몫이라고 말할 자격이 없다. 자신의 능력을 개발할 수 있도록 노력할 수 있게 해주는 우월한 성격에 대해서도 그것은 당연히 내 몫이라고 생각하는 것 역시 문제가 있다. 왜냐하면 그런 성격은 대체로 자기의 공로라고 주장할 수 없는 가족적 배경, 또는 사회적 여건에 달려 있기 때문이다. 따라서 마땅히 내가 받을 몫, 응분의 몫이라는 개념은 여기에 적용될 수 없다고 생각한다.[43]

롤즈는 아리스토텔레스의 정의 개념에 대해 근원적 성찰을 도모한다. 우선 그는 사회정의를, 집단의 복지라는 집합적 개념에 적용된 합리적 타산의 원칙으로 규정하고 있다.[44] 그런데 여기서 인간이 과연 합리적으로 누구에게나 공정하게 이 원칙을 정할 수 있느냐 하면 그렇지 않다. 롤즈에 따르면, 그것은 사람들이 이미 조건화된 자신의 사회적 지위나 개인적 특징에 좌우될 수 있기 때문이다. 따라서 이를 극복하고 공정한 법과 제도를 수립하기 위해서는 각자가 자신의 태생적 조건을 알 수 없는 원초적인 계약 상황 하에서 실천이성에 근거한 사회적 합의가 필요하다.[45] 이때 롤즈가 제안한 자유 우선성의 원칙과 차등의 원칙은 현실의 법과 제도가 개인 또는 집단의 이익에 따라 공적 이익을 훼손시키는 문제를 극복하고 사회적 약자들을 포함한 모든 사람들에게 있어서 공정한 사회적 룰을 정하기 위한 필요조건이 된다.[46] 특히 이 차등의 원칙은 날 때부터 남보다 유리한 능력을 가진 사람이 가장 불우한 상황에 처한 이들의 조건을 개선하는 한에서만 인센티브를 향유할 수 있도록 한다. 이로써 롤즈는 공정으로서의 정의가 구현될 수 있다고 보았다.[47] 결국 롤즈가 주장하는 공정하고 정의로운 사회란 우연한 배분이 가장 불운한 사람들에게 이롭도록 시스템이 구축되는 사회다.[48]

이와 같은 견지에서 샌델 역시 그의 책『정의란 무엇인가』(*Justice*)와『공정하다는 착각』(*The Tyranny of Merit*)에서 능력주의의 기본 전제, 즉 자신의 노력으로 성취한 마땅한 공과에 대해 의문을 제기했다. 그에 따르면, 자신의 재능이나 노력으로 얻은 몫을 온전히 자신의 것이라고 주장할 수 없는 까닭은 그런 재능이나 노력조차 행운의 결과이며 자신의 재능을 후하게 보상하는 사회에 태어난 것 역시 우연에 의한 것이기 때문이다. 샌델은 재능의 도덕적 임의성에 관한 롤즈의 주장을 수용하면서 배분적 정의가 미덕이나 도덕적 자격에 대한 보상이라기보다는 정해진 게임의 규칙 안에서 합법적 기대를 충족시키는 것과 관련된 것으로 보았다.[49] 그러므로 사회 내에서 협력의 조건으로 설정된 정의의 원칙은 사람들로 하여금 자신이 수고한 대가를 가지도록 하는 권리와 더불어 합의된 규칙, 예를 들면 조세제도에 따라 수익의 일부를 사회의 공동선을 위해 나누는 것을 내포한다는 것이다.

이처럼 정의에 대한 롤즈와 샌델의 담론은 사회 내 배분 과정 및 배분

규칙을 설정하는 데 있어 배제된 사회경제적 약자들의 입장에서 무엇이 정의인지를 고찰했다는 점에서 앞서 살펴본 고대 그리스, 로마로부터 이어진 정의에 대한 일반적 통념을 재고하게 한다. 비록 롤즈는 이후에 보다 현실적 차원에서 소외된 사람들의 능력 개발에 초점을 맞춘 아마르티아 센(Amartya Sen) 등에 의해 관념론적이라는 비판을 받기도 했지만[50] 정의에 대한 담론을 현대적 관점에서 활성화시키는 데 중요한 역할을 감당했다.[51] 이런 논의들을 바탕으로 기독교인으로서 우리는 능력주의에 의해 갈수록 양극화가 심화되고 사회안전망에 대한 정당성이 약화되고 있는 상황 속에서 단지 하늘은 스스로 돕는 자를 돕는다는 자조(自助) 사상, 또는 뿌린 대로 거두리라는 구절에 기초해 기회의 평등이면 충분하다는 통념에 순응해도 될 것인지를 재고해 볼 필요가 있다.

3. 기독교적 정의 고찰

그렇다면 성서는 과연 어떤 입장을 지지할까. 마태복음 6장에 나타난 대로 하나님의 나라와 의는 제자들을 향한 예수 그리스도의 간절한 바람이었다. 하지만 탐욕의 역사 가운데 인간은 하나님마저 가부장적이며 상호관계성이 배제된 유일신으로 왜곡했고 이로써 하나님의 나라, 주권, 통치의 개념이 곡해되었으며 하나님의 정의도 인간 사회의 인습적 통념에 묻혀버리는 결과가 초래되었다. 이런 왜곡들을 바로 잡기 위해 위르겐 몰트만(Jürgen Moltmann)을 비롯해 미로슬라브 볼프(Miroslav Volf), 캐더린

라쿠나(Catherine LaCugna) 등의 신학자들은 성부, 성자, 성령 삼위일체 하나님에 대한 재조명을 통해 교리적, 실천적 차원에서 삼위일체론을 재해석했다. 그 가운데 기독교교육학자 김현숙은 근대화와 사회적 분화과정 가운데 개인주의화되고 분화된 구조 속의 위계적 질서, 문화적 다원주의로 인해 발생하게 된 인간 사회의 문제들을 해결해 줄 규범적 원리로서 삼위일체 하나님의 신적 공동체의 특징, 즉 관계성(relationality)과 평등성(equality), 개방성(openness)을 제시했다. 그녀에 따르면, 교회 공동체는 이런 신적 공동체의 특성을 반영하여 권력이나 소유에 의해 타인을 억압하거나 적대시하기보다 상호공존적 관계성을 중시해야 하며 성 · 인종 · 계층 간의 차별을 정당시하기보다 인간 간의 평등적 관계를 유지하는 데 힘써야 하고 그들 간의 상호 인정과 존중을 공유하는 개방적 규범을 마련해야 할 필요가 있다.[52] 본고에서 지칭하는 탈인습성의 개념은 이런 논의들에 기초하고 있다.

또한 이와 유사한 견지에서 기독교교육학자 토머스 그룸은 기독교교육이 궁극적으로 예수 그리스도의 하나님 나라를 위한 교육이 되어야 한다고 주장하면서 이를 위한 교육방법으로 다섯 단계의 공유적 프락시스(Shared Praxis) 접근법을 제시했다.[53] 이는 기독교교육의 학습자들이 현재적 상황을 명명하는 데에서 출발하여 자신이 평소에 지녔던 관점과 태도, 비전을 성서적으로 재고함으로써 예수의 하나님 나라 비전에 자신의 이야기와 비전을 통합해나가는 과정을 보여준다. 실제로 예수께서도 이런 방법으로 하나님 나라를 설명하셨고 학습자들을 하나님 나라 비전 안으로 초대하셨다. 그런 가운데 일례로 예수께서 자주 활용하신 비유 이야기는 이야기 속의 반전을 통해 학습자들이 가진 기존의 통념 및 통설을 뒤집음으로써 그들로 하여금 인습적 신앙에서 벗어날 수 있게 했다.[54)]

특히 마태복음 20장 1–16절에 나타난 포도원 주인의 비유는 흔히 '먼저 된 자가 나중 되고 나중 된 자가 먼저 된다'는 마지막 구절 때문에 예수를 믿은 순서와 상관없이 누구에게나 구원이 동일하게 주어진다는 의미로 해석되고 있으며 이 비유와 관련하여 다양한 알레고리적 해석들을 발견할 수 있다.[55)] 그런데 이런 해석은 역사적 상황을 배제하여 사람들로 하여금 예수께서 의미하신 본뜻보다 부차적인 세부 사항에 집착하게 함으로써 내용의 핵심을 흐릴 수 있다는 한계가 지적된다.[56)] 더욱이 마지막 구절이 마태에 의한 삽입부로 인식됨에 따라[57)] 예수께서 이 비유를 통해 의도하신 내용이 과연 무엇이었는지에 대한 재고가 진행되었다. 그 결과, 이 비유가 묘사하는 포도원 주인은 정의의 요구를 묵살하는 포악한 지배자인지, 또는 포도원 주인의 행위에 의거한다면 값없이 주어지는 은혜가 비유의 주제인지, 포도원 주인의 이례적인 행위는 어떻게 해석되어야 할지 등에 대해 활발한 논의가 진행되었다.

첫 번째 입장을 대표하는 학자로서 윌리엄 헤르조그(William R. Herzog II)는 사회학적 관점에서 예수의 비유가 1세기의 억압구조를 암호화한 것으로 이해했다.[58)] 그에 따르면, 이 비유의 핵심은 포도원 주인의 관대성에 있는 것이 아니라 사회적 억압으로 인한 약자들의 희생을 고발하는 데 있다.[59)] 그는 비유 속의 포도원 주인이 당시 로마의 지주들처럼 정당한 노동 계약도 갖추지 않은 채 자기 잇속을 따라 일꾼들에게 함부로 하는 포악하고 신성모독적인 사람이며 먼저 온 일꾼들에게 모욕을 주고자 품삯 계산을 역순으로 했다고 주장했다.[60] 이로써 예수는 현실의 문제를 드러내고 억압받는 자들이 억압하는 자들과 고착되어 있는 관계를 끊어내려고 했다는 것이다.[61] 이에 대해 버나드 스캇(Bernard B. Scott)은 헤르조그의 해석방식은 비유에 대한 새로운 이해를 제공한다는 점에서 의의를 갖기는 하나 사회학적 통찰에만 근거하여 비유를 해석하는 것은 바람직하지 않다고 보았다.[62] 또한 김선정은 헤르조그의 해석을 일부 수용할 수 있다고 하더라도[63] 그러한 해석이 1절의 '하늘나라는… 집주인과 같다'는 도입부와 연결된다고 할 때 그 연결이 매끄럽지 않고 사회적 부조리로부터 일꾼들을 구해주려는 그의 비판 의식이 이 비유의 관심사와 정확하게 일치한다고 볼 수 없음을 지적했다.[64]

이런 이유로 인해 많은 학자들은 두 번째 입장을 지지하는데 예를 들면, 찰스 다드(Charles H. Dodd)와 요아킴 예레미아스(Joachim Jeremias) 등의 학자들은 이 비유가 하나님 나라로의 부르심이 정의보다는 은혜에 기초하고 있음을 나타낸다고 주장했다.[65] 다드와 예레미아스에 따르면, 이 비유는 죄인들을 용서하시는 무한하신 하나님의 사랑을 보여주며 비유의 핵심은 정의를 뛰어넘는 하나님의 관대한 사랑이라는 것이다. 이는 유대교의 공로사상과 대조적으로 아무 공로가 없어도 믿기만 하면 구원을 얻는다는 바울신학에 근거한다고 볼 수 있다.[66] 그러나 이에 대해 존 크로산(John D. Crossan)이나 스캇 등은 만일 주인이 충분히 자비롭고 선하다면 나중에 온 일꾼들에게뿐 아니라 모두에게 그 일한 대가에 따라 품삯을 올려줄 수도 있지 않았겠느냐고 반문했다.[67] 그럼에도 불구하고 이와 같은 해석이 교회 내에 지배적이라고 볼 수 있다. 심지어 안더스 니그렌

(Anders Nygren)은[68) 『아가페와 에로스』에서 기독교적 사랑 개념은 아가페, 즉 무조건적인 하나님의 사랑에서 출발하기 때문에 "정의의 원칙 자체는 종교적 관계에는 적용 불가한 것"이라고 주장했다.[69)]

> 정의의 원칙은 노동과 임금 사이의 적정비율을 요구한다. 하지만 이 비유에 이런 비율이 없는 것은 이 비유의 본질적 목적 때문이다.[70)] 이 비유의 목적은 종교적 관계에서 정의의 원칙을 완전히 배제하는 것이다. 동기 있는(motivated) 정의는 여기서 동기 없는 사랑에게 자리를 양보해야 한다.[71)]

> 자발적, 비동기적 사랑으로 집주인은 늦게 온 사람들에게 그들이 요구할 수 있는 것보다 훨씬 많은 보수를 준다. 그러나 집주인은 일찍 온 일꾼들이 정의의 요구를 들고 나오자 "친구여, 내가 네게 잘못한 것이 없노라. 네가 나와 한 데나리온의 약속을 하지 아니하였느냐? 네 것이나 가지고 가라"고 응답한다. 자발적 사랑과 선심이 있는 곳에서는 정의의 질서가 시대에 뒤떨어진 무력한 것이다.[72)]

이처럼 니그렌은 포도원 주인의 비유를 예로 들면서 "정의(*nomos*)의 동기는 구약에서 지배적이고 사랑(*agape*)의 동기는 신약에서 지배적"이라고 주장했다.[73)] 즉, 그는 구약과 신약, 정의와 사랑을 대비시키면서 신약 시대 이래로 하나님께서는 정의를 간과하시고 사랑을 우선시한다고 이해했다. 그러나 니콜라스 월터스토프(Nicholas P. Wolterstorff)는 이런 이분법적인 인식 방식이 기독교적 실천에 끼치는 영향을 우려했다. 그에 따르면, 이런 인식은 신자들로 하여금 적극적으로 정의를 위해 행동하지 못하게 하고 단지 하나님의 때를 기다리기만 하면 된다는 수동적 인식에 머무르게 한다.[74] 니그렌이 이렇게 구약과 신약의 차이를 강조한 것은 유대교 및 기타 종교와 달리 기독교에서 구원은 자기 의나 공로에 근거한 것이 아님을 주장하기 위함이었겠지만 그가 이처럼 사랑과 정의를 양립 불가한 것으로 인식하고 있음은 문제시된다.[75] 결정적으로 니그렌은 바리새인들의 자기 의와 구약의 정의 개념을[76] 동일시하는 오류를 범함으로써 기독교적 정의 개념을 손상시켰다.[77] 이처럼 월터스토프는 그의 오류를 지적하면서 하나님의 사랑과 정의는 별개가 아니라 서로 통합되어 있다고 주장했다.[78]

> 사랑과 정의는 서로 적대적이지 않다. 이와 정반대다. 이웃을 정당하게 대우하는 것이 이웃을 사랑하는 것의 예로 인용되고 있다. 정당한 행동은 사랑의 한 예다. 예수가 우리의 이웃을 위해 우리에게 명령하는 사랑이, 정의가 요구하는 것에는 아무런 관심도 두지 않는 순전한 무상의 자애로 이해되어서는 안 된다. 만일 이런 이해가 우리가 신약의 사랑을 이해해 온 방식이라면 우리는 사랑과 정의의 통합을 위해 우리의 이해를 재고해야 한다.[79]

이런 관점에서 우리는 포도원 주인의 비유를 해석하는 세 번째 입장에 주목할 필요가 있다. 여기서 해석의 결정적인 단서는 비유 속 주인의 비일상적 행동에 숨겨져 있다.[80] 예를 들어, 청지기를 두고 있음에도 주인이 직접 일꾼들을 구하러 다니는 모습이나 품삯 계산 시 역순 지급, 골치 아픈 분쟁을 직접 다루는 모습 등에서 알 수 있듯이 포도원 주인은 당시 일반적이었던 로마의 부재지주와는 사뭇 다른 모습을 보이는데 이러한 부분들을 통해 예수께서는 무엇을 보여주시고자 한 것인지를 고찰할 필요가 있다. 교육의 한 가지 방법으로서 예수의 비유는 당시의 상황적 맥락 속에서 그것을 듣는 청중들에게 어떤 효과를 끼쳤을지 상상해보는 것을 필요로 한다.[81] 청중들은 비유를 들으면서 비유 속 인물에게 공감하기도 했을 것이고 상식과 다르게 행동하는 포도원 주인의 이례적 태도에서 흥미진진함을 느끼기도 했을 것이다. 해가 저물녘에 고용되는 일꾼들의 이야기를 들으면서 일부는 고단한 자신의 처지를 투영해 기쁨을, 또 다른 일부는 조소를 나타냈을지도 모른다. 그리고 마침내 품삯을 계산하는 장면에서 사람들은 대부분 의아하게 생각했을 것이다. 주인은 왜 먼저 온 사람부터 보내지 않았을까.

앞서 니그렌과 월터스토프 등의 논의를 통해서도 살펴보았듯이 이 비유는 사실 정의의 문제와 관련되어 있음에 주의를 기울여야 한다. 대표적으로 신약학자 김학철은 포도원 주인의 비일상성에 주목하면서 예수께서 이 비유를 통해 나타내시고자 한 것은 하나님의 시정적(교정적) 정의라고 주장했다.[82] 실제로 포도원 주인의 말을 살펴보면, 그는 애초에 일꾼들에게 '디카이오스(*δίκαιος*, right/fair)하게 임금을 주겠다'고 약속했고 후에 '나는 너희들에게 아디코스(*ἄδικος*, no wrong)하지 않았다'(13절)고 반복함으로써 주인이 나름대로 정의의 기준에 따라 행동했음을 보여준다. 따라서 여기서의 관건은 포도원 주인이 어떤 정의관을 가지고 있었느냐에 있다. 이를 위해 먼저 헬라어 디카이오쉬네(*δικαιοσύνη*, 정의)는 히브리어로 체다카(*tsedâqâh*)와 미쉬팟(*mishpâṭ*)에 대응되는 단어로 마태복음 5장 10절, 6장 33절 등에 나타난다.[83] 또한 구약에서 체다카는 형용사 차다크(*tsâdaq*, 옳다)에서 파생된 명사로 정직, 청렴, 공정, 정의, 공평, 정당함, 덕, 은혜, 번영 등 다양한 의미를 가지며 미쉬팟은 동사 샤파트(*shâphaṭ*, 재판하다, 판결을 선고하다, 통치하다)에서 파생된 명사로 무죄를 밝히고 명예를 회복시켜 주는 일, 또는 유죄를 밝히고 형벌을 부과하는 일을 의미한다. 일반적으로 이 두 단어는 짝(pair)으로 등장하며 연관 어휘들을 포함해서 성서 속에서 500회 이상의 높은 빈도수를 나타낸다는 특징을 갖는다.[84] 특히 체다카의 의미는 보통 타 언어권에서 별개의 개념인 사랑과 정의의 의미를 모두 포괄한다는 점에서 주목할 만하다.[85] 구약 성서에서 체다카는 하나님의 공의로운 성품, 곧 사랑과 자비로 백성들을 돌보시고 선과 악을 공정하게 가려 악한 자를 심판하시고 억눌린 자를 구원하시는 맥락 속에서 자주 등장한다.[86] 대표적으로 이스라엘의 멸망 당시 예레미야는 체다카-미쉬팟(what is right and just)을 지속적으로 강조하였다.

> 다윗의 보좌에 앉은 유다의 왕아, 너는 네 신하와 이 모든 성문으로 들어오는 네 백성과 함께 주가 하는 말을 들어라. 나 주가 말한다. 너희는 **공평과 정의**를[87] 실천하고 억압하는 자들의 손에서 고통 받는 사람들을 구해 주고 외국인과 고아와 과부를 괴롭히거나 학대하지 말며 이곳에서 무죄한 사람의 피를 흘리게 하지 말아라. (렘 22:2-3)

이처럼 수많은 예언자들을 통해 하나님께서는 자기 백성들에 대한 사랑과 연민, 그리고 공정한 재판을 통해 그들을 신원할 것을 요구하셨으며 특히 왕과 재판관 등 통치자들에게 이런 역할이 요구되었다. 체다카-미쉬팟에 근거한 정의관은 성서 곳곳에서 발견할 수 있는데[88] 성자 예수께서도 역시 고통 받는 백성들에 대해 사랑과 연민을 가지시고, 그들에 대한 공정한 재판은커녕 이기적 욕심을 따라 그들을 착취하는 당시 지도자들을 향해 서슴치 않고 독설을 퍼부으시며 약자들의 입장을 대변해 주셨다. 이런 맥락에서 예수께서 보여주시고자 한 포도원 주인, 즉 성부 하나님은 상식적으로는 그만큼의 대가를 받을 자격이 없는 사람이라 할지라도 그에게 온전한 품삯을 줌으로써 그와 식구들의 생존에 관심(체다카)하고 계심을 나타낸다고 볼 수 있다.[89] 그럼에도 불구하고 대부분의 사람들은 이런 방식을 탐탁지 않게 여길 수 있음을 예수께서는 아셨다. 그들은 '나중에 온 이 사람들은 한 시간밖에 일하지 아니하였거늘 그들을 종일 수고하며 더위를 견딘 우리와 같게 하였나이다'(마 20:12)라고 불평했다. 이런 항변은 능력주의가 만연한 오늘날의 상황 속에서 소외계층에 대한 지원 확대에 대한 반대 여론에서도 찾아볼 수 있다. 왜냐하면 능력주의는 인간으로 하여금 주변을 돌아보게 하는 대신 경쟁과 자기계발에 몰입하게 함으로써 관계성을 훼손하고 경쟁의 결과 승자에게는 승리감과 자기도취, 오만에 빠지게 하는 동시에 패자들에게는 열등감과 무력감, 더 열악한 환경을 초래함으로써 평등성을 침식시키며 경제적 효용과 개인의 성패에 집중하게 함으로써 인식적 개방성을 저해하기 때문이다.[90] 그러나 포도원 주인은 그들도 같은 몫을 받을 자격이 있다고 미쉬팟(대변/변호)

한다. 먼저 온 순서대로가 아니라 역순으로 품삯을 지급하도록 한 데에도 분명 포도원 주인의 깊은 의도가 담겨 있는 것이다. 아침 일찍부터 고용되어 하루 종일 일한 일꾼들 중 누군가는 향후 갑작스러운 사고로 일자리를 얻지 못할 때 비로소 일하고 싶어도 일할 수 없어 하루 종일 빈둥거려야만 했던 일꾼에게 하루 품삯을 주며 배려해 준 포도원 주인의 의도를 이해할 수 있을 것이기 때문이다. 부양해야 할 가족을 생각하며 하루 종일 일자리를 찾아 가슴을 졸인 일꾼도 비록 한 시간밖에 일할 수 없었지만 그에게도 하루 품삯이 필요함을 주인은 알았던 것이다.

예수께서는 출애굽한 이스라엘 백성에게 아무 대가 없이 일용할 양식인 만나를 내려주신 하나님께서 언제나 가난한 사람들의 처지를 깊이 공감하시는 분이시며 그들의 권리 회복을 위해 적극적으로 일하고 계심을 알려주셨다. 그러므로 포스트 코로나 시대를 맞아 일하고 싶어도 일할 수 없는 사람들이 비록 오늘날의 능력주의적 관점에서는 아무 공로도 인정받을 수 없는 존재들로 간주될지라도 하나님의 관점에서는 이들을 위한 최소한의 생계보장과 지원이 필요한 것이다. 이처럼 기독교적 정의관은 고대 그리스 로마 철학에 기초한 인습적 정의관을 초월하여 탈인습적 정의관, 즉 삼위일체 하나님의 세 위격 간의 관계성과 평등성, 개방성을 지향한다는 점에서[91] 기본소득과 맥을 같이 한다고 볼 수 있다.

4. 기독교적 정의관에 기초한 탈인습적 기독교교육의 교수학습과정

이제 이런 논의들을 바탕으로 기독교교육은 어떻게 구성될 수 있을까. 김현숙이 지향하는 탈인습적 기독교교육의 모본은 예수에게서 찾을 수 있다. 탈인습적 기독교교육의 교사로서 예수는 하나님 나라, 즉 삼위일체 하나님의 신적 공동체의 관계성, 평등성, 개방성을 지향하는 분명한 교육목표 하에서 다양한 교육방식을 통해 학습자들로 하여금 자기 자신 및 사회적 이데올로기에 대해 비판적으로 사고할 수 있도록 교육했다. 그의 질문과 비유 속에서 발견되는 모호함과 혼란은 사람들의 상상력을 자극함으로써 다양한 해석의 가능성을 열어주었고 이로써 당시 당연시되었던 인습적 관행이 재고될 수 있었다.[92] 신약에서 예수의 하나님 나라는 구약에서 히브리 노예 해방을 비롯해 불공평한 사회구조 속에서 고통당하는 사람들을 공감(체다카)하고 그들을 위해 신원(미쉬팟)하기를 원하셨던 하나님의 뜻과 일맥상통한다. 오순절 성령 체험 이후 사도행전 4장 32절은 예수의 하나님 나라 운동이 유무상통의 공동체로 구체화되었음을 보여준다. 이런 점에서 기독교적 정의관은 단순히 기회의 평등이나 능력주의에 따른 배분적 정의 개념과 구별됨을 확인할 수 있다. 또한 그것은 인류의 오랜 역사 속에서 인간의 탐욕과 죄악으로부터 비롯된 천부적 조건의 상이성에 따른 불평등을 개혁하는 데까지 나아가야 함을 시사한다. 또한 교육방식에 있어 예수의 비유는 현실을 반영할 뿐만 아니라 그것의 뒤틂을 통해[93] 일상 속에서 우리가 미처 인식하지 못했던 부분을 깨달을 수 있도록 돕는다. 예수께서는 인습에 젖은 학습자들을 직접적으로 훈계하시기보다는 현재 상황을 객관화함으로써 그들로 하여금 스스로 정직한 자기 대면을 통해 내면의 허위의식을 자각하게 했다.[94] 이로써 기존 통념에 따라 스스로를 의롭다고 자처했던 사람들이 하나님의 관점에서 얼마나 큰 차이가 있는지를 깨닫도록 하셨다.[95] 리처드 아스머(Richard R. Osmer)에 따르면, 이것은 비유가 가진 잠재적 교육(hidden teaching)에 해당한다.[96]

그러므로 탈인습적 기독교 성인교육의 교사들은 이런 예수의 본을 좇아 사회변혁을 위한 교육에 집중할 필요가 있다. 특히 인식적 차원에서 학습자들이 기존의 가치관을 무비판적으로 수용함으로써 사회적 고정관념과 편견을 답습하게 되는 위험으로부터 벗어나 기독교적 가치를 통해 그것이 어떤 결과를 초래하며 어떤 문제를 발생시키는지, 그러한 인식적 근거는 무엇인지 등을 비판적으로 성찰하게 함으로써 행위의 전환이 일어날 수 있도록 도울 필요가 있다. 뿐만 아니라 비록 종교적 교리를 통해 형성된 의미관점이라 할지라도 그것이 과연 예수께서 중시했던 하나님 나라, 즉 삼위일체 하나님의 관계성과 평등성, 개방성을 지향하는지를 비판적으로 성찰해 볼 필요가 있다.[97] 이를 위해 신학 각 분야 간의 토의를 비롯해서 다양한 간학문적인 연구가 장려된다. 일례로, 샌델은 오늘날 능력주의의 근거가 일면 기독교적 신념과 연관되어 있음을 지적했다. 그에 따르면, 프로테스탄트 종교개혁이 가톨릭의 공로 사상에 대한 반론에서 출발했음에도 불구하고 칼빈의 교리가 청교도적 노동윤리로 치환됨으로써 능력주의로 회귀하는 역설을 초래하고 말았다. 그 결과, 미국을 비롯하여 세계 곳곳에는 능력주의에 근거한 사회 보상체계가 공고화되었고 사회적 소외계층에 대한 공감의 여지는 점점 더 희박해지고 있다.[98] 일례로, 불법적인 채권 추심에 대한 성서적 대안의 한 가지로 부채탕감 운동이 시행되고 있지만 가난한 사람들에 대한 고통이나 사회구조적 한계에[99] 초점을 맞춰 문제를 다루기보다는 채무자들의 도덕성을 운운함으로써 부채탕감 운동의 효과를 침식시키고 있다.[100] 이는 본질적으로 인간의 고통에 대한 기독교적 성찰을 요구한다. 예컨대, 전통적인 신정론이 가진 한계를 정치신학이라든지 해방신학, 여성신학, 과정신학 등 상황 신학을 통해 고찰해야 할 필요가 있으며[101] 고통 받는 사람들을 향한 하나님의 체다카-미쉬팟을 현실 속에서 구현할 수 있어야 할 것이다.

궁극적으로 탈인습적 기독교 성인교육은 교회의 사회적 책임과 공적 역할을 환기할 필요가 있다. 서론에서 언급했듯이, 현대 사회에서 인센티브 보상체계의 확립과 점점 더 심화되는 불평등, 양극화의 문제, 가난을 대물림할 수밖에 없는 소외계층의 확대와 앞으로 제4차 산업혁명의 도래를 앞두고 예견되는 더 큰 사회적 문제 등을 예방, 극복하려는 시도들 가운데 기본소득 제도가 사회와 학계 등에서 논의되고 있다. 이런 맥락 속에서 기독교적 정의관에 기초한 탈인습적 기독교 성인교육은 학습자들로 하여금 오늘날 자조(自助) 사상 및 자유의 우선성에 근거한 신자유주의적 에토스를[102] 무분별하게 추종하는 대신 성서적 가르침을 기초로 하나님의 뜻을 분별하고 이를 행동으로 실천하게 할 필요가 있다. 이를 위해 방법적으로 전환학습을 비롯한 비판적 성인학습이론의 구체적인 적용이 기독교 성인교육의 현장에서 요구된다. 잭 매지로우(Jack Mezirow) 등에 의해 제기된 비판적 성인학습이론은 성인 학습자들로 하여금 기존의 체제에 순응해 비인간화되고 도구적인 삶을 사는 대신 세계를 주체적으로 인식하게 함으로써 민주주의의 가치를 확대하고 공동선에 참여하게 한다.[103] 전환학습의 교수학습과정은 사회 속에서 왜곡된 가정이 무엇인지를 가려낸 후 그 가정의 타당성을 검증하고 대안을 모색하는 과정을 통해[104] 기존의 규범과 가치를 비판적으로 성찰함으로써 변혁적 통찰력을 구성하게 한다. 이처럼 탈인습적 기독교교육의 성인 학습자들은 가난에 대한 사회적 통념을 재고하고 부유층을 위한 각종 특혜와 조세제도 등 사회구조적인 문제에 대해 고찰함으로써[105] 그동안 무의식적으로 답습해 온 인습적인 인식을 전환하기 위해 노력해야 할 것이다.

이런 논의들을 바탕으로 향후의 과제를 제안하면 포스트 코로나 시대의 정의 실천을 위한 탈인습적 기독교 성인교육의 변혁적 교육과정이 구체적으로 마련되어야 할 것이다. 그것은 첫째, 기독교교육의 학습자들로 하여금 자신이 현재 누리고 있는 것들과 하나님으로부터 받은 은혜를 깊이 성찰할 수 있도록 돕는 교육내용을 포함한다. 인식적 차원에서 그것은 자원의 희소성을 기반으로 갈등과 경쟁을 당연시하는 사회관과 사적 이익의 추구를 합리적이라고 규정하는 자유주의적 이데올로기를 문제시해야 한다. 또한 영적인 차원에서 이제까지 베푸신 하나님의 은혜를 상기시킴으로써 하나님께 대한 믿음과 신뢰를 다지고 그동안 자신이 의지해왔던 맘몬과 우상들을 끊어버리도록 회개를 도전해야 한다. 결국 행동적 차원에서 소유에 대한 자신의 배타적 권리를 주장하는 대신에 하나님으로부터 받은 은혜를 거저 나눌 수 있도록 학습자들을 도전, 격려해야 할 필요가 있다.[106]

둘째, 그것은 축복, 예배, 복음 전도 등 기독교의 기본 개념들을 재개념화하는 과정을 통해 기독교 신앙의 본질적인 목적과 이유를 재고할 수 있게 하는 것을 포함한다. 창세기 18장 19절에 나타나듯이 기독교교육의 학습자들은 하나님의 부르심이 단지 자신의 개인적 필요를 채우기 위함이 아니라 하나님 나라와 의, 이웃과 사회의 필요를 채우는 것임을 분명히 인식할 수 있어야 할 것이다. 이를 위해 기존에 가졌던 하나님의 축복, 복음 등의 개념이 하나님 나라, 체다카-미쉬팟의 관점에서 재정의될 필요가 있다.

마지막으로 셋째, 변혁적 교육과정은 교육의 결과가 교회를 통해 자연스럽게 사회로 확산될 수 있도록 공적 역할에 대한 관심을 고무시키고 현실 사회 안에서 포도원 주인의 법과 제도를 입법화, 구체화할 수 있도록 학습자들을 교육해야 할 목표를 지닌다. 이를 위해 기독교 시민운동에 대한 관심과 논의가 제고되어야 할 필요가 있다.[107] 예를 들면, 기본소득 등을 통해 실직과 생활고로 생존의 기로에 서 있는 사람들을 위해 사회적 안전망을 강화하는 데 동참하고 기존의 불의한 대출 관행의 시정 및 불법적 채권 추심을 근절하는 법제화 과정에 힘과 지혜를 모으는 것이 필요하다.[108] 또한 포스트 코로나 상황에서 심화되는 교육의 양극화 문제에 관심을 갖고 누구라도 추가적으로 비용을 지불하지 않아도 마음껏 공부할 수 있도록 국공립 도서관의 설립과 확대, 시설 개선을 위해 주민참여예산제 등 주민자치활동에 적극적으로 참여하도록 격려할 필요가 있다.

5. 나오는 말

지금까지 본고는 사회적 통념으로 자리 잡은 정의의 철학적 개념이 어떤 한계가 있는지를 비판적으로 재고하고 마태복음 20장에 등장하는 포도원 주인의 비유가 구약에서 강조되는 체다카-미쉬팟에 기초한 하나님 나라, 기독교적 정의관을 나타낸다는 점을 논증함으로써 기독교교육에 있어서 정의의 재개념화를 통한 전환학습의 가능성을 모색했다. 일반적으로는 각자의 노력에 따라 응분의 몫을 받게 되는 배분적 정의나 비례적 정의, 교환적 정의 등의 개념이 수용되고 있고 누구라 할 것 없이 자유와 평등의 가치를 역설하고 있지만 사람마다 태생적으로 다른 출발선 상에서 있다는 본질적인 문제, 그리고 게임의 룰이 누구에 의해서 어떻게 정해지느냐 하는 문제들이 다루어질 필요가 있기 때문이다. 이에 대해 성서는 기독교적 정의가 하나님의 자비와 사랑에 근거한 하나님의 구원과 관련되며 이는 곧 억압과 고통 가운데 있는 사람들에 대한 배려와 관심으로부터 그들의 권리를 대변해줌으로써 그것을 회복시키는 데까지 이르러야 함을 알려준다. 즉, 성서는 천부적으로 열위에 놓인 사람들에 대한 배려와 공감(체다카), 더 나아가 그들의 빼앗긴 권리를 회복하기 위한 적극적인 변호(미쉬팟)를 통해 포스트 코로나 시대의 기독교교육 학습자들이 기독교적 정의를 어떻게 실천할 수 있는가에 대한 올바른 지침을 제공한다. 그러므로 체다카-미쉬팟에 기초한 기독교적 정의관을 통해 기독교교육의 학습자들은 정의에 대한 인습적 이해를 초월해 사회변혁을 위한 탈인습적 실천으로 나아가야 할 필요가 있다. 코로나 이후 사회적 양극화와 불평등의 가속화가 문제시되고 있는 오늘의 현실 속에서 탈인습적 기독교교육은 관계성과 평등성, 개방성에 기초한 예수의 하나님 나라 비전을 어떻게 구체화시킬 수 있을지를 끊임없이 모색하는 가운데 전환학습을 포함한 비판적 성인학습이론 및 다양한 간학문적 지식들을 활용함으로써 학습자들로 하여금 현존하는 사회의 규범 및 제도, 인습을 초월하여 하나님 나라를 위한 탈인습적 이해와 실천으로 나아가도록 변혁적 교육과정을 마련해야 할 것이다.

미주

1) 이 논문은 2021년 학술지 「신학사상」 제195집에 게재된 논문을 수정, 보완한 것으로 2020년 대한민국 교육부와 한국연구재단의 지원을 받아 수행된 연구임 (NRF-2020S1A5B5A17091101).

2) Esmé Berkhout et al., "The Inequality Virus." Oxfam, accessed May 25, 2021, from https://www.oxfam.or.kr/inequality-report-2021-inequality-virus.

3) 김익환, "코로나 1년... 가계 빚 153조 폭증," 「한국경제」 2021년 5월 26일, https://www.hankyung.com/economy/article/2021052583511(2021. 10. 10); 이상원, "코로나 세대 구직자 5명 중 2명, 빚 있다... 평균 3287만원," 「중소기업뉴스」 2021년 8월 4일, http://www.kbiznews.co.kr/news/articleView.html?idxno=84794(2021. 10. 10); 나상현, "약한 고리된 자영업자, 코로나에 832조 '빚 폭탄' 노출," 「서울신문」 2021년 8월 2일, https://www.seoul.co.kr/news/newsView.php?id=20210802500116 (2021. 10. 10).

4) 토머스 모어의 『유토피아』에 처음 등장한 것으로 알려진 기본소득이란 재산이나 소득 정도, 노동 여부나 노동 의사와 관계없이 모든 사회 구성원에게 균등하게 지급되는 소득으로 미국의 알래스카 주에서 시행되고 있는 영구기금 배당금(Permanent Fund Dividend)에서 그 실례를 찾을 수 있다. 안효상, "기본소득이란?" 기본소득한국네트워크, https://basicincomekorea.org/all-about-bi_definition/(2021. 8. 10).

5) 최경재, "이재명 '기본소득은 필수정책, 지방정부 차원에서라도 집행되길," MBC NEWS 2021년 7월 28일, https://imnews.imbc.com/news/2021/politics/article/6289688_34866.html(2021. 7. 29); 정현수, "이재명 '기본소득 2023년부터 1인당 25만원씩 지급 공약," 「국민일보」 2021년 7월 22일. http://news.kmib.co.kr/article/view.asp?arcid=0016080954&code=61111111&cp=nv(2021. 7. 23).

6) 신수아, "野, 이재명 기본소득안에 맹공... '퍼주기 · 좌파 포퓰리즘 정권,'" MBC NEWS 2021년 7월 22일, https://imnews.imbc.com/news/2021/politics/article/6288415_34866.html(2021. 7. 23); 김현지, "기본소득, 기본주택, 억강부약... 철 지난 운동권식 급진 포퓰리즘," New Daily 2021년 7월 22일. https://www.newdaily.co.kr/site/data/html/2021/07/20/2021072000241.html(2021. 7. 23).

7) 미국의 경우 롤링 주빌리를 통해 21년 현재까지 학자금 및 의료비 대출과 벌금, 요금 등으로 채권추심에 시달리는 채무자들의 3천만 불(한화 약 380억 원) 이상에 해당되는 부채가 면제되었고 이런 분위기 가운데 미국국회는 대학생들을 대상으로 학자금

대출금 면제와 등록금 면제 정책을 고려하고 있다. 한국에서는 2015년에 주빌리 은행이 설립되어 부실채권 100억 원 이상을 소각해서 2천명 이상의 채무자들을 구제했다. https://rollingjubilee.org(2021. 5. 10); Ann Larson, "Academia, Grassroots Organizations, and Debt: Forming a genuine collaboration," *Common Dreams*, April 22, 2019, accessed May 10, 2021, from https://www.commondreams.org; 희년은행, https://jubileetogether.net(2021. 5. 10).

8) 베이어는 니클라스 루만(Niklas Luhmann)의 이론을 차용하여 글로벌 사회에서 기독교가 종교적 기능(religious function)에 안주하는 대신 종교적 실천(religious performance)에 참여함으로써 종교의 사사화를 극복할 수 있을 것으로 전망했다. Peter F. Beyer, "Privatization and the Public Influence of Religion in Global Society," *Theory, Culture and Society* 7.2 (1990): 379.

9) 한목협 편, 『한국 기독교 분석 리포트』 (서울: URD, 2013), 259-260; 이상화 엮음, 『2028 한국교회 출구전략』 (서울: 브니엘, 2017); 강성영 외, 『한국교회 개혁을 위한 신학』 (김포: 너의 오월, 2019) 등을 참고하기 바람.

10) 정원범, "코로나19, 공동체와 한국교회의 회심," 황홍렬 편, 『코로나19와 한국교회의 회심』 (서울: 동연, 2020), 134-140.

11) 기본소득에 대해서는 다음을 참고하기 바람. 필리프 판 파레이스, 야니크 판데르보흐트, 『21세기 기본소득』 홍기빈 옮김 (서울: 흐름출판, 2018); 브루스 액커만, 앤 알스톳, 필리페 반 빠레이스 외, 『분배의 재구성』 너른복지연구모임 옮김 (서울: 나눔의 집, 2010); 가이 스탠딩, 『기본소득』 안효상 옮김 (파주: 창비, 2018); 앤디 스턴, 리 크래비츠, 『노동의 미래와 기본소득』 박영준 옮김 (서울: 갈마바람, 2019).

12) 곽호철, "실낙원에서 복낙원으로의 귀환: 인공지능과 노동, 그리고 기본소득," 「신학사상」 181 (2018).

13) 정용한, "기본소득 논의를 위한 성서적 제안: 공관복음서의 희년과 하나님 나라 운동을 중심으로," 「신학논단」 95 (2019).

14) 강원돈, "기본소득 구상의 기독교윤리적 평가," 「신학사상」 150 (2010): 196-197.

15) John Elster, "Comment on Van der Veen and Van Parijs," *Theory and Society* 15.5 (1986): 719. 필리프 판 파레이스, 야니크 판데르보흐트, 『21세기 기본소득』, 243에서 재인용함.

16) 한편 경제학자 강남훈은 토지 보유세 과세를 통한 기본소득의 지급을 주장하는데 이는 노동 소득은 사유하고 토지 불로소득은 공유하는 지공주의 사상에 기초한다. 강남훈, 송주명, 안현효, 『오늘 시작한 미래』 (서울: 다돌책방, 2017), 62-63; 김윤

상, “희년과 특권 없는 세상,” 김근주 외, 『희년』(서울: 홍성사, 2019), 303.

17) 김현숙, 『탈인습성과 기독교교육』(서울: 대한기독교서회, 2004); 토마스 H. 그룸, 『기독교적 종교교육』 이기문 옮김 (서울: 대한예수교장로회총회교육부, 1983).

18) 기독교적 전환학습에 대한 논의는 다음을 참고하기 바람. 백은미, “고통의 종교적 의미 형성을 위한 전환학습,” 「신학사상」 174 (2016): 261–301; 유은주, “기독교적 전환학습의 구성에 대한 고찰,” 「신학논단」 108 (2022): 95–126.

19) 국립국어연구원, 『표준국어대사전』, http://stdweb2.korean.go.kr/search/List_dic.jsp(2021. 9. 21).

20) *Oxford English Dictionary*, http://www.oed.com(2021. 5. 10).

21) John R. Donahue, “Biblical Perspectives on Justice,” in *The Faith that Does Justice*, ed. John C. Haughey (New York: Paulist, 1977), 69.

22) 레종 데타트란 정의의 원리에 반하여 단지 국가적 이익을 기초로 주장되는 순전히 정치적인 이유를 의미한다.

23) Hannah Arendt, *Eichmann in Jerusalem* (New York: Penguin Books, 1994), 21–22.

24) 현행법상 국가 차원에서 저질러진 조직적인 학살을 다루는 데 어려움이 있음은 아렌트도 인정하는 바다. Ibid., 290–291.

25) Robert C. Solomon and Mark C. Murphy, eds., *What is Justice*, 2nd ed. (New York and Oxford: Oxford University Press, 2000), 3.

26) 강희원, “마르크스가 본 아리스토텔레스: 정의론을 중심으로,” 「법철학연구」 20.2 (2017): 219–221.

27) 이때 법(nomos)이란 성문법만을 의미하는 것이 아니라, 타인과의 조화로운 관계를 위해 규정된 규범이나 관습까지 포함한다. 아리스토텔레스는 정의(혹은 부정의)에 있어서 적법성과 공정성은 전체(whole)와 부분(part)의 관계로 보았다. 즉, 불공정한 것은 모두 법에 어긋나지만 법에 어긋난다고 해서 모두 불공정한 것은 아니기 때문에, 공정성은 적법성의 일부분이라는 것이다. Aristotle, *Nicomachean Ethics*, trans. C.D.C. Reeve (Indianapolis, IN: Hackett, 2014), 77–80.

28) 아리스토텔레스, 『니코마코스 윤리학』 강상진 외 공역 (서울: 길, 2011), 38.

29) 아리스토텔레스는 명예, 부, 혹은 사람들 간에서 나눌 수 있는 것들의 배분, 할당에 있어서 발견할 수 있는 정의를 배분적 정의로 표현했다. 그에 따르면, A:B=C:D에서 A와 B는 사람, C와 D는 분배될 물건, 혹은 그에 상응하는 가치라고 하면, A가 C를 얻고, B가 D를 얻은 후에도 그 비율이 일정할 때 A, B에 대한 C, D의 분배는

정의롭다고 할 수 있다. Aristotle, *Nicomachean Ethics*, 81–84.

30) 강희원, "마르크스가 본 아리스토텔레스: 정의론을 중심으로," 219.

31) Aristotle, *Nicomachean Ethics*, 85.

32) 강희원, "마르크스가 본 아리스토텔레스: 정의론을 중심으로," 233.

33) 에밀 브루너, 『정의와 자유』 전택부 역 (서울: 대한기독교서회, 2007), 23.

34) 강희원, "마르크스가 본 아리스토텔레스: 정의론을 중심으로," 215–216.

35) 조만, "정의에 대한 기독교 윤리적 접근," 「기독교와 교육」 7 (1991): 20.

36) 일례로 아리스토텔레스는 통치권자의 폭력을 옹호했다. Aristotle, *Nicomachean Ethics*, 85.

37) Richard H. Bell, *Rethinking Justice: Restoring Our Humanity* (Lanham, MD: Lexington Books, 2007), 1–4.

38) 조만, "정의에 대한 기독교 윤리적 접근," 20.

39) Robert C. Solomon and Mark C. Murphy, eds., *What is Justice*, 4.

40) 밀러는 이런 원리에 따르면 만일 A라는 사람이 B보다 생산력이 두 배라면 당연히 A는 B보다 두 배로 보상을 받아야지 10배를 보상받아서는 안 된다고 평가했다. David Miller, *Political Philosophy* (New York: Oxford University Press, 2003), 76–77.

41) Ibid., 83.

42) Ibid.

43) 존 롤즈, 『정의론』 황경식 옮김 (서울: 이학사, 2003), 155.

44) Ibid., 60.

45) Ibid., 46, 195.

46) 자유 우선성의 원칙이라 불리는 제 1원칙은 평등한 자유를 규정하고 보장하며 차등의 원칙이라 불리는 제 2원칙은 소득과 재산의 분배, 권한과 책임 등에 있어서 불평등은 모든 사람들에게 이익이 될 경우에만 국한해서 허용될 수 있음을 의미한다. 이 두 가지 원칙이 사회의 기본 구조에 적용될 때 권리와 의무의 할당 및 사회경제적 이득의 배분이 규제될 수 있다. Ibid., 105–106.

47) Ibid., 123–129.

48) John Rawls, *A Theory of Justice* (Cambridge, MA: Harvard University Press, 1971), 101–102.

49) 마이클 샌델, 『공정하다는 착각』 함규진 옮김 (서울: 미래엔, 2020), 200–202; 『정의란 무엇인가』 이창신 옮김 (파주: 김영사, 2010), 223–229.

50) 센은 정의 담론을 크게 초월적 제도주의(transcendental institutionalism)와 현실중심적 접근법(realization-focused comparison)으로 양분하면서 롤즈가 전자에 속한다고 보았다. Amartya Sen, *The Idea of Justice* (Cambridge, MA: The Belknap, 2009), 5-8.

51) 롤즈는 칸트의 사회계약 사상을 토대로 정의관을 제시한 한편, 노직(Robert Nozick)은 로크의 자연법 사상을, 테일러(Charles Taylor)와 샌델은 아리스토텔레스와 헤겔의 사상을, 고디어(David Gauthier)는 홉스의 사상을 정의와 연결시키는 등 많은 학자들은 과거의 접근법들을 활용하여 정의관을 부흥시켰다. 또한 1980년대 중반에 맥킨넌(Catherine A. MacKinnon)과 길리건(Carol Gilligan) 등은 정의에 관한 새로운 접근법을 발전시켰다. 이처럼 정의에 관한 이론화 과정이 롤즈로부터 새로운 황금기를 맞이했다. Will Kymlicka ed., *Justice in Political Philosophy: Mainstream Theories of Justice*, vol. 1 (Brookfield, VT: Edward Elgar, 1992), xii.

52) 김현숙, 『탈인습성과 기독교교육』, 60-78.

53) Thomas H. Groome, *Christian Religious Education: Sharing Our Story and Vision* (San Francisco, CA: Jossey-Bass, 1980), 35-51, 207-223.

54) 백은미, "예수의 비유를 통해 본 비판적 성인학습의 과제," 「기독교교육논총」 47 (2016): 104.

55) 아우구스티누스는 새벽에 나온 사람은 모태신앙인 사람, 그 다음은 소년기, 청년기, 노년기에 부름을 받은 사람을 의미한다고 보았다. 김득중, 『복음서의 해석과 설교』 (서울: 성서연구사, 1999), 174-175.

56) 김창락, 『귀로 보는 비유의 세계』 (천안: 한국신학연구소, 1997), 22-26.

57) 불트만, 크로산, 다드, 예레미아스 등은 이 구절을 마태의 작업으로 인식한다. 루돌프 불트만, 『공관복음전승사』 허혁 옮김 (서울: 대한기독교서회, 1970), 226; John D. Crossan, *In Parables* (Sonoma, CA: Polebridge, 1992), 109; C. H. Dodd, *The Parables of the Kingdom* (London: Nisbet & Co., 1935), 122.

58) 버나드 브랜든 스캇, 『예수의 비유 새로 듣기』 김기석 옮김 (고양: 한국기독교연구소, 2006), 242.

59) William R. Herzog II, *Parables as Subversive Speech* (Louisville, KT: Westminster/John Knox, 1994), 86.

60) Ibid., 91.

61) Ibid., 95.

62) 버나드 브랜든 스캇, 『예수의 비유 새로 듣기』, 242.

63) 가령, 한 데나리온은 일꾼들에게 그리 넉넉한 품삯이 아니며 주인이 늦은 시간에 일꾼을 고용해서 하루 임금을 모두 준 것 역시 로마제국의 후견인으로서 정치적으로 계산된 관대함에서 비롯되었다고 헤르조그는 주장한다. William R. Herzog II, *Parables as Subversive Speech*, 84–95.

64) 김선정, "포도원 주인의 두 길,"「신약논단」13.4 (2006): 787, 793.

65) C. H. Dodd, *The Parables of the Kingdom*, 122–123; 요아킴 예레미아스, 『비유의 재발견』 황종렬 옮김 (왜관: 분도출판사, 1991), 157–158.

66) 김판임, "포도원 주인의 비유(마 20:1–15)를 통해서 본 경제정의에 대한 예수의 이해,"「신학사상」154 (2011): 5.

67) John D. Crossan, *In Parables*, 111; Bernard B. Scott, *Hear Then the Parable* (Minneapolis, MN: Fortress, 1989), 283–284.

68) 월터스토프에 따르면 기독교인들의 정의 실천을 크게 약화시킨 데에는 니그렌의 영향이 컸다. 니콜라스 월터스토프, 『하나님의 정의』 배덕만 옮김 (서울: 복있는 사람, 2017), 130–133.

69) 안더스 니그렌, 『아가페와 에로스』 고구경 옮김 (서울: 크리스챤 다이제스트, 1998), 91.

70) 니그렌은 이 비유의 본질적 목적을, 하나님의 동기 없는 사랑을 나타내는 것이라고 보았다. Ibid., 88.

71) Ibid., 90.

72) Ibid., 92.

73) Ibid., 257–258.

74) 온두라스의 많은 복음주의 기독교인들은 "원수 갚는 것이 내게 있으니 내가 갚을 것이다"(롬 12:19)에 근거해서 사회적 참여를 거부했다. 니콜라스 월터스토프, 『하나님의 정의』, 130–133.

75) 니그렌은 의인이 아니라 죄인을 부르러 온 예수(막 2:17)와 바리새인들, 또는 기독교와 유대교를 대조시키면서 이런 갈등을 사랑의 종교와 율법의 종교 간의 대립이자 하나님과의 교제 방식에 있어서 상반된 입장으로 이해했다. Anders Nygren, *Agape and Eros*, trans. Philip S. Watson (Philadelphia, PA: Westminster, 1953), 70.

76) 이후에 다루게 될 체다카–미쉬팟을 지칭함.

77) 안더스 니그렌, 『아가페와 에로스』, 70–78.

78) 니콜라스 월터스토프, 『하나님의 정의』, 137-139.

79) 월터스토프는 하나님의 정의를 care로 설명했다. 그것은 누군가를 돌본다는 의미보다는 염려한다는 의미와 가깝다. 그것은 한편으로 타자의 복지를 증진시키고 그가 적절한 대접을 받도록 하는 사랑과도 관련되며 다른 한편으로 누군가 타인의 품위를 손상시키거나 복지를 약화시킬 때 생기는 분노와도 관련된다. Ibid., 168-171.

80) 김학철, "정의롭고 선한 포도원 주인의 비유," 「신약논단」 23. 4 (2016): 914-920.

81) 김판임, "포도원 주인의 비유(마 20:1-15)를 통해서 본 경제정의에 대한 예수의 이해," 8-11.

82) 김학철, "정의롭고 선한 포도원 주인의 비유," 919-920.

83) RSV 등에서 헬라어 디카이오쉬네는 종교적 의미에서의 의(righteousness)로 번역되고 있지만 원어의 용례상 그것은 플라톤의 『국가』에서처럼 justice로 이해될 필요가 있음을 월터스토프가 지적했다. 니콜라스 월터스토프, 『하나님의 정의』, 145-153.

84) 체다카의 어근인 차다크(tsâdaq, 도덕적으로 올바르다, 옳다, 정의롭다)와 이로부터 파생된 명사인 체데크(tsedeq, 올바름, 균등함, 변영), 차디크(tsaddîyq, 의로운, 적법한, 공정한), 치드카(tsidqâh, 의, 은혜) 등을 포함하면 빈도수는 체다카(157회), 차다크(41회), 체데크(118회), 차디크(201회) 등 총 517회에 이른다(표제번호 H6662-H6666). 또한 미쉬팟의 어근인 샤파트(shâphaṭ), 그리고 이로부터 파생된 셰파트(shephaṭ, 심판하다)나 셰페트(shepheṭ, 선고하다), 샤파트(shâphâṭ, 심판하다), 셰파탸(shephaṭ yâh, 여호와께서 심판하신다) 등을 포함하면 그 빈도수는 미쉬팟(421회), 샤파트(203회), 셰페트(16회), 셰파탸(13회) 등을 모두 합산하여 663회에 이른다 (표제번호 H8199-H8204, H4941). *Strong's Hebrew and Greek Dictionaries*, http://www.e-sword.net/downloads.html.(2021. 2. 12).

85) Jonathan Sacks, "Re'eh (5767) - Tzedakah: The Untranslatable Virtue," http://rabbisacks.org.(2021. 7. 18).

86) *Brown-Driver-Briggs Hebrew Lexicon*, https://www.bibletools.org/.(2018. 8. 10). 삿 5:11, 시 40:10, 시 51:14, 사 61:10 등에서 체다카는 구원과 관련되어 있음을 보여주며 시 94:4, 시 94:8, 시 50:6, 시 96:13, 시 99:4, 사 5:16, 사 58:2, 렘 11:20 등에서 올바른 재판을 통해 억울한 자를 신원하는 과정을 나타낸다. Bruce C. Birch, *Let Justice Roll Down: The Old Testament, Ethics, and Christian Life* (Louisville, KY: Westminster/John Knox Press, 1991), 154-155.

87) 체다카와 미쉬팟은 성서에서 공평과 정의 외에도 다양하게 번역되고 있으며 한국어

의 개념과 혼란의 여지가 있으므로 본고에서는 원어를 그대로 사용함.

88) G. Johannes Botterweck et al., eds., *Theological Dictionary of the Old Testament*, vol. 9, trans. David E. Green and Douglas W. Scott (Grand Rapids, MI: Eerdmans, 1998), 87. 이들 단어들은 번역의 비일관성, 잘못된 번역 등으로 인해 그 중요성이 잘 인식되지 못한 한계가 있다는 점을 학자들은 지적한다. 니콜라스 월터스토프, 『하나님의 정의』, 148; 김근주, "하나님의 나라와 공평과 정의," 김근주 외, 『희년, 한국사회, 하나님나라』 (서울: 홍성사, 2012), 112.

89) 김판임, "포도원 주인의 비유(마 20:1–15)를 통해서 본 경제정의에 대한 예수의 이해," 16.

90) 유은주, "능력주의와 미래의 기독교교육 연구," 김난예 편, 『미래 세대와 기독교교육』 (서울: 한국기독교교육학회, 2022), 285.

91) 김현숙, 『탈인습성과 기독교교육』, 60–78.

92) 백은미, "예수의 비유를 통해 본 비판적 성인학습의 과제," 104–106.

93) 김학철, "정의롭고 선한 포도원 주인의 비유," 911.

94) 백은미, "예수의 비유를 통해 본 비판적 성인학습의 과제," 101–103.

95) 비유를 통한 예수의 교육 스타일은 소크라테스의 본을 따르는 견유학파와 유대주의의 결합을 특징적으로 보여준다. F. Gerald Downing, *Cynics and Christian Origins* (Edinburgh: T & T Clark, 1992), 139–157. David B. Gowler, 『최근 예수의 비유 연구 동향』 김세현 옮김 (서울: 기독교문서선교회, 2015), 115에서 재인용함.

96) Richard R. Osmer, *Teaching for Faith* (Louisville, KY: Westminster/John Knox, 1992), 153.

97) 백은미, "예수의 비유를 통해 본 비판적 성인학습의 과제," 98.

98) 마이클 샌델, 『공정하다는 착각』, 68–76.

99) 이상현, "'몸 팔아서라도 갚아라' 고금리에 성매매까지 강요," 「노컷뉴스」 2012년 5월 31일, https://www.nocutnews.co.kr/news/941057(2018. 5. 10); 연체율은 저소득 계층과 고연령층, 고금리 대출일수록 심각하다. 제윤경, "서울시 가계부채의 현황 및 악성과 진단과 대책(I)," 「서울연구원 정책 리포트」 155 (2013): 13. https://www.si.re.kr/node/47636(2021. 5. 10).

100) 그러나 최근에 영화 "오징어 게임"은 인물들의 에피소드를 통해 누구나 불운으로 빚더미에 오를 수 있다는 것을 시사했다. Henry Wong, "Squid Game: The Hellish Horrorshow Taking the Whole World by Storm," *The Guardian*,

September 28, 2021, from https://www.theguardian.com.(2021. 9. 29).

101) 백은미, "고통의 종교적 의미 형성을 위한 전환학습," 264–274.

102) Milton Friedman and Rose Friedman, *Free to Choose* (New York: Harcourt, 1990), 148.

103) Jack Mezirow and Associates, *Learning as Transformation* (San Francisco, CA: Jossey–Bass, 2000); 스테판 브룩필드, 『성인학습을 위한 비판이론』 기영화 외 공역 (서울: 학지사, 2009), 33–38, 64–71; Leona M. English and Peter Mayo, Learning with Adults (Rotterdam: Sense Publishers, 2012); Stephen Brookfield and John D. Holst, *Radicalizing Learning: Adult Education for a Just World* (San Francisco, CA: Jossey–Bass, 2011).

104) 백은미, "고통의 종교적 의미 형성을 위한 전환학습," 280.

105) 스티글리츠는 사회경제적 양극화의 원인을 지대 추구와 금융화, 규제 완화에서 찾았다. 그밖에 상위 계층을 대상으로 한 정부의 세금 감면 정책, 특히 자본 이득에 대한 세율 인하 조치를 날카롭게 공격했다. 조지프 스티글리츠, 『불평등의 대가』 이순희 옮김 (파주: 열린책들, 2013), 173–177, 191–232.

106) 기독교교육학자인 마리아 해리스는 체다카–미쉬팟 개념에 기초하여 그동안 당연한 권리로 여겼던 자신의 권리를 포기, 양도하는 것을 '주빌리 정의'로 표현했다. 유은주, "주빌리 정의를 위한 주빌리 교육의 내용," 「기독교교육논총」 62 (2020): 293–294.

107) 우스노우에 따르면, 효과적으로 시민 사회에 참여하는 데 필요한 기술들을 다음 세대의 리더들에게 전수하는 것이 중요하며 이를 위해 소그룹 등을 통해 학습자들로 하여금 개인적 삶과 사회적 이슈들에 대해 성찰하도록 도전해야 한다. 로버트 우스노우, 『기독교와 시민사회』 정재영, 이승훈 공역 (서울: CLC, 2014), 99–127.

108) 스티글리츠는 사회경제적 양극화를 해결할 수 있는 다양한 경제적 대안들을 소개하고 있다. 조지프 스티글리츠, 『경제 규칙 다시 쓰기』 김홍식 옮김 (파주: 열린책들, 2018)을 참고하기 바람. 또한 장윤재는 신자유주의 경제체제에 대한 대안으로 생명 밥상 운동, 대안 화폐 운동, 착한 소비 운동, 기독교 사회책임투자 운동 등을 제안한다. 장윤재, "기후붕괴, 문명의 전환 그리고 신학의 재구성," 황홍렬 편, 『코로나19와 한국교회의 회심』 (서울: 동연, 2020), 60–61.

더 읽을거리

김현숙. 『탈인습성과 기독교교육』. 서울: 대한기독교서회, 2004.

백은미. “예수의 비유를 통해 본 비판적 성인학습의 과제.”「기독교교육논총」47 (2016): 95-126.

유은주. “능력주의와 미래의 기독교교육 연구.”『미래 세대와 기독교교육』 김난예 편, 269-296. 서울: 한국기독교교육학회, 2022.

월터스토프, 니콜라스. 『하나님의 정의』 배덕만 옮김. 서울: 복있는 사람, 2017.

Groome, Thomas H. *Christian Religious Education: Sharing Our Story and Vision.* San Francisco, CA: Jossey-Bass, 1980.

02

호모 콩코르스를 지향하는 탈인습적 성서교육[1)]

● 최은택 ●

1. 들어가는 말

오늘날 우리가 살아가는 시대는 다양한 용어로 정의될 수 있다. 그중 하나가 바로 "인공지능시대"(The Era of Artificial Intelligence)이다. 고도로 발달된 과학기술, 특별히 인공지능(Artificial Intelligence)이 인류에 막대한 영향을 미치며 사회를 급격하게 변화시키고 있기 때문이다.[2] 이에 따라 사회 전반에서는 다양한 영역의 변화가 요구되고 있다. 그것은 성서교육에 있어서도 마찬가지이다. 성서는 기독교의 경전이자 동시에 교육의 중요한 교재로서 성서교육을 통해 개인적으로 기독교인의 자아정체감을 형성하게 하고 또 교회적으로 공동체의 유지와 존속을 가능케 하기 때문이다. 그런 의미에서 인공지능시대 새로운 성서교육에 관한 연구와 실천은 시대적으로 중요한 과제라고 할 수 있다.

현재 인공지능은 인터넷, 클라우드 컴퓨팅, 빅데이터 등의 기술을 활용하여 초연결성, 초지능성, 예측가능성의 특징적 사회를 구현하고 있다.[3] 초연결성이란 연결성이 높거나 혹은 연결성 자체를 초월하는 것을 말하고 초지능성이란 초연결성을 통해 쌓여진 막대한 데이터를 가지고 패턴을 파악하는 것을 의미하며 예측가능성이란 분석된 결과를 통하여 미래를 예측하고 이를 통하여 새로운 가치를 창출하는 것을 의미한다. 이 세 가지 특징들은 자동화와 연결성으로 설명될 수 있는데 초지능성과 예측가능성은 인공지능이 빅데이터를 통해 자동화를 수행하는 과정에서 구현되는 것이고 초연결성은 인공지능이 인터넷을 통해 연결성을 강화할 때 이루어지는 것이기 때문이다.[4] 이러한 특성들을 염두에 두고 인공지능시대의 핵심적 가치를 한 단어로 요약해 보자면 그것은 '융합'(Convergence)이라고 할 수 있다. 인공지능이 구현하는 시대적 특성들은 다양한 영역과 자원 간의 융합을 통해 이루어지는 것이기 때문이다. 그런 의미에서 인공지능시대는 융합 혁명의 시대라고 볼 수 있다.[5]

그렇다보니 현대 사회에서는 다양한 분야의 융합 현상이 일어나고 있고 또 창의 · 융합형 인재를 양성하기 위하여 '융복합교육'이 진행되고 있다. 융복합교육은 단일 교과 혹은 영역의 개별적 차원을 넘어서 다양한 교과들과 영역들 간의 대화를 가능케 하고 여러 교과와 영역 간 그리고 학습자의 삶으로까지 연계되어 통합될 수 있게 하는 교수방법 혹은 행정체계이자 동시에 현대 사회가 요구하는 역량들을 계발할 수 있게 하는 교육이라고 할 수 있다.[6] 이것은 오늘날 인공지능시대가 지향하는 가치와 요구하는 역량들을 계발하는 데 있어 효과적인 교육방식으로 이해되고 있다. 그런 의미에서 성서교육도 융복합교육을 활용한 성서교육이 진행될 필요가 있다.

그렇다면 융복합교육을 활용한 성서교육은 어떻게 진행될 수 있을까?

이를 위해 본 연구는 우선적으로 그동안 진행되어져 왔던 성서교육의 상황을 파악하고자 한다. 이를 통해 앞으로 진행되어야 할 성서교육의 과제를 제시한 뒤 인공지능시대를 위한 융복합적 성서교육의 신학적 근거를 마련하고 또 이를 기반으로 융복합적 성서교육의 모형을 제시해 보고자 한다. 본 연구의 목적은 인공지능시대에 요구되는 새로운 성서교육의 모형으로서 융복합적 성서교육의 구체적인 모형을 제시하는 데 있다.

2. 성서교육의 현황

1) 성서교육의 상황

기독교 신앙은 오랜 시간에 걸쳐 신앙공동체에 의해 다양한 방법으로 후대에 전수되었다. 간략하게나마 살펴보자면 먼저, 초기에는 구전이나 파피루스, 양피지 등 두루마리(scroll) 문서로 전수 되었다가 오늘날 일반적으로 사용되는 코덱스(codex) 형태로 된 성서가 만들어지고 보급됨에 따라 주로 성서교육을 통해 전수되고 있다.[7] 여기서 성서교육은 신앙교육이라는 말로 바꾸어 쓸 수 있는데 신약시대 기독교 신앙교육은 예수로부터 시작되었다. 복음서, 특별히 마태복음에 나타난 예수는 교사로 묘사되고 있다.[8]

교사로서의 예수는 무형식적이며 비형식적 교육을 했고 또 회당으로부터 벗어나 다양한 장소들(산, 들, 바다 등)에서 교육을 했으며 당시 율법의 내용을 강조했던 유대 지도자들과는 달리 율법의 완성(마 5:17–18)과 하나님 나라(마 4:17; 4:23; 마 13:3–50) 등에 대해 가르쳤다. 복음서(마 8:1; 막 3:7–8; 눅 6:17; 요 6:5)와 유대 역사가 요세푸스(Josephus)의 기록에 따르면, 예수는 공생애 시절 교사로서 많은 이들에게 영향력을 미치고 많은 무리를 이끌었다.[9] 특별히 예수는 성서 교육의 내용과 대상의 특성을 이해하고 학습자 중심의 맞춤형 교육을 진행했는데 이를 통해 많은 이들에게 영향력을 미치고 또 그들로 하여금 예수의 가르침을 따르게 했다.[10]

예수의 가르침을 통해 형성된 초기 기독교의 신앙교육은 주로 가정과 교회에서 이루어졌다.[11] 가정에서는 부모들이 자녀들을 가르쳤고 교회에서는 주로 사도들이 성도들을 가르쳤다. 특별히 교회에서는 집회, 예전, 케리그마 곧 복음에 관한 말씀 선포로 신앙교육이 이루어졌다. 이후 교부시대에 들어서 주후 313년에는 콘스탄티누스의 밀라노 칙령이 발표됨에 따라 교회가 제도화, 대중화되기 시작하였고 신앙교육은 교회를 중심으로 진행되었다. 특별히 로마에 의해 정규 교육기관으로 교리문답학교와 같은 공식적 교육제도가 정착 및 발전되었는데 이때 교사의 역할은 주로 감독이나 교부들이 수행하였다.[12]

중세에 들어서는 수도원, 성당학교, 대학이 출현함에 따라 신앙교육의 장이 보다 확대되었다.[13] 이에 따라 다양한 교사들, 곧 수도사, 사목, 대학 교수 등이 등장했다. 이들이 진행한 교육의 내용은 주로 교권 교육과 교권 확장을 위한 것, 봉건제를 지키기 위한 것들이 많았다. 이러한 방식의 교육은 종교개혁자들(Luther, Zwingli, Calvin)의 저항을 받았고 종교개혁자들은 성서의 권위를 중요시하며 성서를 모든 판단의 근거로 했다.[14] 그렇다보니 성서 언어와 해석에 대한 교육을 강조하였고 만인사제설을 토대로 모든 성도를 교육의 주요 대상으로 삼았다. 또 교육의 영역을 교회에서 가정으로 확대하였고 가정에서의 부모교육의 중요성을 강조하였다. 뿐만 아니라 교육의 주체를 교회에서 국가로 변경하고 공교육을 진행했는데, 이는 공교육과 신앙교육이 분리되는 결정적 계기를 마련했다.

이러한 과정을 지나면서 오늘날 성서교육은 공교육과 분리되어 기독교 신앙교육의 차원에서 진행되는 경향이 있다. 물론 기독교 대학이나 일부 대학의 종교학과에서 교양교육의 차원으로 진행되는 경우도 있다.[15] 하지만 대부분의 경우 교회를 중심으로 진행되고 있다. 이에 대해 간략하게나마 살펴보자면 교회에서의 성서교육은 주로 목회자를 중심으로 예배시 설교나 소그룹 성경공부 모임의 형식으로 진행되고 있다.[16] 먼저 설교에서 성서는 성도들로 하여금 기독교적 삶을 살아가도록 교육하는 주요 교재로 활용된다. 성서는 기독교의 경전이자 하나님의 메시지를 소개하는 중요한 도구이기 때문이다. 하지만 안타깝게도 목회자들의 전략적 초점, 관심사에 따라 본문이 편향되어 교육되는 경향이 있다. 또 다양한 소그룹 모임에서는 여러 형태의 교재를 통해 교육되고 있는데, 주로 목회자 혹은 평신도 지도자들이 주도하고 있다. 이때 교재는 교회별로 편차가 큰 편인데 교재가 있는 경우에는 교재의 매뉴얼을 따라 진행이 되지만 교재가 없는 경우에는 보통 정해진 성서 본문을 읽고, 의미화 하는 방법으로 진행되기도 한다. 교재가 있는 경우에는 보통 주어진 질문에 대하여 해답을 찾는 방식의 단답형 암기식 교재를 중심으로 성서교육이 진행되는 경향이 있다.[17]

2) 성서교육의 도전

그렇다면 인공지능시대에 성서교육은 어떻게 변화되어야 하는가? 이를 알아보기 위해서는 우선, 현재 진행되고 있는 성서교육의 특징을 파악할 필요가 있다. 일반적으로 성서교육은 대부분 성서의 권위를 강조한 '내용 중심의 교육'과 성서를 가르치는 '교사 중심의 교육'이 진행되고 있다.[18] 이것은 성서가 권위 있는 하나님의 말씀이라는 교조적 인식과 더불어 내용전달의 필요성과 효율성 때문이다. 그렇다보니 성서교육은 성서에 관한 지식 혹은 내용 전달 차원에 머무르는 경향이 있다.

그런가 하면 이선영은 그동안 성서교육이 교사 중심의 '강의법'을 의존했다는 것을 지적하면서 이것이 학습자들에게 성서의 내용을 정확히 이해하는데 도움이 되지만 자칫 단조롭고 따분하며 지식 전달 차원에 그칠 위험이 있다고 주장하였다.[19] 물론 강의법은 정해진 시간에 많은 양의 지식을 전달하는 차원에서 시간의 효율성과 편의성의 장점이 있지만 학습자들로 하여금 주체적인 역할을 하지 못하게 하고 또 수동적 태도를 취하게 한다는 단점도 있다. 무엇보다도 이러한 교육방식이 문제가 되는 것은 성서 해석의 주체로서 학습자의 역할을 제한하고, 또 내용과 지식전달 중심의 교육으로 인해 학습자들의 경험을 간과한다는 것이다.[20] 그렇다보니 학습자들은 성서와 직접적인 관계를 맺을 수 없고 앎과 삶의 괴리가 있을 수밖에 없는데 이것은 학습자들의 흥미와 참여의 저하 문제로 연결되었다.

다행히 한편에서는 전통적 성서교육 방식에 문제를 제기하면서 다양한 교육적 변화에 관한 연구들이 시도되고 있다. 우선, '학습자의 연령과 발달상황'을 고려한 교육방법에 대한 연구이다.[21] 이것은 효과적인 성서교육을 위해서 학습자의 연령과 발달상황을 고려해야 한다는 것이다. 또 다양한 '성서교육방법'에 관한 연구이다.[22] 이것은 다양한 교수학습방법, 예를 들어 토의법이나 내러티브, 신비적 방법론의 활용을 통해 전통적인 성서교육의 한계를 극복하기 위한 시도이다. 그런가 하면, '학습자들의 자발적 참여'를 이끌어내는 교육방법에 관한 연구이다.[23] 이것은 성서교육의 주체를 교사에서 학습자로 교체하고자 하는 시도로 학습자들의 자발적 참여와 더불어 삶의 변화를 이끌어내는 전인적 차원에서의 교육이라고 할 수 있다. 이러한 연구들은 기독교 신앙의 가치와 의미가 계속해서 후대에 전수될 수 있도록 하고 또 성서로 하여금 신앙공동체의 살아있는 이야기가 되도록 한다. 그런 의미에서 이런 연구는 긍정적으로 평가될 수 있으며 앞으로도 계속 변화하는 시대와 상황에 맞는 성서교육 연구가 활발히 이루어져야 할 것이다.

그럼에도 불구하고 현재 인공지능시대 성서교육에 관한 논의와 연구는 미미한 상태이다. 인공지능시대의 도래에 대한 인식과 담론의 형성은 비교적 최근의 일이기 때문이다. 인공지능시대의 변화와 이를 위한 새로운 성서교육의 중요성을 인식한다면 인공지능시대에는 어떤 방식의 성서교육이 진행되어야 하는가에 대한 질문과 연구는 중요한 과제라고 할 수 있다. 특별히 인공지능시대에는 핵심 가치인 '융합'을 고려한 성서교육이 진행되어야 할 것인데 이를 위해서는 우선 신학적 관점에서 인공지능시대에 대해 고찰하고 인공지능시대에 요구되는 인간상을 마련할 필요가 있다.

3. 인공지능시대를 위한 성서교육의 신학적 근거

1) 인공지능시대와 새로운 인간 이해로서 사회적 삼위일체론

"삼위일체론"(Theory of the Trinity)은 역사적 · 성서적으로 세 가지 위격, 곧 성부 하나님, 성자 예수 그리스도, 성령으로 나타난 한 분 하나님에 대한 이론이다. 이는 기독교의 독특한 신적 담론을 형성하기 때문에 신학의 핵심 주제가 된다.[24] 그런 의미에서 인공지능시대에 대한 삼위일체론적 접근과 이해는 기독교교육의 중요한 과제라고 할 수 있다. 전통적으로 삼위일체론은 주로 한 분이신 하나님이 어떻게 삼위, 곧 성부, 성자, 성령으로 존재할 수 있는지, 또한 삼위 사이의 관계에 관한 내적 신비를 탐구하는 형태로 연구가 진행되었다.[25] 하지만 20세기 초 바르트(K. Barth)의 등장 이후 삼위일체론은 기독교인의 삶과 연계되는 보다 더 실제적이면서도 다양한 방식의 차원으로 확대되었다. 교리적 차원에서의 '신학적 해석'을 넘어 기독교인들의 '실천적 삶'에 연계하려고 하는 다양한 시도로 이어지게 된 것이다.[26] 그중 대표적인 것이 바로 사회적 삼위일체론이다.

사회적 삼위일체론은 삼위일체 하나님의 관계적 유비를 인간 사회와의 연관 속에서 살펴보고자 하는 시도로 몰트만(J. Moltmann)에 의해 제시되었다.[27] 몰트만은 서방교회의 삼위일체론을 비판적으로 수용하고 동방교회 전통과의 대화적 결합을 시도하였다.[28] 특별히 그는 서방교회 전통의 삼위일체 하나님 이해보다 동방교회 전통의 '페리코레시스'(Perichoresis)적 삼위일체 하나님 이해, 곧 성부, 성자, 성령의 관계를 상호순환적 혹은 상호내재적 관계로 이해하는 것이 더 성서적이고, 진리를 더 많이 담고 있다고 보았다. 성서의 하나님은 한 분이 아니라 세 분으로 나타나고 계시는데 서방교회 전통의 한 분 하나님 인식은 예수 그리스도의 역사에 기반을 둔 사고가 아니라 철학적 전제 혹은 자연신학적 전제에 가깝다고 보았기 때문이다.[29] 이러한 이해를 토대로 그는 삼위일체 하나님이 공동체로서 사귐으로 초대하고 있으며 이는 자연과 인간 세계의 정의롭고 생명력 있는 공동체적 원형이 된다고 주장했다.[30]

무엇보다 몰트만의 하나님 이해는 기본적으로 성서에 기반을 둠과 동시에 경험적 성격이 강하다. 그에게 있어서 경험은 신학적 중요한 토대가 되고 있기 때문이다.[31] 그는 경험을 통해 신학이 이론적 탁상담화를 넘어 교회의 삶과 세계의 구체적인 경험으로 출발하는 공동체의 이야기를 형성하고 성서의 진술을 보다 더 숙고하고 심화시킬 수 있어야 한다고 보았다. 그리할 때 역사 속에 함께하고 계시는 하나님을 이해하고 경험할 수 있기 때문이다.[32] 특별히 이것은 헤겔(G. Hegel)의 역사철학으로부터 기인하는데 그에게 있어 삼위일체 하나님은 역사의 주체로서 십자가와 부활, 절망과 희망 등의 대립적인 개념들 안에서 변증법적으로 역사적 완성을 이루어 가시는 분이다.[33] 이러한 관점에서 본다면 하나님은 여전히 인공지능시대라는 역사적 정황 속에서 자기를 실현하고 계신 것으로 이해될 수 있다. 이것은 인공지능시대의 특징, 곧 초지능성, 초연결성, 예측가능성이 삼위일체 하나님의 속성과도 밀접한 관련 속에서 이해될 수 있다는 것을 의미하기도 한다. 또 이것은 인공지능시대를 바라보는 새로운 관점의 렌즈를 제공하는데 이를 통해 인공지능시대를 통해 자기를 실현하는 하나님을 기대하고 긍정적 전망을 가지고 접근할 수 있다.[34]

이러한 몰트만의 사회적 삼위일체론을 통한 신적 공동체의 유비는 페리코레시스적 신적 공동체의 모형을 통해 인간 공동체의 생활과 경험을 이해하고 삶의 규범을 제시하는 원리로 제시될 수 있다.[35] 페리코레시스 개념은 자아와 타자 사이의 다원성 속에서 고유의 개체성을 그대로 유지하면서도 하나로서의 일치를 지향한다는 점에서 개인과 개인, 개인과 공동체, 공동체와 공동체 사이의 상호적 관계의 지평을 넓혀줄 수 있기 때문이다. 김현숙은 페리코레시스적 신적 공동체의 특성(관계성, 평등성, 개방성)을 토대로 탈인습적 신관을 제시했는데 이를 통해 바람직한 인간 공동체의 특징이 규명될 수 있다고 보고 개인과 공동체에 긍정적 변화를 줄 수 있는 기본 명제로서 탈인습적 기독교 자아정체감, 곧 관계적, 평등적, 개방적 자아 정체감의 형성 가능성을 제시하였다.[36] 이것은 삼위일체론적 관점에서 새로운 인간상을 정립하고 교육 가능성의 기회를 제공한 것이라고 할 수 있는데 이러한 접근은 인공지능시대에도 여전히 사회적 삼위일체론에 따라 기독교교육학적 담론을 이어갈 수 있고 또 이를 통해 새로움과 동시에 긍정적인 희망의 기독교교육의 모형을 마련할 수 있다는 것을 의미한다. 특별히 오늘날에는 인공지능시대의 특징에 부합하는 새로운 인간상을 제시함과 동시에 교육의 필요성이 증가하고 있다. 인공지능이 초래하고 있는 변화들이 그것을 요구하고 있기 때문이다.[37] 이를 위해 다음 절에서는 포스트 휴머니즘 담론을 통해 변화되고 있는 인간상과 삼위일체론적 근거를 토대로 인공지능시대의 새로운 인간상에 대해 고찰해 보고자 한다.

2) 포스트 휴머니즘과 융합적 인간

포스트 휴머니즘은 후기구조주의와 포스트모던의 맥락에서 휴머니즘과 반휴머니즘의 대립의 종말을 고하고 더 긍정적 새로운 대안과 계기를 마련하는 차원에서 시작된 담론이다.[38] 휴머니즘은 인간주의 혹은 인간중심주의, 곧 만물의 척도로서 인간과 인간의 가치, 특별히 유럽 백인 남성의 가치를 최우선으로 하려는 믿음으로 이해될 수 있는데 이것은 역사적으로 여러 가지 문제를 야기했다.[39] 그로 인해 반휴머니즘이 등장했는데 이는 페미니즘, 탈식민주의, 평화운동 등으로 이어졌다.[40] 문제는 이것이 모두 '인간' 중심의 접근이라는 특징을 지니고 있는데 그렇다보니 반휴머니즘도 역시 모순이 발생할 수밖에 없었다.[41] 자신들이 비판하고 극복하고자 했던 휴머니즘적 이상을 옹호하고 다른 부류에 적용하는 셈이 되었기 때문이다.

이러한 맥락에서 두 담론의 한계를 극복하기 위해 등장한 것이 바로 포스트 휴머니즘이다. 여기서 '포스트'(post)의 개념은 휴머니즘의 '후기'를 의미하는 것이 아니라 '해체' 혹은 '탈'로서의 의미를 가지고 있다. 오늘날 인간이라는 개념 자체가 다양한 모순을 야기한 것은 물론, 과학의 진보와 지구적 경제 문제의 이중 압력으로 인해 새롭게 탈피하여 재정의될 필요가 있기 때문이다.[42] 브라이도티(R. Braidotti)에 따르면, 포스트 휴머니즘은 접근 방식에 따라 크게 세 가지 유형으로 구분된다. 그것은 각각 반동적, 분석적, 비판적 접근이다.[43]

먼저, 반동적 접근은 자유주의적 관점에서 민주주의, 자유, 인간의 존엄성을 보장해 주는 근대의 휴머니즘을 철저히 옹호하며 휴머니즘의 역사적인 쇠락 가능성이나 위기를 거부하고 포스트 휴머니즘 담론에 부정적으로 접근하는 것이다.[44] 반대로 분석적 접근은 과학기술의 학제적 영역에서 발생한 포스트 휴머니즘의 분석적인 형태로서 인간과 자연, 자연과 문화, 인간과 기계 사이의 경계를 뛰어넘어 상호연계성을 강조하며 행위의 주체로서 기술을 강조하는 측면이 있다.[45] 마지막으로 비판적 접근은 두 접근 방식이 간과한 것들을 넘어서고 또 그 한계를 극복하는 차원에서 진행되는 담론이다. 이는 포스트휴먼 주체에 대한 '긍정의 관점'을 발전시키고자 하는 접근으로 포스트구조주의, 반보편주의적 페미니즘, 반식민주의가 보여준 인간 주체와 인류 전체에 대한 사유의 방식에 기초하고 있으며 인간-인간 아닌 타자들의 상호연계에 주목한다. 이를 통해 자아-중심의 개인주의를 거부하도록 요청하고, 자신과 더불어 타자들과의 안녕을 결합하는 형태로 상호-연계에 기반을 둔 새로운 방식을 마련한다.[46]

특별히 비판적 접근은 기존 인간중심의 단일적 주체의식을 넘어 비단일적 주체를 위한 윤리적 기반을 마련하고 인간이 인간주의 및 개인중심주의를 넘어 타자들(자연, 동물, 기계 등)과의 상호연계성을 가질 수 있도록 확장된 의식을 제안한다. 이를 기반으로 인간과 타자들 사이의 "긍정의 유대"(affirmative bond)를 형성할 수 있다.[47] 그런 의미에서 비판적 포스트 휴머니즘의 접근이 인공지능시대 새로운 인간상을 정립하는 데 있어 가장 적합한 것으로 이해될 수 있다. 인간과 타자들, 특별히 인공지능 기술과 긍정적 유대의 관계를 맺고 나아갈 수 있는 가능성을 제시하고 또 이에 기반을 둔 포스트휴먼으로서 새로운 인간상을 정립할 수 있게 하기 때문이다.

그렇다면 비판적 포스트 휴머니즘의 관점에서, 또 사회적 삼위일체론적 관점에서 새로운 인간상을 어떻게 제시할 수 있을까? 이것은 인공지능시대를 살아가야 하는 인간에게 있어 매우 중요한 과제라고 할 수 있다.[48] 먼저, 비판적 포스트 휴머니즘은 인간-기계/기술 등과의 편협한 관계 속에서 포스트휴먼을 규정하고자 하는 분석적 휴머니즘과는 달리 이분법적 차원의 관계를 넘어서는 새로운 주체로서의 인간상, 특별히 긍정의 관점으로 인간과 타자들과의 상호-연계적 관계에 기반을 둔 인간상을 모색하게 한다. 그런가 하면 사회적 삼위일체론에 근거한 탈인습적 신관의 특징, 곧 관계성, 평등성, 개방성을 지닌 인간은 신-인간, 인간-인간의 관계를 넘어 인간-비인간의 관계를 모색하게 한다.

이러한 맥락에서 새로운 인간상에 관한 개념을 제시하자면 그것은 바로 '융합적 인간'이라고 할 수 있다. 우선, 인공지능시대의 특징들(초지능성, 초연결성, 예측가능성)은 인공지능을 통해 사람, 사물, 공간 등 다양한 영역과 자원들의 연결을 통해 융합을 추구하기 때문에 융합적 가치를 지향하고 수행할 수 있는 인간을 필요로 하기 때문이다.[49] 이때 필요한 능력은 바로 융합능력인데 신학적 관점에서도 중요한 함의를 지닌다. 탈인습적 신관의 특성들(관계성, 평등성, 개방성)은 인간으로 하여금 자신의 개체성을 유지하면서도 타자와 사물들 간에 개방적 자세로 평등적 관계를 맺으며 나아갈 것을 요구하는데 이를 위해서 가장 필요한 능력 가운데 하나가 바로 "융합능력"(convergence ability)이기 때문이다. 융합능력이란, 학문과 기술 등 다양한 영역들을 융합하고 연결하는 능력은 물론, 대인 관계에 있어서는 기계와 인간, 인간과 인간의 상호 간 원활한 의사소통과 더불어 상호 호혜적 관계를 맺는 능력과 관계가 있다. 융합은 기본적으로 조화를 추구하는 개념이기 때문이다.

3) 융합적 인간으로서 호모 콩코르스

그렇다면 융합적 인간은 좀 더 구체적으로 어떻게 개념화할 수 있을까? 오늘날 고도로 발달된 과학기술은 기존의 인간의 정의, 예를 들어, 이성적이고 지혜로운 존재로서의 인간, 곧 "호모 사피엔스"(Homo Sapiens)와 같은 규정의 혼란 혹은 종말을 야기하고 있다.[50] 그 중심에는 인공지능이 있다. 인공지능 기술이 로봇공학과 결합하여 호모 사피엔스로서 인간 개념의 재개념화를 요구하고 있기 때문이다. 초기의 인공지능 프로젝트는 기계가 인간의 지능을 가질 수 있을지에 관한 단순한 질문과 호기심으로 시작하여 인간의 지능을 뛰어넘는 기술의 단계까지 도달했다. 인공지능이 인간보다 더 뛰어난 지적 사유를 할 수 있게 됨에 따라 과학적 호기심을 해결하고 인간의 편의를 위해 개발된 도구가 인간을 대체하는 현상이 발생하게 되었다. 다시 말해 도구적 존재(homo faber)로서 인간이 인공지능이라는 도구를 개발한 주체임은 분명하지만 인공지능에 의해 인간 자신의 규정과 경계, 특별히 호모 사피엔스를 재정의할 필요성이 요구되는 현실에 이르게 된 것이다.[51] 특별히 오늘날에는 정신 업로드(또는 뇌 다운로드) 기술까지 발전되고 있는 상황 속에서 인간의 정신이 컴퓨터에 업로드 된다면, 앞으로 혼란이 더욱 가중될 것으로 보인다.[52]

이러한 상황 속에서 그동안 간과되어 왔던 측면이 있는 인간의 신체,

곧 몸의 중요성이 강조되고 있다. 특별히 성서와 성육신 신학에 기반을 둔 신학적 관점에서 논의가 진행되고 있다. '탈신체화'되어 가는 상황 속에서 인간과 기계의 구분점이 결국 '신체'가 아니냐는 물음들이 나오게 되었기 때문이다.[53] 기독교 신학의 핵심이라고 할 수 있는 성육신 사건, 곧 하나님이 예수 그리스도를 통해 인간의 '몸'을 입고 만물 안으로 들어오셨다는 것은 인간의 몸의 역할과 중요성을 극명하게 드러내주고 있다. 이를 토대로 인간은 정신보다도 몸이 다른 존재와 구별할 수 있게 하는 고유한 본질적 기초가 된다는 것을 이해할 수 있다. 그런 의미에서 융합적 인간의 새로운 개념화는 인간 개체 고유의 정신은 물론, 신체를 포함하는 존재로서의 개념이 정립될 필요가 있다.

이를 위해 어떠한 용어를 활용할 수 있을까? 그것은 바로 '콩코르스'(concors)이다. 콩코르스는 라틴어 형용사로 '화목하는', '합심하는', '일치하는', '조화로운' 등의 의미를 가지고 있다.[54] 이것은 일치와 조화의 의미를 내포하고 있는 용어인 '융합'(convergence)과 일맥상통하기 때문에 '융합하는'이라는 뜻으로 바꾸어 말할 수 있다. 이를 토대로 융합적 인간을 정의하자면, "호모 콩코르스"(Homo Concors)라고 할 수 있다. 인공지능시대는 인간 개인의 정신과 신체는 물론, 인간과 인간, 인간과 비인간 등 다양한 관계에 있어 융합이 요구되기 때문에 융합하는 인간으로서 호모 콩코르스의 정립은 의미가 있다고 볼 수 있다.

특별히 호모 콩코르스는 김현숙이 제시한 탈인습적 패러다임에 기반을 둔다. 탈인습적 패러다임이란, 삼위일체 하나님으로부터 추론된 특징들(관계성, 평등성, 개방성)을 기반으로 바람직한 인간 공동체의 자아상, 곧 관계적 · 평등적 · 개방적 자아를 구축하고 이를 토대로 다양성과 일치성을 추구하며 개인과 공동체를 함께 중시하는 탈인습적 기독교적 자아정체감을 형성해야 한다는 것을 의미한다.[55] 그런 의미에서 호모 콩코르스는 기독교교육의 궁극적 목적이라고 할 수 있는 '하나님의 형상'(창 1:26–27)을 회복하는 것과 깊은 관련성을 지닌다.[56] 이를 통해 호모 콩코르스는 하나님 · 인간 · 자연 · 세상, 특별히 인공지능 기술과도 바람직한 관계를 맺으며 조화로운 삶으로 나아갈 수 있다.

기존 인간과 기계, 특별히 인공지능과의 관계는 보통 '인간 대 기계'의 프레임으로 접근되어 왔다. 하지만 호모 콩코르스를 지향하는 인간은 기계와 더 이상 대립적 관계가 아닌 공생과 협력의 관계로 조화를 이루며 살아가는 인간이 될 필요가 있다. 그리할 때 사회적 삼위일체론적 관점에서 하나님의 자기실현이라고 할 수 있는 인공지능시대의 기술과 긍정적 관계를 맺고 나아가는 것은 물론, 삼위일체적 신적 특성과 비판적 포스트휴머니즘이 지향하는 바를 구현하는 것이기 때문이다. 특별히 브린욜프슨과 맥아피(E. Brynjolfsson, A. McAfee)에 따르면, 인간과 기계의 공생관계는 문제해결에 있어 슈퍼 인공지능보다 더 탁월한 능력을 발휘할 수 있다. 그 예를 잘 보여주었던 것은 인간–기계 혼성팀의 참여를 허용했던 프리스타일 체스 대회였다. 이것은 1997년 당시 체스 세계 챔피언이었던 카스파로프(G. Kasparobv)가 인공지능 프로그램 딥블루에게 패배한 직후 열렸는데 여기서 우승자는 슈퍼컴퓨터가 아니라 인간–기계 혼성팀이었다.[57] 이는 '인간과 기계'의 공생적 관계가 서로 협력하여 사회의 여러 문제들을 해결하고 보다 나은 사회를 만들어 가는 데 도움을 줄 수 있다는 것을 암시한다. 그런 의미에서 호모 콩코르스로서 인간은 인간 사이의 관계를 넘어 비인간과의 관계까지 나아갈 필요가 있는데 이를 염두에 두고 교육을 진행할 필요가 있다.

4. 호모 콩코르스를 지향하는 융복합적 성서교육모형

호모 콩코르스를 지향하는 융복합적 성서교육모형은 어떻게 구성될 수 있을까? 이는 교육 목적과 목표, 교육 방법과 내용, 환경과 평가를 제시하는 방식으로 하나의 모형을 수립하고 제시할 수 있다.

1) 교육 목적과 목표

먼저, 융복합적 성서교육의 목적은 시대적 변화와 요구에 따라 융합적 인간, 곧 호모 콩코르스를 지향하고 양성하는 데 있다. 융합혁명의 시대라고 할 수 있는 인공지능시대는 융합적 인간을 요구하고 있기 때문이다. 인공지능시대의 요구에 따라 호모 콩코르스를 지향하고 양성하는 융복합적 성서교육은 중요한 교육적 함의를 지니고 있다. 이를 통해 기독교 공동체의 유지 및 존속을 추구할 수 있기 때문이다. 뿐만 아니라 이것은 학습자로 하여금 인공지능시대에 기독교적 새로운 자아정체감, 특별히 비판적 포스트 휴머니즘과 사회적 삼위일체론의 맥락에서 탈인습적 신관의 특징들에 기반을 두고 하나님의 형상을 회복하는 것으로서 새롭게 확립할 수 있도록 하는 것이기에 중요하다고 할 수 있다. 이를 통해 교회의 위기 상황과 기독교적 자아정체감 혼란에 따른 다양한 문제들을 해결할 수 있기 때문이다.

이러한 목적을 달성하기 위한 융복합적 성서교육의 구체적 목표로는 6가지 역량들, 곧 관계성, 평등성, 개방성, 연결성, 창의성, 협력성의 역량들을 강화함으로서 융합적 인간, 곧 호모 콩코르스를 양성하는 것이라고 할 수 있다. 이에 대한 이해를 돕기 위해 콩코르스(CONCORS) 용어를 가지고 7가지, 곧 융합성(Convergence), 협력성(Operation with/Cooperation), 연결성(Networking), 창의성(Creativity), 개방성(Openness), 관계성(Relationality), 평등성(Sharing equally/Equality)의 개념으로 나열한 뒤 육각뿔 모형으로 시각화 하면 다음과 같이 제시될 수 있다.

여기서 가장 중요한 핵심은 융합적 인간이 되어야 한다는 것인데, 이를 위해서는 김현숙의 탈인습성의 원칙, 곧 관계성, 평등성, 개방성에 따라

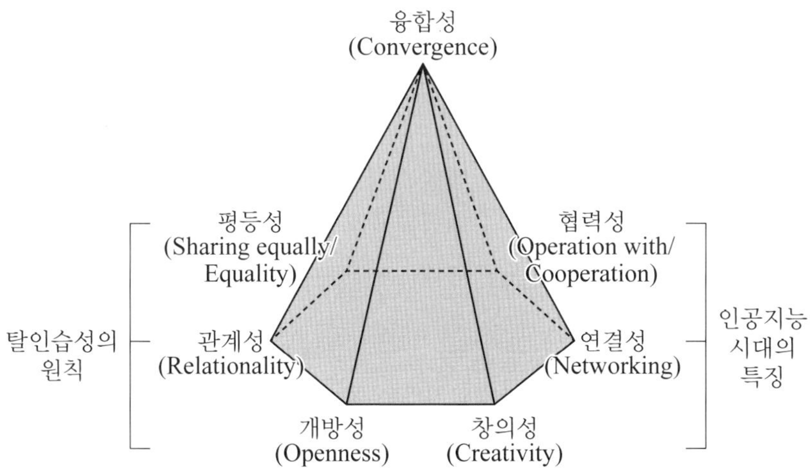

〈그림 1〉 호모 콩코르스 육각뿔 모형

관계적, 평등적, 개방적 과업이 진행되어야 하고 또 인공지능시대의 특징, 곧 초연결성, 초지능성, 예측가능성에 따라 연결적, 창의적, 협력적 과업이 진행되어야 한다는 것이다. 이러한 목표를 가지고 진행되는 교육은 학습자들로 하여금 인공지능시대에 요구되는 인간상인 호모 콩코르스의 역량을 함양하고, 탈인습적 기독교인의 자아정체감 형성은 물론, 인공지능시대 교회와 사회에 야기될 수 있는 다양한 문제들을 해결하도록 도울 수 있다. 이를 위한 구체적 교육 방법과 내용은 다음 절에서 다루도록 하겠다.

2) 교육 방법과 내용

(1) 교육 방법: 프로젝트기반학습(Project Based Learning)

융복합교육은 기본적으로 2개 이상의 전문적 영역의 협동 및 협업을 지향한다. 이를 위한 교수학습방법으로는 다양한 것들이 제시되고 있는데 그것은 각각 혼합학습 혹은 블렌디드 러닝, 플립드 러닝, 문제기반학습(PBL, Problem Based Learning) 혹은 프로젝트기반학습(PBL, Project Based Learning), 게이미피케이션 등이다.[58] 이중, 본 연구에서는 프로젝트기반학습을 활용해 보고자 한다. 융복합교육에 대한 경험과 관심이 있는 국내 교사들을 중심으로 집단 심층 면접을 진행한 결과에 따르면, 주제중심의 프로젝트기반학습이 융복합교육의 교수 · 학습법으로 적절한 것으로 평가되고 있기 때문이다.[59] 프로젝트기반학습이란, 학습자가 단순 지식과 정보를 암기하는 방식의 수동적 학습으로부터 벗어나 주체적으로 배움의 과정에 참여하고 다른 학습자들과 서로 협력하여 창의적으로 문제를 해결할 수 있게 하는 교육방법이다.[60] 이는 다양한 방식으로 진행될 수 있는데, 본 연구에서는 라머 연구진(J. Larmer, J. Mergendoller, S. Boss)이 제시한 방식으로 교육 내용을 구성해 보고자 한다. 이들이 제시한 방법은 20여 년에 걸쳐 개발되어 온 것으로 어느 곳에나 유효한 모델이기 때문이다.[61]

프로젝트 시작에 앞서 가장 우선적으로 진행되어야 할 것은 교사가 프로젝트를 설계하고 준비하는 것이다. 이를 통해 체계적이면서도 순조로운 학습의 진행과 목표 달성이 가능하기 때문이다. 프로젝트의 설계는 (1) 상황 고려하기 (2) 아이디어 구상하기(기존 프로젝트 활용 혹은 나만의 아이디어) (3) 기본 틀 잡기(학습목표수립, 학습결과물 선정, 결과물 전시방법, 탐구질문 작성, 마무리: 성찰과 수정)의 과정을 거쳐 진행될 수 있다.[62] 이 과정에서 교사는 프로젝트 계획표(또는 일정표)를 작성해야 하는데 계획표에는 학습 활동에 대한 계획과 정기 점검, 평가, 비평 혹은 개선을 위한 일정이 포함되어야 하고 또 외부의 협조가 필요할 경우 사전 조율이 필요하다. 뿐만 아니라 특별한 비계와 유인물, 자료 등 학습활동을 지원할 다양한 자료들을 준비해야 한다.[63]

본격적인 학습은 4단계에 걸쳐 진행될 수 있다. 그것은 각각 (1) 프로젝트 시작하기, (2) 지식, 이해, 역량 개발하기, (3) 결과물 발전, 비평, 개선하기, (4) 결과물 발표하기이다.[64] 먼저, 1단계 프로젝트 시작하기는 도입 활동으로서, 교사가 준비된 혹은 학습자들과 함께 만든 탐구질문을 가지고 프로젝트 과정에 착수하게 되는 단계이다. 이 단계에서는 모둠을 구성하고 프로젝트의 주요 결과물을 준비하게 되며 기타 운영 세부 사항도 논의함으로서 프로젝트의 기초를 준비하는 것이다.[65] 이때, 세 가지 활동들(도입활동 진행하기–탐구질문 소개하기–학생질문목록 만들기)이 진행될 수 있고 학습자들은 교사가 준비한 자료, 곧 학습자들의 삶과 관련하여 생각할 수 있는 자료를 보고 탐구질문을 설정한 뒤 KWL 차트(Know, Wonder, Learn)를 활용하여 학생질문목록을 만들 필요가 있다.

2단계 지식, 이해, 역량 개발하기는 학습자들이 프로젝트의 결과물을 만들어내기 위해 필요한 지식과 이해, 역량을 습득하는 단계이다. 이 단계는 수업 당일은 물론, 며칠 혹은 몇 주간 지속이 될 수도 있는데 이 단계부터 교사는 모둠 활동을 관찰하고 적절하게 개입하며, 기초적인 수업과 자료들을 학습자들에게 제공할 수 있다.[66] 특별히 교사는 비계(Scaffolding), 곧 학습자의 인지적 성장에 도움을 줄 수 있는 요소, 환경, 자료를 제공하고 또 학습자들이 학습의 과정을 평가하고 학습의 목표를 성취할 수 있도록 지도하는 것을 준비해야 한다. 학습자들은 준비된 비계 자료뿐만 아니라 독자적 조사 활동이나 관련 분야의 전문가 및 멘토와 만날 수 있는데 이러한 과정 속에서 학습자들은 "이끌어가는 학습자"(leading learner)로서 더 많이 배우고 더 깊은 질문을 던지며 과제를 수행해 나갈 수 있다.[67]

3단계 결과물 발전, 비평, 개선하기는 그동안 배운 것들을 적용해 가면서 탐구질문에 대하여 가능한 답들을 찾는 단계로서 프로젝트의 핵심이라고 할 수 있다. 이 단계에서 교사는 학습자들을 더 깊은 질문으로 이끌기 위해 새로운 경험들(문제의 변형, 활동, 추가적 읽기, 게스트 초대, 현장 학습, 기타 자료)을 제공할 수 있다. 이를 통해 학습자들은 평가를 위한 결과물의 초안, 원형, 아이디어를 제출해 교사와 동료들, 전문가들 혹은 그 결과(또는 서비스)를 사용할 사람들에게 형성평가와 동료평가를 받을 수 있다.[68] 특별히 동료평가에 있어서는 서로를 존중할 수 있는 '존중과 신뢰의 환경', '배려의 문화'가 필요하다. 이를 통해 학습자들은 안전과 편안함을 느낄 수 있고 또 새로운 아이디어의 실험은 물론, 새로운 사람들과 협력할 수 있기 때문이다.[69]

4단계 결과물 발표는 학습자들이 탐구질문에 대한 답에 도달하고 결과물을 완성하는 단계이다. 이 단계에서 학습자들은 자신들의 결과물을 공개적으로 프로젝트의 완성 과정을 설명한다. 이것은 프로젝트의 성패를 좌우하기 때문에 철저한 준비가 필요하다. 특별히 학습자들은 프로젝트의 성격에 따라 다양한 방식으로 결과물을 공개할 수 있다. 청중과의 대면, 혹은 온라인을 통한 프레젠테이션, 작품을 인터넷에 올리거나 전시회를 진행하고 문서 형태의 경우 독자들에게 배부할 수도 있다. 이때, 교사는 학습자들이 만든 결과물을 스스로 평가하고 프로젝트 과정에서 무엇을 배웠는지 성찰할 수 있도록 도움을 주어야 한다.[70] 이상의 내용과 과정은 다음과 같은 표로 정리될 수 있다.

〈표 1〉 프로젝트기반학습의 설계와 과정

<table>
<tr><th colspan="6">프로젝트 설계</th></tr>
<tr><td rowspan="2">1단계</td><td rowspan="2">상황 고려하기</td><td>대상</td><td></td><td>시간/기간</td><td></td></tr>
<tr><td>학습영역</td><td></td><td>장소</td><td></td></tr>
<tr><td>2단계</td><td>아이디어
구상하기</td><td>학습주제</td><td colspan="3"></td></tr>
<tr><td rowspan="3">3단계</td><td rowspan="3">기본 틀 잡기</td><td>학습목표</td><td colspan="3"></td></tr>
<tr><td>탐구질문</td><td colspan="3"></td></tr>
<tr><td>학습결과물</td><td></td><td>결과물전시</td><td></td></tr>
</table>

<table>
<tr><th colspan="5">프로젝트 과정</th></tr>
<tr><td rowspan="8">1단계</td><td rowspan="8">프로젝트
시작하기</td><td>도입활동</td><td></td><td></td></tr>
<tr><td>탐구질문 소개하기</td><td></td><td></td></tr>
<tr><td></td><td>알고 있는 것(K)</td><td></td></tr>
<tr><td>학생질문목록</td><td>알고 싶은 것(W)</td><td></td></tr>
<tr><td></td><td>배우게 된 것(L)</td><td></td></tr>
<tr><td>학습결과물결정</td><td></td><td></td></tr>
<tr><td>모둠 구성</td><td></td><td></td></tr>
<tr><td colspan="3"></td></tr>
<tr><td rowspan="3">2단계</td><td rowspan="3">지식, 이해,
역량 개발하기</td><td>탐구활동 지도</td><td></td><td></td></tr>
<tr><td>비계</td><td></td><td></td></tr>
<tr><td>기타 활동</td><td></td><td></td></tr>
<tr><td rowspan="3">3단계</td><td rowspan="3">결과물
발전, 비평,
개선하기</td><td>새로운 경험들</td><td></td><td></td></tr>
<tr><td>형성 평가</td><td></td><td></td></tr>
<tr><td>동료 평가</td><td></td><td></td></tr>
<tr><td rowspan="2">4단계</td><td rowspan="2">결과물
발표하기</td><td>결과물 발표</td><td></td><td></td></tr>
<tr><td>최종 평가</td><td></td><td></td></tr>
</table>

〈표 2〉 프로젝트 설계: 청소년용

<table>
<tr><th colspan="6">프로젝트 설계</th></tr>
<tr><td rowspan="2">1
단계</td><td rowspan="2">상황
고려하기</td><td>대상</td><td>청소년</td><td>시간/기간</td><td>30분~/4주~</td></tr>
<tr><td>학습영역</td><td>기독교 역사, 사회</td><td>장소</td><td>각 반, 선교지</td></tr>
<tr><td>2
단계</td><td>아이디어
구상하기</td><td>학습주제</td><td colspan="3">뉴스 기자가 되어
바울의 선교여행을 공부하고,
한국의 선교지에 관한 취재를 해 봅시다</td></tr>
<tr><td rowspan="3">3
단계</td><td rowspan="3">기본
틀 잡기</td><td>학습목표</td><td colspan="3">1. 바울의 선교 여정과 한국의 선교지 파악
2. 뉴스 기자의 역할 이해
3. 콩코르스 역량 계발</td></tr>
<tr><td>탐구질문</td><td colspan="3">1. 바울의 선교 여정은 어떠했는가?
2. 뉴스 기자는 어떻게 기획 취재를 하는가?
3. 한국의 선교지의 역사는 어떠한가?</td></tr>
<tr><td>학습
결과물</td><td>한국 선교지
기획 취재 영상</td><td>결과물
전시방법</td><td>유튜브 혹은 SNS
업로드</td></tr>
</table>

이상의 방법을 토대로 교사는 융복합적 성서교육을 진행할 수 있다. 특별히 다양한 대상, 곧 성별, 연령, 수준을 고려하여 진행할 수 있고 또 학습시간이나 기간 등을 고려해 상황과 조건에 맞추어 진행할 수 있다. 예를 들어, 교회학교 분반공부 시간, 속회 공과 시간, 절기 프로그램, 여름성경학교와 같은 계절 프로그램, 사경회 등에서 활용될 수 있을 것이다.[71] 나아가 교회는 물론, 교회 밖의 영역에서도 진행될 수 있다. 프로젝트기반학습은 정규 수업뿐만 아니라 비정규 수업 활용에 있어 유용한 것으로 평가되고 있기 때문이다.[72] 예를 들어, 기독교학교나 캠프 등 특별 프로그램에서 활용될 수 있을 것이다.

(2) 교육 내용

그렇다면 좀 더 구체적으로 융복합적 성서교육의 내용은 어떻게 구성할 수 있을까? 그것은 학습자의 연령 시기에 따라 다르게 구성될 수 있는데 본 연구에서는 청소년기 학습자를 대상으로 선정하여 구성해 보고자 한다. 이를 위해 우선적으로 간략하게나마 청소년기에 대해 알아보자면, 일반적으로 청소년기는 아동기에서 성인기로 넘어가는 시기로서 발달적 측면에서 다양한 변화가 일어나는 시기이다. 코테스키(R. Kotesky)는 청소년기의 발달적 특징을 크게 세 가지로 구분했는데 그것은 각각 신체적 성숙기, 인지적 성숙기, 도덕적 성숙기이다.[73] 그에 따르면, 청소년기는 청소년의 신체적 발달이 생리학적으로 성인 수준에 이르게 되는 시기이고(신체적 성숙기) 피아제의 인지발달이론(감각운동기, 전조작기, 구체적 조작기, 형식적 조작기)에 따라 인지적 발달의 마지막 단계인 형식적 조작기에 이르게 되는 시기이며(인지적 성숙기) 콜버그(L. Kohlberg)가 제시한 도덕발달이론의 마지막 5-6단계(사회적 계약 지향, 보편적 윤리적 원리 지향)에 해당하는 탈인습적 단계로 나아갈 수 있게 되는 시기이다. 다시 말하자면, 청소년기는 신체적 · 인지적 · 도덕적 발달이 아동에서 성인 수준으로까지 성숙하게 되는 시기라는 것이다. 그렇다보니 이 시기에 청소년들은 정체성(identity)의 문제를 놓고 고민하게 된다.[74] 그런 의미에서 정체성 혼란의 문제를 극복하고, 긍정적인 정체성, 특별히 기독교 신앙과 가치에 기반을 둔 기독교적 자아정체감이 형성될 수 있도록 도울 필요가 있다.

이러한 기본적 이해를 바탕으로 청소년을 위한 프로젝트를 다음과 같이 설계해볼 수 있다.

① **프로젝트 과정: 1단계 프로젝트 시작하기(1주차)**

교사가 프로젝트를 설계했다면, 이제 본격적으로 과정에 들어갈 수 있다. 먼저, 교사는 [도입활동 진행하기]를 시작하면서 학습자들에게 '뉴스 기자가 되어 바울의 선교여행을 공부하고 한국의 선교지에 관한 기획 취재를 해 봅시다'라는 주제를 소개하고 이에 대해 생각해 보게 할 수 있다. 이때, 사회의 핵심 이슈를 전달하는 뉴스 기자의 보도 영상을 보여줄 수 있고 또 바울 혹은 선교사에 관한 영상들을 보여줄 수 있다. 그런 다음 [탐구질문 소개하기]를 통해 설계된 내용을 소개한 뒤 학습자들이 학생질문목록(KWL 차트)을 이용해 뉴스 기자의 역할, 바울의 선교 여행, 한국의 선교지에 대해 이미 알고 있는 것, 알고 싶은 것, 배우게 된 것을 스스로 질문하며, 기록할 수 있게 할 수 있다. 그리고 [주요결과물 결정하기]를 통해 학습자들이 어떠한 결과물을 만들어 낼 것인지 선택할 수 있다. 이때, 교사가 미리 설계한 대로 진행이 된다면 한국 선교지에 대한 기획 취재 영상을 만들기로 한다. 물론 이 외의 결과물이 선정될 수 있다. 그런 다음 [모둠 구성하기]를 통해 모둠을 구성하여 [모둠활동의 시작을 돕기]를 진행할 수 있다. 이때, 교사는 모둠별로 모둠명, 구호, 상징물 등을 정하게 하고 역할을 분담할 수 있게 한 뒤, 발표를 하도록 할 수 있다. 그리고 모둠별로 바울의 선교여행의 여정(행 13:1–14:28; 15:36–18:22; 18:23–21:16; 27:1–28:31)을 나누어 다양한 방식(선교 여행 경로 파악, 바울의 심정 이해 등)으로 학습하게 할 수 있다.

② **프로젝트 과정: 2단계 지식, 이해, 역량 개발하기(2주차)**

이 단계에서는 학습자들이 프로젝트의 결과물을 잘 만들어내기 위해 필요한 지식과 이해, 역량을 습득하는 단계이다. 먼저, 교사는 바울을 통해 전파된 복음이 한국에 어떻게 들어오게 되었는지, 한국에 온 선교사들과 주요 선교 유적지들을 소개할 필요가 있다. 이를 토대로 학습자들은 관심 있는 선교사와 선교 유적지를 선택해 취재를 준비할 수 있다. 이때, 교사는 학생질문목록을 확인하여 학습에 필요한 것들을 준비하고 선교사와 한국의 주요 유적지에 관한 정보, 자료들을 제공해야 하는데 만약 자료 준비가 어려울 경우, 한국사 혹은 역사신학 전문가나 멘토 등을 연결하여 학습자들이 프로젝트를 원활하게 진행하도록 도울 수 있다. 학습자들이 서울을 중심으로 취재할 수 있는 선교 유적지들의 몇 가지 예로는 양화진 외국인묘지, 정동제일교회, 새문안교회 등을 들 수 있다.

③ 프로젝트 과정: 3단계 결과물 발전, 비평, 개선하기(3주차)

이 단계에서는 학습자들이 그동안 배운 것들을 가지고 탐구질문에 대한 답을 찾아볼 수 있다. 바울의 선교 여정은 어떠했는지, 뉴스 기자는 어떻게 기획 취재를 하는지, 한국의 선교지는 어떤 역사를 가지고 있는지, 또 현재 어떻게 관리되고 있는지 등에 대해 구체적인 답을 찾아갈 수 있다. 이때, 교사는 새로운 경험들을 제시할 수 있다. 예를 들어, 한국의 근현대사 자료라든가 선교 유적지 관리에 대한 정책 자료 등의 자료들은 결과물을 발전시키는 데 도움이 될 수 있다. 또 가능하다면 학습자들과 함께 혹은 팀별로 영상 촬영 전, 선교 유적지 현장에 답사를 가도록 할 수 있다. 이 과정에서 현지 자료를 얻는다거나 현지인 인터뷰 등을 통해 관련 지식을 얻을 수 있다. 이를 토대로 뉴스 기사 시나리오를 작성할 수 있다. 이때, 팀원들은 작가, 기자, 스태프, 영상 촬영, 편집 등으로 역할을 분담하여 진행할 수 있으며 작성된 시나리오를 통해 예비 영상을 촬영해 볼 수 있다. 촬영 및 편집이 완료된 예비 영상, 곧 결과물 초안을 가지고 교사와 동료들, 전문가들 혹은 전시를 보게 될 사람들에게 중간 평가를 받아볼 수 있다. 만약 평가자들이 개선 혹은 추가적 학습을 요구하면 학습자들은 판단에 따라 2단계로 돌아갔다가 오는 과정을 반복할 수 있다.

④ 프로젝트 과정: 4단계 결과물 발표하기(4주차)

마지막으로 이 단계에서는 학습자들이 프로젝트의 결과물을 완성하여 발표하는 것으로 미리 선정해 놓은 장소에 전시할 수 있다. 특별히 본 프로젝트의 경우, 유튜브 혹은 SNS에 해당 영상을 업로드할 수 있다. 이것은 프로젝트의 성패를 좌우하기 때문에 사전 준비와 계획, 설정이 필요하다. 이때, 교사는 학습자들이 그들이 만든 결과물을 스스로 평가하고 프로젝트 과정에서 무엇을 배웠는지 성찰할 수 있도록 도움을 주어야 한다. 그런 의미에서 교사는 학습자들이 개별적으로 프로젝트가 끝난 뒤 하루 혹은 이틀 정도의 성찰 시간을 갖고 배운 내용을 되새길 수 있는 기회를 마련해야 한다. 뿐만 아니라 학습자들로부터 프로젝트에 대한 보고를 들어 본다거나 학습자 스스로 어떤 부분에 발전이 필요한지 알아내게 하고 성공을 축하하기 위한 이벤트 등을 진행할 수 있다. 이런 과정을 통해 프로젝트를 마무리할 수 있다.

(3) 환경과 평가

융복합적 성서교육의 환경은 먼저, 테크놀로지 기술을 적극 활용할 수 있는 장이어야 한다. 이를 통해 학습의 효과를 극대화할 수 있기 때문이다. 이를 위해 라머 연구진은 다양한 테크놀로지를 소개해 주었는데 그 예로는 에버노트(Evernote), 스케치업(Sketchup), 구글 독스(Google Docs) 등을 들 수 있다.[75] 이 외에도 다양한 기술들을 활용할 수 있는데 학습자들의 학습 목표에 따라, 또 학습자들의 테크놀로지 접근성, 곧 학습자 전원이 사용할 노트북이나 컴퓨터, 인터넷 환경 등을 고려해 볼 수 있다. 둘째, 교사와 학습자, 학습자와 학습자 간 대화와 토론이 가능한 장이어야 한다. 그런 의미에서 특정 장소에 제한을 두지 않고, 교회나 학교, 다양한 공동체와 가정에서도 진행될 수 있다. 뿐만 아니라 최근 코로나19사태로 인해 활발하게 사용되고 있는 'ZOOM'과 같은 실시간 온라인 화상회의 프로그램은 물론, SNS 공간에서도 진행될 수 있을 것이다. 마지막으로, 다양한 경험이 가능한 장이어야 한다. 다른 말로는 다양한 영역 간의 만남의 장이 되어야 한다고 할 수 있는데 이러한 학습 환경을 통해 학습자는 자신의 경험을 넘어 새로운 삶으로 나아갈 수 있고, 또 삶의 다양한 문제들을 해결할 수 있기 때문이다. 이를 위해 학습자들이 직 · 간접적인 경험을 하면서 새로운 통찰을 얻고 또 새로운 삶으로 나아갈 수 있는 기회가 제공되어야 하는데 그것은 미디어, 여행, 놀이 등을 방식을 통해 진행될 수 있다.

그런가 하면 평가는 융복합적 성서교육의 과정을 매듭짓는 차원에서 매우 중요한 작업이다. 이를 통해 교육의 목적과 원하는 결과가 얼마나 산출되고 있는지 알아낼 수 있고 또 강점과 약점을 규명할 수 있기 때문이다. 나아가 추가적으로 어떠한 교육이 진행되어야 할 것인지에 대하여 고찰할 수 있기 때문이다. 이를 위해서는 융복합적 성서교육이 명확한 목적과 목표를 설정하고 진행되어야 할 것인데 앞서 진술한 것처럼 기본적으로 학습자들이 인공지능시대에 필요한 역량 개발과 더불어 기독교적 자아정체감을 확립하는 것을 주요 목적으로 놓고 그 외에 기타 목표들은 학습자들로 하여금 설정하게 할 수 있다. 이때, 결과 · 비교로서의 평가보다는 과정 · 성장으로서의 평가가 진행될 필요가 있다. 이러한 방식의 평가는 학습자들로 하여금 자신의 역량을 얼마나 계발했는지, 또 기독교적 자아정체감의 확립과 성숙을 확인하고, 개선하도록 할 수 있기 때문이다.[76] 이를 위해 프로젝트 일지, 형성 평가, 성찰 저널 등을 준비하여 적극 활용할 수 있을 것이다.

5. 나오는 말

이상과 같이 본 연구는 인공지능시대 새로운 성서교육의 모델로서 융복합적 성서교육모형을 제시하였다. 성서는 기독교 신앙 교육의 가장 중요한 토대이자 기독교 공동체의 유지와 존속에 중요한 기반이기에 성서교육은 그 방식에 있어 시대적 변화가 있을 때마다 적절한 변화가 요구되었다. 이에 따라 인공지능시대에도 새로운 성서교육이 필요한데 본 연구는 그중 하나의 대안적 연구로 이해될 수 있다. 인공지능시대는 융합혁명의 시대로서 융합적 인간을 요구하는데 이를 위해 사회적 삼위일체론적 관점과 비판적 포스트 휴머니즘의 관점에서 시대를 이해하고 사회적 삼위일체론적 원리에 기반을 둔 새로운 인간상으로 호모 콩코르스를 제시하였다. 이를 기반으로 호모 콩코르스를 지향하는 융복합적 성서교육의 구체적인 모형을 수립하였는데 이것은 인공지능시대에 필요한 하나의 새로운 성서교육의 모형으로 이해될 수 있다.

이러한 융복합적 성서교육은 앞으로 다양한 형태로 구성될 수 있다. 본 연구에서 활용되지 않은 방법들, 곧 블렌디드 러닝, 플립 러닝, 게이미피케이션 등을 통해 제시될 수 있을 뿐 아니라 대상에 따라 다양한 내용으로 구성될 수 있을 것이다. 또한 교회 외의 교육 현장을 위한 것으로도 구성되어 활용될 수 있을 것이다. 이로 보건대 본 연구의 학문적 의의는 다음과 같다. 먼저, 인공지능시대를 위한 새로운 성서교육의 모형을 수립하기 위해 성서교육의 현황을 파악했다는 것이고 또 신학적 관점에서 새로운 인간상 곧 호모 콩코르스의 개념을 제시한 뒤 구체적이면서도 체계화된 융복합적 성서교육의 모형을 수립했다는 것이며 나아가 이를 기반으로 후속 연구의 가능성을 제시했다는 것이다. 이것은 성서교육의 위기가 고조되고 있는 상황 속에서 새로운 기회의 장을 마련하는 것이라고 할 수 있다. 연구를 마무리 하는 시점에서 짧은 소고의 특성상 보다 상세한 논의와 다양한 형태의 모형을 제시하지 못한 부분에 대한 아쉬움이 있지만 이를 토대로 인공지능시대에 왜 여전히 성서교육이 유효한지 확인하고 또 다양한 시도와 노력으로 나아갈 수 있을 것이라고 본다.

미주

1) 이 논문은 2020년 학술지 「기독교교육정보」 제65집에 게재된 논문을 수정, 보완한 논문임.
2) 클라우스 슈밥 외, 『4차 산업혁명의 충격』 김진희, 손용수, 최시영 옮김 (서울: 흐름출판, 2017), 18.
3) 원동규, 이상필, "인공지능과 제4차 산업혁명의 함의," 「ie 매거진」 23 (2016): 13-22, 17.
4) 양성진, "4차 산업혁명 시대의 기독교교육의 방향에 관한 고찰," 「신학과 실천」 59 (2018): 567-597, 571-574.
5) 정재승, 『열두 발자국』 (서울: 도서출판 어크로스, 2018), 260.
6) 박숙희, "대학생의 자아실현 함양을 위한 융복합 교육 실천 사례: 성찰저널 쓰기의 교육적 효과를 중심으로," 「인격교육」 3.8 (2014): 47; 차윤경 외, 『융복합교육의 이론과 실제』 (서울: 학지사, 2014), 23-24.
7) 민경식, 『신약성서, 우리에게 오기까지』 (서울: 대한기독교서회, 2010), 45-170.
8) 레이몬드 브라운, 『요한복음 개론』 최홍진 옮김 (서울: 기독교문서선교회, 2009), 335.
9) 스티브 메이슨, 『요세푸스와 신약성서』 유태엽 옮김 (서울: 대한기독교서회, 2009), 228.
10) 김도일 외, 『제4차 산업혁명 시대의 교육목회』 (서울: 기독한교, 2017), 207.
11) 오인탁, 『기독교교육사』 (서울: 한국기독교교육학회, 2009), 62-68.
12) Ibid., 80-94.
13) Ibid., 120-129.
14) Ibid., 140-164.
15) 차정식, "21세기 성서교육과 육하원칙의 재구성," 「기독교교육정보」 40 (2014): 40-41.
16) Ibid., 42.
17) 서중석, "성서교육의 교재와 원리," 「기독교사상」 34 (1990): 94-111.
18) 박은혜, "포스트모더니즘과 교회학교 성경 교수에 있어서 위기와 도전," 「기독교교육논총」 48 (2016): 120; 윤화석, "교회에서의 성경 교수-학습을 위한 방법적 접근," 「성경과 신학」 73 (2015): 282-283.
19) 이선영, "효과적인 성경교수를 위한 창조적 교수-학습 모형 설계," 「기독교교육논

총」38 (2014): 259.

20) 박은혜, "포스트모더니즘과 교회학교 성경 교수에 있어서 위기와 도전," 121–122.

21) 한춘기, 『(학습자의 삶을 변화시키는) 성경교수 방법론』 (서울: 생명의 양식, 2008); 박종석, "성서교육의 내용 선정에 관한 연구," 「복음과 교육」 3 (2006): 271–274.

22) 강용원, 『기독교교육방법론』 (서울: 기독한교, 2008); 김희자, 『창의적인 기독교교육방법』 (서울: 대한예수교장로회총회, 2004).

23) 고원석, "기독교교육의 새로운 접근: 비블리오드라마," 「기독교교육논총」 48 (2016): 1–31; 이수인, "교회학교 교사교육을 위한 문제중심 학습법의 사용," 「기독교교육논총」 37 (2014): 233–259.

24) K. Barth, *Church Dogmatics* I/1, trans. G. W. Bromiley and T. F. Torrance (Edinburgh: T. and T. Clark, 1975), 297.

25) 김현숙, 『탈인습성과 기독교교육』 (서울: 대한기독교서회, 2012), 62.

26) Ibid., 63.

27) J. Moltmann, *The Crucified God: The Cross of the Christ as the Foundation and Criticism of Christian Theology* (Minneapolis, MN: Fortress Press, 1993).

28) 역사신학연구회, 『삼위일체론의 역사』 (서울: 대한기독교서회, 2008), 523.

29) 김명용, "몰트만의 삼위일체론," 「장신논단」 17 (2001): 108–110.

30) 위르겐 몰트만, 『삼위일체와 하나님의 역사』 이신건 옮김 (서울: 대한기독교서회, 2017), 16.

31) Ibid., 329.

32) J. Moltmann, *The Spirit of Life: A Universal Affirmation*, trans. Margaret Kohl (Minneapolis, MN: Fortress Press, 1992), 32.

33) 켈리 케이픽 외, 『현대신학 지형도』 박찬호 옮김 (서울: 새물결플러스, 2016), 57.

34) 김균진, "희망의 하나님–희망의 종교" 「한국조직신학논총」 12 (2005): 33–36.

35) 김현숙, 『탈인습성과 기독교교육』, 60.

36) Hyun–Sook Kim, "Multicultural Religious Education in a Trinitarian Perspective," *Religious Education* 107.3 (2012): 247–261.

37) 김정준, "제4차 산업혁명시대 기독교교육의 인간상," 「한국기독교교육학회 하계학술대회 자료집」 (2019): 40–43.

38) 로지 브라이도티, 『포스트휴먼』 이경란 옮김 (파주: 아카넷, 2017), 53.

39) Ibid., 24–26; T. Davies, *Humanism* (London: Routledge, 1997), 23; J. Derrida, *Margins of Philosophy*, trans. A. Bass (Chicago, IL: The University of Chicago

Press, 1982), 23; 박일준, 『인공지능시대, 인간을 묻다』 (서울: 동연, 2018), 68.

40) 로지 브라이도티, 『포스트휴먼』, 36.

41) 한국교회환경연구소, 『포스트휴먼 시대, 생명 · 신학 · 교회를 돌아보다』 (서울: 동연, 2017), 127.

42) 유경동, "'포스트-휴먼'(post-human)과 과학 기술," 「신학사상」 183 (2018): 116.

43) 로지 브라이도티, 『포스트휴먼』, 54-68.

44) M. Nussbaum, *Not for Profit* (Princeton, NJ: Princeton University Press, 2010).

45) 한국교회환경연구소, 『포스트휴먼 시대, 생명 · 신학 · 교회를 돌아보다』, 130-132.

46) 로지 브라이도티, 『포스트휴먼』, 63-65.

47) Ibid., 66-68.

48) 박일준, "포스트-휴먼 시대의 신학," 「신학과 세계」 85 (2016): 237-238.

49) 김병호, 이창길, 『사람 중심으로 달라져야 할 4차 산업혁명 교육』 (서울: 책나무, 2018), 55; 로베르타 골린코프, 캐시 허시-파섹, 『최고의 교육: 4차 산업혁명 시대 미래형 인재를 만드는』 김선아 옮김 (서울: 예문아카이브, 2018), 6.

50) 유발 하라리, 『사피엔스』 조현욱 옮김 (서울: 김영사, 2016), 22-26.

51) 박일준, 『인공지능시대, 인간을 묻다』, 72-75.

52) 김동환, "테크놀로지 시대의 인간에 대한 신학적 비평," *Canon & Culture* 10.2 (2016): 110.

53) 박일준, 『인공지능시대, 인간을 묻다』, 72-75. 105-106.

54) D. Simpson, *Cassell's Concise Latin-English, English-Latin Dictionary* (London: Cassell, 1963), 45; P. Glare, *Oxford Latin Dictionary* (New York: Oxford University Press, 1985), 391.

55) 김현숙, 『탈인습성과 기독교교육』, 65-66.

56) 한미라 외, 『기독교교육개론』 (서울: 대한기독교서회, 2008), 28.

57) 에릭 비른욜프슨, 앤드루 맥아피, 『제2의 기계시대』 이한음 옮김 (서울: 청림출판, 2016), 239.

58) 이선영, "제4차 산업혁명 시대의 교육심리학," 「한국교육학연구」 23.1 (2017): 233-236.

59) 차윤경 외, 『융복합교육의 이론과 실제』, 82.

60) 양성진, "4차 산업혁명 시대의 기독교교육의 방향에 관한 고찰," 582.

61) J. Larmer, J. Mergendoller and S. Boss, *Setting the Standard for Project Based Learning* (Alexandria, VA: ASCD, 2015]).

62) Ibid., 75–96.

63) Ibid., 102.

64) Ibid., 105.

65) Ibid., 106–114.

66) Ibid., 114–121.

67) T. Groome, *Christian Religious Education* (San Francisco, CA: Harper & Row, 1980), 223.

68) J. Larmer, J. Mergendoller and S. Boss, *Setting the Standard for Project Based Learning*, 121–125.

69) 미첼 레스닉, 『미첼 레스닉의 평생유치원』 최두환 옮김 (파주: 다산사이언스, 2018), 211–218.

70) J. Larmer, J. Mergendoller and S. Boss, *Setting the Standard for Project Based Learning*, 121–125.

71) 강인애, 남선우, "대안적 기독교교육방법으로서의 PBL," 「기독교교육정보」 21 (2008): 403–439.

72) J. Larmer, J. Mergendoller and S. Boss, *Setting the Standard for Project Based Learning*, 159–162.

73) R. Kotesky, "Adolescence as Cultural Invention," in *Handbook of Youth Ministry*, ed. D. Ratcliff and J. Davies (Birmingham, AL: Religious Education Press, 1991), 50–51.

74) R. Pazmino, "The Nature of God from an Adolescent Perspective," *The Journal of Youth Ministry* 1.2 (2003): 42.

75) J. Larmer, J. Mergendoller and S. Boss, *Setting the Standard for Project Based Learning*, 128–131.

76) 이은실, "기독교 교육실천을 위한 성경적 평가의 의미와 원리 탐색," 「기독교교육논총」 52 (2017): 49–64.

더 읽을거리

박일준. 『인공지능시대, 인간을 묻다』 서울: 동연, 2018.

브라이도티, 로지. 『포스트휴먼』 이경란 옮김. 파주: 아카넷, 2017.

차윤경 외. 『융복합교육의 이론과 실제』 서울: 학지사, 2014.

Kim, Hyun-Sook. "Multicultural Religious Education in a Trinitarian Perspective." Religious Education 107.3 (2012): 247-261.

Larmer, J., J. Mergendoller and S. Boss. *Setting the Standard for Project Based Learning*. Alexandria, VA: ASCD, 2015.

03

평화역량을 강화하는 탈인습적 평화교육[1)]

● 조미영 ●

1. 들어가는 말

오늘날 우리는 평화를 위협하는 비평화적 요소가 계속해서 발생하고 또한 반복적으로 일어나는 세상 속에 살고 있다. 20세기는 탈냉전이라는 세기사적인 변화와 함께 막을 내림으로써, 21세기는 인류로 하여금 진정한 평화를 향한 힘 있는 발걸음을 내딛게 될 것이라는 희망을 품게 하였다. 그러나 21세기는 미국에서의 9 · 11 테러 참사로 시작되며 테러와 전쟁과 같은 물리적 폭력만이 아니라, 가속화되는 세계화로 인해 구조적 폭력의 몸살을 앓고 있다. 국가안보의 명목 아래 시작된 전쟁 및 테러리즘의 위협과 핵무기 경쟁, 신자유주의가 초래한 물질만능주의와 경쟁주의, 심화된 빈부 격차, 생태계의 위기, 생명 경시의 풍토 등은 현대 사회가 직면하고 있는 지속가능한 미래를 위협하는 폭력의 문제들이다.

세계화 현상은 경제, 문화, 정치적으로 크게 상호의존적인 국제사회를 만들어 냈다. 그러나 국제적인 상호교류의 활성화는 인류 공통의 관심사인 평화 문제와 함께 분쟁 문제도 증폭시키고 있다. 세계적인 수준의 기아와 빈곤, 정치적 소외, 인플레이션과 에너지 자원의 점증적인 고갈, 국제적 긴장과 전쟁 등은 국제사회의 모든 국가들이 협력하여 해결해야 할 중요한 세계적인 과제임이 분명하다. 지난 세기의 놀라운 경제성장과 세계화는 비약적으로 전반적인 삶의 조건을 향상시켰지만, 국가 수준, 글로벌 수준에서의 양극화는 한층 심화되어 국제평화와 사회 안정의 기반 자체를 위협하고 있다. 인류뿐만 아니라 모든 생명이 더불어 함께 살아가기 위한 세계화가 아닌, 어느 특정한 인류를 위한 세계화, 즉 특정한 인류의 이익을 위한 표면상의 공동체 됨은 희생을 요구하고 착취하며 그들의 평화를 깨뜨리는 문제를 낳고 있다.

한국 사회 역시 이러한 전 지구적인 비평화의 물결로부터 자유로울 수는 없다. 더불어 한반도의 분단 상황, 이와 관련하여 북한의 핵 문제와 인권 문제 등은 앞으로 한반도가 걸어갈 길에 대하여 신중히 선택해야 함을 암시하고 있다. 또한 한국 사회에서 다양한 형태의 폭력이 심각한 사회적 문제로 떠오르고 있다. 폭력의 구조와 폭력의 문화에 노출된 환경으로 폭력적 가치관을 형성시키고, 점차 평화에 대해 둔감한 의식구조를 형성시킨다는 점에서 더 큰 문제라 할 수 있다.

이러한 맥락에서 평화에 대한 요청은 더욱 시급하다. 각 사회에서 발생하는 갈등과 폭력, 지구 곳곳에서 일어나는 테러와 전쟁 등은 앞으로 지구에서 인간을 비롯한 모든 생명체들의 지속가능성에 대한 위기의식을 느끼게 한다. 따라서 본 연구는 세계화 시대의 문제점과 평화 개념에 대한 이론들을 고찰하고 신학적으로 어떻게 대안을 찾을 수 있는지 검토한 후, 이를 바탕으로 앞으로 나아가야 할 평화교육의 방향성을 제시하는 기독교 평화교육을 제안하고자 한다.

2. 세계화의 문제점과 평화 논의의 필요성

1) 세계화 시대의 문제점

세계화는 1960년대 이후 세계 경제의 다양한 경영환경을 통하여 2000년대 이르러 마침내 '세계화'(Globalization)라는 단어를 사용하기 시작하면서 발전하게 되었다. 1980년대 이후 기업들의 활동영역이 자국의 범위를 넘어 전 세계를 무대로 활약하는 세계 기업화가 급속히 추진되고 있고, 정보통신기술의 발달은 세계를 단일정보권으로 묶게 하여 이러한 세계기업들의 활동을 기술적으로 뒷받침하고 있다. 또한 구소련의 몰락으로 인한 냉전체제의 종식으로 국가 간 이해관계의 중심축은 경제 · 정치적 문제에서 경제적 문제로 전환되었다.[2] 이처럼 세계화는 세계시장을 형성하여 통합된 단일의 규범, 기업경영활동 보장 등의 내용을 포함하는 개념으로, 국가 간의 관계가 서로 유기적이고 긴밀한 협조 체제하에 있으며 서로 윈-윈 하고 있다는 개념을 갖는다.

세계화는 근대화의 긍정적 효과를 교통과 통신 그리고 과학기술의 혁명적 발전을 통해 지구적으로 확산시키는 반면, 벡(Ulrich Beck)이 주장하듯이 동시에 '위험사회'(risk society)의 여러 측면들을 전 지구적인 차원으로 파급시킨다. 그 결과 인류의 역사에서 거대한 풍요를 가져왔던 근대산업사회의 구조와 원리가 이제는 반대로 인류를 파괴와 멸망으로 이끌어갈 수 있는 재앙의 사회적인 근원으로 변질되어 버렸다.[3] 세계화에 열광했던 것은 선진국처럼 삶의 풍요로움을 누릴 수 있다는 희망, 이른바 '삶의 질의 세계화'에 대한 환상 때문이었지만, 세계화는 환경파괴를 포함하여 과잉경쟁의 유도로 경쟁에서 이기기 위해 삶의 질을 희생시키고 자본을 가진 자만이 경쟁에서 유리한 부익부 빈익빈을 심화시키는 결과를 가져오고 있다.[4] 세계화가 급속하게 진행됨에 따라 세계화의 긍정적 효과를 앞지르면서 빠르게 파급되어가고 있는 지구적 위해들을 살펴보면 다음과 같다.

첫째, 불평등과 빈곤으로 인한 양극화를 들 수 있다. 지구상에 존재하는 60억 명의 인구 중에 (26억 명에 해당하는) 거의 절반에 해당하는 인구는 생계를 위해 하루에 2달러도 안 되는 돈을 벌고 있고, 5분의 1은 1달러에도 미치지 못하는 돈을 벌고 있다. 세계은행은 2007년의 보고서에서 상황이 악화되고 있는 것을 몇몇 수치로 요약하여 보여주고 있다. 이는 1990년과도 같은 수치이다. 심지어 그간 급속한 성장으로 빈곤층이 많이 감소된 중국을 제외하고 보면 하루 2달러 미만 빈곤층은 1990년 18억 명에서 2007년 21억 명으로 오히려 늘어났다.[5] 세계화를 주창하는 사람들은 증가되는 부가 가난한 사람들에게 흘러내리기 때문에 결국은 가난한 사람들도 성장의 모든 혜택을 받을 것이라고 주장한다. 그러나 현실은 이와 반대임을 보여준다.[6] 전체로서의 일반사회의 이익보다는 특권적인 개인들의 욕망에 더욱 초점이 맞춰져 있기 때문이다.

국가 간, 국가 내의 양극화 현상을 살펴보면, 1980년대 이후 20년간의 성장률은 전 세계적으로 이전 20년간의 성장률보다 낮아졌다. 특히 문제가 되는 것은 가난한 나라일수록 성장률의 하락폭이 컸다는 것이다.[7] 즉, 자유화나 개방과 같은 세계화의 진전이 선진국과 후진국의 격차를 줄인 것은 결코 아니었음을 알 수 있다. 이처럼 대부분의 개도국은 1980년대 이후 경제 개방과 자유화에도 불구하고 경제성장에 실패한 채 여전히 가난의 덫에 빠져 있다. 선진국과 개도국 간에 존재하는 디지털 격차가 빈부 격차를 야기시키는 또 하나의 요인으로 지적되고 있다.[8] 정보의 활용 정도가 부(富)로 직결되면서 정보를 소유하고 있는 자와 소유하지 못한 자 간의 소득격차가 갈수록 커지고 있기 때문이다. 콜린스(Chuck Collins)에 따르면, 오늘날 상위 1%와 99%는 단순하게 정반대 편에 사는 것이 아니라 평행 우주에 살고 있다고 한다.[9] 불평등은 계층 간 이동성을 약화시키고 경제 안정과 성장에 막심한 해를 끼칠 뿐만 아니라 민주주의와 시민의 삶을 파괴한다. 결과적으로는 불신으로 인한 공동체의 분열을 초래하여 사회 단결과 연대가 깨지게 된다. 즉, 세계화는 자본주의의 불균등 발전을 가속화시켜, 한 사회 내에 그리고 세계적 차원에서 계층 간 · 지역 간 · 국가 간 · 종족 간 불평등을 심화시키는 것이다.

둘째, 무한경쟁의 심화를 들 수 있다. '경쟁'이라는 단어는 어의적으로 '함께 추구한다'라는 뜻을 내포하고 있다. 경쟁의 논리가 기술적인 진보와 생산성의 향상을 가져오는 데 커다란 기여를 했다는 것은 부인할 수 없는 사실이다. 정치적인 측면에서도 그러한데, 정치적 의지를 관철시키고자 하는 이익집단이나 정당 간의 열띤 경쟁을 통하여 민주주의가 뿌리내릴 수 있었다.[10] 그러나 나라마다 사회와 경제의 상호의존적 측면과 불평등한 권력구조가 강화될수록 경쟁의 파급 효과는 더욱 확산되어, 특정 분야에 국한되지 않고 전 분야에 걸쳐 경쟁 관계가 형성되었다. 시너지 효과를 위해 '함께 추구한다'라는 의미의 경쟁 개념이 '승자가 모든 것을 지배한다'라는 개념으로 변질된 것이다.[11] 경제적 측면에서 살펴보면, 경쟁은 곧 상대의 이익을 빼앗는 과정이다. 더 이상 경쟁은 목적을 이루기 위한 수단들 가운데 하나가 아니다. 경쟁 그 자체가 범세계적인 하나의 지배 이데올로기로써 자리 잡게 되었다.[12] 세계화 추세는 금융, 산업, 소비자 시장, 정보통신, 서비스 등 분야를 가리지 않고 광범위하게 확산되고 있다. 경쟁을 통해 승패가 갈려야 한다는 것은 비단 다국적기업뿐 아니라 각국의 정치 지도자들이나 경제학자들에게조차도 매우 보편적인 개념으로 받아들여지고 있다.

물론 경쟁 그 자체가 나쁘다는 것은 아니다. 앞서 언급한 것과 같이, 경쟁 논리는 때때로 인류 사회의 발전에 있어 원동력으로 작용해왔다. 하지만 정치 · 경제 · 사회 등 제반 분야의 다양한 구성들을 배타시하고 오로지 경쟁을 최고의 이데올로기로 간주하는 극단적인 사고방식은 반드시 경계할 필요성이 있다. 아무리 사회가 세계화가 된다 하더라도 경쟁만이 유일한 가치체계가 될 수 없기 때문이다. 특히 승자가 모든 것을 가지는 시장 경쟁 논리를 사회 · 문화 · 정치 등 다른 분야에 억지로 끼워 맞추는 것은 곤란하다. 세계화는 규제된 경쟁에서 초경쟁으로 사회 구조를 변화시켰으며, 이 속에서의 모든 것은 경쟁을 매개로 하여 관계를 맺도록 강제하고 있다. 초경쟁화는 공간적 재조직화를 포함하는 생산의 재구조화를 동반하며, 이것은 기술 진보와 국가 정책에 의해 가능해진다. 이로써 금융, 무역, 노동, 지식과 정보, 소비재, 그리고 여타 문화상품 등과 같은 세계적 흐름이 가속화된다.[13] 경제성장이라는 과실은 한정되어 있기 때문에, 세계화로 인한 초경쟁은 사회 갈등의 심각한 원인이 되고 있다.

셋째, 문화의 균질화를 들 수 있다. 세계화의 진전에 따라 근로자의 여가시간이 증가하고 자아실현에 대한 개인적 욕구와 문화 활동에 대한 요구가 확대되면서, 문화는 개인적 삶의 부차적인 영역이 아닌 중심적인 영역이 되어가고 있다.[14] 아스머(Richard R. Osmer)와 슈바이처(Friedrich L. Schweitzer)에 따르면, 지역 문화를 상대화하는 가장 강력한 힘은 문화적 균질화(homogenization)로 몰고 가는 세계화의 압박이다.[15] 이 같은 경향은 국제 소비문화의 출현, 서구 생활양식의 소개, 합리적 생활방식의 확산으로 구분되는데, 특히 세계화의 문화적 흐름은 세계 경제에 성공적으로 관여하고 있는 사람들 가운데서 문화를 더욱더 비슷하게 만들어가는 것으로 나타난다. 이것은 청년들에게 그들의 부모와 지역 문화 전통과는 상당히 다른 가치와 신념 및 생활 유형을 접하도록 영향을 끼쳤다.

세계화 시대에 있어 이처럼 문화의 균질화에 대한 걱정은 매우 오래된 것이다. 이러한 두려움은 18~19세기에 세계사회라는 것에 대한 유토피아적인 꿈과 함께 등장하였다. 대서양 너머 미국에서의 문화 산업이 점점 더 퍼져감에 따라 1930년대에 프랑스와 유럽의 많은 지식인, 작가, 예술가들은 사회의 '미국화'를 경고하기도 했다.[16] 미국을 중심으로 한 선진국의 생활양식 · 가치 · 규범 등의 전파가 개도국 · 후진국 시민들의 의식을 선진화시키는 등 긍정적 측면도 있지만, 서구의 바람직하지 않은 저질문화가 이들 국가들의 청소년층에게 빠른 속도로 전파되고 있어 부정적 측면도 크다는 것이다.

한편, 서구의 뉴스나 보도 프로그램에 나타나는 제3세계에 대한 왜곡된 정보로 인해 '문화제국주의'의 위험도 증가하고 있다. 킨첼로(Joe L. Kincheloe)는 '맥도널드화'와 같은 상징적인 단어를 예로 들면서, 맥도널드에서 파는 것은 햄버거가 아니라 맥도널드에 대한 경험이며, 그것은 초국적 자본의 치밀한 문화교육을 통해 세계화된다고 한다.[17] 문화의 잠식은 사회 구성원의 정체성 붕괴와 연관된다. 그러므로 세계화 시대에서 문화적 측면은 사회를 획일성으로 이끌려는 지배와 다양성을 지향하는 저항이 충돌하는 경향을 보이기도 한다.

2) 평화 논의의 필요성

세계화의 흐름은 자유민주주의가 기존의 자유민주주의 진영 외에 구소련 붕괴 후 동유럽을 중심으로 급속히 확산되고 시장경제 체제에 대한 상호의존성이 증대되면서 세계 경제의 통합이 급속도로 진행된 것과 인터넷으로 대변되는 정보통신 및 교통체계의 혁신적 발전으로 인한 세계 경제의 단일경제권화, 그리고 국경 없는 무한경쟁시대의 도래 등이 그 배경이 되었다고 할 수 있다.[18] 운송 및 글로벌 상호작용 네트워크의 혁명에 의해 매개된 세계화는 현대 세계의 구조가 글로벌 사회로의 변화를 촉진하고 세계적인 상호작용 역량을 발전시켰다. 이러한 세계사회의 출현과 전 지구적 상호작용 능력은 국가 주권과 자치의 전통적인 관념에 영향을 미치기도 하였다.[19] 또한 글로벌 무역의 발달과 각 국가 간의 거리개념을 축소시켰다. 세계화의 핵심 요소인 정보와 통신의 발달, 교통의 발달을 통한 무역의 결과라고 할 수 있다. 경제적 개념의 국경을 허물어버리고 세계시장의 통합화, 표준화에 이르게 된 것이다.

지난 세기의 놀라운 경제성장과 세계화는 전반적인 삶의 조건을 비약적으로 향상시켰으나, 양극화는 한층 심화되었으며 이윤의 창출을 위해 자원을 소모하고 자연환경을 파괴하여 생태계의 위기를 초래하고 있다. 한국 사회 역시 전 지구적인 비평화의 상황과 동떨어져 생각할 수 없다. 한국 사회는 사회 전반에 걸쳐 폭력과 갈등의 문제들로 인한 분열과 불안이 일상화된 모습을 보여주는데, 이는 폭력의 문화와 구조에 노출되어 폭력적인 가치관을 형성시키며 평화에 대해 둔감한 의식구조를 형성시킬 수 있다는 것이다. 이러한 폭력적 사고방식은 폭력의 악순환을 끊을 수 없게 만든다. 더불어 한반도의 분단 상황과 이와 관련된 문제들에 대한 과제도 안고 있다. 이 같은 세계화의 흐름 속에서 현대 사회가 직면하고 있는 지속가능한 미래를 위협하는 상황들을 마주하면서, 이를 풀어나가기 위한 다양한 노력과 실천들이 요청된다.

피터스(Rebecca T. Peters)는 나쁜 세계화로 치닫는 영향에 대해 멈춤이 필요하며 또한 방향 전환이 필요하다고 하였다.[20] 즉, 세계화는 숨 가쁘게 질주하는 폭주 기관차처럼 멈추지 못하는 맹목적인 논리들을 내걸고 달리고 있다는 것이다. 이와 같은 난폭한 세계화의 기차가 과연 언제까지 달릴 수 있는지 그리고 어디까지 달려갈 것인지에 대한 자문 속에서 지금이 바로 나쁜 세계화의 기차를 멈추게 해야 하는 순간이라고 주장하였다. 따라서 더 이상 낭떠러지로 추락하기 전에 멈추고 방향을 전환하도록 해야 한다는 것이다.

이러한 방향 전환의 대안으로 경쟁과 폭력의 문화에서 평화의 문화를 이루어가려는 평화에 대한 논의가 활발히 이루어질 필요성이 있다. 세계화 시대의 삶의 전 영역에서 인간의 존속을 위태롭게 하는 비평화적 현실은 이 땅의 모든 분야의 안녕을 위한 평화에 대한 논의를 시도하도록 도전하고 있기 때문이다. 울프(Christoph Wulf)에 따르면, 세계화가 진행되는 이 시점에서 평화는 인간 생활에서 가장 기초적인 조건이 되었고, 평화의 생성 및 유지는 개인의 생존과 세대(generations)와 국가의 안전, 그리고 인류 전체의 생존과 연관된 중요한 의제로 여겨지게 되었다.[21] 국내외 사회를 막론하고 평화는 인간 생활의 전반에 직접적인 영향을 끼치는 현실 언어로 간주되고 있다는 것이다. 평화의 핵심은 단순히 전쟁과 폭력의 부재 상태를 넘어서 인간 삶의 다양한 차원에서 조화와 공존의 상태를 이루는 데 있다. 현재 우리의 삶을 둘러싼 위기의 극복을 위한 대책은 우리 삶의 근거가 되는 전체적 패러다임을 생명을 살리려는 평화의 패러다임으로 변화시키는 것으로, 평화에 대한 논의는 현재 우리의 삶이 처한 위기에 대하여 우리가 무엇인가를 해야 하고 또한 무엇인가를 할 수 있다는 의지의 표현이기도 하다.

세계화 시대를 살아감에 있어, 인간이 삶의 다양한 차원에서 조화와 공존의 상태를 지향할 수 있도록 평화에 대한 논의를 통해 평화문화를 창출하고 지속가능한 미래를 모색해나가야 한다. 우리 사회에 조직화된 비평화의 현상들을 평화적으로 해결하기 위해서 그러한 행위에 능동적으로 동참할 수 있는 능력을 키워나갈 수 있도록 평화에 대한 논의가 이루어져야 하는 것이다. 평화 논의를 통해 평화문화에 대한 이해와 내면화를 통한 상생과 관용의 생활을 일상화하고, 여러 갈등과 대립 요소들을 민주적이고 합리적인 절차와 방식에 따라서 해결할 수 있는 시민으로서의 능력과 자질을 배양하도록 주력해야 할 것이다. 또한 인간은 자신이 포함되어 있는 삶의 다양하고 중층적인 양상 속에서 타인과의 평화적 관계를 확장해가고 자신이 속한 사회에서 평화적 상황을 증가시키며 비평화적 상황을 줄여나감으로써, 자신의 삶을 평화를 만들어가는 과정 속에 놓이도록 해야 할 것이다.

이에 기독교는 어떠한 태도를 취하고 있으며 어떻게 응답하고 있는지 살펴볼 필요성이 있다. 전 지구적 차원에서 빈부 격차가 가속화되고 자원을 고갈시키며 자연이 황폐화되고 있는 세계화의 상황 즉, 비평화적인 요소들이 세계 도처에 산재해 있는 상황 속에서 기독교는 어떠한 책임을 감당하고 있는가 하는 것이다. 이러한 시대적 요청 앞에 한국의 기독교 그리고 기독교교육은 비평화의 상황 가운데 평화의 문제에 관심을 기울여야 하며, 기독교의 공적 책임을 인식하고 기독교가 보유하고 있는 평화의 신앙전통을 활용할 수 있어야 할 것이다. 무엇보다도 한반도의 분단 상황하에서의 사회적 변화, 삶의 공간, 생명 등 현실적인 문제에 대한 관심 영역의 확대가 절실히 필요하다고 볼 수 있다. 이러한 평화 논의의 필요성을 염두에 두며, 평화에 대한 이론적 고찰을 통해 이해를 돕고 기독교적 관점에서 세계화 시대에 요청되는 평화교육의 토대를 다지고자 한다.

3. 평화에 대한 기독교적 이해와 평화역량

1) 평화에 대한 성서적 접근

구약성서에서 평화에 해당하는 히브리어는 '샬롬'(shalom)이다. '샬롬'의 기본적인 의미는 완전성(completeness) 혹은 총체성(wholeness)인데, 구약성서의 샬롬은 더 다양한 의미를 내포하고 있다. 먼저 샬롬은 만남의 기본 형식인 '인사'라는 구체적 행위로서 나타난다. 유대적 이해에서 인사는 타자의 삶과 공동체의 경험에 역동적으로 참여하는 것을 의미한다.[22] 또한 샬롬은 어떤 하나의 평형상태나 객관적 질서가 아니라 '과정'(process)이다. 리드케(Gerhard Liedke)는 평화를 하나의 과정으로 이해해야 하는데, '과정'이란 세계의 모든 영역과 차원에서 하나님 나라와 그의 평화라는 목표를 지향하고자 하는 항상 새로운 시도를 의미한다고 했다.[23] 그리고 샬롬은 '정의'를 필수적 요소로 포함한다. "주께서 말씀하신다. 악인들에게는 평화가 없다(사 48:22)", "정의와 평화가 입을 맞춘다(시 85:10)"는 구절은 이를 잘 보여준다. 특히 예언자들은 사회정의의 전파자였으며 억압에 근거한 안정을 거짓된 평화라고 저주했다. 월터스토프(Nicholas Wolterstorff)에 따르면, 샬롬이란 인간이 모든 관계에서 평화를 누리는 상태다.[24] 이때 샬롬은 단지 적대감이 없는 상태만을 의미하지 않으며, 샬롬이 최고조에 달하면 그런 관계들을 누리게 된다. 전체(wholeness) 속에서 하나의 개체라도 소외되거나 억압받게 된다면 그 개체와 관계를 이루는 또 다른 개체 역시 유기적 관계 속에서 그에 대한 부정적 영향 내지는 악영향을 받게 되며, 이는 전체에 파괴적이고 위협적인 관계의 단절을 초래하게 된다.[25] 같은 맥락에서 스토츠(Jack L. Stotts)는 샬롬이 하나님, 인간, 동료인간 그리고 자연으로 이루어진 완전한 생태계를 드러내는데, 존재하는 모든 것 사이에 존재해야 하는 적절한 관계를 상징한다고 했다.[26] 따라서 샬롬 안에 거한다는 것은 하나님 앞에서 인생을 누리는 것, 자기를 둘러싼 물리적 환경을 누리는 것, 동료들과의 관계를 누리는 것, 자신과의 관계를 누리는 것이다.

이처럼 샬롬 자체는 관계 속에서 이루어지는 평화의 상태라는 의미로, 그것은 인간과 하나님 간의 사건이고 동시에 인간과 인간의 사회적 사건이며 인간과 자연의 관계 안에서 이루어지는 사건이다. 그래서 그것은 나라와 나라 간에 전쟁이 없는, 즉 생명 해함이 없는 상태이기도 하지만(사 2:2-4; 미 4:1-5), 동시에 전체 생태계가 해함이 없이 정의와 평화로 가득한 상태이기도 하다(사 65:25).[27] 따라서 성서적 평화개념인 샬롬은 궁극적으로 모든 생명체가 우주적 생명공동체 안에서 건강하고 풍요롭고 생명력이 넘치는 상태, 하나님이 보시기에 좋은 건강한 상태라고 할 수 있다.

신약성서에서 평화는 헬라어 '에이레네'(eirene)로 표현되었다. 먼저 신약의 구체적 내용을 살펴보면, '평화'와 관련된 용어가 100여 곳에서 등장하는데 대부분 인사와 관련되어 사용되고 있다. 이때의 인사는 관습적인 의미가 아니라 삶에 필수적인 것을 제공하는 적극적 의미를 지니고 있다. 예수가 병든 여인에게 "안심하고 가거라. 그리고 이 병에서 벗어나서 건강하여라(막 5:34)"라고 말한 것은 이러한 적극적 평화 개념을 의미하고 있다. 이처럼 예수의 평화 개념은 '선물로서의 평화'라는 의미를 지니고 있다.

신약에 와서 그리스도는 우리의 평화로 고백된다. 예수께서 탄생할 때 천사들이 기뻐하며 말했다. "지극히 높은 곳에서는 하나님께 영광이요 땅에서는 하나님이 기뻐하신 사람들 중에 평화로다(눅 2:14)." 하나님의 평화의 선물은 황제의 권력에 기반한 '팍스 로마나'와는 다르다. 예수를 통해서 하늘의 평화가 역사 속으로 들어왔고(눅 19:38) 사람들의 발걸음이 평화의 길로 인도될 것이다(눅 1:79). 산상설교에서 예수는 평화를 만드는 사람을 축복한다. 그들은 하나님의 아들이라고 불릴 것이기 때문이다(마 5:9). 예수 그리스도는 자신의 죽음과 부활을 통해 하나님의 종말론적 통치를 실현한 분으로서 '우리의 평화(엡 2:14)'의 구현자인 것이다. 그분의 삶은 세상이 줄 수 없고 인간의 이해를 초월하는 평화 곧 평화의 영을 분명하게 증거한다(빌 4:7). 예수께서는 이 평화를 제자들에게 준다(요 14:27-28). 예수의 제자들은 그분의 길을 따르는 동안 하나님 나라의 역동성 가운데로 이끌려 들어가고, 하나님의 정의로운 평화의 통치를 선포하라고 요청받는다. 예수의 평화는 증오와 분열을 극복하는 역동적인 현실이다(엡 2:14-16). 십자가의 죽음을 통해 예수께서는 증오의 핵심적 근원을 이기고, 모든 만물이 그를 통해 하나로 통일되어 하나님과 화해하며, 또 이웃과 만물과 화해할 수 있도록 만들었다.[28)] 예수는 십자가를 통하여 우리가 아직 죄인일 때 새로운 창조의 샬롬을 주시는 하나님과 평화를 이루신 것이다. 평화가 되신 그리스도는 이처럼 유대인과 이방인, 자유인과 노예, 남자와 여자 사이에 차별을 없애고 이들로 한 몸을 이루게 하신다(갈 3:28-29). 이제 그리스도의 평화를 위해 일하는 자들은 하나님의 자녀가 된다(마 5:9). 예수가 누린 평화 그리고 예수가 준 평화는 하나님 나라의 핵심적인 특징이었다.

2) 평화에 대한 현대 신학적 접근

평화에 대한 신학자들의 이해를 살펴보면, 먼저 본회퍼(Dietrich Bonhöffer)는 기독교 평화운동의 선구자로, 예수 그리스도의 가르침인 평화를 사회 속에서 실천하고자 투쟁하다가 순교하였다. 본회퍼가 남긴 가장 위대한 공헌은 정의와 평화를 위한 기독교인의 의무와 책임을 강조한 것에 있다. 본회퍼의 평화 사상은 성서를 기반으로 한 기독론적이며 교회론적인 기독교 평화 사상으로써 예수의 산상설교에 기초를 두고 있다. 이는 세속적 평화주의와 다른 복음적 평화 사상이라고 할 수 있다. 그는 군비와 무기 확장, 안전보장의 방법을 통해서가 아닌, 기도와 비폭력적인 방법을 통해 평화를 이루어갈 것을 호소하였다.[29] 따라서 기독교 평화주의는 철저히 하나님의 계명에 대한 복종에 기준을 두고, 민족주의적인 경제적 · 군사적 · 정치적 방법을 통한 평화 창출과 국가안보를 거부하며, 기도와 비폭력 저항을 통하여 신학적 · 신앙적 방법으로의 평화를 추구해야 한다고 주장하였다. 또한 본회퍼는 십자가 신학을 근거로 한 제자직의 평화론을 설명하며, 제자직에로의 부름은 예수의 고난과 밀접하게 연관되었다고 주장하였다. 즉, 십자가에 달리신 그리스도를 뒤따름으로 고난을 받으시는 그리스도와 결속되고 제자직이 성립되는 것이다. 그의 관점에서는 신앙과 순종으로 모든 것을 하나님의 계명에 맡기는 것이 평화이며, 구체적으로 자기 십자가를 지고 예수의 고난에 참여함으로 평화의 길을 만들어나가는 것을 의미한다. 그리고 본회퍼의 평화 사상은 그의 대리 사상과 책임윤리에 근거하는데, 대리(Stellvertretung)와 책임(Verantwortung)은 오직 다른 사람들에게 완전히 자신의 생명을 내어줄 때만 존재한다.[30] 이 같은 대리와 책임은 본회퍼 신학 사상의 핵심 개념이면서 평화 사상을 이해하는 열쇠가 된다. 기독교인의 삶은 하나님 앞에서 하나님을 위하여 이웃 앞에서 이웃을 위한 책임적 행위이며, 평화를 이루려는 실천도 책임적 행위를 통해서 이루어지는 것이다.

몰트만(Jürgen Moltmann)은 정의의 열매가 평화라는 입장에서, 정의의 실천을 통한 평화 수립이 필요함을 역설하였다.[31] 평화는 공존의 길이므로 전쟁 준비와 폭력을 제거하고 신뢰와 공동체성을 확립하는 것이 중요하다는 것이다. 불의와 폭력이 지배하는 곳에서는 평온과 질서가 강요될지언정 평화란 없다. 그곳은 생명이 아니라 죽음만이 지배하기 때문이다. 불의는 항상 불평등을 초래하고 균형을 파괴하며, 불의의 체제는 폭력으로써만 유지된다. 그러므로 평화가 정의를 가능하게 하는 것이 아니라 정의가 평화를 가능하게 한다.[32] “주님은 공의를 세우시며 억눌린 모든 사람의 권리를 변호하신다(시 103:6)”라는 구절에서 하나님의 정의는 공의를 세우는 정의임을 발견할 수 있다. 하나님의 정의는 선은 선으로, 악은 악으로 갚아주는 보응의 정의가 아니다. 오히려 하나님의 정의는 희생자들을 위해 공평을 세우시는 정의이며, 가해자들을 바르게 고치시는 정의인 것이다. 바로 이러한 정의를 통해 하나님은 ‘샬롬’이라는 평화를 창조하신다. 그리스도의 산상설교에 의하면, ‘원수사랑’은 가장 완전한 이웃사랑의 형태이며, 동시에 가장 완전한 정의의 형태이다.[33] 원수사랑은 이 세상에

항구적 평화를 정착시키는 길이다. 우리가 경험한 원수 관계를 보복이나 자기 파괴를 통해 지속시키지 않고 오히려 이를 우리 안에서 스스로 먼저 극복하고 나서 원수 안에서도 극복하고자 하는 것, 미움과 복수와 같은 격양된 에너지를 생명과 평화를 창조하는 정의의 에너지로 전환시키고자 하는 것은 원수사랑 안에서 이루어지게 되는 원수 관계의 변용(Transformation)이다.[34] 이 길은 평화를 세우는 자들의 길이며 생명으로 인도하는 길, 곧 원수 사랑의 길이라고 할 수 있다.

볼프(Miroslav Volf)에게 있어 '평화'는 단순한 접촉의 부재로 인해 지탱되는 적대감의 부재를 훨씬 넘어서고, 이전에는 원수였던 사람들 사이의 사귐을 뜻한다.[35] 그리스도의 수난은 용서를 넘어 그러한 사귐을 회복하는 것을 목표로 삼는다. 십자가의 핵심에는 타자가 적으로 남아 있게 내버려 두지 않고, 가해자가 들어오는 공간을 자신 안에 마련하겠다는 그리스도의 태도가 자리 잡고 있다. 하나님이 인류를 어떻게 대하시는지 말해주는 더 큰 이야기의 정점으로서 십자가는 하나님을 향한 인류의 적대감에도 불구하고, 인류가 하나님께 속해 있음을 말해준다. 즉, 십자가는 인류를 포기하지 않으시는 하나님이 자신을 내어주신 사건으로, 인간의 적의가 지닌 힘을 폭력에 의존하지 않고서 깨뜨리고 인간을 하나님과의 교제 안으로 받아들이고자 하시는 하나님의 바람의 결과물인 것이다. 볼프는 인류의 폭력과 갈등, 비평화의 근본적 원인을 정체성 및 타자성의 문제로부터 찾는다.[36] 인간이 타자와의 관계에 있어 연결된 이음새를 잘라내어 극단적인 독립의 위치를 차지하려는 태도와 타자의 타자성을 인정하지 않는 배제의 문제들이 폭력의 원인이 된다는 것이다. 볼프가 주장하는 포용의 신학은 삼위일체 하나님의 자기를 내어주신 사랑에 기초하고 있다.[37] 자기 폐쇄적이지 않은 삼위일체의 정체성을 지탱해주는 사랑으로 인류를 위한 공간이 하나님 안에 만들어진다. 자신의 영원한 포용 안에 공간을 마련하신 하나님의 위격들이, 서로를 사랑하시는 그 사랑으로 우리를 사랑하심으로 타자인 우리를 끌어안으신다. 따라서 십자가는 폭력의 악순환을 끊고 불의와 기만의 사람들을 끌어안는 하나님의 포용이다.[38] 그리스도의 십자가는 지금까지 하나님이 정의와 진리를 붙들어 오셨고 이후로도 그러하시리라는 지식 속에서 타자를 포용하기 위해 기꺼이 폭력을 흡수하고자 하는 태도임을 가르쳐준다. 그리스도께서 십자가를 통하여 보여주셨듯이, 불의한 이들과 속이는 이들을 기꺼이 포용하려는 사람만이 담론과 이성을 폭력이 아닌 평화의 도구로써 활용할 수 있을 것이다.

3) 세계화 시대의 평화역량

기독교의 평화 개념은 하나님께 속한 백성들의 존재 혹은 행동 양식이므로 교육의 근본 주제가 될 뿐 아니라 하나님의 통치가 지상에 현재화하도록 하나님 나라의 문화 형성을 위한 교육의 핵심 주제이기도 하다.[39] 따라서 기독교 평화 개념을 기반으로 하는 평화교육은 하나님과의 관계를 기초로 하여 통합적인 관계 회복을 지향하는 교육이 되어야 하며, 우리 삶을 둘러싸고 있는 총체적 영역에서 조화와 균형을 이룰 수 있도록 돕는 교육적 방향성의 설정이 필요하다.

이에 대해 평화를 만들어 갈 수 있는 역량을 키움으로써, 자신의 삶에서 맺고 있는 다층적이고 중층적인 관계 속에서 서로를 살리는 상생의 관계를 맺으며 평화의 패러다임으로 변화시켜나갈 수 있게 될 것이다. 여기서 '역량'(capability)이라는 개념은 누스바움(Marth C. Nussbaum)에 의하면, 성취할 수 있는 기능의 선택 가능한 조합을 가리킨다.[40] 그녀는 역량(capability)을 능력(ability)과 구분하는데, 역량은 선천적인 능력을 넘어서서 교육을 통하여 습득하고 배양하게 되는 것을 의미한다. 이러한 역량의 개념을 평화와 연결해보면, '평화역량'(peace capability)은 인간이 경험하는 삶의 다양한 차원에서 서로를 살리는 관계를 형성함으로 평화를 창조하는 능력이라고 할 수 있다. 평화역량을 배양하고 강화하여 평화적 관계들을 맺고 평화적 인간을 양성해나갈 수 있는 것이다.

첫 번째 평화역량인 '평화감수성'은 '평화'와 '감수성'이 합쳐진 용어로 평화에 대한 감수성을 의미한다. 먼저 감수성의 사전적 의미를 살펴보면, 감수성(感受性)의 감(感)은 보통 '생각'이나 '느끼는 마음'을, 수(受)는 '받아들임'을 뜻한다. 단어가 내포한 뜻으로 볼 때 감수성은 느끼고 받아들이는 성질, 마음을 움직이거나 얻게 하는 능력, 깨우치고 대응하는 성질, 느낌이 통하여 알아차리는 능력으로, 여기서 일반적으로 쓰이는 감수성의 의미로는 '느끼고 받아들임'이라고 할 수 있다. 감수성이 당장 눈앞에 보이는 행동으로 나타나는 것은 아니기 때문에 중요하지 않은 것처럼 보일 수도 있지만, 오랜 기간에 걸친 축적으로 개인의 사고방식과 행동양식에 영향을 미치게 된다. 즉, 내면화하는 과정을 거친다는 것이다. 한편 평화 문제의 내면화는 비평화적 상황에 있어 비참함을 당하는 사람의 처지에서 공감하며 이를 나의 문제로 받아들이고, 평화를 실천하고자 하는 의지를 형성하는 과정이다. 특히 타 존재의 고통을 인식할 뿐 아니라 그것을 나 자신의 문제로 수용하려는 정서적 반응이며, 타 존재의 문제를 정서적으로 공감하고 받아들이며 문제를 해결하려는 의지와 관련성이 있다.[41] 타 존재가 직면한 비평화적 상황을 나의 문제로 받아들이려면 그에 걸맞은 정서적 반응이 따라야 하는데, 이러한 정서적 반응이 바로 평화의 문제를 해결하기 위한 평화감수성인 것이다.

이처럼 평화감수성이란 반평화적 상황에서 오는 고통에 민감하게 알아차리고 반응하는 정서적 자각이다. 소극적 의미에서는 직접적이고 물리적 폭력이 없는 평화를 유지하려는 역량이며, 적극적 의미에서는 문화적, 사회구조적 폭력이 없는 평화를 유지하려는 역량이라고 할 수 있다.[42] 더 나아가, 평화감수성은 평화와 관련된 자극을 접했을 때에 그 자극에 대해 받아들이고 주어진 틀에 의해 반응 또는 자극을 해석함으로 평화적 방법을 모색하고 능동적으로 대응해나감으로써, 비평화적인 상황을 평화로 변환시키려는 과정에서 스스로 변화의 주체가 되도록 책임을 부여하는 힘인 것이다.

두 번째 평화역량은 '비폭력 의사소통'이다. 몰트만에 의하면, 원수를 사랑하는 정치에서 폭력과 지배를 비폭력적으로 극복하는 정치가 창출된다.[43] 적대와 폭력적인 세계 속에서 기독교적인 평화를 어떻게 창조할 것인가에 대해, 몰트만은 폭력을 다루는 기독교의 두 가지 전통을 논의하면서 '용을 죽이는 성(聖) 게오르그'에서 '용을 길들이는 성(聖) 마르타'로의 전환을 주장하였다.[44] 용을 죽이는 자는 콘스탄틴적 전환 이후에 폭력(권력)을 이용하여 용(폭력)을 제압하는 전통을 뜻하고, 용을 길들이는 성 마르타 전통은 친구-적 관계를 극복함으로 폭력이 생명의 힘으로 변화될 수 있다. 이것이 바로 기독교적인 비폭력적 평화창조라는 것이다. 윙크(Walter Wink)는 복음이 가져오는 '평화'는 충돌이 없는 것이 아니라 충돌의 중심에서 말로 다할 수 없는 신적인 확신을 뜻하는 것이기에, 비폭력을 충돌을 회피하기 위한 방법으로 간주해서는 안 된다고 하였다.[45] 오히려 그런 평화는 인간의 이해를 넘어선다는 것이다.

한편, 의사소통의 합리성(communicative rationality) 개념을 제시한 하버마스(Jürgen Habermas)는 합리적 의사소통의 과정에서 대화참여자에 대한 상호 배려와 존경, 그리고 대화참여자 사이의 평등한 권리의 인정이라는 두 가지 선행조건이 전제되어야 한다고 강조하였다.[46] 하버마스가 제시한 개방적 상호의존성과 평등성을 전제하는 대화의 모형은 비폭력 의사소통에서도 중요하게 작용할 수 있다. 대화를 통해 그 표현들이 나타내고자 하는 전체 세계와 그 사람을 들음으로써, 타인 삶의 세계와 의미에 대한 이해를 통해 깊고 진정한 인격적 만남이 이루어질 수 있기 때문이다. 이처럼 평화를 이루는 철학이자 방법인 '비폭력'과 '합리적 의사소통'을 결합한 '비폭력 의사소통'을 평화 실현을 위한 역량의 하나로 삼을 수 있다.

세 번째 평화역량인 '평화 상상력'에서 먼저 '상상력'에 대해 살펴보면, 어원 'imago'는 복사, 유사성, 모방을 지칭하는데, 단순히 모방을 뛰어넘어 무엇인가를 새로운 방식으로 창조하는 능력, 즉 현재의 즉각적 상황을 넘어서는 가능성을 보고 기술하는 능력을 일컫는다.[47] 존슨(Mark Johnson)은 인간이 기본적으로 상상력을 지닌 도덕적 동물이며, 의미와 이해, 사유, 의사소통에 있어 상상력의 역할을 탐구할 필요가 있다고 주장하였다.[48] 비고츠키(Lev Semenovich Vygotskii)는 상상에 대해 현실적인 생각과 대비되는 독립적 개념이 아니라, 오히려 현실적인 생각과 보완적인 관계를 가지며 현실을 더욱 깊이 있게 이해하는 데 필수적인 기능체계임을 강조한다.[49] 종교적 측면에서도 상상력은 매우 중요한 역할을 한다. 니버(Richard Niebuhr)는 신을 나타내고 경험하게 하는 것이 계시이며, 이미지, 은유, 상징으로 구성된다고 하였다.[50] 성경은 역사적 이야기뿐만 아니라 기독교 공동체의 성스러운 신화적 이야기와 은유적으로 표현된 상징적인 담화를 함께 포함하고 있다. 예수도 많은 비유와 이미지들을 사용하여 논리적인 방식보다 직접적이고 구체적인 방식으로 가르치셨다. 그것은 진리를 보여주시기 위해 의도적으로 상상력을 자극하고 초대하시는 장치라고 할 수 있다.

이러한 상상력에 대한 이해를 기반으로 하여 평화 상상력에 대해 기술해보면, 폭력적 상황을 전도시킬 수 있는 능력이라고 할 수 있다. 달리 서술하여, 갈등과 폭력의 상황 속에서 다양한 가능성들을 상상적으로 식별하고 자기중심성에서 벗어나 타자의 편에서 상황을 상상하는 능력, 그리고 새로운 상황을 창출하는 능력으로 이해할 수 있다. 즉, 평화 상상력은 갈등이 발생하는 현실을 적극적으로 수용하면서 좀 더 나은 미래를 상상하며 폭력이 아닌 방법을 만들어나가는 역량인 것이다.

4. 평화역량을 강화하는 기독교 평화교육

모든 관계에서 평화를 누리는 것에 중점을 둔 기독교 평화 개념을 기반으로 하는 평화교육은 전쟁의 부재와 같은 소극적 평화개념과 사회정의의 실현과 같은 적극적 평화개념을 넘어 하나님 · 개인 · 공동체 · 자연과 관련한 통전적인 평화개념을 포괄한다고 볼 수 있다. 기독교 평화교육은 그동안 성서 전통과 교회사의 중심에서 중요성과 필요성이 지속적으로 제기되어 왔는데, 20세기 이후 역사적 평화교회 즉, 퀘이커(Quaker)와 메노나이트(Mennonite) 같은 소종파를 중심으로 하여 형성된 평화교육 운동에서 하나의 체계적인 교육적 구조로 등장하였다. 이들은 복음의 본질로서 평화를 강조하며 학교를 설립하고, 평화연구와 평화교육에 대한 구체적인 커리큘럼 발전에 주력하는 등 구체적인 평화의 실천을 지향해왔다. 더불어 20세기 이후에 에큐메니칼의 대표적 조직인 세계교회협의회 WCC가 교회의 평화운동을 이끌어왔음을 볼 수 있다. 폭력과 불의에 저항하고 능동적으로 평화를 추구하는 기독교 평화교육을 통해 우리 삶의 영역을 둘러싸고 있는 총체적 관계회복을 지향해나가야 할 것이다.

세계화 시대의 기독교 평화교육의 목적은 전 지구적인 비평화가 인간을 포함한 모든 생명체의 생존을 위협하는 상황에서, 기독교 평화를 실현하기 위해 '평화역량'(peace capability)을 강화하여 나 자신, 타인, 공동체 그리고 환경과의 평화적 관계들을 이루어 감에 있다. 김현숙은 후기 현대사회의 특징으로 개인주의화, 구조적 분화, 문화적 다원주의를 제시하며,

이러한 특징들이 현대인의 자아정체감 형성에 어떻게 연계되어 있는지 분석한 후, 그 영향 아래 요청되는 자아 형태와의 관련성 속에서 세 가지 원칙인 관계성(relationality), 평등성(equality), 개방성(openness)을 설명한다.[51] 첫 번째 원칙인 관계성은 타인과의 관계를 통해 형성되는 자아의 형태를 의미하며 두 번째 원칙인 평등성은 구조적인 분화를 통한 다양한 체제의 공존으로부터 발생되는 다양한 사회직 요구에 대응할 수 있는 자아의 능력을 뜻한다. 그리고 세 번째 원칙인 개방성은 자기 자신의 견해와 구별되는 관점에 대한 개방적인 태도와 대화의 능력을 지칭한다.[52] 이러한 탈인습적 기독교인의 자아정체감은 세계화 시대에 있어 요청되는 평화역량들과도 깊은 관련성을 가진다. 이러한 맥락에서 평화역량을 강화하는 기독교 평화교육의 구체적 목표로는 세 가지 평화역량, 곧 관계적 역량으로서의 평화감수성, 평등적 역량으로서의 비폭력 의사소통, 개방적 역량으로서의 평화 상상력을 강화함으로써 곧 평화적 인간을 양성하는 것이라고 할 수 있겠다. 여기서 중요한 핵심은 나 자신, 타인, 공동체 그리고 환경과의 평화적 관계들을 이루는 평화적 인간상을 추구하는 것인데, 이를 위해서는 탈인습성의 원칙 곧 평등성, 관계성, 개방성과 관련된 역량들로, 평화감수성, 비폭력 의사소통, 평화 상상력이 요청된다.

1) 관계적 역량으로서의 평화감수성을 향상하는 교육

평화감수성은 반평화적 상황에서 오는 고통을 민감하게 알아차리고 반응하는 정서적 자각으로, 직접적인 물리적 폭력이 없는 평화를 유지하려는 역량이자 문화적, 사회구조적 폭력이 없는 평화를 유지하려는 역량이라고 하였다. 또한 평화와 관련된 자극을 접했을 때에 그 자극에 대해 받아들이고 해석함으로 평화적 방법을 모색하며 능동적으로 대응해나감으로써, 비평화적인 상황을 평화로 변환시키려는 과정 가운데 스스로 변화의 주체가 되도록 책임을 부여하는 힘인 것이다. 즉, 평화감수성은 평화지식과 평화능력을 연결하여 실천으로 이어지도록 하는 동기로, 평화문제의 내면화라는 감성적 반응과 평화 실현의 조건 탐구라고 하는 지적 사고로 구성되는 것이라 할 수 있다.

이러한 평화감수성을 향상하기 위한 요소로서 기독교적 자아정체감의 확립, 공감 그리고 환대를 중심으로 기술하고자 한다. 먼저 평화감수성 향상을 위해 관심을 기울여야 할 첫 번째 대상은 바로 자기 자신이다. 평화감수성은 올바른 기독교적 자아정체감의 확립에서부터 시작되기 때문이다. 김현숙에 의하면, '기독교적 자아정체감'이란 외부 환경의 변화와 자연발생적 신체적 · 정서적 성장에도 불구하고 기독교인으로서의 일관성과 동일성을 유지하게 하며, 어려운 상황 가운데서도 하나님의 사랑을 인식하고 하나님 나라의 실현을 위하여 노력하는 믿음을 유지하려는 상징적인 구조를 지칭한다.[53] 스스로를 어떻게 여기는가 하는 관점 및 태도는 다른 사람과의 관계 형성에도 영향을 미치게 되는데, 올바른 기독교적 자아정체감의 확립을 통해 스스로를 가치 있다고 여기는 관점과 다른 사람이나 사물과 함께 살아가기 위해 어떻게 조화롭게 관계를 맺을 것인가 하는 관계형성 능력인 평화감수성을 향상시킬 수 있다.

두 번째로 '공감'은 타인과의 관계를 맺는 핵심역량 중의 하나이다. 호프만(Martin L. Hoffman)은 공감을 다른 이들에 대한 대리적인 반응, 즉 자기 자신보다는 다른 누군가의 상황에 대한 감성적 반응으로 정의한다.[54] 그는 타인의 고통에 대해 공감적 고통을 느끼게 하고 생물학적으로 조정되어 있는 인간의 성향이 타인을 돕는 행동으로 이끌며 또한 도운 후에 기분 좋게 느끼게 되어 있다고 보았다. 유영권에 따르면, 공감 능력은 타인의 경험을 자신의 경험처럼 느끼는 능력, 즉 다른 사람의 고통을 나의 고통으로 받아들이며 판단하지 않고 그 고통에 머무를 수 있는 능력이다.[55] 이처럼 공감은 타인의 생각과 기분을 파악할 수 있는 인식 능력과 더불어 그에 대한 적절한 감정으로 대응하는 반응 능력이 요구된다고 볼 수 있다. 그러므로 타인의 감정에서 생각하고 타인의 입장을 이해할 수 있는 공감능력을 가진다는 것은 타인 및 세계와 평화적으로 관계를 맺을 수 있는 기본적인 역량을 갖추는 것과 깊은 관련성을 가진다. 따라서 공감능력은 관계적 역량으로서의 평화감수성을 형성하는 중요한 요소로 작용한다.

평화감수성을 형성하는 세 번째 요소인 '환대'는 성서와 기독교 전통에 있어 세계를 향하여 관계를 맺는 하나님의 방식을 상징한다. 성서에 보면, 하나님은 언제나 낯선 이를 사용하셔서 우리에게 진리의 낯설음을 경험하도록 하신다. 구약과 신약의 여러 이야기들(창 18:1-15; 왕상 17:9-24; 눅 24:13-35)은 낯선 사람을 영접하는 것, 즉 환대가 매우 중요한 의무임을 알려준다. 러셀(Letty M. Russell)에 따르면, 환대란 '차이를 긍정하고 환영하는 수용과 포용의 태도로 차이를 넘어서서 연결하는 하나님의 환영'을 의미한다.[56] 그리고 낯선 이들을 환영하는 환대의 실천은 연령, 인종, 성별, 문화, 언어 등의 차이를 '문제'가 아닌 하나님이 창조하신 '선물'

이라는 사실을 자각함으로써 차이를 긍정하는 것으로부터 시작한다고 보았다. 이처럼 평화감수성은 차별과 차이, 고립과 배제를 넘어 모든 낯선 이들을 환영하시는 하나님의 환대를 근거로 한다.

이와 같은 맥락에서 볼 때, 평화감수성 교육은 기독교 자아정체감의 확립, 공감, 환대를 통해 폭력을 폭력으로 인식할 수 있는 예민함과 평화에 반하는 요소와 구조를 바로 인식할 수 있는 민감함을 기르고 실천하도록 돕는 것을 의미한다. 기독교교육은 이러한 시대적인 아픔을 민감하게 인지하고 평화감수성을 향상하는 교육적 노력을 통하여, 혼자 살아가는 사회가 아닌 서로 더불어 사는 사회를 일구어가는 토대를 마련해야 할 것이다.

2) 평등적 역량으로서의 비폭력 의사소통을 함양하는 교육

탈인습성의 두 번째 원칙인 평등성의 원리와 관련하여 평화교육을 생각해볼 때 학습자들이 각기 그들 자신의 입장을 동등하게 제시하며 자신의 견해와 구별되는 관점에 대해 동등하게 비판할 수 있는 기회를 제공해야 한다. 이러한 평등적 역량으로써 비폭력 의사소통은 평화교육의 중요한 통로가 될 수 있다. 해리스(Ian M. Harris)와 모리슨(Mary L. Morrison)에 따르면, 비폭력은 철학이자 하나의 방법이라고 한다.[57] 비폭력은 문제와 갈등을 해결하는 하나의 방법이자 생활방식으로서 다루어져 왔고, 그 뿌리에는 인간변형(human transformation)에 대한 근본적인 믿음을 깔고 있으며, 이러한 변화는 개인 수준에서도 사회 수준에서도 일어날 수 있다. 어떤 사람이 세계를 변화시키면 그 사람의 내적 변화도 필연적으로 수반

된다는 것이다. 그리고 앞서 하버마스가 제시한 대화의 모형은 비폭력 의사소통에서도 중요하게 작용할 수 있다.

평화를 이루는 철학이자 방법인 '비폭력'과 '합리적 의사소통'을 결합한 '비폭력 의사소통'을 평화역량의 하나로 삼을 수 있는데, 이때 존중과 배려가 그 기반이 된다. 상호 간의 인격적인 존중과 다양성에 대한 존중을 바탕으로 비폭력 의사소통이 가능하기 때문이다. 상대방이 나와 다른 입장 · 관점 · 이해관계를 가지고 있음을 인정함으로, 상대방의 입장과 태도에 대해 내 기준으로 파악하고 비난하는 대신 내 생각이 내게 중요한 만큼 상대방에게는 상대방의 입장이 동등하게 중요하다고 생각하는 것이다. 또한 상대방을 참아주는 것에서 한 걸음 더 나아가, 다름을 적극적으로 존중하는 자세를 뜻한다. 이는 꼭 상대방의 가치관이나 입장에 대해서 동의해야 함을 의미하는 것이 아니라, 감정적인 판단이나 거부감을 내세우기 전에 이성적이고 객관적으로 이해하고자 노력해야 한다는 것이다. 유영권은 자기애적 성향에서 벗어나 타인을 존중하고 자신과 다른 의견을 가진 존재에게도 다 같은 하나의 피조물이라고 인식하는 자세를 갖출 필요가 있다고 하였다.[58] 개인적 욕심이나 적대감, 우월감을 가지고 대하기보다는 모든 사람이 그리스도의 은총이 필요한 존재라는 구원사적 시각을 가질 필요가 있다는 것이다. 적극적인 존중의 노력이 밑받침될 때, 다름은 관계와 공동체가 발전하는 에너지이자 다양한 색깔을 창조하는 재산이 될 수 있다.

한편, 나딩스(Nel Noddings)는 '배려'를 근본적이고 윤리적인 현상으로 규정하며 배려의 도덕적 가치와 배려의 윤리적 특성, 정당성 등을 밝혔다.[59] 배려는 타자 즉 피배려자를 포함하는 관계이며, 배려자와 피배려자는 상호적으로 의존한다는 것이다. 또한 다른 사람의 삶에 도덕적으로 반응하며 세상에 도덕적으로 존재하는 방법으로, 배려받는 자에게 응답하려는 특징이 있다. 배려의 관계적 의미를 강조한다는 것은 철학적 경우를 좀 더 복잡하게 만든다. 그러나 그것이 우리를 실제 도덕 생활에 직면하게 한다. 내가 얼마나 선해질 수 있는지는 적어도 타자가 나를 어떻게 대우하는가에 부분적으로 달려 있다. 배려윤리는 비록 우리가 배려의 행위를 할 수 없는 상황이어도 진정으로 상대에게 관심을 가지고 같이 고통을 느끼면서 참여하고 경청하며 진실한 마음으로 반응할 수 있도록 권하고 있다.

평등적 역량으로서의 비폭력 의사소통을 함양하는 교육은 갈등과 폭력의 상황 속에서 존중과 배려를 토대로 하여 이루어진다고 할 수 있다. 비폭력은 폭력에 폭력으로 대응하는 것이 아니라, 비폭력적인 방법으로 대응하여 폭력을 극복하고 오히려 생명의 힘으로 변화시키는 것이다. 따라서 비폭력 의사소통은 하나님의 사랑으로 희생자와 가해자 사이의 관계를 변화시켜 갈등을 해결하는 기독교 평화 개념과도 맞닿아 있음을 볼 수 있다. 상호적 · 공유적 이해를 지향하는 비폭력 의사소통을 통해 다른 사람의 삶과 세상에 도덕적으로 반응하며 배려의 관계를 만들어나감으로써 인격적 만남과 평화의 문화를 이루어나가야 할 것이다.

3) 개방적 역량으로서의 평화 상상력을 증진하는 교육

세계화 시대의 비평화적 현상들로 발생하는 폭력의 악순환을 끊기 위해서는 '평화 상상력'이 필요하다. 평화 상상력이란 폭력적 상황을 전도시킬 수 있는 능력이라고 할 수 있다. 구체적으로 서술해보면 폭력적 상황을 전도시키기 위해 비폭력적 대응 방식이 필요한데, 그 방식은 직접 참여를 통하여 이성적이고 창의적이며 대안적인 삶의 질서를 창조하는 것이다. 성경에서도 비폭력적 문제해결의 방식을 살펴볼 수 있다. 성경에서는 악으로 악을 갚지 말고 선으로 악을 이기라고 하였다(로마서 12:14-21). 그것이 바로 평화를 위한 출발점인 것이다. 예수는 단순히 인내심이나 불의를 받아들이는 수동적 행위만을 요구하는 게 아니다. 여기서 중요한 것은 주어진 조건에 대한 수동적인 수용이 아니라, 개방적인 태도로 새로운 상황을 창출함으로써 폭력적인 조건들을 변화시켜 나가는 것이다. 폭력에 대항할 수 있는 평화적인 힘은 바로 다른 사람에게 자신이 적이 아닌 동반자라는 사실을 인식시키는 상황을 창출해내는 것이다. 이것이 바로 '평화 상상력'이다. 중요한 것은 공격당한 자가 '폭력에는 폭력으로'라는 폭력의 악순환 고리를 끊고 다른 사람을 연대 의식으로 초청하는 행동 양식을 발전시키는 것이다.[60] 우리가 추구할 것은 원수의 종말이 아닌 증오의 종말이기 때문이다. 따라서 기독교교육의 현장은 평화 상상력이 분출하는 공동체가 되어야 한다. 그리하여 비평화적 상황 속에서 무기력한 인간으로 성장하는 것이 아니라, 공동체 안에서 평화 상상력을 연습하고 직접적인 참여를 통하여 변화를 체험하는 장이 되어야 하는 것이다.

레더락(John P. Lederach)은 폭력적인 상황에서 상상력을 동원하고 관계와 관계의 이해를 새로운 단계로 상승시키는 힘을 '역설적 호기심'으로 표현하였다.[61] 이는 복잡한 사회 역사와 구조화된 현실을 인위적인 이원적 범주로 몰아세우기를 거부한다는 것이다. 복잡함에 마비되지 않는 역설적 호기심은 복잡함을 적이 아닌 친구로 여기는 것에 달려 있음을 강조하였다. 또한 역설적 호기심은 사회적 양극화로 가득 찬 뿌리 깊은 폭력의 상황에서 복잡함에 힘입어 폭력의 굴레를 양산하는 이원적 분리라는 역사적 덫에 걸리지 않도록 하는 규율이기도 하다.[62] 이는 눈앞의 논쟁과 좁은 의미의 현실 너머의 가능성을 끊임없이 탐험하는 영원한 궁금증을 지속시킨다. 이러한 역설적 호기심은 평화 상상력과도 그 맥락을 같이 한다고 볼 수 있다. 한편, 미래학자인 보울딩은 미래에 대한 우리의 생각이 미래와 직접적인 관계가 있음을 시사했는데, 현재 존재하는 것과 다르고 더 나은 것을 상상할 수 있는 능력은 사회 변화의 가능성에 중요하다고 지적하였다.[63] 탈인습성의 세 번째 원칙인 개방성의 원리 위에서 학습자들이 자신의 견해와 다른 입장에서 제시된 다양한 경험과 그에 대한 여러 가지 해석이나 주장에 대해서도 열린 마음으로 경청하며 우리가 원하고 바라는 바를 상상하는 것을 배우는 것도 평화구축의 중요한 역량인 것이다.

앞서 언급했듯이, 인간의 본질 가운데 하나는 인간이 상상하는 존재라는 것이다. 인간은 물질 차원에서 주어지는 대상에 대한 감각적 지각을 넘어서서, 비가시적이고 비감각적 차원의 세계까지도 구성해낼 수 있는 능력을 지니고 있다. 또한 인간은 자신이 처한 환경과 주변의 사물을 변용하고 형성하는 가운데 삶을 영위하는 것은 물론 자기 자신까지 변용하는 존재이기도 하다.[64] 이처럼 상상하는 존재로서 그 능력을 평화에 초점을 두고, 평화의 시각으로 바라볼 수 있는 평화 상상력을 증진해가야 하는 것이다.

사람들은 상상의 작용을 통해 현재와 미래의 가능성을 기대하게 되고, 그러한 가능성의 실현을 위해 실천의 용기를 가지게 된다. 즉, 가능성이란 아직은 가공되지 않은 원료와 같은 것으로서, 이로부터 내가 더 선호하는 미래가 설계되고 평화를 이룩하며 희망이 고무될 수 있다. 미래의 평회에 대해 계획하고, 평화의 지속과 정의를 보장하기 위한 세도적 모넬을 구성하며, 또 이를 실현하기 위한 실행 전략을 구상하는 것은 이슈의 분석과 문제해결 그리고 책임 있는 시민 생활의 가장 핵심적인 기술을 습득할 수 있는 경험을 제공하게 된다.[65] 개방적 역량으로서의 평화 상상력을 증진하는 교육을 통하여 폭력적 상황을 전도시킴으로 새로운 상황과 관계를 창출하고 열린 마음으로 미래에 대한 희망을 이어나가도록 해야 할 것이다.

5. 나오는 말

지금까지 세계화 시대의 문제점들로 인해 야기되는 평화 부재의 상황들에 대한 문제 인식에서 출발하여 평화에 대한 기독교적 접근을 토대로 대안적인 기독교 평화교육을 모색해보았다. 먼저 가속화되는 세계화 속에서 경제적 빈부 격차, 인종차별, 환경오염, 핵전쟁의 위기와 테러, 약소국을 향한 강대국의 억압과 착취 등 모두가 평화롭지 못한 상황 속에 놓여 있으며, 이러한 위기 속에서 평화를 향한 갈망과 요구는 더욱 커지고 있음을 피력하였다. 이를 극복하고 해결하기 위한 노력과 실천들이 요구되는 가운데, 평화에 대한 논의를 통해 하나의 방법을 제안하고자 하였다. 특히 기독교의 영역에서 어떻게 평화를 바라보고 있는지에 대해 살펴봄으로써 기독교 평화교육의 성서적 · 신학적 근거를 찾고자 하였다. 성서적 이해에서 평화는 인간의 신체와 영혼, 공동체, 집단, 자연, 즉 인간이 맺고 있는 전 관계 속에서 정의와 사랑으로 온전함을 이루는 것으로, 우리의 삶을 에워싸고 있는 총체적 관계망 가운데서 구현된다. 평화에 대한 현대 신학적 접근에서 본회퍼는 기독교인의 책임윤리로서 평화를 강조하였고, 몰트만은 정의의 실천을 통한 평화를 역설하였으며, 볼프는 삼위일체 하나님의 사랑에 근거한 포용으로서의 평화를 주장하였다.

이에 세계화 시대의 비평화적 상황을 극복하는 하나의 대안으로 기독교가 보유하고 있는 평화의 신앙 전통을 활용한 기독교 평화교육을 역설하고, 이에 필요한 평화역량, 즉 평화감수성, 비폭력 의사소통, 평화 상상력을 탈인습성의 원칙과 연결하여 제시하였다. 평화감수성을 향상하기 위한 요소로 자아정체감의 확립, 공감과 환대를 들 수 있으며, 평화감수성을 향상하는 교육은 폭력을 폭력으로 인식할 수 있는 예민함을 기르고 실천하도록 하여 더불어 사는 사회의 밑거름이 될 수 있을 것이다. 존중과 배려를 토대로 하는 비폭력 의사소통을 함양하는 교육은 갈등과 폭력의 상황 속에서 비폭력적인 방법의 대응으로 폭력을 극복하고 오히려 생명의 힘으로 변화시키며 인격적 만남과 평화의 문화를 이루어나갈 수 있는 교육이라 할 수 있다. 평화 상상력을 증진하는 교육은 폭력적 상황을 전도시킴으로 새로운 상황과 관계를 창출해내고 열린 마음으로 미래에 대한 희망을 이어나가는 교육이다. 이와 같은 기독교 평화교육을 통해 학습자들로 하여금 세계화 시대에 있어 요구되는 평화적 인간상을 추구하는 평화역량들을 함양하고, 탈인습적 기독교의 자아정체감 형성은 물론, 세계화 시대의 사회와 교회에 야기될 수 있는 여러 가지 문제들을 해결하도록 도울 수 있을 것이다. 또한 위에서 언급한 세 가지 평화역량, 즉 평화감수성, 비폭력 의사소통, 평화 상상력은 나 자신, 타인, 공동체 그리고 환경과의 평화적 관계들을 이루어가는 데에 필수적이라고 할 수 있겠다.

미주

1) 이 논문은 2020년 학술지 「기독교교육논총」 제63집에 게재된 논문을 수정, 보완한 것임.
2) 이재기, 『세계화 · WTO · FTA 포커스』 (서울: 한올출판사, 2004), 36.
3) 장신근, 『공적실천신학과 세계화 시대의 기독교교육』 (서울: 장로회신학대학교출판부, 2007), 163.
4) H. 마르틴, H. 슈만, 『세계화의 덫』 강수돌 옮김 (서울: 영림카디널, 2003), 14.
5) K. 이멜, 『세계화를 둘러싼 불편한 진실』 서정일 옮김 (서울: 현실문화연구, 2009), 66-68.
6) 이주명, 『더 나은 세계는 가능하다』 (서울: 필명, 2005), 66.
7) 이강국, 『가난에 빠진 세계』 (서울: 책세상, 2007), 77.
8) 이재기, 『세계화 · WTO · FTA 포커스』, 60.
9) C. 콜린스, 『왜 세계는 불평등한가』 이상규 옮김 (서울: 이상, 2012), 111.
10) 리스본 그룹, 『경쟁의 한계』 채수환 옮김 (서울: 바다출판사, 2000), 10.
11) Ibid., 136.
12) Ibid., 11-12.
13) J. H. Mittelman, *The Globalization Syndrome: Transformation and Resistance* (Princeton, NJ: Princeton University Press, 2000), 17-18.
14) 이재기, 『세계화 · WTO · FTA 포커스』, 39.
15) R. R. 아스머, F. L. 슈바이처, 『공적 신앙과 실천신학』 연세기독교교육학포럼 옮김 (서울: 대한기독교교육협회, 2005), 225.
16) S. 알르망, J. 뤼아노 보르발랑, 『세계화: 세계화는 신자유주의의 승리인가』 김태훈 옮김 (서울: 웅진지식하우스, 2007), 155-156.
17) J. L. 킨첼로, 『버거의 상징: 맥도날드와 문화권력』 성기완 옮김 (서울: 아침이슬, 2004), 129.
18) 김형준, 『세계화와 한국경제』 (서울: 두남, 2000), 119-122.
19) Hyun-Sook Kim, "Seeking Critical Hope in a Global Age: Religious Education in a Global Perspective," *Religious Education* 110.3 (2015): 315.
20) Rebecca Todd Peters, *In Search of The Good Life: The Ethics of Globalization* (New York: Continuum, 2004), 21.
21) C. Wulf, "Human Development in a Globalized World, Education towards

Peace, Cultural Diversity and Sustainable Development," *Revista Española de Pedagogía* 71 (2013): 71.

22) W. 후버 & H. 로이터, 『평화윤리』 김윤옥, 손규태 옮김 (서울: 대한기독교서회, 1997), 48-49.

23) G. 리드케, "평화에 대한 기독교적 이해," 「기독교사상」 30.12 (1986): 142.

24) N. 월터스토프, 『정의와 평화가 입 맞출 때까지』 홍병룡 옮김 (서울: IVP, 2007), 144-145.

25) Nicholas Wolterstorff, *Educating for Shalom: Essays on Christian Higher Education* (Grand Rapids, MI: W. B. Eerdmans Pub. Co., 2004), 22-24.

26) J. L. Stotts, *Shalom: the Search for a Peaceable City* (Nashville, TN: Abingdon Press, 1973), 104.

27) 양금희, "지혜와 평화가 서로 입맞춤할 때," 「한국기독교신학논총」 99 (2016): 295.

28) 세계교회협의회, 『정의로운 평화 동행』 (서울: 대한기독교서회, 2013), 32-33.

29) D. 본회퍼, 『나를 따르라』 손규태, 이신건 옮김 (서울: 대한기독교서회, 2010), 158-164.

30) D. 본회퍼, 『윤리학』 손규태, 이신건, 오성현 옮김 (서울: 대한기독교서회, 2010), 309.

31) J. 몰트만, 『정의가 미래를 창조한다』 안명옥 옮김 (왜관: 분도출판사, 1990), 74.

32) J. Moltmann, "Peace, the Fruit of Justice," in *Faith and the Future: Essays on Theology, Solidarity, and Modernity*, ed. Johann-Baptist Metz and Jürgen Moltmann (New York: Orbis Books, 1995), 154.

33) J. 몰트만, 『정의가 미래를 창조한다』, 77.

34) J. 몰트만, 『희망의 윤리』 곽혜원 옮김 (서울: 대한기독교서회, 2017), 371.

35) M. 볼프, 『배제와 포용』 박세혁 옮김 (서울: IVP, 2012), 199.

36) Ibid., 25.

37) Ibid., 203-204.

38) Ibid., 466.

39) 고용수, "평화의 비전과 그리스도인의 삶," 『평화와 기독교교육』 고용수 편 (서울: 장로회신학대학교 기독교교육연구원, 2007), 73-74.

40) Martha C. Nussbaum, *Creating Capabilities: The Human Development Approach* (Cambridge, MA: Belknap Press of Harvard University Press, 2011), 20.

41) 이인정, "평화통일 감수성 함양 교육의 목표와 내용 체계에 관한 연구," 「도덕윤리

과교육연구」 62 (2019): 9.

42) 노희정, "한반도 평화시대를 위한 초등 통일교육의 방향," 「초등도덕교육」 62 (2018): 198.

43) J. 몰트만, 『정의가 미래를 창조한다』, 80.

44) J. 몰트만, 『희망의 윤리』, 368–369.

45) W. Wink, *Engaging the Powers* (Minneapolis, MN: Fortress Press, 1992), 228.

46) J. Habermas, *Communication and the Evolution of Society*, trans. Thomas McCarthy (Boston, MA: Bencon Press, 1979), 45.

47) E. S. Casey, *Imagining: A Phenomenological Study* (Bloomington and Indianapolis, IN: Indiana University Press, 1976), 67.

48) M. 존슨, 『도덕적 상상력』 노양진 옮김 (파주: 서광사, 2008), 19.

49) L. S. 비고츠키, 『(어린이의) 상상과 창조』 비고츠키 연구회 옮김 (서울: 살림터, 2014), 7.

50) R. Niebuhr, *The Responsible Self* (New York: Harper & Row, 1963), 159–160.

51) 김현숙, "기독교적 정체감 형성을 위한 대화 교육," 「기독교교육정보」 3 (2001): 288–289.

52) 김현숙, "후기 현대 사회와 기독교적 자아 정체감," 「신학논단」 28 (2000): 301–302.

53) 김현숙, "후기 현대 사회와 기독교적 자아 정체감," 「신학논단」 28 (2000): 299.

54) M. L. Hoffman, "Is Altruism Part of Human Nature?" *Journal of Personality and Social Psychology* 40. 1 (1981): 128.

55) 유영권, "한국교회의 소통과 공감 능력에 대한 분석과 방향," 「기독교교육논총」 42 (2015): 55.

56) L. M. Russell, *Just Hospitality* (Louisville, KY: Westminster John Knox Press, 2009), 19–20.

57) I. M. 해리스, M. L. 모리슨, 『평화교육』 박정원 옮김 (서울: 오름, 2011), 198–199.

58) 유영권, "한국교회의 소통과 공감 능력에 대한 분석과 방향," 64.

59) N. 나딩스, 『배려교육론』 추병완, 박병춘, 황인표 옮김 (서울: 다른우리, 2002), 51–53.

60) K. Wengst, *Pax Romana and the Peace of Jesus Christ* (London: SCM, 1987), 68–71.

61) J. P. Lederach, *The Moral Imagination* (New York: Oxford University Press, 2005), 35–37.

62) Ibid., 117.

63) T. Jenkins, "The Transformative Imperative: the National Peace Academy as an Emergent Framework for Comprehensive Peace Education," *Journal of Peace Education* 10.2 (2013): 177.

64) 우한용, "상상력의 작동구조와 상상력의 교육," 「국어교육」 97 (1998), 69.

65) 이삼열, 『세계화 시대의 국제이해교육』 (파주: 한울, 2003), 159.

더 읽을거리

몰트만, 위르겐. 『희망의 윤리』 곽혜원 옮김. 서울: 대한기독교서회, 2017.

볼프, 미로슬라브. 『배제와 포용』 박세혁 옮김. 서울: IVP, 2012.

해리스, 이언 M., 메리 L. 모리슨. 『평화교육』 박정원 옮김. 서울: 오름, 2011.

Wink, W. Engaging the Powers. Minneapolis, MN: Fortress Press, 1992.

Wolterstorff, Nicholas. *Educating for Shalom: Essays on Christian Higher Education*. Grand Rapids, MI: W. B. Eerdmans Pub. Co., 2004.

04

탈인습적 노년기 교육과정 연구[1)]

● 김진영 ●

1. 들어가는 말

현대 사회는 국지적(局地的) 편차를 보이긴 하지만 일반적으로 민주화, 산업화와 같은 담론을 넘어서 세계화, 정보화, 다양화 등의 특징을 지닌다. 한국사회는 이 같은 지구적 경향(global trend) 속에서 지속가능한 발전을 위한 사회 전반적인 정책수립 및 이행을 시도하지만 사회적 수준 및 질(quality)에 대한 평가는 여전히 부정적이다. 이는 발전에 대한 가능성과 긍정적 결과들에도 불구하고 그에 상응하는 사회적 위험과 불안이 여전히 공존하기 때문으로 보인다. 이러한 사회적 위험과 불안에 대해 울리히 벡(U. Beck)의 위험사회 개념을 한국사회와 관련해 볼 때, 오늘날의 사회, 즉 위험사회는 고전적인 산업사회와의 연결 속에서 부(富)와 함께 위험도 생산할 뿐만 아니라, 은폐되었거나 두각을 나타내지 않았던 위험과 불안의 요소들이 과격하게 불거지고 있음을 알 수 있다.[2] 특별히 한국사회가 서구 유럽사회에 비해 빠른 경제성장을 이루어냈음을 감안해볼 때, 한국사회 속에서의 이러한 위험의 요소들은 충분히 우리의 사회적 수준 및 질을 낮추는 위협이 될 수 있다.

특정 사회의 수준이나 질[3)]에 대한 연구가 1990년대에 시도되었는데, 이 연구에 있어서 사회의 질을 구성하는 중요한 요소는 사회경제적 안전성, 사회적 응집성, 사회적 포용성, 그리고 사회적 역능성(力能性)으로, 이러한 개념으로 한국사회의 수준과 질을 볼 때, 가장 두드러진 점은 미래와 고령화에 대한 불안감의 증대와 총체적인 불신의 심화, 계층 간 포용성의 감소, 그리고 구조적인 역능성의 감소로 인한 무기력증의 증가로 설명될 수 있다.[4)] 한편 본 연구와 관련지을 수 있는 사회적 역능성, 즉 한 개인에게 자신의 역량을 발휘할 수 있도록 기회를 제공하는 것에 있어서 명예퇴직, 조기은퇴 등과 같은 용어에서 알 수 있듯이 한국사회는 고령으로서 자신의 경력을 통한 역량발휘에, 즉 사회적 역능성을 보장받기에는 어려운 구조로 보인다.

이와 같이 한국사회의 고령화에 대한 사회적 불안감이 증대되고 있음과 동시에 의학발달에 따른 국민건강증진으로 고령화 현상이 나타나고 있다. 통계청의 통계에 의하면 65세 이상 고령인구는 1995년 2,640,205명, 2000년 3,371,806명, 2005년 4,365,218명, 2010년 5,424,667명으로 2010년 현재 65세 고령인구는 전체 인구 47,990,761명의 11.3%를 넘어서면서 꾸준한 증가추세를 보이고 있다.[5)] 이 분석에 따르면 매 5년 마다 65세 이상 고령인구는 1%이상씩 증가하는 셈이다. UN(국제연합)의 정의에 따라, 65세 이상 고령자가 전 인구의 7% 이상인 사회를 고령화 사회로 규정하고 있는바, 한국은 2000년 전체 인구 45,985,289명 중 65세 이상 고령자가 3,371,806명으로 7%를 넘어서면서 이미 고령화 사회로 진입하였으며, 65세 이상의 고령인구가 전체 인구의 14% 이상의 사회인 고령사회를 향해 진행 중에 있다.[6] 선진국, 개발도상국, 후진국에 따라서 그 편차가 있지만 2000~2005년을 기준으로 살펴보면, 세계 전체 인구의 평균수명은 66.0세이며 2040년 이후에는 80세를 초과할 것으로 예상된다.[7] 이에 따라 젊은 인구가 부양해야 할 노인인구를 보면, 2000년대에는 경제활동인구 10명당 1명, 2010년에는 1.5명, 2020년 2.1명, 2030년 3.7명, 2040년 5.6명, 2050년 7.2명으로 증가하여 40~50년 후에는 최소한 2명의 젊은 인구가 노인 1명을 부양하게 될 것으로 전망된다.[8]

한국사회가 이미 고령화 사회에 접어들었다는 의미는 한국교회 역시 고령화 현상을 보이고 있는 간접적 지표가 될 수 있다. 이미 통계청 분석에 따르면 65세 이상 고령인구 중 천주교를 제외한 기독교인의 수가 1995년 당시는 453,399명에 불과했지만 2005년에는 763,439명으로 꾸준한 증가를 보이고 있다.[9] 이 분석치는 전체 기독교인들의 대비 7%가 넘는 수치이기에, 전체 인구의 65세 이상 고령인구가 7%가 넘을 때, 고령화 사회라 일컫듯 교회 역시 고령화 교회가 되었음을 의미한다고 말할 수 있다. 그렇다면 이에 따른 교회의 대안은 무엇이어야 하는가? 이 질문이 본 연구의 계기가 되었다.

이러한 맥락에서 본 연구는 아래와 같은 몇 가지 질문들을 던진다. 더 이상 신앙공동체 속에 있는 노년기에 접어든 이들의 역할은 기대할 수 없는 것인가? 그들 자신의 정체성 인식 및 재확인을 통해 사회적, 그리고 신앙공동체적 역능성을 강화할 수 있는 교육과정은 어떠해야 하는가? 이러한 질문들에 대한 실마리로써 본 연구는 노년기를 위한 탈인습적

(postconventional) 교육과정을 제안하고자 한다. 이를 통해 노년기 학습자들은 더 이상 이탈과 소모, 그리고 돌봄과 보호의 대상만이 아니라 창조적인 교사로서 자신을 새롭게 성찰할 수 있으며, 나아가 신앙으로 승화된 인생의 경험과 지혜를 통한 신앙전수 및 신앙공동체의식 강화의 역할을 수행할 수 있는 요인(要人)으로서의 가능성에 대해 논의하고자 한다. 여기에서 말하고자 하는 지혜는 클레이튼(Vivian Clayton) 이해를 바탕으로 어떤 난관이나 실제 세계에 존재하는 어려움에 직면할 때 타협하거나 수용할 수 있는 능력과도 어느 정도 관계가 있다고 볼 수 있다.[10] 그러므로 본 연구는 교회라는 신앙공동체를 범위로, 그 속에서 수행되는 교육과정으로 제한하면서 관련 문헌들을 연구하는 방법으로 전개해보고자 한다.

2. 노년기의 이해

1) 노화(aging)와 노인(the elderly)

노년학자들(gerontologists)에 의한 노화(aging)의 구분에는 대체로 네 가지로 구분되는데, 한 개인의 태어나면서부터의 연수를 토대로 한 연대적 노화(chronological aging), 폐, 심장, 그리고 순환계와 같은 장기 조직의 효율성이 감소하는 신체적 변화를 일컫는 생물학적 노화(biological aging), 감각 및 지각과정, 그리고 기억, 학습, 지능 등의 인지능력, 수용능력, 성격에서 일어나는 변화를 포함하는 심리학적 노화(psychological aging), 가정, 친구들, 그리고 사적인 지원들(supports)에서의 역할과 관계의 개인적인 변화, 그리고 유급이든 무급이든 종교적 그리고 정치적 모임과 같은 조직 안에서의 생산적인 역할들의 개인적인 변화를 말하는 사회적 노화(social aging)가 그것들이다.[11] 노화(aging)가 이와 같이 이론적으로는 연대적, 생물학적, 심리학적, 그리고 사회적 노화로 구분될 수 있으나 한 개인이 경험하게 되는 노화는 총체적이기에 여러 면에서 고려되어져야 한다.

노인의 개념은 1951년 제2회 국제노년학회에서 "인간의 노령화 과정에서 나타나는 생리적, 심리적, 환경적 변화와 및 행동의 변화가 상호작용하는 복합 형태의 과정에 있는 사람"으로 규정되었고, 그 구체적인 특징은 첫째로 환경 변화에 적절히 적응하는 데 결함이 있는 자, 둘째로 자기통합 능력이 감퇴되어 가는 시기에 있는 자, 셋째로 생물학적 기관 및 조직 기능상 감퇴시기에 있는 자, 넷째로는 인체 조직 및 기능저장 소모로 적응력이 감퇴되는 시기에 있는 자이다.[12] 노인에 해당하는 연령구분에 대해서는 주관적인 자각연령보다는 일반적으로 출생으로부터의 달력상 연령인 역연령(chronological age)으로 구분할 수 있는데, 한국은 노인복지법에 의하면 65세를 '노인'으로 규정하고 있지만,[13] 무디(Moody)는 65~74세를 초령노인(the young old)으로, 75~84세를 고령노인(the old-old)으로, 그리고 85세 이상을 초고령노인(the oldest-old)으로 세분화하여 구분한다.[14] 이러한 역연령 혹은 생활연령에 의한 구분의 장점은 노인의 구분을 분명히 할 수 있다.[15]

2) 노년기의 특징

노년기에 이르면서 갖게 되는 특징으로는 자기통합과 감각적인 반응에 대한 변화라고 할 수 있다. 성인기를 발달과 관련하여 최초로 논했던 에릭슨(Erikson)에 의하면 한 개인이 성숙한 성인(a mature adult), 즉 성인 후기에 이르면 여러 가지 방법으로 사물과 사람들을 돌보며, 특정한 존재와 사상에 대한 환희와 실망을 받아들이는 자기통합(ego integrity)을 수행할 수 있다고 보았고,[16] 최근에는 지혜의 다차원적 특성을 인정하면서 노년기에 발견할 수 있는 이러한 내면 성찰이나 통합적 경향을 지혜로서의 정서적 측면과 인지적 측면의 통합으로 인정하기도 한다.[17] 그리고 노년기에 이르면 감각적으로 이전의 시기에 비해 그 반응속도가 느려지며 인지적인 측면에서는 습득 및 이해의 속도나 양의 편차가 커질 수 있다. 그러나 샤이에(Schaie)에 의하면 인지적인 측면에서는 노년기에 이르면 덜 훈련되었거나 속도가 필요한 지적인 능력들은 현저한 감소를 보이지만, 나이가 들어서도 인지적으로 잘 훈련받으면 반드시 그렇지 않을 수도 있음을 시사하기도 한다.[18] 특히 읽기와 말하기 반응시간은 노화(aging)에 덜 영향을 받으며, 무엇보다 고도의 훈련을 통해 자동화될 정도로 익숙한 일은 그렇지 않을 수 있다는 것이다.[19] 노년기의 자기통합과 감각적인 변화 외에 노년기의 특징으로서 도덕적인 판단은 외부적인 압력과 권위, 그리고 자기중심적인 판단근거에 의해서보다는 이타적 배려에 의한 사회적, 혹은 보편적인 가치에 바탕을 두는 경향을 보이며, 신앙적인 면에 있어서도 노년기에 이르러서는 보다 성찰적이면서 통합적인 태도를 보이기도 한다.

한편, 전생애적 발달에 있어서 노년기에 이른 성인은 성찰과 통합이라는 성숙함을 보이기도 하지만 신체적 노화, 즉 '늙어감'(physical aging)을 겪는다. 이러한 노화로 인해 노인은 다양한 차원의 '상실'(loss)을 겪으며, 이로 인한 문제들을 낳기도 한다. 노인들이 경험하게 되는 상실에 있어서 가장 눈에 띄는 것은 첫째, 신체적 상실이다. 각종 감각 및 신경, 그리고 장기들(organs)의 기능저하와 그로 인한 회복력 감소로 자신감이나 활동성을 잃게 된다. 둘째, 사회적 경제생활로부터의 이탈에 따른 물질적인 상실이다. 이는 현대 사회 속에서 단순한 상실 그 이상의 의미를 갖는데, 그것은 물질적인 상실과 관련하여 세 번째인 관계적인 상실에까지 영향을 주기 때문이다. 노년기에는 여러 가지 이유로 가족, 친구, 다음 세대와의 관계에 있어서 상실을 경험하게 된다. 배우자 및 친구의 죽음, 신체적 및 물질적 상실로 인한 노후에 대한 불안, 심리적 우울감이나 소외감, 그리고 죽음에 대한 두려움 등이 그것이다. 이러한 상실들은 노년기의 문제점으로 쉽게 연결될 수 있는데, 즉 신체적 상실로 인한 질병, 죽음에 대한 두려움, 관계적 상실에서 오는 심리적 단절감, 우울감, 소외감, 그리고 물질적인 상실로 인한 노후대책 및 노후복지와 관련한 문제들이다.

3) 노년기에 대한 성서적 이해

구약성서에서 노인을 나타내는 말인 자켄(זקן)은 '수염'(beard)을 의미하는 말에서 유래되었다. 주로 수염이 있는 남자 어른을 의미하는 말인 '자켄'은 구약성서에서 178회나 사용되는데 모두가 '노인'(someone old)을 의미한다. 구약성서에서 노인은 오랜 경험의 상징임과 동시에 정치적인 일들에 있어서 신중한 상담을 해 줄 수 있는 직접적인 능력을 의미하기 때문에 장로직(the office of elder)에 가장 좋은 자격이었다.[20] 신약성서에서는 노인이 단수로 쓰일 때는 프레스비테스(πρεσβύτης, 눅 1:18, 몬 1:9), 복수로 쓰일 때는 프레스비타스(πρεσβύτας, 딛 2:2), 여성인 노인에 쓰일 때는 프레스비티스(πρεσβύτις, 딛 2:3)로 사용되며, 단순한 역연령(chronological age), 즉 나이가 수적으로 많다는 의미로는 게론(γέρων, 요 3:4)으로 나타난다. 그러나 가장 많이 사용되는 용례는 일반적으로 교회나 회당의 리더로서의 장로(elder, 명사)라는 의미와 그 의미의 형용사적 형태인 '연장자'(elder)라는 의미에 사용하는 프레스테로스(πρεσβύτερος)가 있다.[21]

물론 성서에 등장하는 인물들에게서 과연 몇 세부터가 노인이라고 부를 수 있는지에 대해서는 의문이 생길 수 있다.[22] 그러나 일반적으로 모세가 구약성서 시편(90:10)에서 '사람의 연수가 칠십이며 강건하면 팔십'이라고 말한 내용을 통해 추론해본다면 일반적으로 오늘날과의 기준과도 어느 정도 상응한다고 할 수 있다. 성서 속에서 노인은 연령이 많아짐에 따라 가정에서, 공동체에서 어른(leadership)으로서의 지위 및 역할이 있었고, 더 나이가 들게 되면 존경과 보살핌이 필요한 존재가 되기도 했다. 이처럼 성서에 나타난 노인은 오늘날의 연령구분과 유사하며, 연장자인 어른으로서 오랜 경험을 통한 지혜로 다음 세대들을 이끌어 줄 수 있는 존재였다. 그들의 자녀들과 다음세대들을 위한 구체적인 기여나 교훈들은 아래와 같이 성서의 여러 군데에서 발견할 수 있다.

레위기 19:32　너는 센 머리 앞에서 일어서고 노인의 얼굴을 공경하며 네 하나님을 경외하라 나는 여호와이니라.

열왕기상 12:13 왕이 포학한 말로 백성에게 대답할 새 노인의 자문을 버리고

에스라 10:8 누구든지 방백들과 장로들의 훈시를 따라 삼일 내에 오지 아니하면 그의 재산을 적몰하고 사로잡혔던 자의 모임에서 쫓아내리라 하매

디모데전서 5:19 잘 다스리는 장로들은 배나 존경할 자로 알되 말씀과 가르침에 수고 하는 이들에게는 더욱 그러할 것이니라.

야고보서 5:14 너희 중에 병든 자가 있느냐 그는 교회의 장로들을 청할 것이요 그들은 주의 이름으로 기름을 바르며 그를 위하여 기도할지니라.

베드로전서 5:5 젊은 자들아 이와 같이 장로들에게 순종하고 다 서로 겸손으로 허리를 동이라 하나님은 교만한 자를 대적하시되 겸손한 자들에게는 은혜를 주시느니라.

3. 노년기 기독교교육의 성찰

1) 노년기 기독교교육의 현실

일반적으로 노년기를 대략 65세 이상으로 규정할 때, 현재 교회에 출석하고 있는 노년층들의 신앙생활 배경은 다양하다. 한국 기독교 초기 선교사들의 1차적 선교에 의해서거나, 그 후 선교사들에 의해 세워진 교회 및 학교, 그리고 병원 등에 의한 2차적인 선교에 의해서거나, 혹은 일제 강점기와 광복, 그리고 한국전쟁을 지나오면서 정치, 경제, 사회 각 분야의 혼란기를 경험하면서 그에 대한 피난처로 신앙을 접하게 된 경우로 볼 수 있다. 또 70~80년대 한국의 기독교 대 부흥기 속에서 신앙의 길에 들어선 경우도 있으며, 한국 기독교의 정체기가 시작된 90년대 이후에도 사회적 발전 속에서 낙오와 소외 그리고 불안과 같은 사회적인 변인으로 인해 신앙생활을 시작하게 된 경우도 있다. 그러나 그 어떤 이유에 의해서든 지금까지 한국 교회를 든든하게 지지해 왔던 현재의 노년층들은 이제 적극적인 활동의 주체에서 물러나 다음 세대로 그 역할을 이양하고 있으며 동시에 돌봄과 인도의 대상으로 자리매김하고 있다.

한편, 최윤식은 2050년이 되면 한국교회는 출석비율의 60~70% 이상이 은퇴자로 가득 차게 될 것으로 예상한다.[23] 이는 시간이 지남에 따라 노년층은 교회의 대다수를 차지하게 될 것이지만, 청장년층은 낮은 출산율과 교회로부터의 이탈, 개종(改宗) 등의 이유로 출석률이 줄어들어 역삼각형 구조의 인구비율 형태를 보일 것이라는 것이다. 한국교회는 교회 내 노년층들의 증가 및 주변인으로의 자리매김, 그리고 역삼각형 구조의 인구비율과 같은 현상에 상응하여 교육적 대안마련이 시급하지만, 일반적으로 부족한 예산, 열악한 환경, 노년층을 대상으로 한 교육에 대한 이해부족, 전문 사역자의 부족 등과 같은 한계로 인해 적절한 교육적 수행에 어려움을 겪고 있다. 단지 몇몇 교회에서는 목회자의 의식과 가능한 예산지원에 따라 학교형태로서의 노년기를 위한 교육과정을 운영하고 있을 뿐이다.[24] 그 외 대개의 교회는 규모에 따라 성별과 연령별에 따른 조직들이 있긴 하지만 단지 예배, 친교, 봉사를 위한 정기적인 모임에 불과한 정도이며, 성(性)에 따른 참여도에 있어서도 여성에 비해 남성들의 참여가 큰 폭으로 저조한 실정이다. 뿐만 아니라, 교회 속에서 수행되고 있는 교육과정에 있어서 성(性) 차이에 대한 이해가 폭넓게 고려되어야 한다. 이는 선교회나 전도회 등과 같은 조직구성을 위한 성(性) 구분이 아니라, 성(性) 차에 따른 유효한 교육과정을 마련함으로 성에 대한 무차별적 교육과정이 유발할 수 있는 불편함과 무관심, 참여율 저조 등과 같은 역기능들을 줄일 수 있기 위함이다.

가부장적인 남성중심의 한국사회는 남성으로 하여금 책임감과 우월감을 가져다 준 반면, 여성들에게는 남성에 비해 열등한 존재로서 남성을 도와 가사(家事)를 맡아보며 자녀 양육을 위한 돌봄의 역할에 충실한 것을 미덕으로 여기게 했다. 이로 인해 남성들은 과중한 책임감을 짊어졌으며 여성들은 사회적으로 위축되는 결과를 낳았고, 이러한 사회적 맥락은 고스란히 교회 속으로 침투되어 남성은 우월하거나 혹은 적극적인 학습자로, 여성들은 열등하거나 혹은 소극적 및 수동적 학습자로 여겨지게 되었다. 그러나 19세기 말 그리고 20세기 초부터 양성평등에 대한 주장과 그에 관한 일련의 연구들에 의해 남성과 여성에 대한 정체성 및 역할에 대한 성찰적 시도들이 전개되기 시작했고 그에 대한 영향은 교회 내에서도 변화를 가져오게 했다. 이를 테면 여성안수, 여성장로 및 여성안수집사 등이 그 예이다.

2) 노년기 교육과정을 위한 탈인습성

노년기는 지나온 인생의 경험을 회고하면서 삶의 의미를 성찰함과 동시에 성서를 읽고 예전(liturgy)에 참여함으로 영적인 지혜(wisdom)를 내면화시키는 시기라 할 수 있다. 뿐만 아니라 앞으로 다가올 부정적인 결과들, 즉 배우자의 상실, 죽음 등을 예상하며, 또 이해하며, 그리고 수용하는 시기이기도 하다. 그러므로 교회는 노년기에 접어든 학습자가 창조적인 교사로서의 앎과 함을 충실하게 연습하고 수행할 수 있도록 적절한 교육과정을 제공해 줄 수 있어야 한다. 노년기 학습자들이 이러한 교육과정에 참여함에 따라 두 가지 범주의 교육적 성과를 기대할 수 있는데, 첫째는 앎(knowing)의 범주이다. 이는 수행되는 학습과정(learning process)에 참여함으로 자신의 정체성을 확인하고, 인생 후반기를 보내는 자신의 삶의 의미를 발견하며, 노년기에 이르러 경험되는 통합적 성찰을 통해 획득한 지혜, 신앙공동체의 교육내용으로서의 성서이야기, 그리고 타인의 환경과 처지에 대한 배려와 이해를 의미한다. 둘째는 함(acting)의 범주로서, 앎의 과정을 통한 실천들이다. 이를 테면, 많은 경험과 성찰에 의한 지혜자로서 노년기 학습자 서로 간의 교사나 상담가로서의 역할이나, 다음 세대를 위한 신앙전수의 매개자로서의 역할, 그리고 건강한 신앙공동체와 다음 세대를 위한 영적 중보자로서의 역할 등이 그것이다. 이러한 노년기 학습자들에게 있어서 앎과 함의 수행은 그들만이 영유(領有)할 수 있는 권리이자 특권이라 할 수 있다.

교육과정(curriculum)에 있어서 그 내용과 교수-학습과정은 무엇을 가르칠 것인가 혹은 무엇을 경험하게 할 것인가에 대한 접근으로서 내용과 경험을 불가불 분리하여 이해할 수 없다. 이는 현대 사회에서 노인에게 요청되는 교육과정 역시 전통적인 내용으로서의 성서와 교리에 대한 감각과 동시에 이를 바탕으로 한 노인들에 대한 이해와 상황을 고려한 참여적 수행이 동반되어야 함을 의미한다. 그런 의미에서 노인에 대한 창조적 교사로서의 앎과 함의 수행에 대한 균형은 적절한 교육과정일 수 있다. 세계화, 정보화, 다양화라는 현대 사회의 특징을 김현숙은 개인주의, 구조적인 분화, 그리고 문화적 다원주의로 설명하면서 그에 부합하는 개인의 정체성을 위한 탈인습성(postconventionality)으로서 관계성, 평등성, 그리고 개방성으로 보았다.[25)]

탈인습적 노년기 교육과정을 위해서 노년기 학습자들에게 우선적으로 요청되는 개인의 역량이 있다면, 첫째는 관계성이다. 이는 개인주의화되고 있는 현대 사회 속에서 상호간 연결망(network)의 강화와 관련한다. 우선 노년기 학습자 상호간의 관계가 친교(fellowship)뿐만 아니라, 교사와 상담가로서의 역할을 기대할 수 있음을 의미한다. 노년기에 접어든 학습자들은 인생의 경험을 통한 지혜를 통해 서로의 상황을 이해하면서 경청하고 또 적절한 조언을 통해 교사로서 혹은 상담가로서의 역할을 수행할 수 있기 때문이다. 나아가 다음 세대와의 참여적 활동(inter-generation activity) 역시, 개인 각자의 지나온 시절과 경험을 회고하며 나누는 이야기(storytelling)를 통해, 영아에서부터 노년에 이르기까지 신앙을 형성하고 확인하는 예배(worship service)를 통해, 앞선 세대를 위로하고 축복하며 다음 세대를 격려하는 공동체적 친교를 통해 앞선 세대가 다음 세대에게 신앙을 전수하는 선교적 함(acting) 등으로 구체화할 수 있다. 이러한 관계성의 긍정직 기어는 소외, 약사, 그리고 수변인이라는 노인에 대한 편견을 극복하게 한다.

둘째로 노년기 학습자들에게 요청되는 탈인습성으로서의 평등성은 평등이라는 내재적 뜻의 교육적 적용과 관련한다. 이는 특정한 영역에 치우치지 않고 인지적, 정의적, 신체적, 그리고 그리스도인으로서의 영적인 영역이 균형잡힌 -평등적인- 전인적 교육의 수행, 계속 증가하고 있는 교회 내 여성의 점유율을 인식하면서 남성과 여성의 특성에 대한 이해를 바탕으로 한 성(性) 차이에 대한 평등적 배려, 그리고 성숙한 신앙인으로서 신앙의 사적(私的) 영역과 공적(公的) 영역, 즉 개인과 사회적인 영역과의 균형을 견지하면서 교회와 사회를 동시에 헤아릴 수 있는 능력을 함양하는 것이다. 한 예를 들자면, '죽음'에 대한 교육내용을 교육과정 속에서 다룬다고 하자. 우선, 죽음에 대한 지식적인 정보를 제공하고(인지적 영역), 죽음에 대한 감정을 성찰하게 하며(정의적 영역), 죽음을 대비해 적절한 조치를 강구케 하며(신체적 영역), 그리고 죽음에 대한 성서적 이해 및 구원의 확신을 심는(영적인 영역) 전인적 영역에 대한 고려와, 남성으로서 혹은 여성으로서 맞이하게 되는 죽음에 대한 차별적 의미와 양상에 대한 교육, 그리고 한 개인의 죽음과 사회의 공동체적 죽음의 의미에 대한 포괄적인 교육과정에 시도가 그것이다.

마지막으로 노년기 학습자들을 위해 요청되는 탈인습성으로서의 개방성은 타인에 대한 열린 마음과 경청의 태도와 관련한다. 개별성(個別性)으로 설명될 수 있는 개인 각자의 삶은 인종, 계층, 성(性) 그리고 개인적인 독특한 경험 등에 따른 다양한 이야기를 지니게 되는데, 이러한 다양한 배경을 가진 타자를 상대함에 있어서, 즉 울리히 벡과 엘리자베트 벡-게르스하임이 「장거리 사랑」에서 '문화적 거리'[26]라고 표현하고 있는 양자간의 문화적 격차에 있어서 선입견을 배제한 상태가 곧 개방성이다. 한국사회는 유교의 배경 속에서 반상(班常)의 문화가 깊이 배여 있기 때문에 관계에 있어서 소극적인 경향을 지니며, 집단적 편파성으로 자신과 다른 처지에 있는 이들을 향해 대체로 폐쇄적이다. 교육과정의 수행에 있어서도 집단적 혹은 협동적 교수-학습과정보다 개인적이며 폐쇄적인 그것을 더 편안해 하며 선호한다. 그러나 인간은 사회적 존재로서 타인과의 관계 속에 처하기 마련이다. 이러한 관계 속에서 타자의 형편을 헤아리며 환대적인 열린 마음은 현대 사회의 개인주의화와 문화적 다원주의에 상응하는 개방적 태도라 할 수 있다.

4. 탈인습적 노년기 교육과정

1) 교육목적: 창조적인 교사로서의 노인

노년기 학습자를 위한 탈인습적 교육과정을 계획하기에 앞서 노년기 학습자에 대한 인습적(conventional) 이해에 대한 비판적인 반성이 필요하다. 즉, 노인은 사회적 약자로서 돌봄과 보호의 대상이며 더 이상 교회나 사회에 대한 생산적 기여보다는 사회로부터 이탈되고 있는 소모적인 존재라는 전통적인 인식이 그것이다. 생산성(productivity)을 중심으로 인간을 평가하는 자본주의 문화 속에서 노년기 학습자들은 노화(aging)에 따른 신체적, 정신적, 사회적 변화를 겪으면서 과거에 경험하지 못했던 상실감, 두려움, 고독, 소외 그리고 의존적 경향 등에 의해 스스로를 무기력한 주변인으로 여길 수 있는데, 이러한 학습된 무기력증(learned helplessness)과 같은 노화에 대한 소극적 태도는 노년기에 이르러서야 수행 가능한 앎과 함의 역할 가능성을 간과하게 하거나 좌절시킬 수 있다. 그러므로 탈인습적 노년기 교육과정에서 요청되는 태도는 이러한 전통적인 생각의 틀(paradigm)에서 벗어나 앎(knowing)과 함(acting)의 수행이 가능한 창조적인 교사로서의 탈인습적(postconventional) 정체성을 발견하는 일이다. 이는 노화이론 중의 하나인 '지속성' 혹은 '연속성'(continuity)으로 설명되는, 즉 자신이 살아온 경험과 경력 속에서 자신의 능력을 발휘하여 얼마든지 자신의 역할을 수행할 수 있다는 점을 토대로 한다.[27] 특히 교회와 같은 신앙공동체 속에서 노년기에 이른 학습자의 중요한 역할은 노년기에 이른 학습자들 상호간의 교사 및 상담가의 역할, 그리고 다음 세대로의 신앙을 전수하는 일일 것이다. 여기에 노인의 경험과 지혜를 담은 그들의 앎과 함의 역할은 세대와 세대를 통하여 신앙공동체를 가꾸어가는 지주대(支柱臺)가 될 수 있으며, 이러한 자아정체감에 대한 반성적 태도는 노년기에 이른 학습자로 하여금 스스로를 여전히 배움의 과정 가운데 있다고 인식하게 할 뿐만 아니라, 적극적인 학습태도를 고취시키며 능동적인 참여를 유도할 수 있다. 무엇보다 고령사회에 직면한 오늘날, 연장자에 대한 연소자의 존중과 연소자에 의한 연장자에 대한 존경, 그리고 서로 간 관계적 질서의 회복에도 긍정적인 효과를 기대할 수 있게 한다.

이에 본 장에서 제안하는 탈인습적인 노년기 교육과정은 인생의 후반기를 보내고 있는 노인으로 하여금 우선, 자신에 대한 새로운 관점, 즉 창조적인 교사로서의 자아정체성을 확인케 하고, 그런 후, 탈인습적 역량인 관계성, 평등성, 개방성의 역량을 함양하여 양적인 생산성과 구별되는 질적인 창조적 삶으로서의 앎(knowing)과 함(acting)을 수행케 하면서 동시에 노년기에 이르러 겪을 수 있는 문제들을 극복함과 아울러 다음 세대를 위한 선교적 단초(端初)를 제공할 수 있도록 하는데 그 교육목적으로 상정한다.

2) 탈인습적 교육내용 및 교수-학습과정: 변증법적 대화, 그리고 경청하기와 이야기하기

교육현장에서 이루어지고 있는 노년기 학습자를 위한 인습적 교수-학습과정은 학습자의 적극적인 참여를 고려한 교수-학습과정이라기보다는 교수자의 일방적 강의와 학습자의 경청으로 일관된다. 예를 들면, 특정한 주제에 대해 교수자는 교육내용을 사전에 준비하고, 정해진 공간과 시간 안에서 준비된 그 내용을 전달하며, 학습자는 그 내용을 경청하고 수용하는 방식이다. 이러한 교수-학습과정은 생애주기 속에서 아직 전반적인 정보를 경험하지 못했거나, 기회가 없었던 아동기에 수행되는 주입식 교수-

학습과정과 다름없어 보인다. 노년기 학습자들은 그 세월에 상응하는 많은 경험과 이야기들, 그리고 그에 따른 수많은 시행착오에 대한 성찰들이 있다. 그러므로 교수자는 탈인습적 노년기 교육과정을 위한 교육내용으로서 노년기 학습자들의 경험 속에서 이끌어낼 수 있는 교훈적 주제들을 한 편에, 그리고 노년기 학습자들을 위해 필요한 창조적인 교사로서의 앎과 함을 위한 교육내용을 다른 한 편에 두면서 양편의 내용을 관계성, 평등성, 개방성을 바탕으로 한 상호간 변증법적인 대화를 통해 교수내용을 계획함으로 노년기 학습자들의 적극적인 참여를 유도하도록 한다.

이러한 특징들을 기반으로 한 탈인습적 교수-학습과정은 첫째, 참여적이어야 한다.[28] 노인들은 특성상 접촉이나 상호작용, 의사소통에 있어서 소외를 겪고 있는 경우가 많기 때문에 구체적인 참여를 통해서 심리적인 위축감을 해소시키거나 스스로의 고립으로부터 해방시켜줄 수 있어야 한다. 이러한 참여적 교수-학습과정은 노년기에서 겪고 있는 사회적 단절을 극복할 수 있는 새로운 관계성을 제공함과 동시에 관계성 강화를 기대할 수 있다. 예컨대, 자신의 인생의 경험과 추억에 대한 신앙적 회고 및 타인에게 이야기하기, 혹은 글을 씀으로 자신을 성찰할 수 있도록 하기,[29] 신체적인 여건이 허락하는 한 기념비적인 역사적 장소의 방문이나 성지순례에 참여하기, 그리고 유실(流失)과 상실(喪失)을 경험하고 있는 그들에게 채움과 소망을 경험하게 하는 성만찬 참여는 인간과의 관계성을 넘어서 예수 그리스도와의 관계성 재성찰 및 강화를 위한 교수-학습과정이라 할 수 있다.

둘째로 탈인습적 노년기 교육과정에서의 교수-학습과정은 남성과 여성의 성(性) 차이를 고려할 수 있어야 한다. 한국사회에서의 양성에 대한 인식은 과거로부터 사회문화적으로 학습되고 강화되는 과정을 거쳐서 그 간격이 극대화되었다. 유교사상의 영향으로 한국은 남성우월주의(male chauvinism)가 인습적 가치관으로 배태되고 학습되었지만, 반면 여성의 역할은 배제되었다. 그 예로서 남자는 높고 귀하게 여기고 여자는 낮고 천하게 여긴다는 남존여비(男尊女卑), 여성인 아내는 반드시 남성인 남편에게 복종해야 한다는 여필종부(女必從夫) 등과 같은 한자성어(漢字成語)를 통해서도 알 수 있으며, 그리고 과거 남성은 '기술'과목을, 여성은 '가정'과목을 배우며 성에 따른 역할을 강요받기도 했다. 그러나 이러한 양성에 대한 인습적인 태도는 남성으로 하여금 과중한 책임감에 의한 '고독'을, 여성으로 하여금 남성에 비해 열등하고 소극적인 존재로서 '소외'를 초래했다. 그러므로 이러한 왜곡을 극복하기 위해 탈인습적 교수-학습과정은 양성의 차이에 대한 이해를 바탕으로 한 평등성을 고려하면서 구성되어야 한다. 이를 테면, 이성(異性)을 고려한 역지사지(易地思之) 역할극을 통하여 가정에서 그리고 교회에서 자신과 다른 성(性)에 대한 이해와 그 입장에 대해 경험하고 성찰하게 하거나, 혹은 특정한 딜레마 속에서 남성과 여성이 선호하는 해법(solution)에 대한 변론 경청하기 등도 방법일 수 있다.

셋째로 탈인습적 노년기 교수-학습과정은 노년기 성인에게 전유(專有)된 '지혜'에 주목할 필요가 있다. 클레이튼(Clayton)에 의하면 지혜는 생각하는 방식을 설명하고 그 생각하는 방식을 사람들 사이의 관계에 위치시키는 하나의 구조로서, 인간성과 관련하는 어려운 실제적 문제들, 즉 사회적, 사람 간, 혹은 개인내적 문제들에 직면할 때, 타협을 만들고 받아들이는 능력에 관련한다.[30] 이러한 클레이튼(Clayton)의 지혜개념은 노년기에 해당하는 인생의 경험과 통합을 위한 성찰적 경향과 잘 부합하며, 사회화에 대한 결과나 축적된 지난 경험들을 성찰하는 일에 관련되는 결정성지능(crystallized intelligence)에 의해 문제해결에 접근하려는 성향과도 상관한다.[31] 이러한 지혜는 '자기초월'(ego transcendence)과 어느 정도 관련이 있으며, 자기중심으로부터 어느 정도 객관적일 필요가 있다는 펙(Peck)의 지적처럼[32] 노년기에 속하는 학습자들에게 있어서 잘 나타날 수 있는 특징이라고 말할 수 있다.

노인들의 개별성을 신중하게 고려하면서 노년기 학습자들의 지혜에 상응하는 교수-학습과정을 마련하는 것은 그들의 지혜를 발휘하게 하는 일일 뿐만 아니라, 다음 세대를 위한 교육적 지원을 가능하게도 한다. 그러므로 이러한 지혜에 대한 적극적인 수용과 격려에 있어서 필요한 역량이 있다면 개방성일 것이다. 이는 노년기의 목소리에 대한 열린 마음으로서 그들의 인생경험과 삶의 성찰에 대한 긍정적 수용이다. 구약성서에서 르호보암 왕이 그의 아버지 솔로몬 왕과 함께 했었던 노인들의 자문(advice)을 버림으로 인해 왕국이 분열되는 결과를 초래하고 만 것처럼[33] 노인들의 지혜를 인정하고 그것을 발휘할 수 있도록 하는 교수-학습과정은 당사자들뿐만 아니라 그 과정에 참여하는 다음 세대들을 위한 일이기도 하다. 이와 관련한 교수-학습과정의 예로서, 노년기 수준을 고려한 다양한 판단상황들을 설정해놓고 그에 대한 접근방법 찾기, 혹은 모둠(group)을 구성하여 특정한 결정에 대한 입장을 변론하기 등은 노년기 학습자들의 지혜를 계발하거나 활성화하는 방안이 될 수 있다. 나아가 다음 세대들과 함께 구성된 모둠을 통해 이러한 지혜를 계발하고 활성화하는 활동은 당사자들에 의한 다음 세대들에게 지혜를 전수할 수 있는 세대간(inter-generation) 교수-학습과정이 될 수 있다. 여기서 제안된 교수-학습과정의 예시들은 노년기 학습자로 하여금 주체적으로 경청하게 하고, 그리고 이야기하도록 격려하는 참여적 방식일 때, 인습적인 수용적 및 소극적 태도를 극복할 수 있다.

3) 평가: 수용의 양(量)에서 참여의 질(質)

교육과정에 있어서의 평가는 단순히 상정해 놓은 목적 혹은 목표가 성취되었는가 만을 확인하기보다 교육과정이 학습자들의 수행과 관련하여 적절한지 혹은 목적 및 목표, 내용, 교수-학습과정 등의 구성이 효율적인지, 만일 교육과정의 수행 후 보완점이 발견되었을 때, 어떤 수정이 필요한지 등에 대한 전반적인 성찰이다. 다시 말해 본 연구에서 제시되고 있는 교육과정을 예를 들어 본다면, 참여한 노년기 학습자들로 하여금 창조적인 교사로서의 정체성을 확인시키며, 동시에 앎과 함의 수행을 격려함으로 그들이 신앙공동체에 선교적 단초를 제공하게 되었는지, 제안된 교육과정이 제시된 목적을 성취하는데 부합하는지, 혹은 얼마나 효율적인지, 그리고 교육과정에서 단점이 발견되었을 때, 재구성은 어떠해야 하는지 등에도 관련된다는 의미이다. 하지만 일반적으로 신앙공동체인 교회에서 이루어져왔던 인습적인 교육과정의 평가는 일회적으로 혹은 단기적으로 누락되지 않고 수용된 정보의 양, 동원된 인원수, 출석의 횟수, 경청의 태도, 환대에 대한 감사 등이 그 기준이 되어왔다. 그러므로 장기적 차원의 한 개인의 변화를 통한 창조적 교사로서의 앎과 함의 역할 수행여부에 소극적일 수밖에 없었고 심지어 평가 자체를 부정적으로 인식하기도 했다.

노년기 교육과정을 위한 탈인습적 평가의 모색은 이러한 인습적 태도를 극복하면서 노년기 학습자의 변화를 위한 시간적 배려와, 그리고 그들의 참여의 질(質)이 깊이 고려되어야 한다. 여기서 말하는 참여의 질은 교수-학습과정에 얼마나 충실하게 참여하였는가와 그를 통한 실제적인 변화를 의미한다. 즉 경청하기와 이야기하기에 얼마나 적극적이었는가, 자기성찰에 충실했는가, 구체적인 실천을 모색하며 개인적, 공동체적 삶의 현장에서 얼마큼의 변화가 있었는가 등이 점검목록을 통해 확인될 수 있어야 한다. 그리고 이러한 평가는 노년기 학습자에 대한 특징이 고려되어야 한다. 시간적인 고려는 물론 앞서 샤이에(Schaie)의 지적처럼 인지적 훈련이 충분히 이루어지지 못한 상태에서 노년기 학습자에 대해 인지적 능력을 평가의 기준으로 세우기보다 오히려 타인에 대한 배려나 보편적인 가치에 대한 경향, 그리고 신앙인으로서의 통합적인 태도 등이 그 평가의 기준이 되는 것이 바람직하다 하겠다.

5. 나오는 말

본 연구는 세계화, 정보화, 다양화에 의해 특징지어지고 있는 현대 사회 속에서 한국사회가 직면하고 있는 고령화에 대한 기독교적인 대안 모색과 함께 그에 따른 교육적 성찰에 관련한다. 본 연구에서 제안한 노년기를 위한 탈인습적 교육과정은 신앙공동체 내에 증가하고 있는 노년층에 대한 긍정적 관점을 가지고 사회적 약자로서 돌봄과 부양의 대상이라는 노년에 대한 인습적인 이해를 벗어나 탈인습적 역량인 관계성, 평등성, 그리고 개방성에 기초한 앎(knowing)과 함(acting)의 창조적 교사라는 노년기 학습자의 새로운 정체성 발견 및 역능성 강화, 환언하여 자신의 정체성 및 삶의 의미 발견, 통합적 성찰을 통한 지혜, 습득한 성서이야기, 그리고 이타적 태도를 통한 배려라 할 수 있는 앎(knowing)의 범주와, 많은 경험과 성찰에 의한 교사 및 상담가로서의 역할, 다음 세대로의 신앙전수, 그리고 신앙공동체를 위한 영적 중보자로서의 실천적 함(acting)의 범주를 통한 신앙공동체 속에서의 선교적 단초가 되는 매개적 삶을 추구한다. 이러한 접근은 노년기의 시기가 비록 연대적, 생물학적, 심리학적, 그리고 사회적 노화로 인해 신체적, 물질적, 관계적 상실을 겪게 되는 때이지만, 일반적으로 노년기에만 경험할 수 있는 자기통합, 지혜, 이타적 배려, 그리고 보편적 가치에 대한 인식 등이 가능한 시기임을 근거로 한다. 성서에서도 이 시기를 생물학적 노화에도 불구하고 연장자로서의 신앙적 경험을 바탕으로 한 가문과 공동체의 리더로서, 상담가로서, 존경받는 교사로서의 역할수행에 대한 예를 보여준다.

앎과 함의 수행을 통한 선교적 매개자라는 목적을 위해 탈인습적 노년기 교육과정은 교육내용으로서 노년기 학습자들의 경험 속에서 이끌어낼 수 있는 교훈적 주제들과, 창조적인 교사로서의 앎과 함을 위한 교육내용 상호간 대화를 통해 선별하며, 강의형식에 의한 주입식 교육, 성(性) 차이에 대한 무차별 등의 양상을 극복하면서 경청하기 및 이야기하기 등과 같은 참여, 그리고 무엇보다 성(性) 차이가 고려되고, 노년기의 특징인 '지혜'에 관심을 갖는 교수-학습과정, 그리고 전달된 정보의 양이나 출석수 등에 의한 평가보다는 노년기의 생물학적 노화에 따른 신체적 감각을 고려함과 동시에 노년만이 경험할 수 있는 자기통합, 이타적 배려, 보편적 가치에 따른 종합적 평가 등이 고려되어야 한다.

미주

1) 이 논문은 2015년 학술지 「신학논단」 제80집에 게재된 논문임.

2) 울리히 벡, 『위험사회: 새로운 근대(성)을 향하여』 홍성태 옮김 (서울: 새물결, 2006), 99-148.

3) 여기서 말하는 '사회의 질'(social quality)이란 '사회의 모든 성원들이 사회적, 정치적 삶에 참여하여 자신들의 행복과 잠재력을 높일 수 있는 조건을 만들 수 있는 정도'를 말한다. 정진성 외, 『한국사회의 트렌드를 읽는다』 (서울: 서울대학교출판부, 2009), 4.

4) 사회경제적 안전성(socio-economic security)이란 사람들이 얼마나 물질적, 환경적 자원 등에 접근 가능한가의 정도를, 사회적 응집성(social inclusion)은 그 사회의 사회적 관계가 얼마나 공통의 정체성과 가치 규범에 기반을 두고 있는가의 정도를, 사회적 포용성(social cohesion)은 사람들이 일상생활을 구성하는 다양한 제도와 사회적 관계에 접근 가능한 정도를, 사회적 역능성(social empowerment)은 개인의 역량과 능력 발휘가 사회적 관계를 통해 얼마나 북돋워지는가의 정도를 말한다. 이러한 개념에 따라 한국 사회를 분석해 볼 때, 사회경제적 측면에서는 외환위기의 경험이 의료나 교육의 측면에서 다소간의 진전을 이루었지만 경제적 위험과 신종 재난에 대한 두려움을 확대시켜 불안감이 높은 사회로 전환되고 있음을 보여주며, 사회적 응집성의 측면에서는 일반적 신뢰나 제도적 신뢰가 지속적으로 감소했고, 투명성의 개선도 눈에 띄지 않는 등 사회자본이 계속 감소하고 있어서 총체적인 불신사회로 접어들었음을 시사한다. 더구나 세계에서 가장 흑인과 외국인 노동자를 차별하는 나라이며 자민족의 피가 섞인 혼혈 2세들에게조차 폐쇄적인 나라지만, 세계화의 영향으로 미약하게나마 이민족에 대한 문화적 개방성은 증가하는 경향이 나타낸다. 사회적 포용성의 측면에서는 여전히 여성의 권능점수는 OECD 국가 중 최하위에 머물고 있지만, 다행이 여성에 대한 차별은 점차 줄어들고 있다. 그러나 계층 간 배제와 차별은 급속히 증가해서 사회적 포용성의 수준은 전반적으로 낮아졌다고 평가된다. 역능성의 측면에서는 일상적인 수준의 역능성은 크게 증가하는 흔적들은 보이지만, 거시적이고 구조적인 문제에 대한 역능성은 크게 줄어들어 무기력한 사회가 되고 있다. 특히 급증한 자살률은 심각한 문제를 반영한다. 앞의 책, 4, 197.

5) 통계청, 2010년 총조사인구 총괄 (연령별).

6) 기영화, 『노인교육의 실제』 (서울: 학지사, 2013), 212.

7) 김수영 외, 『노년사회학』 (서울: 학지사, 2009), 17.

8) 앞의 책, 26.

9) 국가통계포털, 2005년 총조사인구 전수부문(성/연령/종교별인구)

10) 유재덕, "성인후기 기독교교육의 새로운 모색,"「기독교교육논총」29 (2012): 241.

11) Nancy R. Hooyman and H. Asuman Kiyak, *Social Gerontology: A Multidisciplinary Perspective* (Boston, MA: Allyn & Bacon, 2011), 4-6.

12) 이호선, 『노인상담』 (서울: 학지사, 2012), 18.

13) 앞의 책, 21.

14) Harry R. Moody, *Aging: Concepts and Controversies*, 6th ed. (Thousand Oaks, CA: Pine Forge Press, 2010), 5.

15) 이은성, "고령화시대 교회 노인을 위한 죽음준비교육의 필요성과 당면 과제,"「기독교교육논총」40 (2014): 391.

16) Erik H. Erikson, *Childhood and Society* (New York: W. W. Norton & Company Inc., 1993), 268-269.

17) Melvin A. Kimble et al., edss., *Aging, Spirituality, and Religion*, vol. 1 (Minneapolis, MN: Fortress, 1995), 102-118.

18) Nancy R. Hooyman and H. Asuman Kiyak, *Social Gerontology*, 183.

19) Melvin A. Kimble et al., eds., *Aging, Spirituality, and Religion*, 516-519.

20) Conrad, "זקן," *Theological Dictionary of the Old Testament*, vol. 4, eds. G. Johannes Botterweck and Helmer Ringgren, trans. David E. Green (Grand Rapids, MI: Eerdmans, 1997), 122-124.

21) Stanley Hauerwas et al., ed., *Growing Old in Christ* (Grand Rapids, MI: Eerdmans, 2003), 5.

22) 그 이유는 구약성서 창세기에 등장하는 인물들이 살았던 연령을 살펴보면 오늘날의 연수와는 상당한 차이를 보이기 때문이다. 아담(930세, 창 5:5), 셋(912, 창 5:8), 에노스(905세, 창 5:11), 게난(910세, 창 5:14), 마할랄렐(895세, 창 5:17), 야렛(962세, 창 5:20), 에녹(이 땅에서 356세, 창 5:23), 므두셀라(969세, 창 5:27), 라멕(777세, 창 5:31), 노아(950세, 창 9:29), 셈(600세, 창 11:10-11), 아르박삿(438세, 창 11:12-13), 셀라(433세, 창 11:14-15), 에벨(464세, 창 11:16-17), 벨렉(239세, 창 11:18-19), 르우(239세, 창 11:20-21), 스룩(230세, 창 11:22-23), 나홀(148세, 창 11:24-25), 데라(205세, 창 11:32), 아브라함(175세, 창 25:7), 이삭(180세, 창 35:28), 야곱(147세, 창 47:28), 요셉(110세, 창 50:22), 모세(120세, 신 34:7).

23) 최윤식, 『2020 · 2040 한국교회 미래지도』 (서울: 생명의 말씀사, 2013), 43.

24) 분당 예수소망교회의 샬롬 커뮤니티, 의정부 녹양교회 노인학교(은빛대학), 안산제일교회 실버대학 등은 한국교계에 잘 알려져 있다.

25) 김현숙, 『탈인습성과 기독교교육』 (서울: 대한기독교서회, 2004), 16-29.

26) 울리히 벡, 엘리자베스 벡-게른스하임, 『장거리 사랑』 이재원, 홍찬숙 옮김 (서울: 새물결, 2012), 101.

27) Harry R. Moody, *Aging*, 11.

28) 박상진은 이에 대한 이해를 학생들이 경험하고 참여하여 온몸으로 체험하는 신앙교육이며, 청각이나 시각만을 사용하는 교육이 아니라 오감을 활용하는 교육으로의 전환으로 본다. 박상진, "저출산, 고령화 시대의 교회교육," 「기독교교육논총」 40 (2014): 93.

29) 김혜숙, "자전적 글쓰기 교육과정을 통한 여성주의 기독교교육," 「기독교교육논총」 21 (2009): 342; Harry J. Berman, *Interpreting The Aging Self; Personal Journals of Later Life* (New York: Springer Publishing Company, 1994)를 참고하라.

30) Vivian P. Clayton, "The Meaning of Wisdom to Young and Old in Contemporary Society," Paper presented at the meetings of the Gerontological Society, Louisville, KY., 1975; Vivian P. Clayton, "Wisdom and Intelligence: The Nature and Function of Knowledge in the Later Years," *International Journal of Aging and Human Development* 2 (1982): 315-321, quoted in Melvin A. Kimble et al., eds., Aging, Spirituality, and Religion, 103.

31) Harry R. Moody, Aging, 94. 유동적 지능(fluid intelligence)은 이에 반대되는 유형으로 예견되지 않는 문제에 대해 참신하고 창조적인 해결을 제시할 수 있는 능력이나 임무에 관련한다.

32) Robert C. Peck,"Psychological Development in the Second Half of Life," in *Middle Age and Aging*, ed. B. L. Neugarten (Chicago, IL: University of Chicago Press, 1968), quoted in Ibid.

33) 구약성서 열왕기상 12장에는 과거 솔로몬의 신하였던 여로보암이 솔로몬을 이어 왕으로 추대된 르호보암에게 백성들의 과중한 고역과 멍에, 즉 노동과 세금을 가볍게 해준다면 르호보암을 왕으로 섬기겠다는 제안을 한다. 이에 르호보암은 아버지였던 솔로몬을 섬겼던 노인들의 자문과 동시에 자신과 함께 자라난 소년들의 자문을 듣지만 결국 더욱 강도를 높여야 한다는 어린 사람들의 자문을 따르게 되었고 그 결과 여로보암은 유다와 베냐민 지파를 제외한 열 개의 지파를 중심으로 북이스라엘로 분리하게 된다.

더 읽을거리

기영화. 『노인교육의 실제』 서울: 학지사, 2013.

이호선. 『노인의 영성』 성남: 북코리아, 2011.

최윤식. 『2020 · 2040 한국교회 미래지도』 서울: 생명의 말씀사, 2013.

Hauerwas, Stanley et al. eds. *Growing Old in Christ.* Grand Rapids, MI: Eerdmans, 2003.

Moody, Harry R. *Aging: Concepts and Controversies*, 6th ed. Thousand Oaks, CA: Pine Forge Press, 2010.

05

탈인습적 내러티브 교수학습방법[1)]

● 정동욱 ●

1. 들어가는 말

기독교인의 신앙과 삶의 괴리, 교회 안에서와 밖에서의 다른 삶, 그리고 교회의 공적 역할과 사회적 책임의 부재 뒤에는 전통적 신앙교육의 문제와 한계가 존재한다. 기독교회의 유산인 성서와 그 신앙적 삶이 왜 오늘을 살아가는 기독교인의 현실과 멀어진 것일까? 이 지점에서 기독교교육의 인습적 교수학습에 대한 비판과 오늘의 교수학습 과정에 대한 성찰이 자리한다. 전통적 교회의 권위에서 들려오던 성서의 내러티브는 오늘이라는 삶의 세계에서 더는 절대적인 목소리를 내지 못한다. 텍스트는 콘텍스트를 해석하지만 텍스트는 콘텍스트의 산물일 수밖에 없다. 그리고 성서의 옛 텍스트가 오늘의 삶과 경험이라는 콘텍스트를 비껴간다면 결코 오늘의 텍스트가 될 수 없다. 여기에 성서의 내러티브가 오늘의 현실적 경험과 소통하며 역동하는 기독교인의 삶을 가능하도록 기독교교육의 탈인습적 교수학습의 방법론이 요청된다. 탈인습적 기독교교육을 주창하는 김현숙은 기독교교육의 교수학습의 과정은 새로운 의사소통적 행위

모형에 의해 개선될 필요를 역설한 바 있다.[2)] 교사에 의해서 일방적으로 강요되는 형태의 교수학습은 더 이상 현대 사회의 다양한 현상에 직면하는 학습자에게 능동적인 이해와 학습을 끌어낼 수 없기 때문이다.

본 연구는 오늘의 학습자가 어떻게 성서와의 대화를 통하여 자신의 삶의 경험 속에서 성서의 이야기를 유의미하게 재해석하고 기독교인으로서의 자아정체감을 형성하며 기독교적 인식의 근간과 삶의 경험을 새롭게 획득할 수 있는지에 관심한다. 그리하여 인간 담화행위의 기본 수단이며 의사소통의 도구인 내러티브를 활용하여 전통과 경험, 성서와 독자, 교사와 학습자라는 상호관계의 의미를 효과적으로 엮어내는 교수학습의 한 방법론을 제안하고자 한다. 본 연구는 먼저 내러티브의 일반적인 개념을 분석하여 이해하고 정의를 내린다. 이후에 내러티브가 어떻게 교육적으로 활용되는지 탐구하며 내러티브의 의사소통의 방식에서 교육구조가 어떻게 가능한지 살펴본다. 그리고 내러티브를 연구한 기독교교육학의 인습적이고 일반적인 방식들과 새로운 연구 가능성을 검토한 후 성서와 학습자의 의사소통과정에서 어떻게 서로의 내러티브가 선정되고 해석되며 변형되어 창작되는지의 과정을 교수학습의 방법론으로 제안하며 모형을 제시했다. 옛 전통과 오늘의 경험을 내러티브의 의사소통 구조 안에서 해석학적으로 엮어 낸 교수학습의 방법론이 전통적인 인습적 형태를 벗어난 탈인습적 기독교교육의 한 모형으로 기독교교육의 현장에서 다양한 형태의 교육과정에 활용될 수 있기를 희망한다.

2. 내러티브 개념의 분석과 정의

이야기로 말하는 모든 것에는 내러티브가 있다. 사람들과의 대화 속에, TV나 신문에, 인터넷과 SNS 환경의 다양한 문자나 영상의 정보 속에, 연극과 영화와 노래와 문학 속에, 우리가 생각하며 말하고 느끼는 모든 이야기에는 내러티브가 생생히 존재한다. 때로는 구술된 언어로, 때로는 기술된 문자로, 때로는 고정된 이미지와 움직이는 형태로, 때로는 몸짓과 상징적인 형상으로 모든 재료의 질서와 혼합 속에 내러티브는 존재한다.

우리는 하루에도 수많은 내러티브를 만난다. 조그마한 사건이라도 그것이 표현되고 말해지는 순간 거기에는 내러티브가 있다. 주어와 동사가 연결되며 단어들이 배열되는 순간부터 내러티브는 만들어진다.[3] 내러티브는 어린 아기가 명사와 동사를 결합하는 법을 배우면서부터 시작되고 사람들의 기억은 내러티브의 형태로 재현된다. 내러티브는 언어와 동일한 방식으로 우리의 사고에 내장된 심층구조이기도 하다.[4]

바르트(Roland Barthes)는 "내러티브 없이 인간은 존재하지 않고 결코 존재할 수도 없다"[5]는 진술을 남겼다. 그는 내러티브가 모든 언어를 통합하고 스틸 사진이나 영화 제스처, 모든 장르의 요소들과 신화, 전설, 우화, 짧은 이야기, 서사시, 역사, 비극, 희극, 팬터마임, 회화, 스테인글라스, 영화, 만화책, 뉴스기사, 대화 등을 포함하며 무수한 형식 안에서 모든 시간, 모든 장소, 모든 사회에서 나타났으며 내러티브의 역사는 인류의 역사와 함께 시작된다고 주장했다.[6] 역사 속에서 내러티브가 없었던 시간은 결코 없었으며 모든 계층과 모든 인류가 수많은 형식 안에서 그들 자신의 내러티브를 가졌으며 단지 인간의 삶 그 자체처럼 존재한다.

그렇다면 내러티브를 어떻게 개념화할 수 있을까? 애벗(H. Porter Abbott)은 내러티브를 느슨하고 일반적인 형태와 간명하고 한정된 형태로 구분한다.[7] 그는 느슨하고 일반적인 내러티브는 "비극, 희극, 서사시, 단편소설, 다양한 장르의 영화, 드라마, 시가, 그리고 산문과 픽션 혹은 논픽션 등의 장르의 형식"[8]이라고 보았고 간명하고 한정된 내러티브는 "더욱 긴 서사적 단위를 뜻하는 것으로 긴 내러티브 구조의 일부를 이루는 구성요소"[9]라고 말한다. 그는 채트먼(Seymour Chatman)이 내러티브를 정의한 "담화된 이야기(story-as-discoursed)"[10]를 따르며 여기에 재현이라는 현재적이고 실제적 행위를 더한다. 그는 내러티브를 "이야기와 서사담화(narrative discourse)로 구성되는 사건들의 재현"[11]이라고 정의하는데, "이야기는 사건 혹은 사건의 연속이며 서사담화는 재현되고 있는 사건을 의미한다"[12]고 보았다. 경험한 사건들의 연속된 총합인 이야기는 어떤 매체를 통해 들려지거나 기록되거나 표현되는 서사담화의 과정에서 재현된다. 이야기는 서사담화의 과정에서 생명을 얻으며, 새롭게 태어난다.

그렇다면 내러티브가 재현된다는 것은 무엇인가? 그것은 내러티브가 발생하는 움직임의 공간에 '시간'이 개입된 것인데 과거의 것이 현재의 시간에 이야기되는 것이다. 시간이 개입되었다는 것은 사건이 연속되어 총합을 이루었다는 뜻이며 의미가 고리로 연결되었다는 것이다. 곧 과거의 것이 재현되는 시간에서 의미가 발생하는 시간의 간격을 통해 그 사건의 실재성에 대한 해석이 발생한다.

리쾨르(Paul Ricoeur)는 그의 저서 『시간과 이야기』에서 과거의 실재가 현재의 내러티브가 되는 시간, 곧 이야기된 시간의 "시간성의 모순"에 대해 말한 바 있다. 그는 아우구스티누스와 아리스토텔레스가 말한 시간의 의미를 대조하면서 내러티브는 사변으로 떼어놓은 시간을 어떻게 합치하는지를 보여준다고 말한다.[13] "이야기의 시학은 시간의 내적 의식과 객관적인 연속의 대조뿐만 아니라 그 둘의 공모를 필요"[14]로 하며 이야기는 현상학적 시간과 물리적 시간의 서술적 중재를 가능케 하는 것으로 보았다. 그리고 과거에서 이루어진 사건은 그 자체로서는 관찰될 수 없으며 단지 기억할 수 있을 뿐이기에 재현성의 개념에서 그 수수께끼를 풀어야 하는데 그 재현성은 근본적으로 변증법적 구조 안에서 확인되기에 가다머(Hans G. Gadamer)의 적용(application)의 의미를 받아들여 이해(comprehension)와 설명(explication)에 부가된 우발적인 부속물이 아닌 해석학적 의미인 전유(appropriation)[15]로서 텍스트 세계의 타자가 독서를 통하여 재형상화하는 것이어야 한다고 보았다. 과거의 사건은 내러티브로 재현되며 오늘의 독자는 그것을 재형상화하여 적용(Gadamer)하고 그것이 전유(Ricoeur)될 때 의미로서 해석되는 것이다.

또 다른 내러티브 연구가인 폴킹혼(Donald E. Polkinghorne)은 인간의 경험을 유의미하게 하는 필수적이고 주요한 형식을 내러티브에서 탐구했다. 인간은 물질적, 생물체적, 의미적인 영역이 융합되고 통합된 존재인데 인간의 행동에는 의미체계가 포함되며 그 의미의 영역을 연구하는데 내러티브는 활용된다고 주장한다.[16] 그는 의미연구에 내재된 문제를 다섯 가지로 제시하는데[17] 첫째, 의미영역은 사물이나 대상이 존재하는 것과는 다른 형식으로 존재하며 그것은 하나의 활동이다. 둘째, 의미는 직접적으로 공개적인 관찰이 불가능하기에 의미의 범위는 마음의 영역에서 반성적 재생이나 성찰을 통해 접근해야 한다. 셋째, 이 연구를 위해서는 언어적 데이터를 사용할 필요가 있다. 넷째, 언어적 데이터의 분석은 해석학적인 추론을 이용한다. 다섯째, 의미의 영역은 자각, 기억, 상상과 같은 다양한 표상 양식으로 나타나는 이미지와 아이디어들을 연결하는 통합된 앙상블이다.

내러티브는 사건의 내용을 담은 이야기를 담화의 형식으로 오늘에 재현하는 과정에서 필연적으로 새로운 의미를 생성한다. 그런데 의미는 그 표현된 형상을 관찰해서 직접 얻을 수 있는 것이 아니기에 여기에는 해석학적 접근이 요구된다. 그리고 폴킹혼이 의미를 하나의 활동이라고 규정한 것은 의미가 고정된 형태가 아니며 얼마든지 다양하게 표현될 수 있으며 다양한 뜻으로 해석될 수 있는 유연성이 있음을 말한 것이다. 누군가에 의해서 의도된 의미는 누군가의 개인적이고 주관적인 내밀한 영역의 것이기에 그것을 이해하고 연구하기 위해서는 자기 성찰이 반드시 동반될 수밖에 없으며, 이 부분에서 개인의 주관적 이해에 관한 질적 연구를 위해 내러티브 연구 방법론이 요청되었고 활용된다.

우리가 가진 성서의 내러티브는 언어로 쓰였다. 성서는 사건과 경험을 언어라는 형식의 담화의 과정으로 표현하였다. 의미표현의 다양한 형태에서 언어가 사용되었다면 연구자는 그 언어 자체를 연구할 수밖에 없다. 그림이나 기호나 상징을 포함한 다양한 의미표현 중에서 언어는 가장 일반적인 의미체계의 형태이기에 그것이 사용된 각종 데이터를 종합하고 분석하여 그 언어의 발생적 의미나 콘텍스트 안에서 상호관계를 해석해야 한다. 그리고 의미 자체가 갖는 다양한 의미의 표상 양식 안에서 이미지와 아이디어들이 복잡하게 구조적으로 연결되어 있다면 그 복잡한 구조를 종합적으로 다루어야 하는 어려움이 있을 수밖에 없다. 폴킹혼은 내러티브를 "인간이 매 순간 하는 경험과 개인적인 행위들에 대해 의미를 부여하는 수단을 제공하는 하나의 도식"[18]으로 읽었는데, 그렇다면 내러티브 자체가 의미를 제공하는 수단이 되기에 이 도식을 해석하는 것이 인간 삶의 행동과 경험을 이해하는 방법론이 될 수 있다.

내러티브는 사건의 경험을 시간적 흐름에서 재현이라는 방식으로 의미를 담아 서술하거나 보여주는 모든 것이라고 정의할 수 있다. 내러티브는 묘사하고자 하는 것과 그것을 묘사하는 방식을 통해서 그것을 보여주거나 말해주는 행위이다.[19]

3. 이야기와 내러티브의 교육적 특성

담화된 이야기 혹은, 사건의 경험에 의미를 담아 재현하는 이야기(story)는 그 자체로 교육적이다. 이야기는 의미를 전달하거나 감정을 전달하거나 행동을 지시하는 데 효과적이다. 이야기는 전달된 내용이며 동시에 인식의 방법이고 그것을 전하는 사람의 생각과 감정의 통로이다. 이야기는 누군가를 알아가며 그와 자신을 동일시하는 모방의 방법이 된다. 구약성서의 히브리인들은 이야기로 교육을 했으며 성서 기자들이 사용한 방법도 이야기였다. 브루그만(Walter Brueggemann)이 말한 대로 이야기는

이스라엘 신앙교육의 기초형태(primal mode)였다.[20]

첫 성서인 창세기는 우주의 기원을 탐구하거나 발전시키는 연구에서 출발한 것이 아니라 하나님의 창조를 이야기의 형태로 말한다. 족장들의 삶과 운명은 이야기를 통해 전수되었고 출애굽의 사건으로 그려진 그들의 구원은 이야기에서 확인된다. 히브리인들은 이야기를 듣고 응답하는 과정에서 하나님의 백성이라는 개인직이고 민족적인 신앙의 성체성을 형성했다. 신약의 예수 이야기는 기독교인의 이야기이다. 원시 기독교 공동체의 기억 속에 예수의 이야기는 강력한 사건에 대한 의미로 남아있었으며 신약성서는 그들의 신앙의 형태를 만들어준 신앙고백의 원형을 공동체의 내러티브로 보존하여 재현했다. 이야기는 무엇을 전달함과 동시에 무엇으로 그들을 형성했다.

인간은 이야기와 더불어 살아가며 하나의 이야기가 되어 살아간다. 인간 삶의 모든 경험은 이야기로 표현되며 이야기는 인간의 경험을 해석했고 새로운 경험을 열어간다. 이야기는 단지 현상적인 의미가 아닌 인간 의식의 원형을 만들어가는 구조가 된다. 구약성서를 "사람들의 삶 속에서 역사하시는 하나님에 관한 이야기"[21]로 규정한 앤더슨(Bernhard W. Anderson)은 유대민족의 기억과 역사의식에서 만든 이야기인 성서가 유대민족의 자아와 정체성을 만들어왔다고 피력한다.[22] 브라이트(John Bright)는 구약의 족장 설화에서 족장들의 이름들로 대표되는 아브라함, 이삭, 야곱 등의 이야기는 단지 개별의 인물이 아니라 개인 족장을 대표하는 집단의 행적을 반영하는 이야기라고 말한다.[23]

이야기는 개인을 집단과 공동체 안에서 이해하고 소속시키는 구조로 기능했다. 리쾨르는 아브라함, 야곱, 이삭의 영웅담이 원래 동떨어져 있었지만 야훼의 역사를 찬양하는 최초의 신앙고백이 그것들을 끌어 모아 놓았으며 사건들에 대한 신학 작업은 이야기를 만드는 것이었고 그것이 곧 역사와 신앙에 대한 그들의 해석이었다고 말한다.[24] 성서의 이야기는 한 개인을 공동체와 그 사회로 결속하는 교육적 구조의 원형을 잘 보여준다. 그룸(Thomas H. Groome)은 기독교인들 모두는 기독교 이야기의 일부라고 말했다.[25] 이야기를 통해서 사람은 그 이야기에 속하게 된다.

이스라엘 부모들은 가정에서 그들의 자녀를 교육하면서 구전의 고백을 반복하여 가르쳤다.[26] 그들은 토라를 반복하여 이야기로 전했으며 그것들을 기억하도록 만들어진 토라의 상징들과 종교의식은 이스라엘의 종교적 신앙의 내면화를 거쳐 의도적인 문화화 과정을 만들어 낸다.[27] 이야기는 그렇게 개인과 집단과 민족의 의식과 정체성을 만들었다. 옛 내러티브는 오늘의 내러티브로 해석되고 해석된 내러티브는 오늘의 내러티브를 변형하여 더 크고 강력한 의식의 체계를 형성한 내러티브로 창작되고 발전한다. 개인의 내러티브를 통해 발전된 집단의 내러티브는 기억되고 반복되고 확대되는 과정에서 공동체의 교육적 기능을 제공한다. 내러티브에는 가르치고 배우며 형성했던 개인과 집단의 교육적 원형이 그대로 존재한다.

기독교교육 교수학습 과정에서 내러티브를 주목하는 이유는 신앙의 교육적 원형이 내러티브의 심층 안에 있기 때문이며 기독교의 이야기와 학습자의 이야기 사이에서 발생하는 해석학적 관계 속에서 내러티브 자체의 의미와 인간 삶과 행동과 경험의 의미가 교육적으로 구조화되기에 그렇다. 학습자의 경험은 의미를 만들며, 경험으로 형성된 의미체계는 내러티브라는 형식을 통하여 인간의 인지적 과정에 조직된다. 비록 내러티브가 갖는 의미가 직접적으로 관찰 가능한 것은 아니지만 내러티브로 나타나는 이야기와 표현물은 직접 관찰 가능한 것이고 개인으로서의 자신과 다른 사람의 행위나 공동체의 경험과 사회와 역사의 현상을 설명하는 데 사용될 수 있다.[28)]

내러티브의 다음과 같은 특성은 교육적으로 활용되었다. 첫째, 내러티브는 기억과 재생의 특성이 있다. 내러티브는 인간의 기본적인 삶의 활동이며 역사와 문화와 지역을 넘어선 보편적 인간의 본성이다. 내러티브는 문자사용 이전에 인류 공동체의 기억과 문화를 영속시키는 개념에서 신념과 공통된 문화의 요소를 간직하며 정보를 전달하고 체계를 전승하는 수단이었다. 내러티브는 기억하게 하고 그 기억을 재생한다.

둘째, 내러티브는 자기 인식과 발달의 특성을 갖는다. 무엇에 관하여 이야기하는 것은 그것을 인식하는 행위와 같다. 무엇을 배우고 행하고 느끼는 것을 이야기로 표현할 수 있다. 무엇을 계획하고 결단하고 설명할 때 내러티브가 동원된다. 내러티브는 삶과 유사한 패턴으로 실제의 문제를 해결한다. 무엇인가를 실제적으로 인식하고 알아가고 이해하는 깊이와 성숙을 자기 이야기의 발달과정에서 찾아볼 수 있다. 교육과정의 결과나 사람의 성숙은 그의 내러티브가 어떻게 발달하는지를 통해 발견하게 된다.

셋째, 내러티브는 의미를 구성한다. 이야기는 의미를 구성하는 수단으로서 학습자의 의미교육을 가능하게 한다. 경험에 대한 의미는 내러티브로 재생되며 기억된다. 의미를 담은 질서와 체계의 틀이 내러티브에 나타난다. 내러티브로 의미를 관련지으며 연결하며 확대하고 심화한다. 내러티브는 끊임없이 삶을 채워가는 의미의 실재들을 생산한다.

넷째, 내러티브는 콘텍스트에 대한 독해력을 요구하기에 학습자의 이해와 경험을 이해할 수 있다. 갈등을 겪고 있는 현실의 사건은 그것을 문제의 중심에서 해석할 수 있는 콘텍스트의 관계에서 해석된다. 유의미한 맥락에서 학습된다는 것은 사건을 기억하고 이해하고 학습하는 준거를 제공한다는 뜻이기에 내러티브는 학습자의 콘텍스트를 의미 있게 해석하는 방법이 된다.

다섯째, 개인과 공동체의 관계에서 개인차를 극복하며 공동체의 참여를 이룰 수 있다. 학습자 개인이 삶에서 경험한 것이 얼마든지 하나의 주제나 목적에서 참여적으로 나눠질 수 있기에 연령, 성별, 인종, 전통의 차이가 극복된다. 이야기를 나누고 공동의 이야기로 만들어가는 과정에서 공동체와의 연결과 참여가 이루어진다.

교사와 학습자는 서로의 이야기를 통해서 관계를 형성한다. 교사는 학습자의 무한한 상상력을 자극하고, 학습자는 수많은 이미지와 비전의 세계를 이야기를 통해 창출할 수 있다. 이야기는 눈으로 보거나 귀로 들을 수 없는 것들을 경험하게 하고 과거의 경험으로 돌아가게 하고 오늘의 경험을 새롭게 바라보게 하고 미래의 경험을 지금의 것으로 가져온다. 누군가의 이야기는 자신의 이야기가 된다. 이야기 속의 주인공은 자신과 동일시된다. 모방을 통하여 따름으로 이어져 도덕, 가치, 세계관을 자신의 것으로 형성한다. 내러티브는 우리가 살아가는 현실의 세계를 이해할 수 있는 가장 중요한 한 방식이 되며 우리가 살아가는 세계는 우리가 그것을 바라보는 그 방식에 의해서 의미와 가치가 결정된다. 내러티브는 단지 말하기 위해서가 아니라, 알기 위해서 사용될 수 있는 지식을 표현하며, 지식을 받아들이기 위해서 사용하는 가장 보편적인 교육의 도구가 된다.

4. 내러티브의 의사소통과 교수학습의 구조

애벗(H. Porter Abbott)은 내러티브를 사건의 재현, 혹은 사건의 연속이라고 정의하는데 사건이나 행위가 없다면 결코 내러티브가 될 수 없다는 것을 분명히 한다.[29] 그런 의미에서 생각해보면 내러티브는 사건이나 행위를 경험한 이야기들로 구성된다. 내러티브는 삶의 모든 경험을 인지적으로 구성하는데 필연적이며 우리는 자신의 경험과 다른 사람의 경험을 내러티브의 구조 안에서 조직하고 인식하여 이해한다. 그러므로 내러티브의 구조 안에는 타인의 경험이 나의 경험과 소통하는 과정이 필연적으로 존재한다. 이러한 방식은 전통과 경험, 교사와 학습자, 텍스트와 콘텍스트, 성서와 삶이라는 상호 관계가 내러티브의 의사소통과정에서 발생하며 개인과 사회의 경험이 어떻게 학습자에게 인식되고 해석되며 성찰되고 새롭게 재구성되는지의 가능성을 열어준다.

학습자는 경험의 의미를 해석하는 과정에서 지식을 구성하며 개인의 경험은 다른 개인을 포함한 사회의 경험으로 확대되고 상호작용을 하면서 발전한다. 경험의 의미를 교육에서 적극적으로 활용했던 듀이(John

Dewey)는 경험을 개인과 사회적 관계의 상호작용 안에서 존재하는 용어로 이해했으며, 그에게 있어 경험은 교수학습이 이루어지는 교육의 구체적 현실이었다. 듀이의 전통에 따르면 경험은 교육의 수단이며 동시에 목적이다.[30] 교육은 과거의 경험으로부터 미래의 경험을 이끄는 현재의 경험이며 이러한 일련의 연속선상에서 교육은 개인에서 사회 속으로 확장된다.

듀이의 경험을 교육적인 관점에서 내러티브의 구조로 연구한 크랜디닌(D. Jean Clandinin)과 코넬리(F. Michael Connelly)는 개인의 경험을 계열적으로 조직되고 인과적으로 관련되며 특정 행동을 수반한 이야기 안에서 설명한다.[31] 그런 이유에서 내러티브는 교육 분야에서 학교 현장과 교사를 연구하기 위하여 활용되기 시작하였고 학습자와 개인을 연구하는 질적 연구의 방식으로 주목받았다. 그들은 개개인의 경험의 연속성과 총체성이 내러티브로 표현되기에 내러티브는 경험의 핵심 형식으로 기술되며 사고하는 방식이라고 주장했다.[32] 인간은 자신에 대해서 끊임없이 말하고 또 말한다. 경험의 의미는 내러티브를 통하여 구조된다.

그렇다면 경험을 기술하고 이해한다는 것은 경험에 대한 의미를 재현하고 있는 내러티브를 해석하는 것이 된다. 의미는 검증될 수 있는 진리가 아니지만 지각을 통해 나타나 의식화되고 구체화된다. 그러므로 경험을 의미로 형성되는 과정에서 교사와 학습자는 서로의 의식과정을 교수학습의 형태로 조직하게 된다. 학습자는 자신이 살아가는 세상에서 경험한 것을 표현할 수 있는 행위자로서 자신이 경험하고 있는 모든 것을 인지하며 말하는 과정으로 경험을 의미화 한다. 그러므로 단순히 학교에 다니거나, 그 밖의 어떤 경험을 한다고 해서 모든 것이 학습되는 것은 아니며 자신의 경험에 의미를 부여하고 다른 경험들과의 연속성을 찾는 움직임에서 교육은 발생하게 된다. 곧 경험의 맥락에서 의미를 찾는 과정에서 학습은 이루어진다.[33)]

홉킨스(Richard L. Hopkins)가 "내러티브는 획득되고 동화된 지식을 단순히 보도하고 전달히는 일(reporting)이 아니며 의미 부여를 통한 지식의 창조"[34)]라고 주장한 것도 이러한 이해의 과정으로 설명할 수 있다. 인간은 이야기를 시작하면서 과거에 이미 발생한 사건과 미래에 일어나길 바라는 사건에 의미를 부여하며 현재를 근거로 미래를 형상화한다. 학습자는 생각하고 느끼며 창조하고 질서를 도입하는 수단을 통해서 발달하고 성장한다.[35)]

문자 이전의 내러티브는 인류 공동체의 기억과 문화를 영속시키는 것이었고 신념과 체계, 역사적 기록의 공통되는 요소들을 간직했다. 내러티브는 법률, 종교, 윤리, 미학과 의사소통의 수단을 제공하며 기억의 구조를 제공해왔다. 내러티브는 이해 가능한 구조에 기초하고 있기에 학습자가 이해하기 쉬우며 실제로 문제를 해결하고 삶의 유사한 패턴을 형성한다. 또한 내러티브 안에서 발생하는 인물과의 감정적인 유대는 그들의 이야기가 우리와 자신의 이야기로 공유되어 형성된다. 내러티브는 학습자들을 이야기 속의 경험으로 인도하며 그 과정에서 자신의 삶에 대한 이해와 인식을 발달시킨다.

신앙교육의 관점에서 생각해보면, 성서 내러티브가 학습자의 내러티브와 만나는 의사소통의 구조에서 교육은 발생한다. 성서의 경험은 학습자의 경험과 소통하며 의미는 선택, 해석되고 조직된다. 내러티브는 끊임없이 삶을 채워나가는 다양한 실재와 사건들이 지닌 경험의 의미를 형성해 가는 방식이며 동시에 그 의미를 파악하고 이해하는 방식이다. 결국 내러티브는 교수학습의 구조를 제공한다.[36)]

5. 이야기와 내러티브를 주목해온 기독교교육학

역사비평적 성서연구의 반성에서 성서 본문을 내러티브로 이해하고 해석하려는 내러티브 비평이 발생했고 동시에 신학계에서는 내러티브 자체를 연구하거나, 신학을 내러티브로 진술하려는 경향이 있었다.[37)] 기독교교육학 분야에서는 1970년대 이후부터 내러티브와 관련한 연구가 시작되었는데 1980년에 보이스(Mary C. Boys)가, 1981년에 그룸(Thomas Groome)과 파울러(James Fowler)가 관련한 연구서를 출간했다.[38)]

그룸은 "개인이나 기독교 공동체의 이야기(story)"가 어떻게 "기독교의 이야기(Story)"와 구조적으로 만날 수 있는지에 주목했다. 그가 말하는 이야기는 성서의 전통과 하나님의 백성이 체험하는 모든 이야기를 포함하는 것이다. 그는 성서가 기독교의 이야기이기에 그것을 이야기하는 것이 기독교 공동체의 핵심적인 과업으로 보았다. 그가 제안한 "나눔의 프락시스(Shared Praxis)"의 단계들은 성서가 공동체의 과거와 현재와 미래의 이야기를 어떻게 연결하며, 개인과 신앙공동체의 사고와 비전과 행위를 어떻게 연대하는지의 구조를 보여주었다. 그리고 파울러의 신앙발달단계는 사람들의 신앙적 인식과 이해가 어떻게 성장해 가는지 신앙 안에서 발생하는 개인들의 내러티브 분석을 통해 보여주었다. 그들의 삶의 내러티브가 만들어지고 표현되는 방식은 신앙의 각 발달단계를 판단하는 중요한 근거가 되었다. 개인의 전기적 이야기들에서 이야기가 어떻게 변화하는지를 통해서 신앙의 발달단계를 이해했기에 신앙의 형성과 발달에 내러티브가 어떻게 관련하는지를 보여준 것이다.

1980년대 후반에 밀러(Donald E. Miller)는 신앙공동체 이론의 관점에서 이야기를 성서교육에 활용했다.[39] 그는 성서연구에 대한 학문적인 방법론들의 질문들을 요약하면서 과거 공동체와 현재 공동체의 유비 속에서 연속성과 비연속성에 주목하여 성서 이야기를 내러티브 형식 안에서 해석할 수 있다고 보았다. "이야기하기"와 "이야기듣기"를 통해서 이야기의 구조에 들어가고 이야기는 재창조된다고 보아 이야기의 구조 안에서 성서교육이 발생할 수 있음을 제시한 것이다. 크리취(Margaret Krych)는 틸리히(Paul J. Tillich)의 상관관계방법(the method of correlation)에 기초하여 이야기를 성서교육에 활용한다.[40] 교사는 학습자의 삶을 드러내는 질문으로 하나님의 응답으로서의 복음을 그들의 삶의 자리에 이해될 수 있도록 연결해야 한다고 보았다. 여기에 "이야기 구조화"를 제시했고 문제의 파악과 해결의 과정을 모델화한다. 그는 인간의 경험적 질문에서 수업을 시작하는 것이 성서로 시작하는 것과 같은 것으로 보았다. 하나님의 말씀을 이해할 수 있는 두 측면인 율법과 복음의 관계처럼 질문과 응답을 성서교육에 사용했으며 인간의 질문을 분석하기 위해서 드라마, 명작, 비디오, 노래, 심리학, 의학, 철학자의 문답 등을 사용하고 하나님의 말씀인 성서는 현대적 관점에서 실존적으로 분석했다. 그리고 마침내 성서의 궁극적 증인인 예수 그리스도를 제시한다. 이러한 방법론은 성서의 이야기와 학습자의 이야기 상호 간에 만날 수 있는 해석학적 토대를 제공한 것이라고 볼 수 있다.

이야기를 주목한 또 다른 학자는 무어(Mary E. M. Moore)였다. 무어는 80년대 초반 한 세미나에서 "Telling and Being The Story"라는 제목의 강연에서 '이야기에서 당신과 결합된 것이 무엇인가', '어떤 감정들이 솟아났는가', '이야기에서 어떤 의미가 들렸는가'라는 질문으로 한 개인 자신이 스스로 이야기가 된다는 것의 의미를 발표했다.[41] 무어가 1991년에 발표한 *Teaching from the Heart*는 과정신학과 철학을 내러티브 방법론으로 연결해 고전적인 의미의 이야기가 아닌 옛 기독교공동체와 오늘의 기독교공동체의 의사소통의 내러티브 양식들을 새롭게 발견한 것이었다. 이러한 이해에서 내러티브는 그 자체가 교육의 내용이며 동시에 방법론이 된다. 이야기식의 방식은 구연, 흉내내기, 게임, 극화, 제의적 반복 등을 연상할 수 있겠으나 무어는 내러티브가 직접적으로 전달될 수 없는 진리들을 운반하는 간접적인 의사소통의 형식이 되며 세계를 형성하고 변혁하는 힘을 갖는다고 보았다. 이야기에서 발생하는 학습자의 상상(imagination)을 강조하며 그것이 인간 의식과 사회비판의 근거로 활용될 수 있다고 보았다.[42]

90년대 중반 스톤(Jerry H. Stone)은 내러티브 신학과 종교교육의 관계성을 연구하며 내러티브 신학의 핵심적인 이슈들이 종교교육의 목적과 개념들에 사용될 수 있음을 피력한다.[43] 그는 근대 신학의 자유주의적 관점들이 하나님 임재의 중심을 성서본문의 내러티브 세계로부터 신자들의 개인적 경험의 세계로 옮겼다고 보았으며 자유주의적 신학의 영향 아래에서 많은 기독교교육학자들이 성서적 접근으로부터 종교교육의 경험적 기초를 갖는 접근으로 옮겨갔다고 보았다. 기독교교육학자들이 하나님 중심의 신학이 배제된 학습자 중심의 경험을 강조한 커리큘럼에 관심을 둔 배경에서 성서 이야기와 인간의 삶 이야기의 관계를 주목하는 것을 내러티브 신학의 핵심이라고 역설했다. 그는 정경으로서의 성서이야기, 학습자의 삶의 이야기, 공동체의 이야기라는 삼각관계에서 내러티브를 새롭게 조명했으며 이야기는 그것을 듣는 사람에게 진실인 것으로 믿게 하는 신앙적 공감을 가져오는 힘이 있다고 보아 내러티브는 종교적 의미가 문화적으로 전달된 가장 풍부한 언어학적 형식이라고 주장한다.[44] 그는 전통의 의미를 현재의 상황 안으로 변형시킬 수 있는 실천적 지식과 기술로서의 반성과 실천을 뜻하는 교육적 프락시스 이해에서 종교교육은 정경으로서의 성서가 학습자와 공동체의 이야기로 이어지며 그것이 공동체의 콘텍스트 안에서 이루어진다고 이해했다.

90년대를 지나 현재까지 연구와 저술을 이어오는 아스머(Richard R. Osmer)는 신앙교육을 위한 헌신의 차원을 다루면서 기독교의 이야기에 비추어 학습자의 삶을 재해석하고 학습자의 삶에 어떤 변화를 통해 하나님에게 더욱 헌신할 수 있음을 강조한다. 이러한 차원에서 개인의 정체성 내러티브(personal identity narrative)가 나타난다고 보았다.[45] 그는 내러티브가 특수한 문학의 유형일 뿐만 아니라 인간이 자신의 삶의 의미를 파악하는 방식이 되며 그것으로 개인의 정체성이 형성된다고 보았다. 내러티브는 개인의 정체성을 표현하며 이야기를 통해 자기 자신을 알게 된다고 보았다. 예수의 이야기가 내러티브의 방식 안에서 선택되었듯이 우리의 이야기가 선택되며 그것이 예수의 정체성을 해명하고 우리의 정체성을 다시 해명하게 된다. 여기에서의 기독교교육은 선택된 이야기라는 선물을 학습자가 받아들이도록 초청하는 것이며 그 이야기를 통해 그들의 삶의 양식을 구성하고 있었던 크고 작은 형태로 헌신의 변화가 이루어지게 된다.[46] 아스머는 우리의 상황에서 해석과 반응을 끌어내는 네 가지 질문을 던지는데 그것을 실천신학적 해석의 핵심과제라고 보았다. 첫째, 무슨 일이 일어나고 있는가, 둘째, 왜 이런 일이 일어나고 있는가, 셋째, 앞으로 어떤 일이 진행되어야 하는가, 넷째, 우리는 어떻게 반응할 수 있을까.[47] 이러한 질문은 학습자의 사건 경험을 규범과 연결하며 자신과 성서를 성찰적 이해 속에서 받아들이며 미래를 열어가는 과정으로 잇는 것이다. 아스머는 실천신학으로서의 기독교교육학에서 내러티브를 활용하여 성서해석의 차원과 학습자의 경험의 차원을 연결하는 중요한 토대를 만들었다.

내러티브를 또 다른 차원에서 전통과 전통의 연결로 분석한 학자는 윔블리(Anne Streaty Wimberly)이다. 한 개인의 이야기는 그 학습자가 처한 삶의 특수한 전통에 연결되어 있기에 기독교의 전통의 이야기가 한 개인을 만나는 것은 단순히 개인이 아닌 그 개인의 특수한 전통과 만나는 것으로 보았다. 그래서 이야기는 연결(Story-linking)된다. 그의 *Soul Stories*에는 아프리칸 전통을 잇는 아메리칸 기독교교육의 이야기가 등장한다. 미국 흑인의 세계에서의 교육모델을 만든 그녀는 미국 흑인들의 전통 이야기가 기독교의 이야기와 어떻게 연결되고 있는지를 잘 보여주었다.[48] 윔블리는 내러티브를 활용하여, 이야기를 해석하며 이야기 연결의 교육과정을 설계했는데 '해방(liberation)'과 '소명(vocation)'은 성서의 이야기, 미국 흑인 전통의 이야기, 학습자의 이야기에 담긴 핵심 주제이다. 일상적인 이야기에서 성서의 신앙 이야기와 미국 흑인 전통의 신앙 이야기로의 참여과정은 기독교적 삶을 살아가는 윤리적 결정으로 이끈다. 여기에서 이야기는 교육적 과정의 전략을 마련하는 매체가 되었다. 윔블리는 내러티브가 신념을 형성하는 방식에서 미국 흑인들의 소망을 드러내는데[49] 미국 흑인들의 현재적 경험과 그들의 구어적 전통을 연결하는 과정에서 내러티브가 해석되어 새롭게 재형성되는 과정에서 하나님과의 대화라는 상징 안으로 소망과 신념이 만들어진다. 엠블리는 내러티브에 참여한다는 상징적 해석의 과정과 활동이 기독교교육의 성서해석에 필요하다고 보았고 이를 토대로 성서와 기독교 전통의 이야기를 연결하는 이야기의 주석을 시도했다.

내러티브 연구는 최근에도 다양한 시도를 통하여 주목받고 있는데 키젤-이토(Cindy Kissel - Ito)는 스토리텔링의 변형적 성격을 커리큘럼과 관련하여 논의하며 커리큘럼의 형성에 있어서 기억이라는 퇴화의 단계, 주제의 양식으로서의 전진의 단계, 교수학습이라는 분석적 단계, 그리고 종합적 단계를 구분하였다.[50] 성서교수에 있어서의 내러티브의 질문적 모델을 연구한 메시(Karen G. Massey)의 연구도 주목할 만하다. 그는 내러티브 성서교수를 위한 본문연구에서 본문을 관찰하는 다양한 내러티브 질문들을 생산한다.[51] 에스피노자(Benjamin D. Espinoza)는 회중의 삶에서의 기독교전통의 이야기와 우리들의 이야기를 나누고, 신앙의 정체성을 형성할 수 있는 의미에서의 내러티브를 "살아온(Lived) 이야기"에서 "살아가는(Living) 이야기"를 만드는 과정으로 이해한다. 그의 내러티브-페다고지(Narrative Pedagogy)는 교회의 교육목회에 접목된 방법론이다.[52] 종교교육에서 내러티브 신학을 어떻게 다룰 수 있는지와 관련하여 성서를 다루는 다양한 내러티브 방법론의 분석과 분류는 리드(Esther D. Reed), 프레디(Rob Freathy), 콘월(Susannah Cornwall), 데이비스(Anna Davis)의 공동연구에서 이루어졌고 그들은 내러티브 종교교육에서 다룰 수 있는 성서 텍스트와의 관계를 내러티브 만나기(encountering narrative), 내러티브 해석하기(interpreting narrative), 공동체의 콘텍스트에서의 내러티브 이해하기(understanding narrative in community context)로 분류했다. 내러티브의 연구를 통하여 자아와 타인에 대한 내러티브 성찰하기(reflecting on narrative of self and others)가 이루어지며 학습자의 도덕적, 영적 발달(Pupil'moral and spiritual development)을 관찰할 수 있다고 본다.[53]

국내에서 성서교육과 관련하여 이야기를 다루는 학자인 양금희는 이야기의 본질적 이해와 심층적 차원에서 이야기를 해명하고 이야기 교수방법론을 전개하며 이야기 기독교교육의 모델을 제시한다.[54] 그녀는 이야기의 관점에서 기독교인이 된다는 것은 지속적인 '이야기 형성하기'의 과정에서 이루어지며, 이야기 · 해석 · 삶이라는 삼중관계의 상호작용 안에서 이야기 기독교교육이 발생한다고 본다. 또한 경전의 이야기, 신앙공동체의 이야기, 개인의 삶의 이야기가 상호작용을 통하여 어떻게 서로의 이야기가 생산적 해석 작용 안에서 만날 수 있는지를 통해서 개인의 신앙

성장과 공동체의 발전과 변형이 달려있다고 보았다.

6. 탈인습적 하나의 제안: 이야기 엮기

이상에서 살펴보았듯이 기독교교육의 교수학습과정에서 내러티브를 활용하는 것은 단순히 흥미로운 이야기를 도입하거나, 이야기를 실감이 나게 하거나, 이야깃거리의 다양한 소재를 제공하거나, 이야기의 매체를 활용하도록 돕는 것이 아니다. 내러티브 교육은 학습자의 이야기와 기독교의 이야기가 만나며 소통하는 방식 안에 자리한다. 내러티브 교육은 서로의 경험에 담긴 의미가 만나 해석되고 재현되는 방식에서 이루어지기에, 보다 구체적으로 내러티브 의사소통의 과정으로 교수학습의 구조를 엮어내는 것(조직화하는 것)을 뜻한다. 수사학적 방식의 스토리텔링(Story Telling)이 아닌 교육내용과 교수학습 과정을 이야기의 해석학으로 새롭게 직조하여 이야기화하는 구조(Storied Telling)가 된다. 그렇다면 상호 간의 이야기를 어떻게 엮을 수 있을까? 서로의 내러티브가 정해지고, 만나고, 나누어지고, 새로운 이야기가 창작되는 과정을 교수학습의 네 구조로 단계화하여 "Storied Telling: 이야기 엮기" 실천적 단계를 다음과 같이 제안해 본다.[55)]

1) 정하기(Naming)

이야기 엮기 첫 단계로, 학습자의 삶 속에 존재할 수 있는 수많은 콘텍스트의 경험 중에서 성서학습으로 초대할 수 있는 내러티브를 선별하여 명명하고 규정하는 단계이다. 살아가는 일상의 경험 안에서 포착된 내용이 보편적이고 사전적인 정의로 주어지고 이야기된다. 또한 이 단계는 학습자의 삶과 대화할 수 있는 성서의 본문을 선정하여 성서의 내러티브에서 화자가 무엇을 말하는지, 이야기의 사건과 내용을 이해하고 오늘의 개념에서 정의해보는 단계이다. 그러기 위해서 학습자의 선지식을 활성화하며 오늘의 학습이 자신의 삶 속에서 무엇을 암시하는지 예견하게 한다. 학습자는 성서의 이야기와 관련한 자신의 일상을 이야기해보고 그것에 포함된 특정 경험을 기억하며 재생한다.

2) 만나기(Meeting)

성서와 학습자의 상호 간의 내러티브를 읽고, 관찰하고, 탐구하며, 재방문하는 단계이다. 정하기 단계에서 선정된 성서의 이야기와 학습자의 경험에서 재현된 이야기의 만남과 성찰이 이루어진다. 성서와 교사, 교사와 학습자, 학습자와 성서가 서로의 이야기를 들려주고 내러티브 정하기에서 명명한 내러티브들은 합리적이고 정당한 판단의 준거에서 객관화된 시각에서 조명을 받는다. 교사는 인류와 현재의 공통경험(common-experience)으로부터 학습자의 경험을 보다 객관화할 수 있는 정보와 자료들을 수집하며 학습자와 함께 해석과정을 갖는다. 인문학적, 사회학적, 자연과학적, 철학적, 심리학적, 의학적인 다양한 객관화된 정보가 활용된다. 성서 내러티브의 전후 구조를 살피며 맥락을 따라 청자의 입장에서 듣고, 또 다른 모든 목소리와 배경, 플롯, 등장인물, 수사법을 살펴본다.

성서 본문에 대한 내러티브비평(narrative-criticism)이 관여하는 단계가 된다. 본문의 맥락을 만든 최초 공동체의 내러티브와 대화하는 과정을 열어가며 이야기에 담긴 그들의 경험을 인식하고 감지하게 된다. 성서와 학습자의 상호 간의 공통경험에서 서로가 대화할 수 있는 경험의 접촉점을 마련한 후 이야기를 듣고 대화하면서, 학습자의 삶에 관계된 기독교의 이야기가 구체적으로 무엇인지 이해하며 성서 이야기의 비전을 만나게 된다.

3) 나누기(Sharing)

과거와 현재의 이야기를 통합하여 인식하는 단계이다. 상호 간에 의사소통이 이루어진다. 단순히 말을 주고받는 것이 아닌, 서로가 서로에게 받아들여지는 의미의 존재가 되는 나눔의 대화가 효과적인 방법이 된다. 이 과정에서 전달된 정보의 의미가 드러나고, 계시된 진리에 대하여 책임과 결단이 생기며 생명력을 얻게 된다. 탈인습적 대화의 요소인 "공통적 기반"과 "유비적 상상력"은 이 단계에서 반드시 필요한 요소가 된다.[56] 상호의 내러티브에 대한 진정한 존중과 열린 마음으로 서로의 특수성을 인정하며 새로운 관점을 획득하며 내러티브는 변형된다. 내러티브 나누기는 예수의 이야기를 이해했던 그들의 이야기와 학습자의 이야기 사이에서 이루어지며, 과거의 내러티브가 오늘의 내러티브와 대화를 통해 자신과 이웃과 공동체의 현실적 이야기로 발전한다. 이러한 과정에서 공통의 경험들이 깊이 성찰되며 성서의 내러티브에서 자기의 내러티브를 해석하고 자기의 내러티브에서 성서의 내러티브를 해석하며 신앙의 정체성을 획득한다.[57]

4) 만들기(Making)

성서 내러티브 비평에서 말하는 내재독자의 인식에 도달하여 다시 실제독자의 세계로 돌아오는 과정을 포함한다. 과거의 이야기에서 현실의 이야기가 되는 과정이다. 성서의 내러티브가 말하고 있는 것을 충분히 공감하는 과정과 자기의식의 내면화 과정은 학습자가 오늘의 삶에서 경험하고 있는 사건을 새롭게 해석하고 변형하도록 이끌어갔다. 만나기 단계에서 기억과 재생을 통해 일상의 이야기들이 상호 간의 대화를 통하여 보편적 의미의 기준으로 객관화하여 드러나 보이게 했고, 나누기 단계에서 공통의 경험이라는 기반에서 성서의 내러티브와 자신의 내러티브 사이의 해석적 과정을 겪어 내러티브는 변형되었다. 만들기 단계는 만나기와 나누기의 과정에서 내러티브가 제공한 상상력의 창조적 발현과 그 가능성을 실제 독자의 자기 경험의 세계로 가져와 새롭게 해석하고 형성해가도록 이끌어간다. 이 과정에서 새로운 현실과 미래가 또 다른 이야기로 말해질 수 있다. 경험과 의미는 통합되어 자신의 경험을 재해석할 뿐만 아니라, 살아있는 기독교 신앙의 소명과 비전으로 결단하고 응답하게 된다.

다음의 〈그림 1〉은 단계의 과정이 T(텍스트, 기독교 이야기, 전통, 교사)와 C(콘텍스트, 학습자 이야기, 경험, 학습자)의 이야기가 상호 어떤 방식으로 소통을 이루어 이야기를 만들어 가는지를 보여준다.

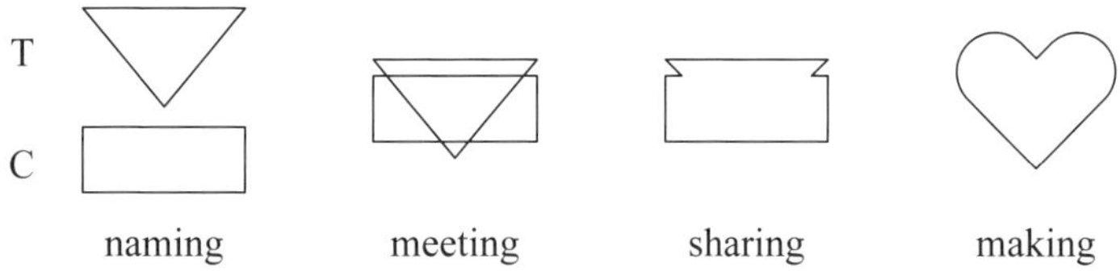

* narrative educational process

〈그림 1〉 내러티브 단계별 상호관계 도식

또한, 아래의 〈표 1〉는 각 단계가 지향하는 과제와 탐구적 질문들을 요약한다.

〈표 1〉 내러티브 단계별 활동 과제와 탐구 질문

<table>
<tr><th></th><th></th><th>활동과제</th><th>탐구의 질문들</th></tr>
<tr><td rowspan="2">1단계
정하기
Naming
– 규정</td><td>성서
내러티브</td><td>본문 선정
화자를 살펴보기
선지식 활성화
예견적 태도 만들기</td><td rowspan="2">① 내러티브의 구조로 말하고 있는가?
② 내러티브의 요소를 발견할 수 있는가?
③ 학습자의 콘텍스트를 반영하는가?
④ 학습자의 흥미와 관심을 끌어냈는가?</td></tr>
<tr><td>학습자
내러티브</td><td>문제상황의 포착
일상적 이야기의 발견과 명명
경험의 기억과 재생</td></tr>
<tr><td rowspan="2">2단계
만나기
Meeting
– 성찰</td><td>성서
내러티브</td><td>번역과 비평
청자에 대한 관찰과 청자로서 듣기
비평적 연구와 관찰
이야기 초점 맞추기
공통경험 찾기</td><td rowspan="2">① 내러티브 구성 요소들이 어떤 기능을 하고 있는가?
② 학습자의 콘텍스트의 이해가 더 구체화 되었는가?
③ 학습자로부터 제시된 질문들이 고려되고 있는가?
④ 학습자로부터 제시된 질문이 성서 내러티브와 어떤 관련이 있는가?
⑤ 설정된 목적과 목표를 촉진하고 있는가?
⑥ 내러티브의 구조에서 청자로서 무엇을 들었는가?</td></tr>
<tr><td>학습자
내러티브</td><td>이해와 성찰
명명한 경험에 대한 비판적 성찰
기독교의 이야기와 비전에의 접근</td></tr>
</table>

<table>
<tr><td rowspan="2">3단계
나누기
Sharing
변형</td><td>성서
내러티브</td><td>해석과 적용
내재독자에로 접근과 일치
자기 내러티브에서 성서 내러티브를 해석</td><td rowspan="2">① 내러티브 내의 모든 목소리를 충분히 듣고 있는가?
② 플롯과 담화가 만들어가는 상상력과 상징적 이해를 학습자의 경험에서 해석하고 있는가?
③ 플롯 속에 드러난 문제에 대한 실제적, 현실적 도전을 말해볼 수 있는가?
④ 학습자들이 제기된 갈등을 해결해나갈 수 있는가?</td></tr>
<tr><td>학습자
내러티브</td><td>해결적 적용
공통경험으로 성찰
나눔의 대화
성서 내러티브에서 자기 내러티브 해석
갈등에서 해결로</td></tr>
<tr><td rowspan="2">4단계
만들기
Making
형성</td><td>성서
내러티브</td><td>새로운 창작
실제독자에로 돌아옴
성서 내러티브의 상상력, 창작을 통해 기독교 공동체의 소명과 비전 찾기</td><td rowspan="2">① 학습자가 자신의 경험을 성서의 내러티브와 연관 지어 해석하고 수정된 성찰을 하고 있는가?
② 학습의 과정과 결과는 어떻게 평가될 것인가?
③ 학습의 결과는 진술된 목적이나 목표와 직접적으로 관련되고 있는가?
④ 학습자의 소명과 비전은 내러티브의 구조에서 말해지는가?
⑤ 결단하거나 응답하는 내용이 신앙공동체의 정체성에 포함되거나 새롭게 형성할 수 있는가?</td></tr>
<tr><td>학습자
내러티브</td><td>비전형성
자신의 경험을 재해석하여 말하기
살아있는 기독교 신앙에 대한 결단과 응답</td></tr>
</table>

7. 나오는 말

내러티브는 인간이 어떤 행동에 의미를 부여하는 순간 발생한다. 곧 내러티브는 경험하는 사건을 의미화하는 작업이다. 인간은 경험을 이야기하면서 자라고 성숙하며 한 공동체에 동화되며 자신의 정체성을 형성한다. 경험을 의미화하여 이야기하는 내러티브의 의사소통 구조는 기독교의 이야기와 학습자의 이야기를 상호 간에 해석하도록 도우며 서로의 이야기 안에서 신앙적 이해와 삶을 가능하게 하는 삶의 새로운 이야기를 만들어 간다.

단순히 의사소통의 측면에서 내러티브를 생각해본다면 이 이론의 궁극적인 목적은 전달될 메시지가 무엇인가를 포착하는 것이다. 다시 말해 화자와 청자 사이에서, 혹은 서자와 녹자 사이에서, 기독교와 청중 사이에서, 교사와 학습자 사이에서 어떤 이해가 발생했는지를 찾는 것이다. 그런데 내러티브를 생산한 사람의 메시지에 담긴 의미는 내러티브 자체를 추론하며 비평하는 과정에서 부분적, 혹은 상당히 밝혀낼 수 있으나 그 의미가 독자에게 받아들여지는 과정은 더욱 복잡하고 어려운 지점이 있는데 그것은 생산되어 전달되는 의미가 순전히 그것을 전달받고 해석하는 독자의 내적 이해와 의미에 의존할 수밖에 없다는 것이다. 그러므로 내러티브는 그 자체로서 화자와 청자 사이의 메시지가 무엇인가를 밝혀내는 관계적 방법론이 된다. 메시지의 의미가 직접적으로 던져지는 것이 아니라면 그들의 경험과 삶을 통하여 재현되는 내러티브의 담화 과정에는 그것을 받아들이고 해석하는 상호작용의 해석과정이 반드시 포함된다. 여기에 상호주관적인 관계의 역동성이 작용할 수밖에 없다.

상징의 언어는 해석이라는 과정에서 자기 이해와 관련한 비판적인 반성을 통하여 자기 존재의 특별한 의미가 된다.[58] 내러티브가 지닌 상징의 세계를 해석하는 과정은 성서와 성서의 독자인 교사와 학습자의 삶에서 비판적인 성찰의 과정을 거쳐 실존적인 의미가 되어 오늘의 삶에 생성된다. 기독교교육학자들은 내러티브의 교육적 특성을 주목했고 내러티브를 활용한 다양한 교수학습의 과정을 제안해 왔다. 그러나 기독교교육의 교육과정에서 내러티브를 활용하는 것은 기독교의 이야기와 학습자의 이야기가 상호이해의 소통과 비평을 이루는 해석학적 의사소통의 과정에 있음을 주목함으로 가능하다. 기독교교육은 기독교의 전통적 삶의 이야기인 성서와 그것을 오늘의 현실에서 재현하여 교육하는 교사와 학습자의 삶의 이야기를 해석학적 구조로 연결하여 소통하고 이해하는 방식에서 교수학습의 방법을 찾을 수 있다. 여기에서 상호의 내러티브를 구조적으로 엮어냄으로써, 서로의 이야기를 명명하고, 서로의 이야기가 만나고, 서로의 이야기가 나누어지며, 서로의 이야기를 새롭게 만들어가는 내러티브 교수학습방법론이 제안된다. 내러티브의 의사소통적 구조를 활용한 방법론이 전통적 교육의 탈인습적 대안으로 오늘의 현실을 살아가는 신앙적 삶에 역동성과 밀착성을 더할 수 있기를 기대한다.

미주

1) 이 논문은 2020년 학술지 「기독교와 교육」 제24호에 게재된 논문을 수정, 보완한 논문임.

2) 김현숙, "의사소통이론과 기독교교육," 『탈인습성과 기독교교육』 (서울: 대한기독교서회, 2004), 53.

3) 포터 H. 애벗, 『서사학 강의: 이야기에 대한 모든 것』 우찬제 외 옮김 (서울: 문학과지성사, 2012), 17-18. 애벗은 다음과 같은 예를 든다. "가령 한 꼬마 소녀가 '나 넘어졌어!'라고 말하면서 울음을 터뜨리는 과정 속에는 그 소녀가 엄마에게 자신이 넘어졌다는 사실을 말하는 조그마한 서사(narrative)가 포함되어 있는 셈이다. 따지고 보면, 나 역시 바로 앞의 문장을 통해서, 좀 다르긴 하지만 더 긴 서사, 그러니까 길에서 넘어진 소녀가 엄마에게 말을 하고 있다는 사실을 포함한 서사("한 꼬마 소녀가 '나 넘어졌어!'라고 말하면서 울음을 터뜨린다.")를 여러분에게 말한 셈이다." 서사의 보편성이 일상의 모든 사람들에게 관련된 것임을 말하고 있다.

4) Ibid., 21.

5) Roland Barthes, "Introduction to the Structural Analysis of the Narrative," *A Barthes Reader*, ed. Susan Sontag (New York: Hill and Wang, 1983), 252.

6) Ibid., 251-252.

7) 포터 H. 애벗, 『서사학 강의: 이야기에 대한 모든 것』, 35-38.

8) Ibid., 38.

9) Ibid.

10) 이 정의는 내러티브를 정의할 때, 가장 많이 인용되는 일반적 형태이다. Seymour Chatman, *Story and Discourse: Narrative Structure in Fiction and Film* (New York: Cornell University Press, 1978), 3.

11) 포터 H. 애벗, 『서사학 강의: 이야기에 대한 모든 것』, 47.

12) Ibid.

13) P. 리쾨르, 『시간과 이야기 3: 이야기된 시간』 김한식 옮김 (서울: 문학과지성사, 2004), 48.

14) Ibid.

15) 리쾨르 자신은 적용(application)을 전유(appropriation)로 쓰고 있다고 말한다. Ibid., 305.

16) 폴킹혼은 인간존재를 상이하게 조직된 실재들의 영역들이 계층화된 체계로 이루어진다고 보았으며, 계층화된 실재영역은 물질적 영역, 유기체적 영역, 정신적 영역으로 구분한다. 이러한 영역에서 인간은 그 자체 내에서 물질, 생물체, 의식이라는 실재의 세 가지 기본적 구조를 포함한다. 의미의 질서에 대한 발현은 유기체 복잡성의 발달과, 뇌의 복합적 조직, 매우 분화된 신피질의 덩어리 조직에 따라 좌우되는데 이러한 물질적, 유기체적, 의미의 구조들은 패턴화된 분류체계들과 관련되어 연관되는 상호작용으로 설명한다. 내러티브는 정신적 영역에서 이루어지는 과정의 하나이고, 의식의 요소들을 유의미한 에피소드로 조직하는 기능을 한다고 본다. D. E. 폴킹혼, 『내러티브, 인문과학을 만나다: 인문과학연구의 새 지평』 강현석 외 옮김 (서울: 학지사, 2009), 20-25.

17) Ibid., 31-34.

18) Ibid., 39. 그는 내러티브를 개인적인 삶에 의도와 의미를 이해하는 형식으로서 일상의 행위와 사건들을 에피소드 단위로 통합하는 기능을 하는 것으로 보았으며 인간 존재를 유의미하게 만드는 일차적인 도식으로 보았다.

19) P. C. 코블리, 『내러티브』 윤해준 옮김 (서울: 서울대학교출판문화원, 2013), 16, 19-20를 보라. 코블리는 '이야기'를 "사건의 총합"으로, '플롯'은 사건이 어떤 식으로건 연결되고 서로 "상관관계를 이루며 묘사되도록 해주는 인과관계의 사슬"로 표현하며, 내러티브를 "사건을 보여주거나 말해주는 행위이자 이를 위해 선택한 방식"으로 정의한다. 코블리는 내러티브를 보여주는 것과 말해주는 것으로 시각적 내러티브와 언어적 내러티브로 구분하기도 하지만 모든 내러티브는 "서술된 시퀀스(sequence)"로 정의할 수 있으며 내러티브는 기호로 구성되며 시퀀스가 의미 있는 관계로 구성되려면 인간의 의도적 개입이 필연적이라고 말한다.

20) Walter Brueggemann, *The Creative Word: Canon as Model for Biblical Education*, (Philadelphia, PA: Fortress Press, 1982), 17-27.

21) 베른하르트 W. 앤더슨, 『구약성서이해』 강성열, 노항규 옮김 (서울: 크리스챤 다이제스트, 1996), 25.

22) Ibid., 17-18.

23) 존 브라이트, 『이스라엘 역사』 박문재 옮김 (서울: 크리스챤 다이제스트, 1995), 119.

24) P. 리꾀르, 『해석의 갈등』 양명수 옮김 (파주: 한길사), 72-73.

25) 토마스 H. 그룸, 『기독교적 종교교육』 이기문 옮김 (서울: 대한예수교장로회총회출판국, 1989), 281.

26) Lewis J. Sherrill, *The Rise of Christian Education* (New York: The Macmillan Company, 1950), 18–22.

27) 이스라엘의 교육에서 토라의 말씀들이 어떻게 상징과 의식을 통해서 문화와의 과정을 갖고, 내면화 되었는지는 다음의 부분을 보라. 김재은, "구약 성서시대의 종교교육,"『기독교교육사』 오인탁 외 공저 (서울: 한들출판사, 2007), 22–29.

28) D. E. 폴킹혼,『내러티브, 인문과학을 만나다: 인문과학연구의 새 지평』, 19–20. 특별히 인간의 경험에 대한 가정에 대해서 48–52를 보라.

29) 사건이나 행위가 없다면 내러티브가 아니며 묘사나, 설명 또는 논증이나 서정 혹은 이것들의 조합이나 완전히 다른 것이 될 수 있을 것으로 주장한다. 애벗은 다음과 같은 예를 든다. "'우리 집 개한테 벼룩이 있다'라는 진술은 우리 집 개에 관한 묘사이다. 그러나 이 문장은 그 안에서 어떤 일도 일어나지 않았기 때문에 서사가 될 수 없다. 반면, '우리 집 개가 벼룩에 물렸다'라는 진술은 내러티브이다. 왜냐하면 이 문장은 어떠한 사건에 관하여 말하고 있기 때문이다. 벼룩이 개를 물었다는 아주 작은 사건이기는 하지만, 그것만으로도 서사를 만들기에는 충분하다." H. 포터 애벗,『서사학 강의: 이야기에 대한 모든 것』, 35–37.

30) J. 듀이,『경험과 교육』 강윤중 옮김 (서울: 배영사, 2004).

31) D. 진 클래디닌, F. 마이클 코넬리,『내러티브 탐구: 교육에서의 질적 연구의 경험과 사례』 소경희 외 옮김 (파주: 교육과학사, 2011), 21.

32) 그들은 듀이(John Dewey)의 경험에 대한 탐구로부터 존슨(M. Johnson) 레이코프(G. Lakoff)의 메타포에 관한 연구, 매킨타이어(Alasdair MacIntyre)의 내러티브의 통일성(narrative unity)에 관한 연구, 인류학에서의 게르츠(C. Geertz)와 베이트슨(M. C. Bateson), 심리학에서의 코올스(R. Coles) 그리고 조직 이론에서의 차르니아프스카(B. Czarniawska)의 연구를 검토함으로써 내러티브의 탐구연구가 다른 학문분야에서 미친 영향을 고찰한다. Ibid., 31–57.

33) 리처드 L. 홉킹스,『내러티브, 학교교육을 다시 디자인하다』 강현석 외 옮김 (서울: 창지사, 2013), 122–123.

34) Ibid., 195.

35) Ibid., 194–195.

36) 캐롤 라올리챈, 마이클 재거,『내러티브 교육과정의 이론과 실제: 이야기를 통한 학습 통합』 강현석 외 옮김 (서울: 학이당, 2007), 74–78.

37) 1970대는 내러티브에 대한 신학적 의미에 대한 논쟁이 촉발되었고, 10년의 시간이 지나면서 학자들에게서 내러티브에 대한 관심은 고조되었다. 내러티브 신학은 포

스트모더니즘의 분위기에서 그 의미를 확장해갔으며 그 흐름은 성서학뿐만이 아니라 신학의 전반으로 확대되는데 성서와 신학의 내러티브를 재발견했을 뿐만 아니라 신학적 서술의 양식이 내러티브로 전환되는 계기가 되었다. 내러티브에 대한 활기찬 대화는 신학자들 사이에서 진행되었으며, 이러한 회의에 참여했고 주도했던 이들은 니버(Richard Niebuhr), 던(John S. Dunne), 노박(Michael Novak), 사이츠(Stephen Cites), 리쾨르(Paul Rocoeur), 프라이(Hans Frei), 트레이시(David Tracy), 린드백(George Lindbeck), 하우어워스(Stanly Hauerwas), 하트(Julian Hartt), 맥페이그(Sallie McFague), 메츠(Johann Baptist Metz), 크라이스트(Carol Christ), 위커(Brian Wicker), 버렐(David Burrell), 맥클렌던(James McClendon), 킨(Sam Keen), 콕스(Harvey Cox) 등이다. Gary L Comstock, "Two Types of Narrative Theology," *Journal of the American Academy of Religion* 55 (1987): 687.

38) 그룸의 *Christian Religious Education*과, 파울러의 *Stages of Faith*가 내러티브를 연구한 기독교교육의 첫 출판물로 본다. Mary C. Boys, "Narrative and Religious Education: A Study Full of Promise," *Chicago Studies* 21 (1981): 96.

39) 도날드 E. 밀러, 『기독교교육 개론』 고용수, 장종철 옮김 (서울: 대한예수교장로회총회출판국, 1988).

40) 마가렛 크리취, 『이야기를 통한 기독교교육』 이규민 옮김 (서울: 한국장로교출판사, 2012). 이 책은 1988년에 초판이 출간되었다.

41) Mary Elizabeth M. Moore, "Seminar: Telling and Being the Story," *Impact* 5 (1980): 15-24.

42) 엘리자베스 M. 무어, 『심장으로 하는 신학과 교육』 장대현 옮김 (서울: 한국신학연구소, 2003), 191-233.

43) 제리 H. 스톤, "Narrative Theology and Religious Education," 『기독교 종교교육과 신학』 고용수, 박봉수 옮김 (서울: 한국장로교출판사, 1998), 421-468.

44) Ibid., 426.

45) 리처드 R. 아스머, 『신앙교육을 위한 교수방법』 사미자 옮김 (서울: 한국장로교출판사, 2003), 116-117.

46) Ibid., 123.

47) 리처드 R. 아스머, 『실천신학의 네 가지 중심과제』 김현애, 김정형 옮김 (서울: 예배와 아카데미, 2012), 27.

48) Anne Streaty Wimberly, *Soul Stories: African American Christian education*

(Nashville, TN: Abingdon Press, 1994), 23–25.

49) Anne Streaty Wimberly, "An African–American Pathway to Hope: Belief Formation through Uses of Narrative in Christian Education," *Religious Education* 91 (1996): 316–333.

50) Cindy Kissel–Ito, "Currere as Transformative Story Telling in Religious Education," *Religious Education* 103 (2008): 339–350.

51) Karen G. Massey, "The Narrative Model for Teaching The Bible," *Review and Expositor* 107 (2010): 197–205.

52) Benjamin D. Espinoza, "The Christian Story and Our Stories: Narrative Pedagogy in Congregational Life," *Christian Education Journal* 10 (2013): 432–443.

53) Esther D. Reed et al., "Narrative theology in Religious Education," *British Journal of Religious Education* 35 (2013): 297–312.

54) 양금희, "이야기의 기독교교육적 차원,"「기독교교육논총」23 (2010): 191–211.『이야기 · 예술 · 기독교교육』(서울: 장로회신학대학교 출판부, 2010).

55) 이에 대해서는 필자의 논문을 참고하길 바람. 정동욱, "내러티브 연구이론과 성서교육 모형연구" (박사학위, 연세대학교 대학원, 2015).

56) 김현숙 "신학교육과 기독교교육,"『탈인습성과 기독교교육』, 116–117.

57) 내러티브 비평의 최종목적인 "내재독자상"이 획득되는 것과 같은 의미임. 내재독자상에 대하여 자세한 이해는 아래를 참고하길 바람. J. 딘 킹스베리,『이야기 마태복음』권종선 옮김 (서울: 요단출판사, 2000), 67.

58) P. 리쾨르,『해석의 갈등』, 38–52. 리쾨르는 언어 안에서 실존적, 존재적 이해를 이야기하면서 의미론적 차원은 상징과 해석이라는 두 갈래를 통하여 의미의 구조를 파악할 수 있다고 주장한다. 의미론의 차원은 반성의 차원을 거쳐 실존의 단계에 이르게 됨을 해석학적 구조로 갖게 된다고 주장한다. 그에 의하면 "해석이란 생각하는 일인데 겉에 보이는 뜻 속에 숨겨진 뜻을 풀어내는 일이요, 문자 의미 속에 함축된 의미의 차원을 찾아내는 일이다."

더 읽을거리

애벗, H. 포터. 『서사학 강의: 이야기에 대한 모든 것』 우찬제 외 옮김. 서울: 문학과지성사, 2012.

코블리, P. C. 『내러티브』 윤해준 옮김. 서울: 서울대학교출판문화원, 2013.

클래디닌, D. 진, 마이클 코넬리. 『내러티브 탐구: 교육에서의 질적 연구의 경험과 사례』 소경희 외 옮김. 파주: 교육과학사, 2011.

폴킹혼, D. E. 『내러티브, 인문과학을 만나다: 인문과학연구의 새 지평』 강현석 외 옮김. 서울: 학지사, 2009.

Wimberly, Anne Streaty. *Soul Stories: African American Christian education.* Nashville, TN: Abingdon Press, 1994.

06

탈인습적 신앙공동체를 지향하는 교육[1)]

● 장윤석 ●

1. 들어가는 말

4차 산업혁명 시대의 기술적 · 사회문화적 변화의 속도와 코로나 팬데믹의 영향으로 우리 사회는 모든 분야에서 위기를 맞고 있다. 한국교회는 이러한 시대적인 위기에 탈종교화 현상의 무게를 동시에 짊어지면서 전례 없는 교세 감소라는 위기를 맞고 있다. 특히, 4차 산업혁명 시대와 코로나 팬데믹으로 인한 한국교회의 위기는 교회의 전통적인 공동체성에 위협을 주고 있다. 정보기술 산업의 발전으로 인한 인간의 지성과 종교성에 대한 의문은 4차 산업혁명에 대한 논의가 활발해지면서 시작되었지만, 한국교회는 이러한 변화에 적극적으로 대응하지 못했다. 또한 코로나 팬데믹 상황에서 강력한 사회적 거리두기 정책으로 인해 교회의 공중예배 모임이 불가능해지는 현실을 직면하게 되자, 한국교회는 비대면 예배와 모임의 방법을 찾기 위해 정보기술의 수용 가능성과 방법을 고민하기 시작했다. 지난 2년간 대다수의 교회들이 비대면 예배를 위해 실시간 온라인 예배 시스템을 구축했고, zoom을 활용하는 온라인 모임을 시작했으며, 여기서 좀 더 적극적인 교회들은 메타버스를 활용한 교회 공동체 활동의 가능성을 모색하기 시작했다. 이 과정에서 교회라는 '공간'에 '모이는 것'에 대한 신앙적인 의미를 재고하게 되었지만, 교회와 교인들 사이에 그 의미에 대한 지향이 다르게 나타나고 있다. 교회는 전통적인 '교회에서의 모임'으로 예배가 회복되고 교인들의 신앙생활이 회복되는 것을 지향하지만, 교회뿐만 아니라 직장과 학교를 비롯한 다양한 삶의 영역에서 온라인을 활용하는 생활의 편의를 경험하고 있는 교인들은 비대면 신앙생활의 편의에 익숙해지고 있다. 여기에 더해, 교인들에게 온라인 예배는 '우리 교회'만이 아닌 '다양한 교회'의 예배를 경험할 수 있는 기회, 즉 신앙생활에 선택의 폭이 확장되는 기회가 됨으로써, 한 교회에만 소속되어야 한다는 전통적인 신앙공동체의 개념을 약화시키는 계기가 되었다.

현대 사회의 탈종교화는 의식이 있는 젊은 교인들이 교회를 이탈하는 이유 중에 하나다. 교회의 사회적 영향력이 줄어드는 이유에는 목회자의 부도덕성, 교회의 사유화, 권력집단화, 기독교인들의 비윤리적이고 이기주의적인 생활 태도 등이 제기된다. 임영빈은 한국사회의 탈종교화 현상의 원인을 인구 감소와 종교회피 현상의 증가에 있다고 지적한다.[2] 여기에, 현대 사회에 문화적 다원주의가 보편화되면서 종교가 다양한 문화적 현상 중 하나로 인식되고, 모든 종교를 허용하는 한국 사회에서 기독교가 다양한 종교 중 하나로 인식되는 것이 더해지면서, 교회에 속하는 신앙생활이 개인의 선호에 따른 선택의 대상이 되었다. 이러한 인식의 변화와 한국 기독교의 무너진 위상의 영향으로 젊은 교인들은 교회를 떠난 개인적 종교인(가나안 교인)이 되거나 개종 또는 무교로 전향하는 선택을 하는 현상이 증가하고 있다.

한국교회가 직면한 교세 감소의 위기 중에서 가장 눈에 띄는 것은 젊은 교인의 교회이탈이다. 같은 상황에서 유독 젊은 교인들의 교회이탈이 많은 이유는 신앙공동체로서의 교회에 대한 인식에 있어서 장년 교인과 젊은 교인들 사이에 차이가 있기 때문이다. 장년 교인들에게 교회는 신앙생활의 중심이며, 예배와 교육을 위해 필수적인 공간이고 공동체다. 하지만, 젊은 교인들에게 신앙생활은 자기 내면의 의미형성을 위한 개인적인 활동이며, 예배와 교육은 온라인을 통한 비대면 모임이나 온라인 컨텐츠들을 통해 가능하고, 공동체적인 관계보다는 개인적인 영성을 추구하는 것을 선호한다. 이러한 인식의 차이는 신앙과 교회에 대한 세대 간 이해의 차이로 볼 수 있다. 특히 교회이탈과 관련하여 신앙공동체에 대한 세대 간 인식의 차이는 현대 사회의 변화 속에서 신앙공동체의 존립 가능성에 위협이 되는 요소로 다루어질 필요가 있다. 교회 안의 기성세대와 새로운 세대 사이의 차이는 가시적인 갈등으로 발현되기도 하지만, 비가시적인 구조적 갈등으로 유지되고 있을 수 있기 때문이다.

이러한 맥락에서 볼 때, 교회 내에 세대 차이로 인한 갈등을 유발하는 요소들을 인식하여 젊은 세대들을 수용하고 공존하려는 신앙공동체적 차원의 노력과, 갈등의 요소들을 교육적 기회로 전환하는 교육적 차원에서의 노력이 요청된다. 따라서 본 연구는 오늘날 한국교회에 세대 간 갈등을 일으키는 문제와 세대 간 갈등과 관련된 이론들을 고찰하고, 이를 바탕으로 앞으로 나아가야 할 신앙공동체 교육의 방향성을 제시하고자 한다.

2. 한국교회의 세대갈등

오늘날 한국사회는 심각한 갈등상황 속에 있다. 전국경제인연합회가 2021년에 발표한 '국가갈등지수 OECD 글로벌 비교'에 따르면, 한국의 갈등지수는 55.1점으로 3위에 올라있다.[3] 목회데이터연구소에 따르면, 한국의 세대갈등에 대해 국민들이 매우 심각하게 생각하고 있으며(매우+약간 89%), 앞으로 세대갈등이 더 심각해질 것이라 인식(44%)하고 있는 것으로 보고되었다.[4] 목회데이터연구소는 같은 보고서에서 20–30대의 청년세대와 교회의 장로 연령에 해당하는 60대가 서로에게 세대 차이를 느낀다는 응답이 80~90%대에 이르는 것으로 보고했다.[5] 이러한 통계는 오늘날 한국사회의 세대갈등에 대한 우려가 크게 인식되고 있다는 것을 보여주며, 이러한 우려는 한국교회에도 동일하게 적용된다. 교회가 직면한 세대갈등의 현실을 파악하기 위해, 갈등과 세대갈등의 개념을 살펴보고, 교회의 문제를 세대갈등으로 이해하는 것의 의미를 살펴보겠다.

1) 세대갈등의 개념

갈등(葛藤)은 칡 갈(葛)과 등나무 등(藤)이 조합된 단어로, 사전적으로는 '칡과 등나무가 얽히는 것과 같이 개인이나 집단 사이에 목표나 이해관계가 달라 서로 적대시하거나 충돌함, 또는 그런 상태[6]'라고 정의된다. 두 덩굴의 얽힘에 비유될 만큼 해결이 어려운 문제나 충돌을 뜻하는 것이다. 갈등의 영어표현인 conflict의 어원은 *confligere*로, '*con + fligere*' 즉 함께 충돌한다는 의미의 합성어로, 상호작용의 과정에서 발생하는 양립 불가

능한 상태라 정의할 수 있다.[7)]

이러한 갈등은 인간의 전반적인 삶의 영역에서 경험되는 보편적인 경험이면서도, 다양한 양상으로 나타나는 주관적인 경험이다. 인간은 사회적 존재로서, 타인과의 다양한 상호관계 속에서 불가피하게 여러 가지 갈등을 겪으며 산다. 갈등은 여러 영역에서 연구의 목적에 따라 다양하게 정의되는데, 그중 교회의 세대갈등과 관련되는 것으로는 심리적 관점, 의사소통적 관점, 행위자들 사이의 상호작용에 관한 관점에 따른 정의를 살펴볼 필요가 있다. 심리적 관점에서 토마스(Kenneth W. Thomas)는 갈등상황에서 상대방에 의해 자신의 관심사가 좌절되었거나 좌절될 가능성이 인지될 때 시작되는 심리적인 과정이라고 정의한다.[8)] 의사소통적 관점에서 호커와 윌모트(Joyce L. Hocker and William W. Wilmot)는 갈등을 최소한 둘 이상의 상호의존적인 주체들 사이에서 양립불가능한 목표 또는 희소한 자원이 인식될 때, 그리고 자신의 목표 달성을 방해하는 상대가 인식될 때 발생되는 투쟁이라고 정의했다.[9)] 이 정의에 따르면 의사소통이 갈등의 발생원인이 되기도 하지만, 갈등에 대한 효율적 관리 방법으로 기능할 수 있다는 점을 고려하게 한다. 행위자들 간의 상호작용에 관한 관점에서 라힘(M. Afzalur Rahim)은 개인이나 집단의 내 · 외부적인 의견의 불일치, 차이 또는 양립 불가능성에 대해 나타나는 상호작용적인 상태(interactive state)라고 정의한다.[10)] 라힘의 정의는 갈등 주체들의 목적 추구와 이해의 차이가 서로의 목적과 이해에 영향을 준다는 점을 고려하게 한다. 이진경은 갈등에 관한 다양한 정의들을 종합하면서, 갈등의 특성을 다음의 여섯 가지로 정리했다. 첫째, 갈등은 상호의존적인 관계에서 발생하며, 둘째, 갈등에는 서로 상반되거나 불일치 또는 대립과 같은 갈등요인이 존재하고, 셋째, 갈등요인이 인식됨으로써 갈등이 시작되며, 넷째, 갈등요인의 인식에서 부정적 감정이 유발되고, 다섯째, 부정적 감정이 의사소통을 포함한 다양한 상호적 행위에서 표출되고, 여섯째, 갈등은 이상과 같은 일련의 단계를 거치며 진행되는 역동적인 과정이라는 것이다.[11] 이상의 정의를 교회의 세대 문제와 연관하여 생각하면, 교회 내의 세대갈등은 세대 간에 의사소통적 관계가 형성되어 있고, 각자 교회 안에서 기대하거나 추구하는 목표가 있으며, 서로의 다름에도 불구하고 긍정적이건 부정적이건 간에 상호작용을 일으키고 있다는 점이 가시적으로 드러난 것으로 생각할 수 있다. 이에 더해, 갈등의 특성에 관한 이진경의 정리는 신앙공동체가 겪는 세대갈등의 문제를 공동체 내의 세대들의 주관적, 심리적, 상호적 역동의 과정으로 이해함으로써, 긍정적인 방향을 지향하는 교육적 역동으로 전환할 가능성을 보여준다.

세대갈등의 위험성을 이해하기 위해서는 세대의 개념과 세대 구분의 의미에 대한 이해가 필요하다. 세대(generation)의 어원은 헬라어 성립 또는 출현을 뜻하는 '*genos*'에서 유래한다. 일반적으로는 '새로운 존재의 출현'을 의미하는 것으로,[12] 한 사람의 출생이나 연령 집단을 구분하여 지칭할 때 사용되었다. 이런 의미에 근거하여, 세대 개념은 비슷한 연령대로 구분되는 '집단 내의 공통점과 차이점'을 기술하는 데에 흔히 사용되어왔지만, 정확한 개념으로 정립되지는 못했다.[13] 세대이론의 기초를 마련한 만하임(Karl Mannheim)은 실증주의와 낭만주의의 관점들을 통합하려는 시도로서의 세대이론을 제시했다. 그는 17−25세의 청소년기에 경험한 역사적 사건으로부터의 영향으로 형성된 의식이나 문화 또는 지식을 공유하는 출생 코호트를 세대로 정의했다.[14] 그가 정의한 세대 개념은 실증주의자들이 주장하는 출생 코호트의 중요성과 함께 낭만주의자들이 말한 주관적 경험에 따른 질적 시간으로 형성되는 동질적 집단의식의 중요성을 수용하는 것이다. 만하임은 세대갈등을 사회변동과 밀접하게 관련되는 것으로 본 것이다. 커쳐(David I. Kertzer)에 따르면, 세대 개념의 유형은 다음의 네 가지로 분류될 수 있다. 첫째, 세대 개념을 가계 계승(kinship descent)을 통해 같은 항렬에 속하는 사람들이라는 의미로 사용하는 유형, 둘째, 코호트(cohort) 즉 동일 시기에 출생한 집단으로 보는 유형, 셋째, 세대를 생애 주기(life cycle)의 어느 단계를 동시에 지내고 있는 집단을 총칭하는 것으로 사용하는 유형, 그리고 넷째, 특정한 역사적 시기에 생존한 사람들로서, 4.19세대, 한국전쟁 세대, 전후 세대 등과 같이 역사적 사건을 자신의 삶으로 경험한 사람들을 지칭하는 넓은 범위의 코호트적 세대로 보는 유형이다.[15] 커쳐의 연구는 일상 영역과 학문 영역에서 사용되어 온 세대라는 용어의 불명확성에 대해, 용법에 따라 다양한 의미로 사용될 수 있음을 설명함으로써, 세대 개념에 학문적으로 접근할 수 있는 최소한의 근거를 마련했다는 의미가 있다.

연구 목적에 따라 다양한 의미로 세대 개념을 정의할 수 있고, 그에 따라 세대를 구분하는 것은 가능하지만, 세대에 명칭을 부여하는 일에는 주의가 필요하다. 세대에 명칭을 부여하게 되면, 세대 프레임이 형성되는 위험이 포함되어 있기 때문이다. 박재흥은 세대에 명칭이 부여되면 해당 집단의 성격을 규명하게 되고, 세대에 관한 이론이 담론화되면, 특정 세대 혹은 다른 세대에 대한 인식이나 감정과 행동성향이 나타난다고 보았다.[16] 세대라는 말은 범위를 가정하기 때문에, 해당 연령에 속한 개인에게 그 세대의 일원이라는 소속감을 제공하고, 자신이 속한 세대 집단의 역사적 가치를 확인시켜 주기도 한다. 전상진은 세대 개념이 세대 집단 간의 차이를 구분하거나 유사성을 발견하여 세대 집단의 정체성을 규명하는 데에 유용한 근거이자 도구라고 말한다.[17] 하지만 세대가 구분되면, 각 세대가 서로를 상대자로서의 세대로 대하며, 세대 프레임 안에서 갈등을 발생시킬 위험이 있다. 세대갈등이 그 자체로 부정적인 것은 아니지만, 세대 프레임에 의한 피아(彼我) 구분으로 인해 세대의 차이를 경쟁 관계로 인식하게 하거나, 승패를 가르는 듯한 책임 관계 규명을 위한 논의로 이어질 소지가 있다는 위험이 있다.

위에서 살펴본 바와 같이, 세대를 구분하는 것은 그 자체로 위험성을 포함하고 있다. 그럼에도 세대를 구분하여 갈등구조로 사회와 공동체에 접근해야 하는 이유는, 세대 구분을 위한 연구의 과정을 통해, 학습자의 사회적 역사적 배경을 고려한 학습자 이해가 가능하기 때문이다. 에릭슨(Erik H. Erikson)은 인간을 사회심리적으로 이해하기 위해서는 개인이 아니라 한 세대를 관찰 대상으로 삼아야 한다고 했다.[18] 이는 학습자의 사회적 존재로서의 특징을 이해하는 데에 세대론적 관점이 필요함을 암시한다.

세대갈등은 가시적으로 드러나는 일회적인 갈등이 아니라는 특징이 있다. 시대의 흐름에 따라 고유한 세대문화를 지닌 새로운 세대는 계속해서 나타날 것이다. 그로 인한 세대갈등은 다른 형태를 띠는 문제로 지속적으로 일어나게 될 것이다. 그런 점에서, 공동체와 사회가 세대갈등에 대처하기 위해서 갈등전환적 접근으로 문제에 접근할 필요가 있는 것이다.

2) 한국교회의 세대갈등

한국사회의 세대갈등으로 인한 문제는 한국교회에도 동일하게 적용된다. 세대갈등은 각 세대마다 세대의식과 세대문화가 다름으로 인해 발생한다. 한국교회의 젊은 세대들이 겪는 문제를 세대갈등의 관점에서 다음과 같이 살펴볼 수 있다.

첫째, 한국교회의 젊은 세대들은 교회의 일방적인 신앙교육에서 세대갈등을 겪고 있다. 교회의 일방적인 신앙교육이란, 교회에서 이루어지는 신앙교육의 내용과 방법이 일방적이라는 것을 의미한다. 교회의 신앙교육은 학습자로 하여금 신앙적인 정체감을 형성하게 하는 것을 목표로 한다. 하지만, 지금의 신앙교육은 추구하는 신앙적 정체감은 고정되어 있고, 정체감 형성을 요구하는 교육방법도 일방적인 교육방법에서 벗어나지 못하고 있다. 신앙적 정체감은 신앙교육을 통해서뿐만 아니라, 신앙을 지닌 타인과의 관계를 통해서 형성된다. 에릭슨에 따르면, 정체감은 자신의 존재 가치와 자신의 삶에서 수행할 역할에 대한 확신을 형성해 가는 고뇌와 갈등의 과정을 거쳐 형성된다.[19] 신앙공동체가 한 사람에게 신앙적 정체감을 형성할 수 있는 교육적 환경이 되기 위해서는, 자신의 존재와 역할에 대한 고뇌와 갈등의 과정을 수행할 수 있는 장(場, field)이 되어야 한다.[20] 정체감 형성을 위한 장이 된다는 것은, 공동체에 속한 개인이 주체적으로 자신의 내적 연속성을 탐구하는 과정이 인정되는 상호존중의 관계가 보장되는 것을 의미한다. 하지만, 지금 교회교육의 일방적인 신앙 교육에서 젊은 세대는 청소년기부터 전통적인 내용과 방법으로 정체감을 형성시키려는 기성세대 교사들의 교육으로부터 세대갈등을 겪고 있는 것이다.

둘째, 교회 내의 수직적으로 고착된 권위적 관계구조로 인한 세대갈등이 있다. 교회의 관계구조는 수직적 관계라는 특성이 있다. 교회 공동체 안에서는 앞선 세대가 높은 지위를 차지하는 것이 당연하게 받아들여진다. 이러한 관계구조에는 갈등을 유발하는 구조적 폭력과 문화적 폭력이 발생한다. 구조적 폭력은 사회나 집단의 구조가 불균형한 상태라는 것을 전제한다. 갈퉁(Johan Galtung)에 따르면, 구조적 갈등이란 행위자들이 수직 · 수평적 관계에서 지배 · 피지배적 지위 구조에 포함됨으로 인한 불평등 또는 불공정의 상태를 의미한다. 이러한 구조적 갈등은 집단과 사회의 지배 구조 및 인습적인 문화와 정서에 의해 보호받기 때문에 갈등으로 인식되기 어렵다.[21] 교회에서 구조적 갈등이 유발되는 불균형한 관계는 교회의 전통적인 직제와 한국의 유교 문화에 의해 정당화된다. 이러한 정당화는 문화적 폭력이 된다. 문화적 폭력이란 한 사회에서 공유되어 온 문화를 공유하지 않는 이들에 대한 문화적 차별을 통해 사회의 구조적 폭력을 정당화하는 것이다. 달리 말해, 한 사회의 구조적 폭력을 정당화하기 위해 사회 안에서 공유되어 있는 문화를 이용하는 데서 발생하는 폭력인 것이다. 따라서 구조적 폭력에 정당성을 부여하는 문화는 그 자체로 구성원들에 대한 억압과 폭력이 될 수 있다는 것이다.[22] '장로(長老)' 직분의 이름에서도 보이듯, 윗세대가 상부에 위치하는 교회의 관계구조는 전통적인 직분제에 의해 강화되고 보호되기도 한다. 이런 관계구조 안에 있는 젊은 성인 세대는 교회의 책임을 이어받을 세대다. 이들은 기성세대로부터 교회를 위한 헌신을 요구받지만, 권한을 위임받지는 못하고 있다. 은퇴하지 않은 기성세대들, 은퇴 후에도 여전히 영향력을 행사하려는 은퇴세대들이 여전히 권위적 지위를 장악하고 있기 때문이다. 여기서 젊은 세대가 경험하는 세대갈등은 가시적인 폭력이나 억압으로 인식되지 않기 때문에 갈등으로 인식되기 어렵다. 하지만, 수직적인 권위구조가 교회의 전통에 의해 정당화되는 관계 안에서 발생되는 불균형은 비가시적인 구조적 갈등으로써 실재한다.

셋째, 교회 내의 기성세대가 제시하는 가치와 자신이 선호하는 가치 사이에서의 갈등이 있다. 교회는 신앙적 가치와 교회의 전통을 이전 세대에서 다음 세대로 전수하고 유지하는 기능을 수행한다. 여기서 기성세대가 제시하는 신앙적 가치는 성경과 교회 전통에 기초하기 때문에 수정이나 타협의 가능성이 고려되지 않는다. 하지만, 지금의 젊은 성인 세대를 대표하는 MZ세대는 기성세대가 제시하는 신앙적 가치를 절대적이고 유일한 것으로 받아들이지 않는다. 여기에는 두 가지 요인이 작용하는 것으로 볼 수 있는데, 첫째는 MZ세대의 가치관 수용에 대한 태도이고, 둘째는 현대 사회의 문화적 다원성을 들 수 있다. MZ세대는 종교적인 가치관을 수용할 때, 종교적 권위보다 자신의 선택과 판단을 중요하게 생각한다. 문화적으로 다원화된 사회에서 종교의 가치는 다양한 가치 중에 하나에 불과하다. MZ세대는 자신의 한계와 부족은 개인의 문제이고, 사회적인 조직은 개인보다 높은 가치를 추구하여 실현할 의무가 있다고 생각하는 경향이 있다. 이들은 교회가 사회의 다른 조직들보다 더 높은 가치를 선도해야 한다고 생각한다는 것이다. 하지만, 현재 한국교회를 향한 비판들은 교회의 수준이 MZ세대의 기대에 미치지 못하게 하는 요인이 되고 있다. 이에, MZ세대는 자신들이 동의하는 숭고한 가치에 참여하기 위해, 교회보다 건강한 사회단체들에 기부하거나 헌신하는 것을 선택한다. 사회복지공동모금회는 MZ세대의 이러한 기부형태를 자신을 드러내는 착한 소비라고 묘사하면서, 기부를 자신의 취향과 가치를 드러내는 수단으로서 일종의 가치를 위한 소비라고 보았다.[23] 여기서 세대갈등은 종교가 추구하는 숭고한 가치에 대한 젊은 세대들의 판단과 행동이 교회의 기성세대들이 제시하는 방법과 다르다는 것이 존중되지 못함으로 인해 발생하는 것으로 볼 수 있다.

넷째, 교회 생활에 대한 강요와 자발성 사이의 갈등이 있다. 부모나 가족이 자녀에게 교회출석이나 신앙생활을 강요하는 것은 그 자체로 세대갈등이 된다. 아동기와 청소년기에 부모의 강요로 교회에 출석하기 시작한 경우, 이들은 자신의 선택과 동의 여부와 관계없이 교회에 다닌다. 부모들은 어떤 식으로든 자녀들이 교회에 다니면, 신앙적으로 살아갈 것이라는 신념으로 교회 출석을 강요한다. 하지만, 수동적인 동기로 유지되는 신앙은 학령기를 마치는 시기에 교회를 떠나는 것으로 끝을 맺는 경우가 많다.[24] 이는 신앙생활의 동기와 관련된다. 최윤식과 최현식은 한국교회의 교인 수 통계를 분석하면서, 1990년대에 시작된 교회학교의 학생 수 감소세가 일정 수준에서 멈춘 이유에 대해, 교회를 떠날 수 있는 학생들은 모두 떠났고, 그럴 수 없는 학생들만 남았기 때문이라 분석한다.[25] 한 개인이 신앙을 형성하기 위해서는 교회의 가르침에 대해 스스로를 성찰하려는 자발적인 참여 의지가 필요하다. 여기서 세대갈등은 신앙에 대한 동기를 얻는 방식의 차이에서 발생하는 갈등으로, 신앙적 성숙을 위한 주체적인 성찰의 기회를 상실한 결과라 하겠다. 현재의 교회가 새롭게 등장하는 세대들이 자발적인 의지로 참여할 수 있는 공동체인지 반성적인 성찰이 필요하다 하겠다.

이제까지 젊은 세대가 신앙공동체에서 경험하는 갈등을 네 가지로 정리했다. 교회의 일방적인 신앙교육에서 경험되는 세대갈등, 교회 내의 수직적으로 고착된 권위적 관계구조로 인한 세대갈등, 교회에서 젊은 세대가 종교적 가치를 추구하는 방식이 인정되지 못함으로 인한 갈등, 교회생활에 대한 강요와 자발성 사이의 갈등이 그것이다. 교회가 이러한 젊은 세대의 갈등 경험들에 대응하기 위해서는 젊은 세대의 경험들을 갈등으로 이해하는 접근이 필요하며, 갈등에 대응할 수 있는 신앙공동체로 교회를 재구성할 것이 요구된다 하겠다.

3. 갈등전환에 대한 이해와 신앙공동체의 갈등전환적 접근

1) 갈등전환에 대한 이해

갈등전환론자들은 갈등전환을 설명하기 위해 갈등의 해결을 위한 접근법으로 갈등관리, 갈등해소, 갈등전환의 세 가지 접근법을 제시한다.[26] 각각은 갈등을 발생시키는 폭력의 형태를 규명하여, 폭력의 주체나 사건,

구조를 예방하거나 제거하는 것을 지향한다. 본 연구에서 주목하는 것은 갈등전환적 접근이다. 이에 대한 이해를 위해, 갈등관리와 갈등해소를 간략하게 살펴보고자 한다. 갈등관리(conflict management)적 접근은 잠재적인 갈등 요인을 찾아 실제 갈등과 폭력을 예방하기 위한 단기적 전략으로, 갈등을 공동체 구성원들간의 가치와 이해의 다양성에 기인하는 불가피한 결과로 본다.[27] 스펙트(Irma Specht)는 갈등관리적 접근이 단순히 갈등의 확대를 방지하기 위한 관리와 억제를 위한 조치수단이라고 설명하면서, 개인의 협상 기술, 개입, 제도적 매커니즘 등의 방법을 사용하여 갈등을 통제하는 능력이 강조된다고 보았다.[28] 갈등관리의 한계는 문제의 해결책을 찾아 갈등을 축소시키지만, 갈등의 근원이 되는 이슈들을 다루지 않는다는 데에 있다. 이 접근을 신앙공동체의 갈등문제에 적용할 경우, 대안적인 방법들을 수행하는 동안 예견되었던 갈등 요소들이 해소되기를 기대하지만, 근본적인 갈등 요소들이 방치됨으로써 이후 갈등 요소들의 변화 양상을 확신하기 어렵다고 할 수 있다.

갈등해소(conflict resolution)적 접근은 가시적인 갈등의 문제를 해결하여 폭력적인 갈등을 중단시키려는 단기적인 전략이라는 면에서 갈등관리와 유사하나, 권력 중심의 갈등통제를 배격한다는 차이가 있다.[29] 스펙트에 따르면, 갈등해소는 갈등 행위자나 집단 간의 태도 변화와 관계 개선에 주목하여 갈등으로 인한 분쟁을 비폭력적이고 효과적으로 다룰 수 있는 다양한 대안을 제시하는 것이 목적이다.[30] 갈등해소에서는 공공문제 해결, 협상, 조정, 중재 등 다양한 전통적인 도구들을 사용한다. 이 접근은 신앙공동체에서 갈등에 대응하는 방법들로 흔히 사용되고 있다. 그 이유는 가시적인 갈등은 쉽게 인지된다는 것과 그 원인을 해결하면 공동체의 문제가 근본적으로 해결될 것이라는 기대가 있기 때문이다. 하지만, 신앙 공동체에 속한 개인들은 저마다의 가치관과 기대를 소유하고 있기 때문에 갈등은 다양한 형태를 띠며 지속적으로 발생하게 된다. 이런 신앙공동체의 갈등의 특성을 고려할 때, 갈등해소의 방법으로 모든 갈등의 원인들을 다루려는 것은 공동체가 가진 대부분의 에너지를 갈등해결을 위한 노력에 소비하는 결과로 이어질 가능성이 크다. 따라서 신앙공동체의 세대 갈등에 대한 근본적이고 장기적인 대응 방법은 갈등이 다양한 형태로 계속해서 발생할 것이라는 속성을 이해하고, 갈등의 역동적 에너지를 공동체의 건설적인 미래를 위한 방향으로 전환하는 구조를 구축하는 것이 보다 합리적인 접근이라 할 수 있다.

갈등전환(conflict transformation)적 접근은 갈등에서 나온 에너지를 긍정적으로 전환하려는 관점으로, 신앙공동체가 갈등을 다루는 데에 적절한 관점을 제공한다. 레더락(John P. Lederach)에 따르면, 갈등전환은 두 가지 현실에 근거한다.[31] 갈등은 인간관계에서 나타나는 자연스러운 현상이며, 갈등은 변화를 위한 동력이 된다는 점이다. 갈등전환론자들은 갈등전환이 갈등의 성격을 바꾸어 상호이해를 증진시켜 상호관계에 변화를 주는 방법으로써, 폭력과 불의를 야기하는 체제와 구조, 관계를 전환시키려는 목적으로 갈등에 대한 부정적인 이해를 긍정적이고 건설적으로 전환하려는 장기적인 과정이라고 말한다.[32] 갈등전환은 갈등을 지속시키는 사회구조에 구조적 전환을 일으키는 과정으로, 갈등전환 과정에는 갈등에 직접 관련된 행위자들뿐만 아니라 갈등의 영향권 안에 포함되는 사회 또는 공동체의 구성원 모두가 상호보완적인 역할로 참여하게 된다. 또 갈등전환은 외부자의 개입과 조정을 통하기보다 사회 또는 공동체 내부인들의 지지를 기반으로 갈등에 대해 포괄적이고 광범위하게 접근하려는 시도이며, 특정한 하나의 갈등에 대한 일회적이고 단기적인 전환시도로 끝나는 것이 아니라 갈등 요소와 관련된 일련의 변화들을 통해 장기적이면서 점진적으로 사회 또는 공동체의 구조적인 변화를 의도하는 것이라고 이해할 수 있다.

갈등전환적 접근은 신앙공동체의 갈등을 기독교적 관점에서 이해하고 다룰 수 있는 장기적인 전략을 세우기 위한 전략이다. 레더락은 재세례파 평화주의를 잇는 메노나이트 전통의 기독교적 평화주의의 배경에서 갈등전환론을 제시한 이론가이자 활동가로 자신을 소개한다.[33] 그는 자신의 평화이론과 활동의 영적인 기반이 요한복음 3장 16절로 표현된 하나님의 화해의 의지에 있다고 말한다.[34] 하나님은 타락한 인류의 인간성과의 화해를 위해 스스로 자신을 내어주는 헌신의 모형이시며, 이 복음을 들음으로써 인간은 더 나은 미래의 비전을 품고 살아감으로써, 변화된 현재의 실재를 경험할 수 있다는 것이다. 이러한 성서적 해석을 기반으로 신앙공동체에 갈등전환적 접근을 적용할 때, 신앙공동체는 갈등을 다루는 과정에서 자신과의 만남, 타인과의 만남, 하나님과의 만남을 경험하게 되고, 이 만남들은 하나님-이웃-자신이 함께하는 현재를 살아갈 수 있는 가능성을 열어준다.[35] 갈등전환적 접근은 신앙공동체가 갈등에 대해 성서적 방법으로 대처할 수 있게 하며, 그 과정에서 신앙의 성숙을 기대할 수 있는 교육적 기회를 마련하게 한다는 의의가 있는 것이다.

2) 신앙공동체 교육의 갈등전환적 접근

세대갈등에 대응할 수 있는 교회의 교육적 대안은 신앙공동체 교육에서 찾을 수 있다. 신앙공동체 교육이 제기된 이유와 교육목적이 오늘날 교회의 세대갈등의 현상과 연결될 수 있기 때문이다. 먼저, 신앙공동체 교육은 교회가 본질을 상실한 것에 대한 비판에서 제기되었다. 교회는 본질적으로 예수 그리스도에 대한 믿음을 공유하는 사람들의 모임이고, 회중들이 삶을 교류하는 인간연합이라는 상호작용을 통해 신앙을 형성하는 곳이다. 넬슨(Carl Ellis Nellson)은 19세기와 20세기 초에 부흥운동과 자유주의의 영향으로 인해 교회가 제도화, 구조화, 계급화를 추구하며 교회 자체의 구조를 강화하는 상황을 비판하면서, 성경을 통해 확증되는 교회의 본질과 회중을 기본단위로 하는 신앙공동체의 회복을 주장했다.[36] 웨스터호프(John H. Westerhoff III)도 이에 동의하면서, 신앙공동체의 회중들이 삶의 의미와 방식에 대한 의식과 목적과 의지를 공유하는 것, 회중들 간에 의미와 목적의 교환이 가능할 정도의 공동체 규모, 세 세대(three generations)의 공존과 세대들 사이의 상호작용, 각 세대의 역할과 위치 조정의 중요성 등을 신앙공동체의 회중의 생활을 평가하는 데에 도움이 되는 네 가지 특성으로 제시했다.[37] 포스터(Charles R. Foster)는 교회가 신앙공동체로 구축되는 것이 공동체적이고 인격적이어야 함을 강조했다. 다시 말해, 교회를 신앙공동체로 회복시킨다는 것은, 하나님을 주인으로 고백하는 종된 교회의 정체성을 재확인하고, 공동체 안에서 그리스도의 임재하심에 대한 기대를 고백하는 신앙을 공유하는 회중 안에서, 서로의 상호작용을 통해 삶을 교류하고 신앙의 의미를 형성해가는 공동체를 구축

하는 것이라 하겠다.[38)]

신앙공동체로서의 교회의 회중을 향한 교육목표는 회중의 신앙형성이다. 넬슨에 따르면 회중은 예배, 교제, 탐구, 관심사에 직면하는 등 신앙공동체의 다양한 상황들에 참여하는 과정에서 신앙을 형성하고 성숙시켜 나간다.[39)] 웨스터호프는 이러한 신앙의 형성을 기독교적 삶의 스타일(Christian life style)의 형성이라고 표현하면서, 신앙교육은 신앙공동체에서 전수 받은 가치관과 세계관을 개인이 자기 삶의 전 영역에 적용하는 삶의 양식을 형성하게 하는 것이며, 여기에는 제도적 교육을 통한 양육으로 형성되는 '주어진 신앙(given faith)'이 회심을 통한 '소유된 신앙(owned faith)'으로 전환되는 변혁의 과정이 끊임없이 반복되면서 형성된다고 설명했다.[40)]

신앙공동체 교육의 관점에서 볼 때, 지금 한국교회의 세대갈등은 교회의 신앙공동체성에 대한 비판적 반성을 요구하는 것이며, 신앙공동체로서의 본질을 회복하는 공동체 재구성에 대한 요청이라 하겠다. 현대 사회의 교회는 세대갈등에 대해 갈등전환적 관점으로 접근함으로써 다양한 세대가 공존하며 신앙을 이어갈 수 있는 신앙공동체를 회복할 수 있다. 이에 갈등전환적 관점에서 바라보는 신앙공동체의 교육적 요소들을 살펴보면 다음과 같다.

첫째, 갈등전환적 접근을 통해 신앙공동체의 관계성을 재구성하는 것이다. 신앙공동체 교육은 회중들 사이의 모든 상호작용을 교육 내용과 방법으로 삼는다. 포스터는 웨스터호프의 말을 인용하면서, 신앙공동체에서 교수 활동(teaching)은 특정 시간이나 장소에 한정되지 않으며, 공동체의 삶과 약속을 존중하는 공동체의 회중이라면 누구든 어떤 상황에서도 다른 이들을 가르치는 일을 하게 된다고 설명했다.[41] 신앙공동체에 참여하는 회중들의 상호작용에서 학습자의 참여적 행위를 통해 교육적 결과로 이어지는 경험이 발생함으로써 신앙을 형성할 수 있다는 것이다. 이에 대해 웨스터호프는 협동적 자아(corporate self)로서의 인간은 혼자서는 인간이 될 수 없고, 그리스도인도 될 수 없음을 설명하며 회중들 사이의 관계적 경험을 강조한다.[42] 다시 말해, 신앙공동체 교육은 회중들 사이에 상호작용을 일으키는 관계를 교육에 필수적인 요소로 삼기 때문에, 회중은 신앙공동체에 참여함으로써 관계의 중요성을 인식할 수 있다. 다만, 교회 안에서 관계의 불균형으로 인해 젊은 세대가 갈등을 경험하고 있음을 고려한다면, 지금의 관계구조를 갈등전환적 관점으로 점검하고 재구성할 필요가 있다.

신앙공동체의 회중은 갈등전환 과정에 참여함으로써 관계성을 지닌 자아상을 형성하게 된다. 여기서 관계성이란 갈등전환 과정에 참여하는 회중이 갈등 자체보다 관계가 중요하다는 것을 인식하는 것을 의미한다. 신앙공동체 교육에서 관계는 역동적인 상호작용을 통해 신앙을 형성하는 관계이며 교육적 조건이다. 회중들 사이에 관계가 형성되지 않거나, 균형을 잃어버리게 되면 신앙교육의 역동을 기대하기 힘들다. 회중들 사이의 갈등은 관계의 불균형에 기인하기 때문에 교육의 역동을 불가능하게 하는 요인이 된다. 갈등전환은 갈등상황을 바라보는 새로운 관점을 요청한다. 갈등상황에서 행위자가 갈등의 상대자에 주목할 경우 적대감이 강화되어 감정적인 위기가 발생하게 된다. 갈등전환은 갈등 상황에서 상대자에 대한 적개심이나 분노에 주목하기보다, 갈등 관계 자체에 주목할 것을 요구한다. 레더락은 갈등전환의 핵심은 관계에 있음을 설명하면서, 갈등에 내재된 긍정적인 잠재력을 고무시키기 위해서는 드러난 문제에만 집중할 것이 아니라 눈에 보이지 않는 부분까지 봄으로써, 갈등을 통해 역동적인 인간관계의 더 큰 틀을 이해할 수 있다고 말한다.[43] 갈등 자체에 주목하는 태도는 갈등이 해결되는 과정과 그 이후에도 갈등의 상대자와의 관계가 유지될 여지를 남긴다. 따라서, 신앙공동체의 갈등을 갈등전환적 관점으로 접근하는 과정에서 회중은 갈등 해결보다 관계 유지를 우선하는 가치관을 형성함으로써, 관계적 능력을 향상시킬 수 있다.

둘째, 갈등전환적 접근을 통해 신앙공동체의 평등성을 재고하는 것이다. 신앙공동체 교육은 회중들 사이의 상호작용을 통해 이루어진다. 포스터는 신앙공동체의 세 가지 본질을 공동의식, 상호관계성, 공동세대의 만남으로 제시했다.[44] 상호관계성이란 공동체의 회중이 서로 영향을 주고받으며, 함께 성장하고 발전하는 관계를 말한다. 여기서 포스터는 상호적 관계를 수평적 차원으로 설명함으로써, 신앙공동체의 모든 회중이 타인과의 평등한 관계 안에서 상호주관적으로 소통하며 공존할 수 있음을 주장하고 있다. 다시 말해, 신앙공동체 안에서의 기독교적 삶의 스타일을 형성하는 회중들의 상호작용은 관계의 평등성을 전제로 한다는 것이다.

갈등전환 과정에 참여하는 회중은 평등적 자아상을 형성할 수 있다. 평등적 자아상이란 다른 사람의 관심과 목적을 자신의 것과 동등한 것으로 존중하는 태도를 지닌 자아상이다. 갈등전환적 접근의 관점에서 갈등은 자원과 기회가 제한된 환경에서 양립 불가능한 목적과 관심을 지닌 다수의 사람이 공존하는 상황에서 발생한다. 수평적 관계에서의 갈등은 당사자들의 대화와 소통을 통해 조정이나 타협 또는 어느 한쪽의 포기 등의 해결을 시도한다. 여기서 주목할 것은 갈등 해결을 위한 대화와 소통의 과정에서 상호 간에 서로의 목적과 관심을 존중하는 태도가 전제되지 않으면 힘의 균형이 무너지고, 폭력과 착취가 발생한다는 것이다. 스펙트는 갈등전환의 과정을 지속적인 평화와 정의를 위한 여건을 마련하기 위해, 갈등전환 과정의 모든 참여자들에게 권한을 부여하고, 가시적인 폭력을 종식시키고, 관계와 사회구조에 변화를 추구하는 것이라고 설명한다.[45] 신앙공동체의 회중들이 갈등전환적 관점으로 세대갈등을 바라볼 때, 공동체는 갈등에 포함된 모든 구성원들에게 동등한 권한을 부여함으로써 불평등을 평등으로 변화시킬 수 있는 새로운 관계를 구축할 수 있다. 이 과정에서 당사자들은 상대방의 목적과 관심의 중요성을 자신의 목적과 관심을 대하듯 존중하는 태도로서의 평등적 자아상을 형성하게 된다. 따라서 신앙공동체는 갈등전환을 통한 평등성을 함양함으로써, 대화와 소통을 통한 교육의 가능성을 확대할 수 있다고 하겠다.

셋째, 갈등전환적 접근을 통해 신앙공동체의 개방성의 태도를 재고한다. 현대 사회는 문화의 급격한 변화에 세계화의 영향이 더해지면서, 한 집단 안에서도 다양한 세대 문화가 공존하게 되었다. 이러한 세대문화의 다양성은 신앙공동체의 세대갈등요인이 된다. 포스터에 따르면, 문화적 맥락에 기반하는 기독교교육의 다양한 관점들은 교수-학습과정에서 교사와 학습자 사이의 문화적 차이로 조우하며, 이 만남이 교육의 촉매 또는 방해물이 된다.[46] 종교교육에서 일어나는 문화적 차이의 만남은 문화적 다양성에 대한 개방적인 태도로 이어질 수 있다. 문화적 차이의 만남에서 발생하는 역동이 교육적 상호작용에서 긍정적으로 작용하면 종교교육이 추구하는 교육의 내용이 더 큰 인간 공동체의 가능성으로 이어질 수 있고, 일반화된 개념으로서의 문화가 아닌 실제 삶에서 표현되고 교환되는 정체성과 의미와 목적의 교환으로서의 문화 곧 살아있는 회중의 신앙공동체 문화를 지향하는 문화화가 가능하며, 서로 다른 문화들이 만나는 과정에서 발생하는 약속과 위협이 교수-학습의 중요한 기폭제가 될 수 있다.[47] 다시 말해, 다양한 세대문화를 지닌 세대들이 공존하는 신앙공동체의 교육은 문화적 다양성과의 만남을 교육학적으로 포용함으로써, 가르치고 배우기에, 특히 창조적이고 구원을 이루는 하나님의 일하심을 향해 열려있는 교수-학습 과정을 실천할 수 있는 것이다.

신앙공동체는 세대갈등에 대해 갈등전환적 관점으로 접근할 때, 회중에게 개방성을 지닌 자아상을 형성하는 교육적 기회를 제공할 수 있다. 여기서 개방성을 지닌 자아상이란 상대방과의 갈등을 다양성으로 인정하며 받아들이는 태도를 의미한다. 갈등상황에서 상대방과의 관심이나 목적의 차이를 문화적 다양성으로 포용함으로써, 갈등 이후의 긍정적인 미래에 갈등 대상자를 포함시킬 수 있는 가능성을 기대할 수 있다. 갈퉁은 갈등전환적 접근으로 갈등을 해결하는 데에 다양성을 고려하여 갈등의 다양화와 갈등 행위자의 다양화를 제시했다.[48] 갈등의 다양화란 갈등 행위자들 사이에 더 다양한 갈등을 의도하는 것이다. 갈등을 다양화함으로써 행위자들은 지금 직면한 하나의 갈등에만 주목하지 않고, 여러 가지 갈등을 다루게 되면서, 그 과정에서 서로에게 갈등을 다루는 능력이 확인되거나, 갈등에서의 오해가 풀리거나, 처음 발생했던 갈등이 무력화될 수도 있다. 갈등 행위자의 다양화는 갈등에 참여하는 행위자의 범위를 확장하는 것을 의미한다. 더 많은 행위자의 참여는 더 다양한 관점과 갈등해결 능력이 개입되는 것을 의미한다. 이를 통해 갈등에 대한 다각적인 이해와 접근이 가능해 질 수 있고, 다양한 해결방법을 기대할 수 있다. 두 행위자가 이루는 갈등에 대한 양극적 관점이 다각화될 수 있고, 갈등을 상쇄시킬 수 있는 다양한 해결방법을 기대할 수 있다.[49] 갈등전환의 문화적 다양성을 고려한 접근 방법은 문화적 차이의 만남에서 교육적 역동을 기대하려는 신앙공동체 교육에 적용이 가능하다. 따라서 갈등전환적 접근은 신앙공동체가 새로운 세대에 의해 제시되는 신앙적 가치관 형성의 새로운 과정에 대해 개방적인 태도를 취하고, 이로 인해 발생되는 갈등들을 신앙적 가치관 형성의 다면적인 접근의 한 면으로 활용할 수 있는 관점을 제공한다고 하겠다.

넷째, 갈등전환적 접근을 통해 신앙공동체와 회중의 갈등을 대하는 관점을 재구성한다. 신앙공동체 교육은 종교적 사회화를 통해 회중의 신앙을 양육한다. 종교적 사회화와 문화화의 개념은 넬슨과 웨스터호프에 의해 신앙공동체 교육에 도입된 것으로, '사회화'란 사회에 속한 사람들의 삶의 양식(way of life)이 다른 한 사람에게 전달됨으로써, 세대에서 세대를 거치며 이어지는 한 사회의 구성원이 되어가는 과정을 말한다.[50] '문화화'는 새로운 구성원(세대)에게 사회 또는 집단의 문화를 정착, 전달, 보존하는 과정이다. 새로운 구성원에게 전 세대에서부터 내려오는 문화를 전달하고 정착시키는 과정과 함께, 기존의 문화를 현재에 맞게 수정하고 대체하는 과정이기도 하다.[51] 김영미는 이러한 사회화와 문화화의 개념을 신앙공동체 교육에 도입할 때, 기존 공동체의 삶의 양식과 문화가 수정될 가능성을 고려하지 않았다고 지적한다.[52] 신앙공동체가 유지하고 전승하는 성서의 가르침과 신앙 전통은 시대의 변화에도 바뀌지 않는 진리로 간주되는 특성이 있다. 하지만, 그 신앙을 삶으로 살아내는 사람들은 자신이 속한 시대와 사회로부터 역사적 문화적 변화의 영향을 받는다. 달리 말해, 신앙의 양식은 시대적 특성에 따라 수정되고 변화됨으로써 회중의 삶으로 실천되는 것이다. 따라서 신앙공동체의 종교적 사회화와 문화화의 과정은 기독교적 삶의 스타일의 전수와 수정이 함께 이루어지는 과정으로 재해석될 필요가 있다. 이는 신앙공동체가 새로운 세대가 형성하는 새로운 신앙적 삶의 스타일을 인정하는 개방적 태도를 가져야 함과 동시에, 신앙공동체가 유지해온 신앙적 삶의 스타일을 수정할 수 있는 성찰적인 태도를 수용하는 것이라 할 수 있다.

갈등전환의 과정에서 개인이나 집단은 지금껏 당연하게 여겨졌던 사고방식과 구조를 점검하는 성찰적 과정을 수행하게 된다. 갈등전환에서는 다양한 유형의 전환이 일어나는데, 그중에서 신앙공동체 교육과 연관하여 인적전환, 관계전환, 구조전환에 관해 생각해볼 수 있다.[53] 인적전환은 개인적 차원의 변화로, 개인은 갈등전환 과정에서 갈등으로 인한 고통을 견딜 수 있는 도움을 받고, 갈등을 발생시킨 상호간의 차이를 인식하는 성찰을 통해 윤리적 성찰을 도모할 수 있다. 관계전환은 갈등전환의 과정을 통해 대인관계에서 변화가 일어나는 것을 의미한다. 갈등전환 과정은 대인관계의 불공정함을 해소하는 방향으로 진행되기 때문에, 이제까지의 관계에 내재되어 있던 모순에 대해 성찰하게 된다. 구조전환은 구조적 갈등을 야기하는 사회의 구조와 사고방식의 모순을 발견하는 과정이며, 향후에 발생될 것으로 예상되는 모순을 인식하고 수정할 수 있는 제도와 구조로의 변화를 의미한다. 이상과 같이 갈등전환에서의 성찰성은 행위자의 갈등해결 능력 수준에 대한 성찰(개인적 수준)과 갈등 상대자와의 관계에 대한 성찰(관계적 차원), 그리고 갈등구조에서의 행위자들의 위치에 대한 성찰(구조적 차원)이라는 세 가지 과정으로써, 개인과 공동체는 갈등전환 과정에 참여하여 높은 수준의 자기 정화와 자립능력을 획득할 수 있다. 갈등전환은 눈에 보이는 갈등의 문제에 대한 해결 시도를 포함하면서, 궁극적으로는 관계의 구조적 모순에서 갈등의 원인을 발견하여, 이후에 발생할 다른 갈등에도 대응할 수 있는 관계구조를 구축하려는 시도인 것이다. 따라서 갈등전환적 접근의 과정에서 개인은 자신이 지켜온 인습적 사고방식과 행동양식에서 갈등의 원인을 찾으려는 성찰적 태도를 갖게 되고, 집단 혹은 공동체는 인습적 제도와 관계구조를 점검하게 된다.

결국, 갈등전환 과정을 신앙공동체에 적용하는 것은 공동체의 세대갈등을 회중의 신앙교육과 공동체의 재구성을 위한 기회로 전환하는 관점을 제시하고, 새로운 세대들이 교회 밖의 삶의 자리에서 갈등전환적 태도를 통해 갈등의 문제를 다룰 수 있는 관점을 길러주는 교육을 가능하게 한다고 하겠다. 갈등전환은 인간 삶의 관계들에서 발생하는 갈등을 필연적인 현상으로 전제하기 때문에, 하나의 갈등이 해결되더라도 다른 갈등이 이어지는 것을 피할 수 없다고 본다. 따라서 갈등전환 능력은 차후에 발생할

미지의 갈등에도 대응할 수 있는 평화역량이라 할 수 있으며, 장기적인 시각에서 공동체의 교육적 기능을 유지하기 위한 역량이라 하겠다.

4. 교회 내 세대갈등에 대한 갈등전환적 신앙공동체 교육

본 연구에서 제시하는 신앙공동체 교육의 갈등전환적 개선 방향의 기본원리는 관계성, 평등성, 개방성, 성찰성이다. 개방성, 관계성, 평등성은 김현숙[54)]이 제시한 탈인습적 기독교교육의 원리를 따르는 것으로, 공동체 회중의 개인적 차원에서의 성숙을 지향한다. 성찰성은 포스터[55)]가 제시한 다양성 포용교육의 두 가지 실천에 근거하여, 신앙공동체가 새로운 세대의 유입으로 인한 갈등상황에서 공동체의 전통적 혹은 인습적 구조와 관계에 대한 점검과 반성의 필요성을 반영한 것이다. 성찰성은 개인과 공동체에 성찰적 태도를 요청하며, 특히 공동체의 구조적 차원에 대한 반성과 변화를 추구한다는 점에서 공동체적 차원에 비중을 두는 것이라 하겠다. 다시 말해, 개방성, 관계성, 평등성은 회중으로서의 개인이 탈인습성을 지향하는 기독교적 자아정체감을 형성할 것을 요구하고, 세대갈등을 교육적 기회로 전환하는 갈등전환 역량을 기르기 위해 성찰성에 대한 이해와 성찰적 태도를 요구하는 것이다. 그 원리들을 다음과 같이 설명할 수 있다.

1) 관계의 다양화를 통한 관계적 능력의 함양

다양한 세대의 특성을 고려한 신앙공동체 교육을 위해서는 각 세대들 간의 관계성이 고려되어야 한다. 여기서 관계성은 개인 간의 일상적인 관계만을 의미하지 않는다. 공동체에서 교육적 기능을 하는 관계는 상호적인 이해와 의미교환이 원활하게 이루어져야 하기 때문이다. 김현숙에 따르면, 관계성(relationality)이란 현대 사회에서 요구되는 탈인습적 자아의 한 요소로, 타인의 관점이나 해석을 자신의 입장에서 이해하고, 그에 대한 수용 여부를 고려할 기회가 제공되는 상호주관적 관계를 유지할 수 있는 자아의 특성이다.[56] 즉, 관계성은 자신과 문화적 특성이 다른 타인과의 관계에서, 상호주관적인 태도로 서로의 관점이나 이해를 교환하고, 그에 대한 수용에 대해 살펴볼 수 있을 정도의 관계를 가질 수 있는 특성이라 하겠다.

관계성은 다문화적 신앙공동체에서 문화적 이방인과의 연대교육과 관련하여 설명될 수 있다. 회중이 공동체 안에서 서로 다른 문화적, 인종적 문화적 특성을 가진 사람들과 한 공동체의 회중이 되는 데에 필요한 태도와 유사하다. 포스터는 이방인과의 연대교육을 제시하면서, 이방인을 인정하고 포용하는 구체적인 방법으로 환영, 환대, 수용, 결속의 과정을 통해 이방인들에 대한 신앙교육의 장을 형성하는 과정을 설명했다.[57] 포스터가 제시한 조건들은 공동체의 기존 회중들이 이방인과 유사하게 새로 유입된 회중과 상호주관적 관계 속에서, 의미를 교환하는 관계를 형성할 수 있는 가능성을 설명해 준다. 이 과정에는 새로운 회중과 연대하기 위한 공동체의 기존 회중의 헌신적인 노력이 요구된다. 신앙공동체에서 교육은 회중들의 관계에서 이루어지기 때문에, 공동체의 관계성에 대한 세대 간 이해 방식에 차이가 있음을 인식하고, 젊은 세대를 위한 교육환경을 조성할 수 있는 관계를 형성하고 개선할 필요가 있는 것이다.

신앙공동체 교육의 관계성 함양은 갈등전환 과정에서 갈등 행위자들의 관계를 다루는 부분과 연결된다. 갈등전환의 과정은 행위자들의 갈등 해결 능력을 배양하기 위해 행위자들의 관계에 변형을 의도할 수 있다. 관계의 변형을 통해 갈등전환 과정에서 직접적 폭력을 피할 수 있으며, 갈등에서 발생하는 에너지를 다른 방향으로 활용할 수 있기 때문이다. 갈퉁에 따르면, 평화적 갈등해결을 위한 갈등전환의 과정에서 관계의 다양화를 도모하는 것은, 갈등이 폭력으로 확장되는 것을 억제하고, 갈등에 대한 다양한 관점을 수용할 때까지 관계를 유지시키는 효과가 있다.[58]

현대사회의 신앙공동체는 새로운 세대문화의 유입으로 인해 발생하는 갈등을 교육적으로 활용하기 위해, 젊은 세대들이 공동체에 소속되어 있다는 최소한의 관계를 유지해야 하고, 각 세대들 사이의 관계에 다양한 방식들을 시도해야 한다. 전통적인 신앙공동체의 관점에서 관계성은 하나 됨, 화해와 일치라는 통일성을 추구하면서 관계의 분리나 분열은 그에 반대되는 부정적인 상태로 여겨진다. 하지만, 세대갈등에 대해 갈등전환적으로 접근하는 과정에서 관계의 의도적인 변형을 통해 관계와 갈등의 다양화를 시도하는 것은 장기적인 관점에서 볼 때 새로운 통합을 기대하는 교육적 시간과 공간을 확보하는 것이라 할 수 있다. 따라서, 신앙공동체 교육의 갈등전환적 접근에서 관계성은 회중들 간에 대화와 의미교환을 가능하게 하는 상호주관적 관계 형성을 목표로 하며, 그 과정에서 분리나 분열로 보여질 수 있는 의도적 관계 조정을 포함하는 관계성을 지향하는 것이라 하겠다.

2) 세대 문화의 존중을 통한 평등적 역량의 함양

젊은 세대의 특성을 고려한 신앙공동체의 교육적 환경 조성을 위해서는 평등성이 고려되어야 한다. 이는 공동체에서 다양한 세대 문화가 지닌 특성들의 차이를 차별적으로 대하지 않는다는 의미에서 수평적 관계를 형성해야 한다는 것이다. 평등성의 의미는 구조적으로 분화된 현대 사회에 필요한 평등적 자아개념에서 볼 수 있다. 김현숙이 제시한 평등적 자아는 현대 사회에서 사는 개인이 자신에게 요청되는 다양한 역할들을 구분하여 이해하고, 각 역할들을 균형 있게 수행하며, 다양한 역할 수행이 주체적인 통제를 통해 자신 안에 통합시킬 수 있는 자아의 능력을 의미한다.[59] 이 개념을 신앙공동체 교육의 평등성에 적용하면, 각자의 세대문화를 지닌 회중이 한 공동체에서 상호교류하는 과정에서, 다문화적 만남이라는 특수한 상황에서 요구되는 관계적 능력을 주체적으로 수행할 수 있는 자아의 능력이라고 표현할 수 있다. 다시 말해, 평등적 역량을 함양하는 신앙공동체에서 개인은 자신과 다른 세대문화를 지닌 회중과의 관계에서 서로의 문화적 특성을 차별하거나 우열을 따지지 않으며, 공동체 안에서 경험되는 세대 간의 긴장과 갈등에도 불구하고 관계에 참여할 수 있는 사람이라고 설명할 수 있다.

신앙공동체는 전통적으로 수직적인 관계구조에 익숙하다. 직분으로 조직된 수직적 구조는 신앙공동체의 권위구조로 이어지기도 한다. 오랜 기간 유지되어 온 교회의 공동체적 관계에 익숙한 회중들이 공동체의 관계 구조에 변화를 의도하는 것은 쉽지 않기 때문에, 수평적 관계를 이루기 위한 평등성의 요청은 사회의 다른 집단이나 공동체에서 보다 어려운 일이 될 수도 있다. 포스터는 다문화 신앙공동체의 결속의 조건으로, 다문화적 집단들이 만나서 대화할 수 있는 기회를 마련하는 것, 각자의 인종적 문화집단의 방식으로 다른 이들을 진지하게 수용하려는 헌신적인 노력, 자신의 문화적 또는 종교적 사고의 틀을 보류하고 다른 이들의 생각과 경험을 경청하는 것, 상호비평이라는 네 가지를 제시한다.[60] 곧, 다양한 세대문화로 인해 조성된 다문화적인 상황에서 신앙공동체가 젊은 세대를 위한 교육의 장을 형성하기 위해서는, 젊은 세대의 세대문화적 특성을 공동체의 문화적 특성과 동등하게 대하고, 세대 간의 대화와 의미교환을 통해 한 공동체를 이루는 가치를 공유하며, 그 과정을 통해 새로운 신앙공동체 문화를 형성하는 변화의 가능성을 모색하는 노력이 요청되는 것이다.

신앙공동체의 세대갈등을 갈등전환적 관점으로 평등성을 고려할 때, 신앙공동체의 두 가지 측면을 전제해야 한다. 첫째, 신앙공동체는 기독교 신앙을 변함없이 유지해야 한다. 둘째, 신앙공동체의 공동체 문화는 사회문화적 변화의 영향을 받는다. 다시 말해, 신앙공동체는 사회문화적 변화를 공동체에 유입하는 회중에 의해 공동체 생활의 문화적 변화를 수용함과 함께, 신앙고백과 종교적 가치를 유지해야 하는 양가적인 상황에 놓여 있는 것이다. 이런 상황에서 신앙공동체는 사회문화적 변화에 따른 다양한 세대문화들이 공동체에서 표현될 수 있는 권한을 부여하는 역할과 세대문화의 다양성에도 불구하고 변함없이 신앙고백과 종교적 가치들을 전수하는 역할을 균형있게 수행함으로써, 다양한 세대문화들이 각자의 방식으로 신앙을 이어갈 수 있는 평등한 교육의 장을 형성할 필요가 있다고 볼 수 있다.

3) 갈등의 다양화를 통한 개방적 역량의 함양

신앙공동체가 세대 간 갈등에 대해 갈등전환적으로 접근하기 위한 또 하나의 원리는 개방성의 원리다. 개방성은 문화적으로 다원주의화된 현대 사회에서 요구되는 자아상으로, 김현숙은 개방성(openness)에 대한 설명에서, 교육 참여자들이 자신과 다른 경험과 해석에 대해 열린 마음으로 경청하는 것과, 자신의 경험이나 해석과 병립시켜 비교할 수 있는 심리적 여유와 개방적인 가치 판단의 태도가 필요하다고 말한다.[61] 루프트(Joseph Luft)에 따르면, 타인과의 의사소통 과정에서 자신을 표현하고 타인의 피드백을 수용하는 개방 영역이 클수록 타인과 공유하는 정보가 많아 의사소통이 원활해지고 갈등을 감소할 수 있다.[62] 따라서 세대 간의 차이, 공동체의 문화와 새로운 세대 문화와의 차이에 대한 개방성은 자신의 문화가 절대적이지 않음을 인정하면서 다른 세대의 문화를 대하는 열린 태도라 할 수 있다.

개방성은 다양한 세대가 공존하는 신앙공동체에서 기독교인으로서의 정체감을 공유하면서 동시에 독특한 자신의 문화적 특성을 유지하려는 세대들 사이의 상호작용에 필요한 원리다. 김영미에 따르면 다문화 신앙공동체는 '여러 유형의 이질적인 문화가 포용되는 모든 사회적 계층과 존재 계층을 초월한 공동세대의 만남 공동체'라고 정의된다.[63] 포스터는 다양성의 포용에 대해 다문화 시대에 문화적 차이 또는 다름을 수용하는 것을 의미한다고 설명한다.[64] 다시 말해, 신앙공동체가 다문화적 관점을 수용한다는 것은 세대 문화의 차이를 인정하는 가운데 한 공동체에 공존하는 만남의 장이 된다는 것을 뜻하는 것이다. 신앙공동체의 세대갈등 상황에서 각 세대가 이러한 개방성을 지닌 만남 공동체를 형성한다면, 세대 차이로 인한 갈등에 대한 접근이 다양한 방법으로 시도될 수 있다.

신앙공동체의 개방성은 갈등전환 과정에서 갈등을 인식하는 태도와 연관된다. 갈등전환의 관점에서 공동체의 세대갈등은 해결되어야 할 문제라기보다는 공동체의 성숙과 발전을 위한 가능성 또는 자원으로 이해된다. 세대갈등에서 각 세대가 서로를 개방적 태도로 대한다면, 갈등에도 불구하고 공동체 안에서 공존함으로써 공동체적 차원에서의 갈등전환 과정으로 갈등 문제를 다룰 수 있다. 공동체는 갈등에 대하여 공동체 내의 다른 회중들의 참여를 유도함으로써, 갈등의 종류와 참여자를 의도적으로 다양화함으로써, 갈등을 다양한 관점에서 이해하고 해결할 수 있는 더 많은 방법들을 얻을 수 있다.[65] 다시 말해, 공동체의 세대 간에 개방적 능력을 함양한다는 것은, 갈등이 발생한 세대들이 서로에 대한 개방적 태도로 서로의 경험과 이해를 나누는 의사소통의 기회를 마련함으로써, 갈등을 다양한 관점에서 바라보며 다면적인 접근을 통해 갈등의 해결방법을 찾고자 하는 의지를 공유하는 것이라 하겠다.

4) 성찰적 태도를 통한 공동체 개선 의지를 고취시키는 교육

성찰(reflection)이란 자기 스스로에 대해 생각하고 점검하며 평가하는 과정이다. 개인적 차원에서 성찰은 자기 자신을 돌아보고 평가하는 자기 반성적 태도라고 할 수 있다. 보우드(David Boud)는 성찰을 개인이 지적이고 정서적인 활동을 통해 자신의 과거와 현재에 대해 집중적으로 탐색하는 것으로 정의하면서, 앞으로의 과업 달성과 평가에 도달하는 데에 필요한 활동으로 보았다.[66] 성찰은 개인의 인격과 도덕성을 높여줄 수 있으며, 사회관계에서의 행위 적절성을 높여줄 수 있다. 성찰성은 공동체의 조직문화 형성에도 중요한 요소가 된다. 조직적 차원에서 성찰성은 조직의 행동과 행위의 과정에 대한 자발적인 의사소통과 검토, 그리고 결과의 적용에 대한 내용을 의미한다.

포스터가 다문화 신앙공동체의 다양성 포용교육에서 제시한 성찰성은 두 가지 의미로 실천된다.[67] 첫째는 다문화적 대상을 배제나 거부가 아닌 포용을 선택하는 것은 성서의 이야기와 복음서의 약속 때문이다. 공동체의 회중들은 이러한 신앙적 요청에 의해 포용이라는 헌신을 선택함으로써 공동체의 다문화적 변화를 불안으로 대하는 자신들의 태도를 신앙적으로 반성하는 성찰적 기회를 갖게 되면서 새로운 회중을 맞이하게 된다. 이어지는 두 번째 실천은 포용을 위한 헌신의 과정에서 회중의 의식이 변화되고, 결과적으로 새로운 신앙공동체의 모습을 형성하게 된다는 점이다. 달리 말하면, 다문화적 신앙공동체의 회중들은 새로운 회중을 수용하는 과정에서, 자신들에게는 익숙한 신앙공동체의 문화와 구조에도 변화가 있을 수 있다는 점을 받아들이는 태도를 성찰성이라고 할 수 있다.

갈등전환적 접근에서의 성찰성은 갈등 행위자의 갈등해결 능력 수준에 대한 자기 성찰과, 현실적으로 직면한 갈등상황에서 자신의 위치에 대한 성찰, 갈등전환과정에서 얻는 높은 수준의 자기 정화와 자립으로 설명될 수 있다. 먼저, 행위자의 갈등해결 능력에 능력의 수준에 대한 성찰은 갈등전환적 접근의 궁극적인 목적과 관련된다. 갈등전환적 접근은 행위자의 성숙과 평화적 관계 능력의 향상을 목적으로 한다. 이를 위해 갈등전환은 갈등 해결을 지연시키면서 행위자들의 갈등해결 능력을 향상시키고자 한다. 갈등 당사자들은 갈등전환 과정에서 자신의 갈등해결 능력을 반성적으로 성찰하며 발전을 도모하게 된다. 구조적 갈등에 대한 인식에도 성찰적 태도가 필요하다. 구조적 갈등은 이제까지 유지되어 온 위계 구조에 의해 구성원들에게 익숙해져 있기 때문에, 구체적이고 직접적인 폭력으로 가시화되지 않는다. 이런 특성으로 인해 구조적 갈등은 개인이 자신이 속한 구조 안에서의 자기 위치와 그에 대한 적절성을 반성적으로 성찰하는 과정에서 발견될 수 있다. 지배자의 지배력에 대한 성찰은 스스로를 독재자가 되지 않게 할 수 있고, 피착취자의 자신의 현실과 권리의 적절성에 대한 반성적 성찰은 구조적 모순에 의한 자신의 소외와 억압의 현실을 인식하게 한다. 결과적으로 갈등전환적 접근에서 요구되는 성찰성은 공동체의 구조적 모순에 의한 구조적 갈등에 대한 인식과, 인지된 갈등을 다룰 수 있는 갈등전환 능력의 배양을 통해, 궁극적으로는 모든 행위자들이 더 높은 수준의 자립을 이루고, 새로운 공동체의 관계구조를 만들게 하는 능력이라고 하겠다.

신앙공동체의 성찰성은 궁극적으로 신앙공동체의 공동체성에 대한 재

개념화를 요청한다. 달리 말해, 세대갈등으로 인해 다문화적 상황을 직면한 신앙공동체는 성찰성의 원리를 따름으로써 새로운 공동체를 창조할 수 있다는 말이다. 신앙공동체가 추구하는 신앙적 가치는 수정이 불가하다. 하지만 공동체의 생활방식이나 구조는 시대의 변화에 따라 변화되어 왔다. 공동체에 시대적 변화에 따른 새로운 지식과 이해가 유입되면, 공동체에 대한 이해와 본질도 새로운 방향으로 변화될 수 있기 때문이다. 기든스(Anthony Giddens)에 따르면, 근대성의 세계인 현대 사회에서는 새로운 지식이 끊임없이 투입됨으로써 사회에 대한 이해가 향상되기도 하고, 사회의 본질을 변화시켜 새로운 방향으로 급회전하며 리스크를 발생시키기도 하기 때문이다.[68] 홍찬숙은 공동체에서 절대성을 갖게 되는 사회적 의미는 의사소통 과정에서 당연시되는 의미가 함축된 표현을 반복적으로 사용함으로써 구성된다는 루만의 주장에 근거하여, 성찰성이 어떤 절대성에 고착되지 않은 지식이나 의사소통을 이해하게 하는 것이라고 보았다.[69] 이는 공동체가 성찰적인 태도로 공동체의 의미와 양식을 돌아보게 될 때, 지금까지 공동체에 고착되지 않은 새로운 의미나 생활양식을 이해하고 수용하여 새로운 공동체성을 구축할 수 있음을 의미하는 것이다. 따라서 신앙공동체 교육의 성찰성은 현재까지 유지되어 온 신앙공동체의 관계구조와 생활방식에 대한 자기반성적 평가와, 이를 위한 회중들 간의 의사소통의 과정에 새로 유입된 세대들의 생각과 정보들을 수용함으로써, 기존의 것들을 절대화하는 것을 넘어서서, 새로운 공동체의 창조를 추구하기 위한 태도라고 할 수 있다.

5) 갈등전환적 접근을 통한 신앙공동체 교육의 실천을 위한 제언

본 연구가 제시한 신앙공동체 교육의 원리는 회중의 개인적 차원에서의 변화뿐만 아니라 공동체의 구조적 차원에서의 변화도 함께 추구한다. 이 교육 원리를 적용한 일반적인 교육방법을 제시하는 데에는 몇 가지 제약이 있다. 첫째, 신앙공동체들이 겪는 세대갈등과 구조적 갈등의 양상을 일반화할 수 없다. 둘째, 각 공동체의 갈등경험에 따라 교육내용이 다양하게 발생한다. 셋째, 갈등전환 과정을 통해서 지향하는 더 나은 공동체에 대한 이상이 공동체마다 다르다. 이러한 제약들로 인해 구체적인 교육내용을 제시하는 데에 어려움이 있다. 이에 더해, 현재 한국교회에서 교회의 교육적 역할에 대한 관심이 선교나 교구관리, 예배나 전도행사 등에 대한 관심에 비해 현저히 적은 것을 고려한다면, 교육적 필요에 의해 교회의 구조적 변화를 시도하는 것은 불가능에 가깝다고 해도 과언이 아닐 것이다. 이러한 어려움에도 불구하고 본 교육이론을 실천하기 위해서는 전 교회적 차원에서의 목회적 관심과 노력과 헌신이 필요하다는 것을 전제하며 다음과 같은 교육적 실천을 제안하고자 한다.

첫째, 교육내용의 선정과 관련하여, 다양한 세대가 참여하는 교육위원회를 구성하여 운영할 것을 제안한다. 여기서 제안하는 교육위원회는 목회 구조상의 교육 부서를 지칭하기보다는, 신앙공동체의 갈등적 요소들을 교육적으로 다루기 위한 교육을 계획하고 운영하는 조직이다. 교육내용의 선정을 위해서 교회 공동체에 현존하는 세대갈등의 요소에 대해 관계적, 평등적, 개방적, 성찰적 태도로 대화할 수 있는 장을 마련하는 것이다. 강단과 목회자에 의해 일방적으로 교육내용이 선정되고 제시되는 것이 전통적인 교회의 성인교육이었다면, 본 위원회의 운영은 교육내용을 회중의 요구와 관심을 존중하는 관점에서 선정할 수 있다.[70] 또한 하나의 위원회로 구성하는 것은 세대 간 갈등에 대한 갈등전환 능력을 함양하는 교육은 장기적인 교회의 사역이 되어야 한다는 것을 강조하는 것이다.

둘째, 갈등전환적 접근에 따른 신앙공동체 교육은 공동체에 현존하는 갈등이 교육내용이 되고, 그 갈등을 다루는 과정이 교육방법이 되기 때문에, 갈등전환적 접근의 원리를 교육과정으로 하는 단기적인 교육과정을 구상할 수 있다. 레더락은 갈등이 주기적으로 끊임없이 발생한다는 점과 결과적 변화가 관계에 영향을 준다는 것을 갈등전환의 순환성이라 말하면서, 갈등전환이 사회 변화의 과정에 패턴이 있다고 설명한다.[71] 레더락의 갈등전환의 순환성을 신앙공동체 교육에 적용하면, 교육과정 구성을 위한 윤곽을 잡을 수 있다. 첫 번째 단계는 지금까지 유지되어 온 신앙공동체에 대한 이해의 단계로, 공동체가 유지해 온 신앙적 전통과 공동체의 생활양식을 갈등이 없는 상황에서 교육적으로 전수하는 단계다. 두 번째 단계는 갈등인식 단계로, 신앙공동체 안에 세대 간의 다양성으로 인한 갈등이 현존하고 있음을 인지하는 단계다. 앞서 설명한 바와 같이 세대 간 갈등에서 하위 세대인 새로운 세대가 경험하는 갈등은 가시적으로 드러나지 않는 경우가 많다. 기존의 공동체에 익숙한 기성세대의 입장에서는 새로운 세대의 갈등 경험을 이해하기 어려울 수 있기 때문이다. 따라서 이 단계에서는 현재 상황을 갈등으로 정의하는 것에 대한 의미를 공유하는 교육이 요구된다. 세 번째 단계는 갈등의 원인 해석의 단계로, 각 세대가 서로를 다른 문화를 지닌 존재로 인정하고, 문화적 다양성을 포용할 수 있는 역량으로서의 관계성, 평등성, 개방성에 대한 교육과 상호간의 생각과 관심을 교환하는 교육이 필요하다. 네 번째 단계는 인습적 관계에 대한 비판적 성찰과 수정 단계로, 교육에 참여한 회중은 인습적으로 유지되어 온 공동체의 관계구조에 대한 반성과 성찰의 기회를 갖고, 의도하지 않은 구조적 갈등의 개선을 위해 관계구조 변화의 필요성을 공감하는 단계다. 마지막 단계는 새로운 공동체의 시작 단계로, 위의 단계들에 참여한 다른 세대들과 함께 새로운 신앙공동체의 삶을 시작하는 단계다. 이상의 단계들을 적용하는 교육을 일상적인 교육의 커리큘럼으로 구성하기는 어렵다. 교회교육의 모든 내용이 갈등 경험을 주제로 삼을 수는 없기 때문이다. 대신에, 갈등전환적 접근이 회중 뿐만 아니라 교회의 구조적인 변화도 함께 도모한다는 것을 고려할 때, 교회의 임원들을 대상으로 하는 교육으로 구성하여 주기적으로 교육하거나, 다양한 세대가 참여하는 단기 특별 교육과정을 개설하여 공동체의 갈등이슈를 해당 차수의 교육주제로 다루는 교육을 진행할 수 있을 것이다. 각 단계의 교육 실천을 위해서 신앙공동체는 평화교육의 다양한 교육방법들에 관한 연구와 수용을 적극적으로 고려할 수 있으며, 이는 본 연구의 후속 과제라고도 할 수 있겠다.

5. 나오는 말

지금까지 한국교회 젊은 세대들의 교회이탈과 공동체 부적응의 상황을 세대문화의 충돌로 인한 세대갈등의 문제로 인식하는 데서 출발하여, 세대갈등에 대한 갈등전환적 관점을 적용한 대안적인 신앙공동체 교육의 방향을 모색하였다. 먼저, 현대 문화의 빠른 변화 속에서 다양한 세대문화가 형성되고, 교회 내에 이질적인 문화적 특성을 지닌 다양한 세대가 공존하는 상황에서, 신앙공동체의 교육과 관계구조를 벗어나려는 젊은 세대를 위한 교육적 기능 회복이 요청되는 가운데, 갈등전환적 접근의 논의를 통해 교육적 대안을 제안하고자 하였다. 신앙공동체의 관계구조를 갈등이론과 세대이론의 관점에서 고찰함으로써, 교회의 교육적 상황을 세대갈등으로 해석하고, 평화교육의 갈등전환적 접근의 관점에서 세대갈등을 건설적인 교육적 기회로 전환할 수 있는 가능성을 모색하였다. 갈등이론의 관점에서는 신앙공동체의 갈등을 공동체에 속한 세대들의 주관적, 심리적, 상호적 역동의 과정으로 이해함으로써, 긍정적인 교육의 기회로 볼 수 있음을 알 수 있었다. 세대 이론의 관점에서 신앙공동체의 세대 구분의 의미를 살펴봄으로써, 공동체의 회중에 대한 세대적 특성의 이해가 필요함을 설명했다. 곧 신앙공동체의 세대갈등은 일회적으로 드러나 해결되는 것으로 끝나는 것이 아니라, 시대의 흐름과 변화에 따라 고유한 세대문화를 지닌 세대들의 등장과 함께 지속적으로 일어나는 현상이라는 것이다. 이에, 현대 한국교회의 시대 갈등 상황을 극복하기 위한 교육적 대안의 한 가지로, 평화교육의 한 방법인 갈등전환적 접근을 통한 신앙공동체 교육의 재구성을 제안하면서, 이에 필요한 신앙공동체 교육의 요소로 신앙공동체 교육의 관계성, 평등성, 개방성, 성찰성을 제시하였다. 갈등전환적 접근에 따른 신앙공동체 교육에서 관계성은 서로 다른 세대 간의 상호주관적 관계 형성과 의도적 관계 조정을 통해 세대갈등을 교육적 기회로 전환하는 기회를 마련하는 것을 의미한다. 평등성은 모든 세대가 신앙공동체의 문화를 재구성하는 데에 동등한 권한을 부여받고, 세대 간 차이를 존중하면서, 그 과정에서 발생하는 공동체의 구조적 변화를 수용하게 하는 교육을 가능하게 할 것이다. 개방성은 갈등의 다양화, 즉 갈등의 종류와 참여자를 다양화함으로써 다양한 갈등 해결 능력과 관점들이 교환되는 갈등전환 과정에 모든 세대를 참여시키는 기회를 마련하게 할 것이다. 성찰성은 갈등을 계기로 개인과 공동체를 성찰함으로써, 기존의 공동체를 절대화함으로써 발생한 갈등을 극복하여 새로운 공동체 구성을 추구하는 교육을 가능하게 한다. 교회는 이상의 네 가지 교육을 지향하는 신앙공동체 교육을 통해 다양한 세대의 공존으로 발생하는 세대갈등을 새로운 세대의 신앙교육을 위한 기회로 전환하는 교육적 구조를 구축할 수 있을 것이라 기대한다.

미주

1) 이 논문은 2022년 학술지 「기독교교육정보」 제73집에 게재된 논문임.
2) 임영빈, "한국 개신교와 탈종교화-막스 베버의 합리와 개념을 중심으로," 「사회이론」 58 (2020): 103-124.
3) 목회데이터연구소, "한국사회 갈등실태-우리 국민이 느끼는 한국사회 갈등, "심각하다" 89%!," *Numbers* 135 (2022): 2-15.
4) 앞의 논문, 6.
5) 목회데이터연구소, "청년세대와 60대(교회장로 연령), 서로 "세대 차이 느낀다" 80% 이상," *Numbers* 137 (2022): 3-11.
6) 국립국어원 표준국어대사전. https://stdict.korean.go.kr(2022. 5. 9).
7) 이선우, "갈등과 통합의 이해" 『소통과 갈등관리 방법찾기』 국민대통합위원회와 한국사회갈등해소센터 편 (파주: 교보문고, 2014), 1-36.
8) Kenneth W. Thomas, "Conflict and Conflict Management," in *Handbook of Industrial and Organizational Psychology*, ed. M. Dunnette (Chicago, IL: Rand McNally College Pub. Co., 1976), 889-936.
9) Joyce L. Hocker and William W. Wilmot, *Interpersonal Conflict*, 3rd ed. (Dubuque, IA: Wm. C. Brown, 1991), 12.
10) M. Afzalur Rahim, "A Strategy for Managing Conflict in Complex Organizations," *Human Relations* 38 (1985): 81-89.
11) 이진경, "한국어 교사의 문화간 감수성과 교실 갈등관리 연구" (박사학위, 연세대학교 대학원, 2020), 38-39.
12) 박재흥, "세대연구의 이론적 방법론적 쟁점," 「한국인구학」 24 (2001): 47-78.
13) Vern L. Bengston et al., "Generations, Cohorts, and Relations Between Age Groups," in *Handbook of Aging and the Social Sciences*, eds. Robert H. Binstock and Shanas Ethel (New York: VNR, 1985), 304-338.
14) 칼 만하임, 『세대문제』 이남석 옮김 (서울: 책세상, 2013).
15) David I. Kertzer, "Generations as a Sociological Problem," *Annual Review of Sociology* 9 (1983): 125-149.
16) 박재흥, "세대명칭과 세대갈등 담론에 대한 비판적 검토," 「경제와 사회」 81 (2009): 10-34.
17) 전상진, "세대 프레임의 쓸모," 「비판과 대안을 위한 사회복지학회 학술대회 발표논

문집」(2019): 3–13.

18) Erik H. Erikson, *Insight and Responsibility: Lectures on the Ethical Implications of Psychoanalytic Insight* (New York: W. W. Norton, 1964), 229.

19) Erik H. Erikson, *Identity: Youth and Crisis* (New York: W. W. Norton, 1968), 94.

20) 은준관, 『교육신학: 기독교교육의 이론적 근거』 (서울: 대한기독교서회, 1994), 460–467.

21) Johan Galtung, 『평화적 수단에 의한 평화』 강종일, 이재봉 옮김 (서울: 들녘, 2000), 211

22) 이언 M. 해리스, 메리 L. 모리슨, 『평화교육: 미래를 위한 교육, 세계를 위한 비전』 박정원 옮김 (서울: 오름, 2011), 85.

23) 노연희 외, "2020 기부 트렌드–지나간 10년 다가올 10년," 「사회복지공동모금회 나눔문화연구소 연구보고서」 9 (2020): 204–208.

24) Richard R. Osmer, *Confirmation: Presbyterian Practices in Ecumenical Perspective* (Louisville, KY: Geneva Press, 1996), 3–8.

25) 최윤식, 최현식, 『앞으로 5년, 한국교회 미래 시나리오』 (서울: 생명의 말씀사, 2020), 200.

26) Hugh Miall, "Conflict Transformation: A Multi–Dimensional Task," accessed January 12, 2022, from https://core.ac.uk/download/pdf/71735641.pdf; Irma Specht, "Conflict Analysis: Practical Tool to Analyse Conflict in order to Prioritise and Strategise Conflict Transformation Programmes," (Utrecht: ICCO & Kerk, 2008) accessed January 13, 2022, from http://www.bibalex.org/search4dev/files/282454/114718.pdf; 김명환 외, "갈등전환: 새로운 관점에 대한 논의," 「국가정책연구」 4 (2017): 1–25.

27) Hugh Miall, "Conflict Transformation: A Multi–Dimensional Task," 68.

28) Irma Specht, "Conflict Analysis: Practical Tool to Analyse Conflict in order to Prioritise and Strategise Conflict Transformation Programmes," 4.

29) Hugh Miall, "Conflict Transformation: A Multi–Dimensional Task," 71.

30) Irma Specht, "Conflict Analysis: Practical Tool to Analyse Conflict in order to Prioritise and Strategise Conflict Transformation Programmes," 4.

31) 존 P. 래더락, 『갈등전환: 갈등을 바라보는 새로운 패러다임』 박지호 옮김 (춘천: Korea Anabaptist Press, 2014), 17.

32) Douglas H. Yarn, *Dictionary of Conflict Resolution* (San Francisco, CA: Jossey-Bass, 1999), 121-122; Beatrix Austin et al., *Berghof Glossary on Conflict Transformation: 20 Notions for Theory and Practice* (Berlin: Berghof Foundation Operations GmbH, 2012), 22.

33) 존 P. 래더락, 『갈등전환: 갈등을 바라보는 새로운 패러다임』, 191.

34) 존 P. 래더락, *Reconcile: Conflict Transformation for Ordinary Christians* (Harrisonburg, VA: Herald Press, 2014), 26.

35) 앞의 책. 48.

36) 엘리스 넬슨, 『신앙교육의 터전』 박원호 옮김 (서울: 한국장로교출판사, 1996), 94-102.

37) John H. Westerhoff III, *Will Our Children Have Faith?* (Harrisburg, PA: Morehouse Pub., 2012), 93-96.

38) 찰스 R. 포스터, "기독교 교육의 지도적 모형으로서의 신앙공동체," 『오늘의 기독교 교육 연구』 임영금 외 옮김 (서울: 한국장로교출판사, 1982), 88.

39) 엘리스 넬슨, 『신앙교육의 터전』, 100-117.

40) John H. Westerhoff III, *Inner Growth, Outer Change: An Educational Guide to Church Renewal* (New York: Seabury Press, 1979), 21; Gwen Kennedy Neville and John H. Westerhoff III, Learning Through Liturgy (New York: Seabury Press, 1978), 148-149.

41) 찰스 R. 포스터, "기독교 교육의 지도적 모형으로서의 신앙공동체," 82.

42) John H. Westerhoff III, *Will Our Children Have Faith?*, 36-42.

43) John P. Lederach, 『갈등전환: 갈등을 바라보는 새로운 패러다임』, 33.

44) 찰스 R. 포스터, 『신앙공동체를 위한 교육』 고용수, 문전섭 옮김 (서울: 한국장로교출판사, 1993), 30-44.

45) Irma Specht, "Conflict Analysis: Practical Tool to Analyse Conflict in order to Prioritise and Strategise Conflict Transformation Programmes," 6.

46) Charles R. Foster, "Cultures Matter," *Religious Education* 102 (2007): 120-123.

47) Ibid.

48) 요한 갈퉁, 『평화적 수단에 의한 평화』 강종일, 이재봉 옮김 (서울: 들녘, 2000), 253-254.

49) Ibid.

50) 김도일, 『교육인가 신앙공동체인가?』 (서울: 한국장로교출판사, 1998), 28.

51) 고용수, 『현대 기독교교육 사상』 (서울: 장로회신학대학교출판부, 2003), 140-145.

52) 김영미, "포스터의 다문화(Multi-cultural) 신앙공동체 교육이론의 한국교회 적용 연구" (박사학위, 한남대학교 대학원, 2015), 97.

53) John P. Lederach, 『갈등전환: 갈등을 바라보는 새로운 패러다임』, 42-45.

54) 김현숙, 『탈인습성과 기독교교육』 (서울: 대한기독교서회, 2004), 22-27.

55) Charles R. Foster, *Embracing Diversity: Leadership in Multicultural Congregation* (Bethesda, MD: Alban Institute, 1997), 41-42.

56) 김현숙, "탈인습성을 지향하는 기독교교육," 「신학논단」 30 (2002): 393-409.

57) Charles R. Foster, *Embracing Diversity: Leadership in Multicultural Congregations*, 41-49.

58) 요한 갈퉁, 『평화적 수단에 의한 평화』, 253-254.

59) 김현숙, 『탈인습성과 기독교교육』, 23-24.

60) Charles R. Foster, *Educating Congregations: The Future of Christian Education* (Nashville, TN: Abingdon Press, 1994), 60-65.

61) 김현숙, 『탈인습성과 기독교교육』, 16-25.

62) Joseph Luft, "The Johari Window," *Human Relations Training News* 5 (1961): 6-7.

63) 김영미, "포스터의 다문화(Multi-cultural) 신앙공동체 교육이론의 한국교회 적용 연구," 78.

64) Charles R. Foster, *Embracing Diversity: Leadership in Multicultural Congregations*, 113.

65) 요한 갈퉁, 『평화적 수단에 의한 평화』, 253-254.

66) David Boud, "Using Journal Writing to Enhance Reflective Practice," *New Directions for Adult and Continuing Education* 90 (2001): 9-18.

67) Charles R. Foster, *Embracing Diversity: Leadership in Multicultural Congregations*, 17-20.

68) 안토니 기든스, 『포스트모더니티』 이윤희, 이연희 옮김 (서울: 민영사, 1991), 159.

69) 홍찬숙, "위험과 성찰성: 벡, 기든스, 루만의 사회이론 비교," 「사회와 이론」 26 (2015): 105-142.

70) 강희천, 『기독교교육사상』 (서울: 연세대학교출판부, 1991), 314-317.

71) John P. Lederach, 『갈등전환: 갈등을 바라보는 새로운 패러다임』, 55.

더 읽을거리

래더락, 존 P. 『갈등전환: 갈등을 바라보는 새로운 패러다임』 박지호 옮김. 춘천: Korea Anabaptist Press, 2014.

만하임, 칼. 『세대문제』 이남석 옮김. 서울: 책세상, 2013.

포스터, 찰스 R. 『신앙공동체를 위한 교육』 고용수, 문전섭 옮김. 서울: 한국장로교출판사, 1993.

Specht, Irma. "Conflict Analysis: Practical Tool to Analyse Conflict in order to Prioritise and strategise conflict transformation programmes." Utrecht: ICCO & Kerk, 2008. [e-book, 2008]. Accessed January 13, 2022. from http://www.bibalex.org/search4dev/files/282454/114718.pdf.

Westerhoff, John H. *Will Our Children Have Faith?* Harrisburg, PA: Morehouse Pub., 2012.

07

탈인습적 노인평생교육 연구[1)]

● 문수경 ●

1. 들어가는 말

고령화 현상은 세계화, 정보화, 제4차 인공지능 시대의 도래와 맞물려 가속화되고 있는 심각한 문제이다. 우리나라는 주요 선진국의 추세와 마찬가지로 고령화의 위험군을 넘어 초고령사회의 진입을 도전받고 있다. 우리나라의 고령화 특징은 다음과 같이 요약된다. 첫째, 통계청(2019)에 따르면, 우리나라의 유소년인구 1백 명당 고령 인구를 의미하는 노령화지수(Aging index)가 2017년 105.1로 100명을 초과했으며 2047년에는 417.2명으로 2017년 대비 약 300% 증가할 전망이다.[2] 한국의 고령화 속도 추이를 보면, 총인구 중 65세 이상의 고령 인구는 2000년에 이미 고령화사회(7.2%)에 도달했으며 2018년에 고령사회(14%)로 진입하는 데 18년이 소요되었다. 2026년에 초고령사회(20%)의 진입 예정은 불과 6년이 추정되고 있다.[3] 둘째, 이렇듯 고령사회를 지나 2026년 초고령사회로의 진입을 예고하는 노년층의 주된 대상은 베이비붐 세대가 주역이라는 점이다.[4] 셋째, 베이비붐 세대는 부모부양과 자식의 부양 사이에서 이중고를 경험하면서 고독과 소외감, 자기 절망감 등으로 불행한 노후를 맞이하고 있다. 노인의 관점을 상실과 빈곤, 소외 등 부정적 관점에서 인식되었던 이전 노년 세대와는 달리, 이들은 체계적으로 교육을 받으면서 학습 욕구와 경제참여에 대한 취업 욕구가 점차 증대됨에 따라 성공적이고 행복한 노화의 삶을 추구하는 '활동적 고령자'로서 노인 인식에 대한 새로운 변화를 요구하고 있다는 것이다.[5)]

이렇듯 초고령사회를 대비하는 차원에서 노인교육에 대한 새로운 인식의 전환이 필요하다. 베이비붐 세대를 포함한 노년 세대의 역할상실과 고독감에 따른 절망의 위기를 넘어 학습 욕구 충족과 사회참여, 재취업에 대한 성공적이고 행복한 노화의 삶은 매우 중요하기 때문이다. 성공적 노화란 신체적 · 환경적 · 심리적 · 사회적으로 잘 적응하면서 생산적이고 긍정적이며 희망적으로 진행되는 노화 현상을 의미하는데,[6)] 주목할 것은 성공적 노화의 요인 중에 건강과 경제력, 그리고 교육 수준이 높은 노년 세대일수록 학습 참여의 성과가 높다는 점이다.

한국의 노인교육 관련 정책은 2005년에 제정된 저출산 · 고령사회기본법을 근거로 특별한 소외 계층에 중점을 둔 노인복지 서비스, 여가 중심의 노인 활동 프로그램 개발 등 평생교육 차원에서 노인교육의 중요성이 대두되기 시작하였다.[7)] 즉 정책적 차원에서 보건복지가족부, 종교단체, 사회단체를 통해 노인복지관, 경로당, 노인학교, 노인대학, 노인 교실, 데이케어 등에서 시행되는 노인교육프로그램을 단순히 여가 활동으로만 사용하고 있다는 지적이 꾸준히 제기되면서 지식기반사회, 평생학습사회, 고령화사회로의 전환으로 대학개방을 통한 노인교육이 다양하게 시행되

고 있다.[8)]

하지만 21세기 현대 사회의 급격한 시대적 변화 속에서 기독교적 세계관을 통해 노인의 성공적 노화를 돕기 위한 기독 대학의 역할을 강조하는 노인평생교육에 관한 학문적인 논의는 다소 미흡하다. 사회복지 및 정책적 관점에서 노인의 대상을 의존적이고 수혜자로서 접근했다면 본 연구는 기독교적 관점에서 활기찬 노인의 새로운 인식 변화에 따른 패러다임 전환을 제시한다는 데 차별성이 있다. 또한 평생학습사회와 학령인구의 감소로 인한 대학의 구조적 변화 속에서 특별히 기독교 대학에서의 대학 시설 활용을 통해 대학 정원 감축에 따른 대학의 존폐위기를 어느 정도 해결하는 데 도움을 줄 수 있을 것이다.

이에 본 연구의 목적은 궁극적으로 초고령사회를 대비하는 대학개방을 통한 탈인습적 기독교 노인평생교육 활성화 방안을 모색하는 데 있다. 평생교육의 관점에서 노인 자신의 역량개발과 성공적 노화를 지향하는 것을 돕는 교육이 일반적인 노인교육이라면 기독교 노인평생교육은 일반 노인평생교육을 포함하는 것이며 나아가 노인학습자들로 하여금 기독교적 세계관을 기반으로 하나님 나라의 비전에 적극적으로 참여하게 함으로써 하나님의 사랑과 기독교적 삶의 가치를 이웃과 함께 실천하도록 돕는 지속적이고 의도적인 기독교교육의 과정이라 할 수 있다.[9)]

이런 견지에서 고령화에 따른 노인 개념의 새로운 인식 전환과 함께 기독 대학의 개방을 통한 노인평생교육의 필요성과 도전은 어떠해야 하는지 고찰해 보려 한다. 먼저, 노인교육을 성공적으로 수행하고 있는 외국에서의 노인교육 현황과 대학 부설 평생교육원에서 시행하고 있는 우리

나라의 노인교육 현황을 탐색해 보고 한국의 현실에 맞는 기독교 노인교육의 방향을 제시해 보려 한다. 이를 위해 기독교 대학개방 중심의 노인평생교육 활성화 전략을 제안해 보고자 한다.

2. 고령화의 노인과 평생교육에 관한 이해

1) 노인/노화/고령화의 개념과 노인교육의 필요성

UN(1956)은 고령자를 생활연령의 구분에 따라 65세 기준으로 정의하고 있다. 한국에서는 국민연금법 및 고령자 고용촉진법상에서 60세, 55세 이상으로 각각 규정되고 있으나 통상적으로는 만 60세를 노인으로 정의한다.[10] 세계보건기구(WHO)에 따르면, 노화란 단순히 신체적 기능뿐만 아니라 심리적 · 사회적 측면에서도 점진적 변화가 일어나는 모든 과정이라고 정의한다.[11] 노화란 '늙어가는 과정'이며 신체적 기능의 쇠퇴는 물론 심리적, 인지적 변화를 모두 포함하는 복합적인 현상으로 인간발달단계에서 연령 증가에 따른 보편적이고 자연스러운 긍정적, 부정적 변화 모두를 의미한다고 볼 수 있다.[12]

그동안 노인에 관한 연구는 부정적인 특성을 다루는 경향이었으며 노년의 대상을 돌봄 혹은 복지의 수혜자로만 인식하였다. 그 결과, 노인은 지역사회의 주체적 참여자로서 지역사회의 주요 정책 사항들의 결정권에 주도적인 영향력을 미치는 참여자와는 달리 의존적인 노인으로만 인식되었다.[13] 하지만 오늘날 노화의 개념은 '쇠퇴'라는 부정적 시각에서 벗어나 노인의 활동 연령 기준에 대한 인식이 변화되고 있다. 보건복지부(2015)에 따르면, 노인의 연령 기준을 '70세 이상이 맞다'라고 보는 응답이 78.3%로 나타났다. 이처럼 노화에 따른 연령 인식의 변화는 급격한 고령화의 속도와 함께 맞물려 노년기의 구분을 준고령자(50~55세)와 고령자(55세~65세)를 통합함으로써 최근 학계에서는 '노년'의 개념이 '노인'의 개념과 함께 폭넓게 혼용되고 있다.

고령화는 고령 인구의 증가로 인한 자연스러운 변화과정이다. 하지만 이미 고령화사회에 진입한 한국 사회는 노년에 대한 새로운 변화로 수용하지 못한 채 고령화를 부정적으로 왜곡하여 인식하는 경향이 많다.[14] 고령화의 속도는 인위적으로 재정비하기는 어려우나 제2, 제3의 인생 시기를 변화시킬 수 있는 궁극적 요소인 교육을 통해서만이 노년의 질적 삶의 수준이 변화될 수 있다는 것이다. 즉 기대수명의 연장으로 고령화를 어떻게 수용하고 준비하는가에 따라 긍정적 혹은 부정적 결과를 초래할 수 있는데 노년의 절망과 고통을 가져오기도 하며 다른 한편으로는 자기실현의 만족감을 통해 독립적이고 건강하며 사회에 공헌하는 노년층으로 새롭게 전환될 수 있다는 것이다. 그렇다면 노인 학습자에 대한 인식의 변화는 어떻게 재생산되어야 하는지 살펴보고자 한다.

2) 노년기에 대한 인식 변화와 성공적 노화

평생학습사회의 등장, 정보통신기술 등으로 노인의 평균수명 연장, 높은 교육 수준과 경제력을 지닌 노인을 무한한 잠재력을 지닌 주체적 학습자로 인식하면서 노년기에 대한 새로운 패러다임 전환이 요청되고 있다.

이러한 인식 변화로 '건강한 노화' 혹은 '성공적 노화'(successful aging) 등에 관한 개념들이 등장하게 되었다. 특별히 한국 노년 세대의 성공적 노화에 긍정적 영향을 미치는 커다란 요인은 교육 수준과 관련되어 있음이 여러 학자에 의해 제시되었다.[15)]

성공적 노화의 개념은 여전히 정립되지 않은 채 학계마다 다양하게 정의되고 있으나 일반적으로 노인이 되어서도 신체적 · 환경적 · 심리적 · 사회적으로 잘 적응하면서 생산적이고 긍정적으로 진행되는 노화 현상이라 정의할 수 있다. 한편 노년기의 성공적 노화 개념 대신에 '행복한 노화', '활동적 고령화', '삶의 질'이라는 용어가 사용되고 있는데,[16)] 공통적으로 이 용어들은 노년기에 있어 모두 동일한 의미로써 고령화 시대의 도전에 대응하기 위한 노인교육의 방향을 제시한 개념으로 이해될 수 있다. 즉 노인들이 노년기의 자신의 삶에 대해 자기 안녕감, 높은 삶의 질, 행복, 성취감 등을 얼마나 가치 있고 만족스러운가를 스스로 평가하는 주관적인 판단이다. 이렇듯 성공적 노화의 개념은 노인학에서 매우 중요하고 보편적인 연구과제로 대두되고 있으며 성공적 노화에 관한 대표적인 학자로는 로이와 칸(Rowe and Khan)에 의해 활발하게 그 연구가 진행되었다.[17)] 그들은 정상적 노화, 병리적 노화, 성공적 노화를 구분하고 성공적인 노화 모델을 정신적, 신체적 기능, 질병과 장애 피하기, 그리고 적극적인 인생 참여라고 규정한 바 있다.

하지만 이 조건들을 만족하기 위해서는 성공적 노화에 영향을 미치는 요인들을 통해 노년기의 평생학습 활동에 대한 학습 욕구는 어떠한지에 대한 함의를 살펴보는 것은 의미가 있다. 성공적 노화에 영향을 미치는 요인으로는 인구통계학적 특성(경제적 수준, 교육 수준, 건강 상태, 동거 형태, 나이 등)에 의해 영향을 받으며 그 밖에도 여가 및 종교 활동 참여, 그리고 타인과의 사회적 관계망을 통해서도 많은 영향을 미친다고 평가하였다.[18] 이런 관점에서 노년기의 교육 수준에 따른 긍정적인 학습 욕구는 성공적 노화를 형성하는 데 매우 중요한 요소라 볼 수 있다. 이들의 공통점은 교육 수준이 높을수록 노년기의 경제활동 참여와 사회적 관계망 형성 등 노후 준비에 있어 생활 만족도가 높게 나타나고 있다는 것이다. 그리고 베이비붐 세대뿐만 아니라 이미 노년기의 이전 세대에서도 노년기 삶에 직·간접적으로 영향을 미치는 요인은 교육 수준이라는 점이다. 따라서 초고령사회에 진입하는 베이비붐 세대를 포함한 노년 세대의 성공적 노화를 위해서는 이들의 학습역량을 보완하거나 강화할 수 있는 노인교육 프로그램 개발 전략이 매우 절실하다고 볼 수 있다.

3) 평생교육의 관점에서 본 노인교육

그렇다면 성공적 노화를 위한 노인교육은 어떠한 관점에서 재조명되어야 하는가? 오늘날 급속한 인구 고령화 현상은 산업화, 핵가족화, 지식기반의 도래와 맞물려 향후 10년 내에는 노년들의 교육 수준이 급격히 상승할 것으로 전망되었다.[19] 즉 2007년에는 고졸 이상의 노인을 기준으로 전체 노인의 20.2%, 2010년 27%이었으며 2020년 44.4%, 2030년 66.6%로 학력의 비율이 현저하게 상승할 것이라는 점이다. 이러한 상황 속에서 고학력을 지닌 노년의 비율이 증가하면 단순히 노인복지서비스 차원보다는 평생교육의 관점에서 접근될 필요성을 함의한다.

평생교육은 1965년 유네스코 성인교육 추진 국제위원회가 랑그랑(Langrand)의 개념을 수용하면서 출발하였다. 랑그랑의 평생교육 초점은 인간 존중의 기본 원리를 토대로 창조적이고 주도적인 자기-탐색을 도모하기 위해 교수-학습 과정을 평생토록 보장해야 한다는 것이다. 랑그랑의 평생교육 이론은 유네스코를 통해 발간, 평생교육으로서의 노인교육의 담론들이 전 세계에 소개되었다.[20] 그 후 노인교육의 필요성을 인식하고 1999년에는 '세계 노인의 해'로 지정되었으며 노인 인구가 평균 7%를 넘어서는 고령화사회로의 위기를 인식하게 되었다. 한국에서 정책적으로 시행되고 있는 노인교육과 관련된 법으로는 헌법, 평생교육법, 노인복지법, 고령자촉진법, 저출산 · 고령사회기본법 등이 있다. 이중 평생교육법은 1982년 사회교육법에서 1999년 평생교육법으로 전면 개정되었으며, 다시 2008년 일부 개정되었다. 평생교육이란 평생교육법 제2조 제1항에서 "학교 교육을 제외한 모든 형태의 조직적인 교육활동을 의미한다"라고 정의한다.[21] 여기서 특별히 학교 교육을 제외한 모든 형태의 조직적 교육활동이라는 점에서 노인에 대한 구체적 언급은 없으나, 개념적으로는 노인들 역시 평생교육의 대상임을 암시해주고 있다.

평생교육은 노인교육과 매우 밀접한 관련이 있다. 평생교육이란 전 생애에 걸쳐 수행되는 개인의 성숙 발달(Personal Development)뿐만 아니라 사회통합(Social Inclusion)의 수단으로 모든 학습의 형태인 형식적, 비형식적, 무형식적 학습을 지닌 교육활동이라면 노인교육은 '노인을 위한, 노인에 관한, 노인에 의한' 노인교육으로 평생교육의 전 영역을 모두 포함하는 형태의 학습 과정이다.[22] 이렇듯 노인교육의 개념은 교육적 행위뿐만 아니라 예방적 차원에서 전 국민을 대상으로 노인에 관한 준비교육을 포함한다.[23)] 하지만 이 글에서는 노인교육을 사회교육 및 평생교육(lifelong integrated education)이라는 통합적 관점에서 노인의 자아실현과 역량 강화를 개발하도록 노후를 준비하면서 동시에 적극적인 사회활동에 참여할 수 있도록 돕는 기독교 노인교육으로 접근해 보고자 한다. 평생교육 전 영역에서 기독교 노인 스스로 성공적인 노화에 도달할 수 있도록 돕는 노인교육이 수행될 필요가 있기 때문이다.

3. 외국 주요국의 노인교육 정책 현황

오늘날 고령화 추세는 특정 국가에만 국한되어 진행하고 있는 현상은 아니다. 이러한 상황 속에서 고령화에 진입한 세계 주요 국가들은 평생교육 기관들과 연계하여 노인교육을 평생교육적 차원에서 활성화하고 있다. 따라서 고령화 추세를 대비하는 외국 주요국에서의 노인교육 정책 및 현황은 어떠한지 캐나다, 독일, 그리고 일본의 순으로 살펴보고자 한다. 다만 여기에서는 기독교적 관점에서 본 노인교육 정책의 사례보다는 일반적인 노인교육의 사례를 제시하고자 한다. 이것은 국내뿐 아니라 외국 주요국에서도 기독 대학에서의 노인평생교육에 관한 연구들이 미흡하기 때문이라 판단된다. 따라서 본 연구는 외국의 성공적인 노인교육 정책 사례를 토대로 초고령사회를 대비하는 한국의 노인교육 현황은 어떠하며 이를 넘어 기독 대학에서의 노인평생교육의 역할과 활성화 방안을 진단해 본다는 점에서 시사점이 있다.

1) 캐나다

캐나다의 고령화 추세를 보면(Statistics Canada, 2015), 인구 중 고령자(65세 이상) 비율이 2002년 13%에서 2013년 15.3%로 나타났으며 2038년이 되면 23.2% 상승할 것이라고 추계한 바 있다.[24] 구체적으로 캐나다는 고령화사회에 대비한 노화에 대한 공공정책의 기본 틀(the National Framework on Aging, 이하 NFA)을 제시하였다. NFA의 다섯 가지 원리인 존엄, 독립, 참여, 공평, 안전을 근간으로 캐나다는 노년층의 웰빙을 증진하고 이들의 사회적 참여와 기여도를 촉구하며 나아가 모든 영역에서 노년기에 해당하는 나이와 관련된 편견을 지양하는 것을 목표로 한다.

캐나다의 고령화 관련 교육 · 사회정책의 핵심은 성공적 노화(successful aging)와 생애 학습(Lifelong Learning)이다. 먼저, 성공적 노화의 근거를 노년층 노동자들이 노동시장에 어느 정도 참여할 수 있는가에 초점을 둔다. 즉 노년층의 늘어난 건강수명의 연장으로 은퇴 후 여가 활동 자원을 어떻게 활용하는가이다. 캐나다는 고령화사회 속에서 일과 여가에 투자할 시간 자원 모두를 동시에 가질 수 있는 노인들을 국가의 사회 · 경제적 이익을 창출하게 될 잠재적 인적자원으로 국가발전을 위한 또 다른 기회라고 인식하였다. 두 번째는 생애 학습 계획(Lifelong Learning Plan, 이하 LLP)을 주목한다. LLP의 목적은 노년들의 교육 수준이 높을수록 고령화 시대에 필요한 인적자원이 되는 것이며 은퇴 연령 이후에도 노동시장에 지속적인 사회발전에 참여할 수 있도록 하기 위함이다. 이 정책은 노인의 은퇴

자금에서 일부 금액을 사용하여 자신 혹은 배우자를 위한 교육 훈련 등에 지출할 수 있도록 도와주는 제도이다. 이러한 LLP와 같은 정책지원을 통해 생애 학습의 기회를 보장하고 있으며 노인들이 지속적인 교육과 훈련을 통해 노동시장 및 지역사회에 능동적으로 참여하도록 촉구하고 있다.

특히, 캐나다의 브리티시 컬럼비아주는 노인의 삶의 질을 높일 수 있는 지역사회를 실현하고자 1986년에는 세계에서 가장 선도적으로 고령친화적 지역사회(Age-Friendly Community)를 표방하였으며, 2007년부터는 세계보건기구(WHO)의 고령친화도시에 관한 지침 이후 노인의 지역사회 참여를 통한 고령친화도시(Age-Friendly City)[25]를 적극적으로 추진하고 있다.[26] 이것은 전 지구적 인구 고령화와 함께 도시의 급격한 고령화에 따른 심각한 문제를 제기하고 이를 극복하기 위해 노인과 지역사회 주민의 참여를 촉구하고 지속 가능한 도시 발전과 개발을 이루는 데 목적이 있다. 이처럼 캐나다는 노인과 그들이 거주하는 고령친화도시 개발을 통해 상호 작용하여 건강하고 성공적 노화를 가능하게 하는 잠재력을 보여주고 있다.

캐나다의 고령화 관련 교육정책은 다음과 같은 시사점을 함의하고 있다. 첫째, 캐나다에서의 성공적 노화는 건강한 노화를 지원하고자 정보와 경험을 공유하기 위한 정보 플랫폼 제공 및 글로벌 네트워크 육성을 지속적으로 개발하고 있으며, 둘째, 캐나다의 고령친화도시 추진과정 속에서 노인의 주체적 참여를 중심으로 사회적 통합 서비스 환경을 구축하고 나아가 모든 시민이 질 높은 행복한 삶을 지향하기 위해 고령친화적 도시와 지역사회를 확립해 나가고 있다는 점이다. 이를 통해 한국은 초고령사회를 대비하는 노인교육의 활성화 전략을 위해 한국의 상황에 맞게 충분히 적용해 볼 가치가 있다.

2) 독일

독일 통계청이 발표한 노인 인구의 추계(Statistisches Bundesamt, 2016)를 보면, 2014년에는 인구의 27%가 60세 이상 고령자의 비율이 2030년에는 35%로 증가할 것이며 2050년에는 인구의 약 38%가 상승할 것으로 전망한다.[27] 독일의 초고령사회를 대비하기 위한 교육 패러다임 정책은 '건강한 노화'가 핵심이다. 즉 노년들의 지식, 기술 및 태도를 개발, 성장시키는 대학 노인평생교육의 체계를 구축하고 있다. 대학 노인평생교육이란 모든 노인을 대상으로 대학이 제공하는 교육을 개방하는 것이다. 독일은 1990년대부터 전통적 강의 수업을 중단하고 생산적 능력(capacity)의 확대를 지원하는 대학개방 중심의 노인평생교육 체제를 구축해 오고 있으며 나아가 각종 교육자원 봉사활동 등 노인교육을 위한 지원 활동이 활성화되고 있다는 점을 주목해 볼 수 있다. 독일은 노인평생교육의 기회보장을 위해 Horn Bad Meinberg 노인대학교를 최초로 설립하였으며 U3A 등 노인을 위한 대학의 개방을 통해 건강한 노화를 위한 평생교육을 적극적으로 지원하고 있다.[28]

주목할 것은 독일 대학 노인평생교육의 특징은 많은 국립대학에서 노인 청강생 제도가 시행되고 있으며 U3A를 개설하여 노인들에게 노인대학에 참여하는 기회를 제공하고 있다는 점이다.[29] 구체적으로 노인대학을 의미하는 U3A는 사립대학 및 전문 대학을 제외한 66개의 국립대학 내에 주로 설치되어 있으나 정규학위 취득 과정이 아니므로 일반 학생들과 함께 수업을 청강할 수 있으나 대학학위 취득은 불가능하다는 것이 공통된 특징이다. 하지만 일반적으로 노인대학은 소정의 청강료를 내거나 혹은 60세 이상의 노인들은 수많은 강의와 전문 교수들을 통해 노인들의 다양한 욕구를 충족시켜 주기 위한 면제 혜택 등을 지원해 주고 있다.[30)]

독일 노인 대학교의 교육과정은 다양한 대학 및 교수들과 네트워킹을 구성, 협력을 통해 중장년의 노인들이 학술적인 지식을 계속하여 습득하도록 교육 내용으로 구성되고 있으며 교육방법은 강의 이외에 소규모의 학습 동아리와 인터넷에서 주제를 선택, 자기 주도적으로 학습하도록 온라인 교육, 화상 강의, Skype 등 학습을 시행한다. 여기서 온라인 교육의 장점은 스스로 수업 시간을 선택하고, 동기 부여를 통해 심화한 전문지식을 습득하게 된다는 것이다.

이상 '건강한 노화'를 지향하는 독일 노인대학은 이미 체계적으로 대학개방을 통한 노인교육을 수행하고 있다는 점에서 시사점은 다음과 같다. 첫째, 독일의 노인대학은 정부 및 지역 기관들과 상호 연계 간 협력을 통해 노인들의 지적 욕구 이외에도 노인들의 생활 만족도를 극대화함으로써 노인학습자로 하여금 건강한 자아존중감과 자아 효능감을 높여주고 있으며, 둘째, 효과적인 노인의 고용 및 재취업 등 다양한 프로그램 개발을 성공적으로 수행하고 있다는 점이다. 이는 대학별로 노인의 재취업 교육과정 및 역량향상을 위한 자격증 취득 과정이 체계적으로 운영되고 있음을 알 수 있다. 셋째, 이러한 노인대학의 체계적인 운영은 향후 노인 학생 수의 증감을 예측할 수 있으며 초고령화 사회를 살아가는 노인들의 주체적 생산성을 활성화할 수 있다는 점에서 한국의 노인교육에 관한 방향성을 숙고하는 데 있어 커다란 함의를 제공해 준다.

3) 일본

일본은 이미 1970년 노인 인구가 7%를 넘어선 이래 1994년에 14%에 도달하였으며 2010년에는 23.0%를 나타내는 초고령사회이다.[31] 일본의 통계청(Population and Social Security, 2019)에 따르면, 이러한 고령화의 속도는 계속해서 빠르게 진행되어 2025년에는 30.0%, 2065년에는 35.6%에 이르러 인구의 2.8명 중 1명이 65세 이상이 될 것으로 추계한다.[32] 이에 덧붙여 일본의 노인 세대의 비율은 향후 50년 동안 계속 상승할 것이며 이러한 상황은 세계에서 장래의 고령화율이 극단적으로 가장 높은 수준에 도달할 것으로 보고한 바 있다.

초고령사회에 이미 진입한 일본은 1990년 평생학습진흥법이 통과되면서부터 노인교육의 필요성을 인식하고 2006년에는 생애학습을 중심으로 나고야시민대학, 시민대학공개강연회, 대학연계강좌 등 다양한 강좌들을 활발하게 진행하였다.[33] 생애학습(Lifelong Learning)이란 장소나 시간 등이 자유로운 광범위한 학습 형태로서 노인학습자들을 위한 출장강좌 도입이나 통신강좌, ICT의 활용 등 적극적인 아웃리치 서비스 사업이라 할 수 있다.

일본은 대학 중심 노인교육을 촉진하기 위해 대학, 전문학교 등 고등교육기관이나 지역사회 단체와의 연계를 추진하고 있다. 특히 문부과학성은 노인교육을 평생교육의 차원에서 시행하고 있다. 문부성의 고령자대학은 고령화 시대의 도래, 세계화, 정보화 시대와 맞물려 다양한 교육의 기회가 요구되면서 평생학습기능을 확대하고자 대학을 통한 공개강좌, 학교시설의 개방, 여유 교실의 운영 등을 실시하고 있다. 이것은 18세 이하 학령인구의 감소 추세를 직면하면서 노년기 삶의 준비와 재취업을 위한 전문능력개발 등을 마련하기 위해 대학 측에서 적극적으로 개방하고 있다. 하지만 평생교육을 추진하기 위한 문부성의 전반적인 예산시책이 고령자 교육사업에는 비교적 적게 확보되어 있다는 지적이다.[34)]

일본의 실버인재센터 교육은 60세 이상 노인을 대상으로 1998년부터 2016년까지 '시니어워크프로그램'을, 2015년부터는 '고령자활약인재육성사업'을 통해 노인 노동능력 향상 지원사업으로 새로운 취업을 창출할 수 있는 기능강습개발을 장려하였다. 이것은 실버인재센터를 활용하여 지역에서 인력이 부족한 분야와 육아 케어 분야와 관련한 취업을 위해 기능강습을 시행하였다. 실버인재센터의 효과적 의의는 노인의 경험과 능력을 토대로 노인을 지역사회의 주체적 참여자로 주목하고 노동경쟁력의 향상을 도모하기 위한 노인 노동유형을 제시하였다는 점과 1980년부터 현재까지 실천적인 교육적 성과를 나타내고 있다는 데 초점이 있다. 그러나 고령화의 문제를 해결하기 위한 일본의 노인교육은 정부의 주도하에 많이 발전되었다. 일본의 생애학습 특징은 학교나 사회에서 수행하는 정규 학습활동 이외에 한국의 경우처럼 대부분 교양프로그램 수준에 그치고 있다는 것이다. 이런 견지에서 일본의 노인교육은 정부의 주도적 노력과는 달리 노인의 지역사회 참여의 리더십 부재 혹은 노인취업 활성화 부분에서 단순한 봉사자로만 활용하고자 하는 데 의미를 둔 것으로 평가된다.

이상 노인평생교육을 추진하고 있는 캐나다, 독일, 일본의 사례를 통해 노인의 대상을 새로운 인식 변화로부터 출발하고 있다는 점이 분명하다. 먼저, 우리나라 기독 대학의 상황과 현실에 맞는 실천적 전략을 탐색하고자 제도적으로 시행하고 있는 주요 국가들의 노인교육 현황과 특성을 살펴보았다. 독일은 노인학습자들에게 일부 혹은 전액 무료로 수업료를 지원하고 있으며 캐나다는 생애학습플랜(LLP)과 고령친화도시에 관한 정책 지원을 통해 노인학습자들에게 평생학습의 기회를 보장해 주고 지속적인 교육과 훈련을 통해 취업 및 지역사회의 활동적 고령화를 촉구한다는 점에서 긍정적으로 평가된다. 한편, 일본의 경우는 앞서 지적하였듯이, 노인교육에 대한 정부의 주도적 노력에도 불구하고 지역사회 참여의 리더십 부재 혹은 노인취업 활성화 차원에서 단순한 봉사자로만 활용하고 있다는 점에서 개선이 요구된다. 이렇듯 주요 선진국에서의 노인평생교육은 노인학습자들로 하여금 주도적 참여를 통해 지역사회 안에서 주체적 역량 강화 개발 및 노인 재취업의 기회를 적극적으로 제공해 준다는 점에서 시사하는 바가 크다.

하지만 이미 제도적으로 시행하고 있는 주요 국가들의 사례들은 우리나라의 지역적 상황과 현실에 맞게 비판적으로 수용할 필요가 있다. 그렇다면 대학개방을 통한 우리나라의 노인교육 활성화 전략을 모색하기에 앞서 대학개방의 역할을 중심으로 한 한국 노인교육의 일반적 현황을 고찰해 볼 필요가 있겠다.

4. 한국 노인교육의 현황: 대학개방을 중심으로

1) 대학(부설)개방 중심의 노인교육 현황 분석

평생교육백서(2010)에 따르면, 평생교육법 제25조에 따라 1999년 평생교육법이 제정되면서 평생교육의 일환으로 한국의 노인교육은 주로 평생교육원, 연구소, 대학 부설 독립기관, 학과 및 대학원, 기타 등에서 다양한 교육프로그램이 제공되고 있다.[35] 그러나 최근 한국에서의 노인교육은 평생교육과 더불어 활발하게 이루어지고 있으나 실제로 대학 중심의 비형식 평생교육원의 운영 실태에 관한 연구는 크게 활성화되지 못하고 있다. 대학 중심의 평생교육이란 대학에서 소속 정규대학(원)생이 아닌 일반 성인 학습자를 대상으로 평생교육 과정을 운영하는 교육활동이라 정의할 수 있다. 즉 대학의 우수한 교육자원을 적극적으로 활용하여 공식적인 학점 및 학위취득 과정뿐만 아니라 비학점/비학위과정, 직업 준비교육, 교양 교육, 전문직 교육 등을 통해 평생교육의 기회를 제공하는 교육적 활동이라 할 수 있다.[36]

전수경, 류숙희는 노인을 위한 평생교육 프로그램 기관 중에서 전체적으로 가장 많은 기관이 원격형태의 평생교육시설(39.6%)이었으며 사업장부설(26.0%), 평생학습관(12.7%), 대학(원) 부설(9.7%), 지식인력개발형태(6.1%), 언론기관부설(3.2%), 시민단체시설(2.6%)의 순으로 분석되었다.[37] 또한 평생교육 프로그램 내용 면에서 주로 교양 강좌 위주로 시행되어 온 경향이 지적되었다.[38] 즉 대학평생교육원 또는 자치단체 노인대학 차원에서 운영되며, 그 대상 또한 학력이 낮거나 교육의 기회가 얼마 남지 않은 노년 세대들을 위주로 교양 교육이나 여가 활동 프로그램이 대부분이다. 이러한 연구를 통해 대학 중심의 한국 노인평생교육의 부진함을 인식할 수 있으며 이들의 학습 욕구를 향상시킬 수 있는 대학의 중추적 역할이 매우 절실하다고 볼 수 있다.

2010년부터 2019년까지 10년 동안 시행되어 온 대학(원) 부설 프로그램 수와 노인학습자의 수를 정리해 보았는데, 먼저, KISS 교육통계분석에 따르면(2019), 2010년 16.0%, 2015년 13.6%, 2019년 11.1%로 계속해서 감소하였으며, 대학(원) 부설에서 운영하는 기관의 수 역시 2010년에는 12.1%, 2015년 9.7%, 2019년 7.0%로 지속적인 감소 추세를 나타내고 있다(〈표 1〉 참조).

〈표 1〉 10년간 비형식 평생교육기관_ 대학(원) 부설 프로그램 수 및 기관 수 현황

구분	프로그램 수			기관 수		
	2010	2015	2019	2010	2015	2019
총계	160,249	211,193	244,421	3,213	4,144	4,295
대학(원)부설	25,568	28,685	27,193	388	403	415
비율	**16.0%**	**13.6%**	**11.1%**	**12.1%**	**9.7%**	**7.0%**

출처: KISS 교육통계분석자료집(2010~2019년도)

주목할 것은 〈표 2〉에서 2010부터 2019년도까지 10년간 대학(원) 부설 노인학습자의 참여 현황을 보면, 대부분 성인 학습자의 참여도는 80% 이상을 나타냈으나 노인학습자의 경우는 2010년 1.1%, 2015년 0.8%, 2019년 0.6%로 나타나 성인 학습자의 비율보다 상대적으로 현저하게 낮은 추세임을 보여주고 있다.

〈표 2〉 10년간 비형식 평생교육기관_ 대학(원)부설 학습자 현황 단위(명/%)

구 분	학습자의 수		
	2010	2015	2019
총 계	856,432(100)	824,011(100)	882,884(100)
어린이	22,917(2.7)	11,851(1.4)	9,119(1.0)
청소년	41,508(4.9)	43,229(5.2)	60,685(6.9)
성 인	717,724(83.8)	691,136(83.9)	739,251(83.7)
노 인	**9,630(1.1)**	**6,374(0.8)**	**5,270(0.6)**
통 합	64,653(7.5)	71,421(8.7)	68,558(7.8)

출처: KISS 교육통계분석자료집(2010~2019년도)

이상, 우리나라의 대학(부설) 평생교육기관의 증감 현황에서 알 수 있듯이 프로그램과 기관의 수가 모두 감소하였으며 특히 노인학습자의 수가 성인 학습자의 수에 비해 현저하게 감소함을 나타냈다. 이러한 원인은 기독교 대학을 포함한 일반 노인교육의 운영 체계를 통해 충분히 발견될 수 있는데,[39] 요약해 보면, 1) 일반 대학시설을 활용하는 노인평생교육의 현장은 대부분 수도권에 집중되어 있으며, 2) 특별히 기독교 노인교육 신학대학이 지닌 특성과 상황이 반영된 프로그램 개발은 극히 미약한 편이며, 3) 형식적이고 모방적인 교양과목 위주로 학습프로그램의 반복적인 수행과정에만 국한되어 있다는 한계가 지적될 수 있다. 그리고 4) 보건복지부와 교육인적자원부 사이에서 노인교육의 업무가 명확하게 구분이 되지 않아 장기적인 평생교육의 정책적 차원에서 서로 책임을 회피하는 경향도 배제할 수 없다.

따라서 대학개방을 통한 노인교육을 위한 재정지원 형태는 무엇보다

정부나 기업체 등이 대학 노인교육프로그램에 직접적으로 참여해 주는 방식이 우선시되어야 할 것이다. 예를 들면, 대학에서의 장학금 제도가 대학(원)생에게만 혜택을 주기보다는 노인학습자를 위한 지원이 가능해야 한다. 캐나다의 경우, 노인의 은퇴자금에서 자신이나 배우자를 위한 교육 훈련 등을 지출할 수 있도록 도움을 주는 생애학습계획(LLP)의 시행에서 보듯, 한국에서도 대학에서 평생교육을 원하는 노인학습자에게 자신의 연금 일부를 교육 부분에 사용할 수 있는 제도적 기반이 마련될 필요가 있을 것이다.

2) 노인교육을 위한 기독교 대학개방 역할

최근 한국에서는 고등교육의 보편화, 대중화 시대로 지역사회 및 정부 차원에서의 연계와 협력이 중시되면서 평생교육의 차원에서 노인학습자를 위한 대학개방이 보편화되고 있다. 유네스코(1979)에 따르면, 대학개방이란 "대학이 제공하는 일정한 장소에서 정규 학생이 아닌 성인들에게 그들의 생활을 위하여 교수학습 자원을 제공하는 것이며, 학점제 또는 비학점제의 다양한 프로그램, 카운슬링, 자문 등을 일컫는 것"이라 정의한다. 하지만 기독교 대학개방 차원에서의 노인교육 프로그램 개발은 거의 미비한 수준이다.

그렇다면 노인교육을 위한 기독교 대학시설을 활용 혹은 개방된다면 어떠한 역할과 강점이 나타날 수 있는가이다. 첫째, 급변하는 고령화사회를 대비하기 위해서는 기독 대학개방을 통하여 기독교적 실천(prixis)의 장을 마련할 수 있다. 즉 새로운 정보 및 기술 습득, 은퇴 후 경제적 재취업

등을 위한 노인평생교육은 하나님의 사랑을 함께 공유하며(sharing) 실천함으로써 현대의 노년 세대 학습자들을 포함한 기독교 노인학습자들로 하여금 지역사회로의 적극적 헌신과 공헌을 기대해 볼 수 있다. 여기에 해당하는 노년 세대의 구성원 대부분은 학력이 높거나 경제력이 있는 베이비붐 세대로서 평생교육의 참여 활동에 대한 수요가 크게 증대할 것으로 전망되고 있다.[40] 따라서 기독교 노인평생교육은 노인의 학습 욕구에 따른 질적 변화로 대학개방 차원에서의 지적 욕구 충족의 기회를 제공함으로써 대학과 지역사회와의 기독교적 나눔과 섬김을 실천할 수 있을 것이다.

둘째, 세계화, 고령화의 도전 속에서 미래 실버산업과 관련하여 기독교 대학시설 및 학부의 모든 강좌를 개방함으로써 세대 간 격차를 해소하고 기독교적 자아정체감 획득에 커다란 도움을 줄 수 있다. 최근 사회적 병리 현상의 근본적인 해결책으로 반려동물 매개 프로그램의 관심이 증대되면서 병원이나 노인 장기 보호시설 등에서 이를 활용하고 있다.[41] 반려동물학과 개설이나 이와 관련된 특성화 강좌 개설을 통해 최근 급증하는 범죄 및 청소년 학교 폭력, 노인 문제를 어느 정도 해결할 수 있다. 이런 견지에서 반려동물 프로그램의 효과성은 노인의 질적 삶과 관련하여 기독교적 정체감을 지향하는 노인교육프로그램 개발에 매우 유용할 수 있다. 고령화사회에서 반려동물과의 상호작용이 노인에게 주는 유익은 신체적, 정신적 건강과 사회적 관계성을 증진시켜 준다는 점이다. 즉 반려동물 소유자에게 부정적인 정서를 감소시키며 심리적 안녕감을 제공해 줄 수 있다.[42] 그 밖에도 대학개방을 통한 명예학생제도 운영, 노인의 임파워먼트 교육 등의 시행은 노인학습자로 하여금 소외의 대상을 넘어 능동적 주체자로서 기독교적 자아정체감을 획득하도록 도울 수 있다.[43]

셋째, 학령인구의 감소로 인한 기독 대학을 포함한 일반대학의 구조적 변화는 기독 대학개방을 통해 기독교적 공동체 의식을 배양할 수 있다. 교육부는 20년 이상 유지된 낮은 출산율은 학령인구의 감소로 연결되어 고등학교 졸업자의 수가 급감하는 상황을 초래하게 됨에 따라 2014년부터 2022년까지 대학 정원 감축 등 대학 정원 자율화 정책을 강화, 이를 시행하고 있다.[44] 즉 학령인구의 감소와 대학의 구조적 위기에 따라 국립대학은 자율적 구조조정을 유도하고 있으며, 사립대학의 경우에는 부실대학의 자발적 퇴출을 촉구하면서 일부 대학은 폐쇄될 가능성을 간과할 수 없다. 이러한 대학 존폐의 현실적 상황 속에서 기독교 대학개방을 통해 기독교적 연대감을 구축하는 데 도움이 될 수 있다. 이상 일반대학에서의 노인평생교육과는 달리 기독교 대학개방 차원에서의 노인평생교육은 크게 노인의 기독교적 프락시스(praxis), 노인의 기독교적 자아정체감, 그리고 기독교적 연대성을 구현할 수 있다는 점에서 차별성이 있다는 데 주목해야 할 것이다. 하지만 이러한 대학의 긍정적 역할과 장점에도 불구하고 대학(원) 부설 평생교육원은 양적 팽창을 초래하고 있다. 그렇다면 대학을 중심으로 한 기독교 노인교육의 목적은 어떠해야 하며, 이를 토대로 실천적인 노인교육의 모형을 탐색해 보고자 한다.

5. 대학개방 중심의 탈인습적 기독교 노인평생교육 활성화 방안

1) 노인교육의 목적과 기독교 평생교육

기독교 노인평생교육의 목적은 평생교육의 차원에서 노인의 성공적 노화(successful aging) 혹은 활동적 고령화(active aging)에 초점을 두고 노년층을 긍정적이고 주체적이며 활동적인 노인으로 변화시키는 데 있다. 일반 평생교육이 인본주의적 입장에서 개인의 자아실현 추구를 목적으로 한다면 기독교 평생교육이란 기독교 공동체 안에서 그리스도인들이 그들의 삶으로부터의 경험을 성찰, 사고, 해석하는 것을 이끌어 주는 성인교육의 과정이라 할 수 있다.[45] 성인교육은 노인을 포함한 광의의 교육을 의미하므로 평생학습의 차원에서 노인학습자로 하여금 기독교적 삶의 성숙을 지향한다는 점에서 기독교 노인교육의 목적을 상정할 수 있다. 즉 무책임하고 의존적인 노인으로서가 아니라 세계와 사회, 이웃을 위해 적극적으로 참여함으로써 그리스도의 사랑을 나누는 주체적인 노인이 되는 것을 의미한다.[46] 따라서 기독교 평생교육은 노인들의 교육적 필요에 민감해야 하며 기독교적 삶의 성숙을 돕는 주체적 참여자로서의 노인을 지향하는 교육이어야 한다. 이를 위해서는 노인의 성공적 노화의 삶이 무엇인지 충분히 숙고해야 할 것이다.

여기서 기독교 대학개방이 필요한 이유는 초고령사회를 대비하여 기독교 공동체 안에서 특히 새롭게 등장하는 베이비붐 세대를 포함한 노인학습자들로 하여금 신앙 성숙의 삶을 통해 자기 계발과 개인 역량 강화에 관한 성찰의 기회를 제공해 줄 수 있기 때문이다. 나아가 지역사회에서 주도적 참여자로서의 책임적 헌신의 삶을 기대해 볼 수 있을 것이다. 이런 견지에서 대학개방을 통한 기독교 노인평생교육의 기본적인 방향은 노인 인식에 대한 관점의 전환으로부터 출발한다. 이 출발은 노년기의 생애발달주기 과정에서 노인학습자들을 무가치하고 의존적이며 고정적인 존재라는 인식에서 벗어나 새로운 피조물로서의 신앙의 영적 성숙과 타자를 위한 실천적 삶으로 이어져 풍요로운 성공적 노화의 삶을 추구하는 노인이 되는 것이다. 따라서 이 글에서는 기독교 대학개방을 통한 노인평생교육의 비전을 성공적 노화, 활동적 고령화로 상정하고 '노인을 위한, 노인에 관한, 노인에 의한' 실천적인 3대 교육모형으로 제시해 볼 수 있다.

2) 노인교육의 실천적 3대 모형

고령화 현상으로 노년기에 해당하는 세대는 베이비붐 세대로서 2026년에 도래할 초고령사회의 주역이 될 것이다.[47] 이들은 2015년 현재 약 728만 명으로 총인구 대비 14.4%에 해당한다. 이들은 상실과 빈곤, 소외 등 부정적인 관점에서 인식되었던 이전 노년 세대와는 달리, 노인들의 경제 수준, 교육 수준, 문화 여가 활동 수준이 향상되었으며 노년기의 삶을 새로운 도전과 자기실현의 기회로 여기는 긍정적 사고방식을 지닌 세대의 특징을 보여주고 있다. 이러한 특징에 따른 노인의 다양한 욕구의 변화들이 인식되면서 활력이 있는 노년기에도 70% 이상이 취업을 희망하고 있다.[48] 이렇듯 노인 인구의 질적인 변화에 따라 교육 수준이 높은 노인, 경제력이 있는 노인 인구가 증가할 것으로 볼 때 대학개방을 통한 노인교육의 실천적 모형은 다음과 같다.

첫째, 영성적 노인을 위한 교육모형이다. 이 전략은 영성(Spirituality) 개발의 원리 위에서 노인의 성숙한 영적 역량을 강화하는 데 목적이 있다. 기독교의 영성이란 영적으로 거듭난 사람이 그리스도를 닮기 위하여 하나님과 인간과의 인격적 관계 속에서 성서적으로 하나의 자아(self)가 그리스도인-되기(being a Christian)를 지향하는 삶의 과정이다.[49] 영적 노인이 된다는 것은 신앙 공동체 안에서 타자로부터 노인 자신의 역할과 태도에 대한 긍정적 평가를 받으며 명상과 묵상 실습, 영적 가르침을 통해 존경의 대상(레19:32, 딤전5:1-4)과 지혜의 상징(딤전 3:1-7)이 되며, 경건의 징표(창 15:15)가 되어,[50] 돌봄의 주체자로서 영적 멘토링(mentoring) 역할을 담당하게 된다는 의미이다.[51] 동시에 죽음 불안을 극복하고 영생의 삶을 누릴 수 있다는 확실한 믿음과 신앙을 지닌 노인이 되는 것을 의미한다. 이처럼 노인의 영성(Spirituality) 개발의 원리는 노년기의 질적 삶을 그리스도인의 삶으로 스며들게 하는 노인을 위한 영성교육 프로그램 개발을 마련하는 데 도움을 줄 수 있을 것이다.

둘째, 역량 강화를 위한 교육모형이다. 이 전략은 자아 성찰성(Reflexivity)의 원리 위에서 노인에 관한 성찰적 이해와 노년기 준비교육이라 할 수 있다. 성찰성이란 긍정적인 자기-내면화(internalization)를 구축하는 자아 통합의 과정이라 할 수 있다. 에릭슨(Erik H. Erikson)은 그의 심리 · 사회적 8 단계 이론에서 자아통합감을 이룬 노인들은 자신의 전 생애를 재해석하면서 자신에 대한 신뢰를 형성하고 주변 사람들과 소통하며 과거와 현재의 삶을 긍정적으로 통합하며 미래의 죽음 불안을 극복할 수 있는 반면, 자아통합을 이루지 못한 노인들은 인생에 대한 불안과 우울감에 빠져 자신과 타인에 대한 원망과 고립의 상태를 겪게 된다는 것이다.[52] 이렇듯 고령화 속도의 급격한 변화로 야기되는 노인의 자아통합 결여는 고독과 우울, 그리고 노화 현상에 따른 건강 상태가 주된 원인이라 지적된다.[53] 따라서 성찰성의 원리 위에서 노인과 노화에 관한 자기-탐색의 과정을 통해 자기역량(empowerment)을 강화함으로써 노인 스스로 변혁할 수 있도록 자기주도적 역량개발교육, 노후준비교육, 노인취업 및 훈련 교육프로그램 개발 등에 주력해야 할 필요가 있다.[54]

셋째, 지역통합 교육모형이다. 이 전략은 연대성(Solidarity)의 원리 위에서 사회참여 활동을 통한 노년기의 삶의 의미를 재구성하고 책임적 연대감을 강화하는 교육이다. 연대성이란 타인으로서의 객체와 서로 유기적으로 함께 관계를 맺으며 살아가는 삶의 원리를 의미한다. 이것은 신앙 및 지역 공동체 안에서 노인들 자신이 고립되거나 분리를 넘어 타자와 함께

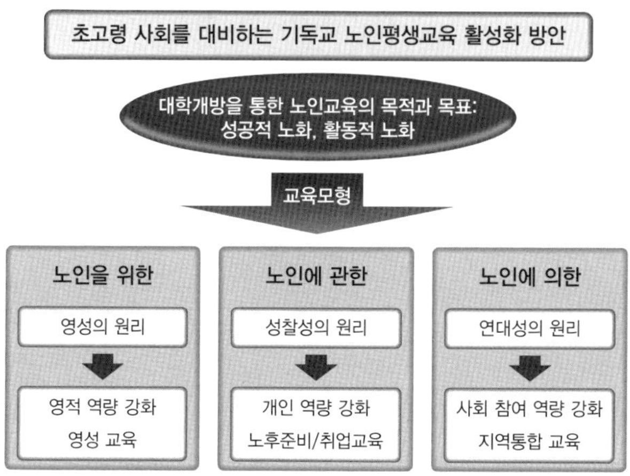

〈그림 1〉 탈인습적 기독교 노인평생교육의 목적과 실천적 교육모형

더불어 공생(Co-Living)하며 살아가는 사회통합의 과정이라 할 수 있다. 노인은 사회적 관계를 형성함과 동시에 친밀한 교제를 나누어야 한다. 이에 노인교육은 노인들로 하여금 은퇴 후 이들의 역할 변화를 새롭게 인식하고 사회참여를 통한 자원봉사활동, 지역사회의 연계망을 통한 책임적 연대성을 강화할 필요가 있다. 이를 위해서는 지역사회(정부 기관, 교육기관, 기업, 종교기관)에서 지역 간 소통과 협동의 장이 노인교육의 영역에서 구성될 때, 지역 설정에 맞는 사회 참여적인 연대감을 공유(sharing)할 수 있는 다양한 노인교육 프로그램 개발이 활성화될 필요가 있다.

6. 나오는 말

이 글은 초고령사회를 대비하는 노인의 성공적 노화를 지향한다는 측면에서 기독교 대학개방을 통한 탈인습적 노인평생교육의 활성화 방안을 모색하였다. 과거와는 달리, 노년 세대는 단순한 결핍이나 의존의 존재를 넘어 성공적 노화를 지향하기 위한 주체적 학습자로서, 지역사회에서의 주도적 참여자로서 지속 가능한 인식의 존재라고 볼 수 있다. 따라서 평생교육의 차원에서 기독 대학에서의 노인교육은 하나님 나라의 기독교적 비전과 노인 스스로 삶에 대한 가치를 구축하고 이를 통해 '성공적인 노화'의 삶을 영위할 수 있도록 돕는 교육이어야 한다. 이를 위해서는 학습자와 직접 상호작용하는 교사의 역할이 매우 중요하다. 특별히 기독교 노인교육의 교수자는 노인학습자에 대한 전문적인 이해가 요구된다. 교사의 연령대는 노인들에 대한 이해와 경험을 충분히 공감할 수 있는 비슷한 연령대로서 노인교육프로그램 해당 분야의 전문가나 은퇴한 대학교수, 저명인사, 훈련된 동료 강사 등으로 구성되어야 할 것이다. 반면, 프로그램의 노인학습자 대상은 신자든 비신자든, 타 종교인이든 참여의 제한을 두지 않아야 하며, 교육 후 교제의 시간을 마련해 줌으로써 서로의 삶의 경험을 함께 공유할 수 있는 교육환경이 필요하다. 무엇보다 기독 대학의 특성에 맞는 평생교육의 환경을 개발하고 노인학습자의 교육 욕구가 어떠한지를 비형식적 교수-학습을 통해 충분히 고려되어야 할 것이다.

이제 초고령사회에 진입하게 될 한국은 노인 개념에 대한 긍정적인 인식의 전환, 사회복지정책의 개혁, 평생교육 프로그램 개발 및 실천적 노인교육 정책 등이 우선적인 당면과제라 할 수 있다. 이러한 견지에서 한국의 기독교 노인교육은 대학개방을 통한 평생교육을 구축하는 데 있어 다음과 같은 제언을 하고자 한다. 대학 차원에서의 기독교 노인교육은 노인학습자들이 사회적 약자 혹은 돌봄의 수혜자가 아닌 창의적이고 주체적인 학습자로서 하나님의 사랑과 나눔을 실천하는 성숙한 노인–되기(becoming)를 위한 교육이어야 하며, 미래실버산업의 가능성과 연계하여 기독 대학 청년들과의 간세대교육 프로그램 개발을 지원해 볼 필요가 있다. 이를 바탕으로 기독 청년들로 하여금 졸업 후 실버산업과 연계된 취업의 기회를 확대해 줌으로써 실버건강케어, 청년실업 및 노인 재취업 등 다양한 교육프로그램 개발을 위한 접근을 시도한다면 매우 의미 있는 연구가 될 것으로 기대된다.

초고령사회에 진입 예정인 한국의 현시점에서 노인교육에 관한 연구가 많이 진행되었으나 대학(부설) 개방을 통한 기독 노인평생교육에 관한 활성화 방안에 관한 실증적 연구는 충분히 수행되지 못하고 있다. 현실적으로 신학교를 포함한 일반대학의 경우, 수익자 부담의 평생교육원을 운영하고 있으므로 경제적으로 여력이 없는 노인 세대를 위한 대학개방의 재원 대책은 시급하다. 따라서 본 연구를 통해 초고령사회를 대비한 기독교 노인평생교육은 대학개방과 대학의 역할의 중요성을 인식하고 대학을 활용한 교육과 프로그램 개발에 기초적 정보를 제공할 수 있기를 바란다.

하지만 대학(부설)에서 시행되고 있는 노인교육의 현황과 분석을 중심으로 기독 대학개방의 역할에 대한 과제를 제시하였다는 점에서 한계가 있으며 이것은 자료 수집의 어려움 또한 한계로 작용할 수 있겠다. 향후 노년 세대의 다양한 대상을 소외된 노인들까지 포함하고 한국 교회와 지역사회의 환경에 맞는 다양성과 형평성을 고려한 연구들이 진행한다면 더욱 의미가 있을 것이다. 나아가 고령화뿐만 아니라 세계화, 인공지능, Post-Pandemic 시대의 급격한 변화에 대응하기 위한 평생학습 사회로의 노인교육을 지향하기 위해서는 사이버멘토링을 활용한 노인컨텐츠개발교육, 세계시민-되기(becoming)로서의 글로벌 노인교육, 고령친화도시와 관련된 미래 실버도시를 위한 노인교육 등 실제적이고 구체적인 프로그램 개발과 실천 방안들이 후속 연구과제로 남게 될 것이다.

미주

1) 이 논문은 2020년 학술지「대학과 선교」제46권에 게재된 논문을 수정, 보완한 논문임.

2) UN의 분류법에 따르면, 만 65세 이상 노인 인구의 비율이 전체인구의 7%~14% 미만인 국가를 고령화사회(Aging Society), 14%~21% 미만이면 고령사회(Aged Society), 그리고 20% 이상인 사회를 초고령사회(super-aged society)로 구분한다. 여기서 OECD 국가 중 한국의 고령화 속도는 다른 국가들에 비해 가장 빠른 증가 속도를 나타내고 있다는 심각성이 제기되고 있다. 고령화의 주된 요인은 저출산과 수명 연장에 따른 급속한 노년층의 증가이다. 즉 핵가족화, 저출산에 따른 학령인구 감소, 노인부양의 문제 등과 맞물려 전통 가치관의 변화, 가족 세대 간의 갈등, 노인 자살률의 증가 등으로 이어지면서 고령화의 문제는 더욱 심화하고 있다. 통계청, "장례인구추계(시도 편): 2017~2047," *KOSIS* (2019): 25; 한정란, "세대 간 통합을 위한 교육노년학적 논의,"「한국청소년학회 학술대회 자료집」(2002): 37-68; 김정희, "노인부양의 공적 책임에 대한 기독교적 이해,"「신학논단」88 (2017): 55-83.

3) 이광현, "7개 특 · 광역시의 고령친화도와 고령친화정책 비교에 관한 연구,"「국토연구」(2019): 83; 김미령, 권순재, 박충선, "베이비붐 세대의 정보 활용이 정보화 생활 만족도에 미치는 영향,"「노인복지연구」57 (2012): 114-115; 문수경, "고령화 시대의 노인 무연사와 탈인습적 교육과정 연구,"「대학과 선교」37 (2018): 309.

4) 임희섭, 한준,『한국의 문화변동과 가치관』(서울: 나남, 2002), 215-248; 최은영, 최혜경, "성공적 노화 인식과 은퇴 기대가 은퇴 준비 행동에 미치는 영향,"「한국FP학회」8.4 (2015): 27; 정순둘, 이현희, "가족 특성과 노후 준비의 관계,"「노인복지연구」58 (2012): 213-214.

5) 한효섭, 전은희, 조서목,『노인교육개론』(부산: 한얼꿈출판사, 2014), 74-75.

6) 한정란 외, "한국 노인교육의 현황 및 발전 방안,"「한국성인교육학회」14.1 (2011): 123-124.

7) 한효섭 외,『노인교육개론』, 143; 한상훈, "대학 평생교육 발전 방안에 관한 연구,"「교육발전논총」22.2 (2001): 79-101; 신미식, "한국 노인의 임파워먼트를 위한 노인교육 활성화 방안 : 비판적 노인교육을 중심으로,"「한국동북아논총」73 (2014): 269-290; 김명희, "대학개방을 통한 노인 임파워먼트의 가능성과 대학의 역할,"「한국노년교육학회 학술대회 자료집」(2017): 1-25.

8) 이정효,『기독교 노인교육』(서울: 기독한교, 2002), 42; 박경호,『기독교 평생교육』

(서울: 기독교문서선교회, 2006), 20.

9) 최운실 외, 『노인교육론』(파주: 양서원, 2017), 33.

10) 양혜진, 정용교, "노인교육프로그램이 건강한 노화에 미치는 영향,"「민족문화논총」 69 (2018): 521.

11) 최운실 외, 『노인교육론』, 51.

12) C. D. Austin, et al, "Community Development with Older Adults in Their Neighborhoods: The Elder Friendly Communities Program," *Families in Society* 86.3 (2005): 401–409; J. Warburton and D. McLaughlin, "Passing on Our Culture: How Australians from Diverse Cultural Backgrounds Contribute to Civil Society," *Journal of Cross-Cultural Gerontology* 22 (2006): 93.

13) 정현정 외, "독거노인의 자아통합감에 미치는 영향요인,"「한국간호교육학회지」 21.4 (2015): 500–501; 유은사, 이신숙, "노인의 자아정체감에 대한 가족 지지와 사회적 지지의 영향에 관한 탐색적 연구,"「한국콘텐츠학회」 14.12 (2014): 266.

14) 박현식, 전오진, "성공적 노후를 위한 노년세대와 신노년세대 인식 비교,"「지역사회연구」 22.4 (2014): 221; 고윤순, 이정숙, "노인대학에 참여하는 농촌 노인의 도구적 일상 생활수행능력, 여가 만족 및 성공적 노화,"「노인간호학회지」 11.2 (2009): 226–235; 전병주, 최은영, "다문화가족 노인의 성공적 노화 수준과 영향요인,"「사회과학연구」 32.1 (2016): 1–29; 정순둘, 이현희, "가족 특성과 노후 준비의 관계,"「노인복지연구」 58 (2012): 209–231; 박순미, "노인의 건강 상태가 삶의 만족도에 미치는 영향,"「노인복지연구」 53 (2011): 291–318.

15) 김인자, "노인교육이 노년기 삶의 질 향상에 미치는 영향," 17; 한정란 외, "한국 노인교육의 현황 및 발전 방안," 122; 한효섭 외, 『노인교육개론』, 33; 최운실 외, 「노인교육론」, 55.

16) W. J. Strawbridge, M. I. Wallhagen, and R. D. Cohen, "Successful Aging and Well-being Self-rated Compared with Rowe and Kahn," *The Gerontologist* 42.6 (2002): 727–733; 김진한, "고령화사회의 성공적인 노화를 위한 노인교육 패러다임 변화,"「한국성인교육학회」 10,4 (2007): 8.

17) 한효섭 외, 『노인교육개론』, 33; 김진한, "고령화사회의 성공적인 노화를 위한 노인교육 패러다임 변화,"「한국성인교육학회」 10.4 (2007): 16.

18) 허정무, 『노인교육학개론』(서울: 양서원, 2017), 18.

19) 랑그랑(Langrand)은 유네스코의 '평생 교육' 개념을 도입하였으며, 일관성, 지속성의 원리를 근거로 다음의 여덟 가지 주된 특징을 제시하였다. ① 일생이 모두 교육

하는 기간이며 ② 교육목적은 인간교육과 질적이고 전인적 삶의 향상을 추구하는 것, ③ 교육체계의 개방성과 통합성을 추구하는 것, ④ 지식의 전수가 아니라 탐구 추구이며 ⑤ 자율성과 다양성을 추구하는 교육방식이며, ⑥ 교육은 문화전달보다 개인의 성장과 자기 계발에 관심이 있으며 ⑦ 교육행위의 결과는 개인적 우열보다 개개인의 잠재력과 개발을 추구하는 것이며 ⑧ 교사만 교육하는 것이 아니라 누구든지 교육할 가능성을 가진다는 것이다. 이렇듯 노인교육은 랑그랑(Langrand)이 제안하는 평생교육의 특성을 충분히 고려하여 시행하는 것이 효과적이다. P. Lengrand, *An Introduction to Lifelong Education* (London: Croom Helm, 1970), 43; 윤여각, "평생교육 개념의 재검토: 유네스코의 랑그랑 · 포르 · 다베 · 들로 보고서를 중심으로,"「평생교육학연구」21.4 (2015), 37에서 재인용.

20) 평생교육이란 학교의 정규교육과정을 제외한 학력보완교육, 성인 문자해득교육, 직업능력 향상교육, 인문교양교육, 문화예술교육, 시민참여교육 등을 포함하는 모든 형태의 조직적인 교육활동을 말한다. 평생교육기관에 관한 내용을 보면(평생교육법 제5장 제28조~제38조), 초 · 중등교육법 및 고등교육법에 따른 각급 학교의 장은 평생교육의 이념에 따라 교육과정과 방법을 수요자 관점에서 개발 · 시행하도록 하며 학교를 중심으로 공동체 및 지역 문화 개발에 주력하고(제29조 제1항), 인가 · 등록 · 신고된 시설법인 또는 단체를 비형식 평생교육기관이라 할 수 있다. 예를 들면, 학교 부설(초 · 중등학교 부설, 대학(원) 부설), 원격형태, 사업장부설(유통업체 부설, 산업체 부설), 시민사회단체 부설, 언론기관부설, 지식 · 인력 개발 형태, 평생학습관 등의 다양한 형태를 가리킨다. "평생교육법," 법제처|국가법령정보센터, http://www.law.go.kr/lsInfoP.do?lsiSeq=211823#J1:0(2022.8.5).

21) 조영하, "고령화사회에 대비한 우리나라의 노인교육 현황과 정책 방안,"「21세기 사회복지연구」10.2 (2009): 7; 한효섭 외,『노인교육개론』, 55.

22) Ronald H. Sherron and D. Barry Lumsden, *Introduction to Educational Gerontology* (New York: Hemisphere Pub., 1990); 한효섭 외, 앞의 책, 67–68.

23) M. V. George, et al., "Population Projections for Canada, Provinces and Territories 2000–2026,"Statistics Canada (March 2001), accessed August 5, 2022, from https://www150.statcan.gc.ca/n1/en/pub/91-520-x/91-520-x2001001-eng.pdf.

24) 고령친화도시란 하나의 개념으로 정의하기는 어렵지만 '노인들이 존중받으며, 역동적으로 생활하고, 그들의 욕구를 효과적으로 충족시킬 수 있는 시설 및 서비스가 지원되는 곳'이라고 정의할 수 있다. D. Alley, et al., "Creating Elder-friendly

Communities: Preparations for an Aging Society," *Journal of Gerontological Social Work* 49.1–2 (2007): 1–18; C. Lui, et al. "What Makes a Community Age-friendly: A Review of International Literature," *Australasian Journal of Aging* 28.3 (2009): 116–121; V. Menec, et al., "Conceptualizing Age-friendly Communities," *Canadian Journal on Aging* 30.3 (2011): 479–493; 최희경, "고령친화도시 추진에 있어 지역사회와 노인의 주도적 참여에 관한 연구," 「비판사회정책」 52 (2016): 83–114.

25) 정경희, "고령친화도시 구축을 위한 국제적 흐름: 배경과 의의," 「보건복지포럼」 (2010): 102–112; "The Global Network for Age-friendly Cities and Communities," 세계보건기구(WHO) (February 2018), accessed June 1, 2020, from http://www.who.int/ageing/projects/age-friendly-cities-communities/en/.

26) Haustein, Thomas, et al., "Order People," Germany and the EU, accessed August 5, 2022, from https://www.destatis.de/EN/Themes?Society-Environment/Population//Current- Population/Publications/Downloads-Current-Population/brochure-older-people-eu-0010021169004.pdf?__blob=publicationFile.

27) 박성희, "독일 노인대학교 및 U3A 분석을 통한 우리나라 대학 노인평생교육 체제 구축 방향," 「한국노년교육학회」 5.2 (2019.11): 3–14.

28) 앞의 논문, 9–10.

29) 황영희, "독일 노인교육의 역사적 변천과 한국에의 시사점," 「21세기 사회복지연구」 6.2 (2009): 211–214.

30) 이의정, 『일본의 고령자 교육정책의 연구』 (서울: 민속원, 1998), 8–9.

31) Reiko Hayashi, et al., "Population Social Security in Japan 2019," National Institute of Population Social Security Research, accessed August 5, 2022, from http://www.ipss.go.jp/s-info/e/pssj/pssj2019.pdf.

32) 생애 학습이란 자기 충실과 생활 향상을 위해 인생의 각 단계에서의 과제나 필요에 따라 모든 장소, 시간, 방법에 따라 학습자가 자발적으로 실시하는 자유롭고 광범위한 학습을 의미한다. 이진아, "우리나라의 노인교육 발전 방안 모색–일본의 고령자 생애 학습을 기반으로," 「한국디지털정책학회」 16.6 (2018): 41–42.

33) 이의정, 『일본의 고령자 교육정책의 연구』, 65–70.

34) 『2010 평생교육백서』에 따르면, 현재 노인교육은 주로 사회복지관(2008년 기준

414개), 노인교육관(2009년 237개), 노인 교실(2009년 기준 1,280개), 대한노인회 노인대학(2007년 기준 296개), 경로당(2009년 기준 약 6만여 개) 등에서 이루어지고 있다.

35) 한상훈, "대학 평생교육 발전 방안에 관한 연구,"「교육발전논총」22.2 (2001): 79-101.

36) 프로그램 운영 기관 중에 평생학습관은 주로 도서관을 포함하고 있으며, 사업장부설은 백화점 혹은 마트 등에 부설된 문화센터를 의미한다. 전수경, 류숙희, "노인 대상 평생교육 프로그램 특성과 시사점,"「인문사회 21」7.4 (2016): 643.

37) 최은영, 최혜경, "성공적 노화 인식과 은퇴 기대가 은퇴 준비 행동에 미치는 영향," 49-50.

38) 특별히 일반대학의 노인교육 문제는 노인학습자의 참여율이 다른 학습자들에 비해 현저하게 저조하며, 일부 연구에서는 대학에서의 모든 재정이 수익자 부담으로 진행되고 있어 교육비 부담이 노인학습자들에게 가중됨에 따라 다양한 프로그램의 질적 기회와 노인의 참여가 감소하고 있다.

39) 허정무, 『노인교육학개론』, 18.

40) 신성자, 권신영, "치료견 매개프로그램이 자폐 아동의 사회성 향상에 미치는 영향,"「한국사회복지학회」43 (2000): 158.

41) 그리고 반려동물 키우기 등은 기독교적 정체감 형성에 많은 도움을 줄 수 있다. 김세영, 박형인, "반려동물 효과: 반려동물 소유와 심리적 건강 간 관계의 메타분석 연구,"「사회과학연구」28.1 (2017): 108.

42) 김명희, "대학개방을 통한 노인 임파워먼트의 가능성과 대학의 역할,"「한국노년교육학회 춘계학술대회 자료집」(2017): 1-25.

43) 학령인구란 초중고대학에 재학하는 만 6세 이상부터 21세까지의 인구를 나타낸 것으로 학령인구 감소에 따른 노인 문제의 심각성을 고려하여 볼 때, 이와 관련된 연구가 많이 진행되지 못하고 있다. 김기환, 이창호, 최보승, "학령인구 감소에 따른 지역별 대입 지원자 감소에 대한 예측연구,"「한국데이터정보과학회」26.6 (2015): 1,175; 최강식, 이보경, "대학정원정책을 중심으로 본 한국의 대학구조개혁정책 변화와 쟁점,"「교양교육연구」11.1 (2017): 337; 박춘란, "고등교육의 경쟁력 강화와 대학 구조개혁 추진,"「교육행정학연구」75.7 (2014): 74.

44) 박경호, 『기독교 평생교육』, 22.

45) 이정효, 『기독교 노인교육』, 64-65.

46) 이광현, "7개 특 · 광역시의 고령친화도와 고령친화정책 비교에 관한 연구,"「국토

연구」 (2019): 83; 김미령, 권순재, 박충선, "베이비붐 세대의 정보 활용이 정보화 생활 만족도에 미치는 영향," 「노인복지연구」 57 (2012): 114–115; 송양민, "인구 고령화와 의료비에 관한 국제 비교 실증 분석: healthy aging과 death–related costs를 중심으로" (박사학위, 연세대학교 대학원, 2007), 1–2.

47) 임희섭, 한준, 『한국의 문화변동과 가치관』 (서울: 나남, 2002): 215–248; 최은영, 최혜경, "성공적 노화 인식과 은퇴 기대가 은퇴 준비 행동에 미치는 영향," 「한국FP학회」 8.4 (2015): 27; 정순둘, 이현희, "가족 특성과 노후 준비의 관계," 「노인복지연구」 58 (2012): 213–214.

48) J. O. Sanders, *Spiritual Maturity* (Chicago, IL: Moody press, 1962), 191–192.

49) 박상철, 『노인의 사회역할 상실에 다른 대안적 교육목회』 (서울: 한국학술정보, 2006), 180.

50) 임창복, 『노인기독교교육』 (서울: 한국장로교출판사, 2014), 314–315.

51) Erik H. Erikson, *Child Education Society* (New York: Norton & Company, Inc., 1963), 268–269.

52) 홍현방, "생산활동 수준이 성공적 노화에 미치는 영향. 노인복지연구," 「노인복지연구」 29 (2005): 207–208.

53) 신미식, "한국 노인의 임파워먼트를 위한 노인교육 활성화 방안," 「한국동북아논총」 73 (2014): 269–290.

더 읽을거리

신미식. "한국 노인의 임파워먼트를 위한 노인교육 활성화 방안: 비판적 노인교육을 통한 노인 임파워먼트의 가능성과 대학의 역할."「한국노년교육학회 학술대회 자료집」(2017): 269–290.

최운실 외. 『노인교육론』 파주: 양서원, 2017.

최희경. "고령친화도시 추진에 있어 지역사회와 노인의 주도적 참여에 관한 연구."「비판사회정책」 52(2016): 83–114.

Lengrand, P. *An Introduction to Lifelong Education*. London: Croom Helm, 1970.

Strawbridge, W. J., M. I. Wallhagen and R. D. Cohen. "Successful Aging and Well-being Self-rated Compared with Rowe and Kahn." *The Gerontologist* 42.6 (2002): 727–733. "The Global Network for Age-friendly Cities and Communities." WHO. Accessed June 1, 2020. from http://www.who.int/aging/projects/age-friendlycities-communities/en/.

08

기술혁명 시대의 탈인습적 기독교교육[1]

● 김형희 ●

1. 들어가는 말

기술의 혁명적인 발전으로 새로운 변화에 직면하는 현대 사회는 위기와 기회가 공존하는데 핵심적인 문제는 인간상이다. 기술 중심의 서구 사회는 도덕적 풍토가 흐트러지고 이전 보다 덜 정직하고 덜 도덕적인 삶에 봉착해 있다는 점이다.[2] 한국 사회의 학교와 교회에서도 치열한 입시 경쟁과 무한 경쟁 속에서 고통 받거나 소외되는 모습이 나타나며 배움과 성장의 열망은 시들고 일탈 등의 문제 행동이 확산하고 있다는 것이다.[3] 이에 대한 교회의 역할과 교육의 본질적 요소가 강화된 기독교교육이 필요한 시점이다. 하지만 교회와 학교는 무관심, 무지, 방관 혹은 무책임의 모습으로 일관하는 실정이다.[4] 특히 한국 사회가 고학력 사회가 되고 지식사회가 되고 기술사회가 될수록 도덕적으로 타락하는 아이러니가 발생하기에 한국 교육에 대한 반성이 필요한 시점이라고 진단한다. 인격 함양을 중시한 한국인의 덕성 교육의 전통적인 모습을 지식과 기술 중심의 교육으로 전환한 것이 문제라는 것이다.[5]

기술혁명 시대의 위기를 인식하고 기회를 선택하는 것이 필요한데 이것은 인간다움(사람다움)을 실현하는 교육과 연결된다. 새로운 인간상에 대한 논의는 물론 인격교육의 방향성을 제시하는 것이 필요한 시점이다. 따라서 본 연구는 기술혁명 시대의 탈인습적 기독교교육을 제시하는 것이 목적이다. 이것은 기술혁명의 흐름을 토대로 비인격화를 조명하고 새로운 인간성을 드러내는 기독교 인격교육을 탐구하는 시도이다. 즉, 기술과 인간의 진화적 흐름에 적응하고 중재하는 동시에 대안으로서 기독교 인격교육을 제시하는 것이다. 이를 위해 두 가지 질문을 제시하고 해답을 찾고자 하는데 첫째, '기술혁명 시대에 인격교육이 왜 필요한가?'에 대한 논의이며 둘째, '무엇을 어떻게 할 것인가?'에 대한 관점이다. 이것을 수행하기 위해 먼저 기술혁명 시대의 인격교육의 상황을 살피고 다음으로 신학적인 근거와 새로운 인간성을 탐구하며 마지막으로 기독교 인격교육의 방향성을 제시하고자 한다. 이것은 기술혁명 시대의 새로운 인간성을 제시하고 비인격의 문제를 해결하며 미래의 긍정적인 탈인습적 인격교육의 방안을 제시한다는 점에서 의미가 있다.

2. 기술혁명 시대의 인격교육의 상황

기술의 혁명적인 변화와 영향은 기술혁명 시대를 주목하는 이유이며[6] '기술혁명'의 용어는 '기술 패러다임'으로 대체가 가능하다.[7] 기술혁명 시대의 특징은 기계와 인간의 상관관계와 더불어 인격교육을 제시하는 데 중요한 요소이다. 기술 패러다임의 특징은 3가지로 제시되는데 '초지능성'(Super-intelligence), '초연결성'(Hyper-connectivity), 그리고 '초융합성'(Super-convergence)이 그것이다.[8] 기술 패러다임은 더욱 지능화되고 더욱 촘촘히 연결되며 더욱더 다양하게 융·복합적으로 결합한다. 기계는 인간을 모방하고 인격체처럼 진화하며 추월하려는 관성으로 움직임으로 기계가 중심으로 부상하는 사회에서 어떻게 인간은 인격의 의미를 유지하는지에 대한 논의가 필요하다. 이를 위해 인격의 의미, 인격교육의 역사와 상황, 그리고 한국의 인격교육의 현황과 도전을 살펴보고자 한다.

1) 인격의 통전적 의미

인격의 의미는 우리말 사전에서 "사람의 품격"으로 정의된다. "개인의 지(知), 정(情), 의(意) 및 육체적 측면을 총괄하는 전체적 통일체", "도덕적 행위의 주체로서의 개인"의 의미이다. 현대조선말 사전에서 인격은 "매 사람들이 갖추고 있는 사회적 인간으로서의 품격이나 자격"이다.[9] 하지만 인식론적으로 인격의 개념에 대한 보편타당한 정의는 부족한 실정이며 인간의 정체성과 인간다움을 실현하는 인격교육은 매우 필요한 연구과제이다. 동·서양의 철학적·신학적 인간학 연구는 '인간적인 것, 사람다움'을 인격의 핵심으로 제시한다.[10] 인격의 통전적 의미는 '사람다움(인간다움)'으로 제시할 수 있으며 본 연구는 우리말 표현으로는 일반적인 '인격'의 용어를 사용하고 영어는 기존에 사용되는 단어의 의미 혼용을 방지하기 위해 '사람다움'을 제시한다.

2) 동·서양의 인격교육의 역사

지금까지 진행되어 온 동 · 서양의 인격교육 역사와 상황으로서 이것은 인격교육의 뿌리와 의미를 살펴보는 중요한 과제이다. 먼저 동양의 인격교육은 선진유가(先秦儒家)와 원시유학(原始儒學)으로 표현되는 공맹(孔孟)의 가르침이 전승된 것이며 '인간다운 노릇을 하는 법식'이다.[11]이때 인격은 현인(賢人), 인자(仁者), 대인(大人), 성인(聖人), 군자(君子), 선인(善人), 지자(知者) 등의 '도덕군자'(道德君子)로 표현되어 덕행과 관련되어 사용된다.[12] 중요한 사실은 관찰 혹은 설명이 가능한 어떤 능력을 갖춘 사물, 대상, 관념으로 보지 않고 구체적인 정신 활동을 하는 순간에 수행자로서 나타날 수 있을 뿐임을 제시한 점이다. 선진유가의 인격론은 인간성 상실의 위기 속에서 대안으로 인간교육, 인성교육, 인격주의 교육을 제공할 수 있다는 점에서 의미가 있다.[13] 동양의 인격교육의 초점은 도덕교육에 있지만 완전무결한 결과물로 개인의 덕성을 보지 않았다는 데 시사점이 있다.

이에 반해 서양의 인격교육은 그 뿌리가 아리스토텔레스(Aristoteles)이며 도덕교육에 대한 영향력을 지속해서 제공한다. 특히 이 전통은 대체로 성경의 잠언에 제시된 헤브라이즘 전통과 충돌하기보다는 양립하며 가톨릭교회에 의식적으로 받아들여졌기에 그 영향력을 더해갔다고 할 수 있다. 하지만 이후 "덕은 직접적으로 가르칠 수 있는가?"의 논쟁이 촉발되었고 하트숀(Hartshone)과 메이(May)의 경험적 연구에서 부정적인 피드백이 제시된 이후에 1950년대까지 미국 학교에서 인격교육은 사실상 사라졌다는 점이다.[14] 이러한 배경에서 인격교육과 배려 윤리를 연결하는 논의가 진행된다.[15] 반면에 인류 역사와 전 세계 교육의 흐름 속에서 두 개의 큰 목적을 제시하는 연구를 살펴보면 학생들의 지적인 우수성과 도덕적으로 선한 사람이 되도록 돕는 역할로 여기에 인격이 필요하다는 점이다.[16] 학문 분야를 뛰어넘는 일상적인 가르침의 실천적 문제들까지 인격교육이 꼭 필요한 교육임을 제시한다. 그런데도 주목할 사실은 기계화로 설명되는 기술혁명은 인간지능과 맞먹는 인공지능이 '인간다움'에 도전장을 낸 사상 초유의 혁명이라는 점이다.[17] 인간의 이미지(image)에 변화를 요구하는 것이 기술혁명 시대인 것이다.[18]

이처럼 인격교육은 중요한 시점이지만 문제는 그 의미가 불투명하고 혼재되어 있다는 점이다. 한국인격교육학회는 '윤리'(ethics), '인성'(personality), '도덕'(moral/morality), '인격'(character) 등으로 사용되는 인격교육이 윤리 담론, 도덕 담론, 인성 담론, 인격 담론 등으로 표현되고 있음을 제시한다. 푸코(Michel Foucault)의 개념적 언표를 토대로 의미를 밝히면서 서구 문화권은 인격이 대체로 '캐릭터'(character)로, 일부분 '퍼스낼리티'(personality)로 사용되고 있음을 밝힌다. 그러나 이것은 우리 문화권에서 관습적으로 사용하는 '사람다움'의 인격과는 간격을 유지한다.[19] 그러므로 서구의 수입된 담론의 한계를 넘어서고 자생 담론으로 인격교육의 개념 설정과 교육이 필요하다는 것이다.[20] 그러므로 '사람다움'을 실현하기 위한 인격교육의 통합적 담론이 요청된다는 점이다.

3) 한국의 인격교육의 현황과 도전

이러한 시점에서 한국의 인격교육의 현황과 도전의 문제를 살펴보는 것이 필요하다. 치열한 입시 경쟁, 기계적인 문제 풀이, 단편적인 지식 암기, 숨 막히는 무한 경쟁, 배움에 대한 열정 감소, 일탈과 문제가 있는 행동의 확산, 공동체의 무관심과 무지, 무책임과 방관 등은 한국 교육의 위기는 물론 인격교육 부재의 현주소를 보여준다.[21] 고학력 사회와 기술사회를 살고 있지만 지식 중심과 기술 중심의 교육을 넘어서는 인격교육이 필요한 것이다.[22] 기술혁명 시대의 패러다임을 분석하면 여전히 시대가 원하는 창의적 인재상을 포함하는 '사람다움(인간다움)'을 강조하는 교육이 중요하다는 점이다.[23]

이상에서 알 수 있듯이 기술혁명 시대에 인격교육은 매우 중요한 논의이며 이를 토대로 기독교 인격교육에 대한 방향성이 필요한 시점이다. 이것은 기술혁명 시대의 인간에 대한 통합적인 사고를 통해 시대가 요구하는 인간상을 포함하는 동시에 기독교가 지향하는 인간상을 제시하는 것이다. 이것을 통해 기술혁명 시대를 살아가는 사람들과 공동체가 분명한 정체성을 가지고 교육의 기회와 가능성의 장을 마련할 수 있다.

3. 기술혁명 시대 인격교육의 신학적 근거

기술혁명 시대에 필요한 인격교육의 신학적 근거를 살펴볼 때 세 가지 관점의 논의가 필요하다. 먼저 기술혁명 시대의 인간 경험에 대한 현상학적 이해이며 다음으로 성서와 기독교 전통을 토대로 비판적 상관관계를 시도하는 것이며 마지막으로 이를 통해 기술혁명 시대에 제시될 수 있는 새로운 인간상을 제시하는 것이다.

1) 기술혁명 시대의 인간 경험에 대한 이해

기술혁명 시대의 경험을 토대로 인간 이해를 살펴보면 세 가지 관점으로 나타낼 수 있는데 기술의 혁명적인 발전으로 인한 인간의 관점 변화, 포스트 휴머니즘과 그에 따른 유형들, 그리고 탈기계적 인간 이해의 관점이다. 먼저 기술의 발전은 인간상에 중요한 변화를 초래한 것이 사실인데 생명공학과 관련된 복제 인간, 사이보그 공학으로 인한 기계화된 인간, 그리고 비유기물 공학의 발전으로 인한 인간화된 기계이다.[24] 인공지능의 발달로 인간-기계가 결합한 '혼종적 존재'(the hybrid)인 '사이보그화'(cyborgization)가 진행되며,[25] 이것은 인간을 초월하는 시점인 '특이점'을 제시한다.[26] 또한 기술은 시장의 흐름을 변화시켜서 포노 사피엔스(phono-sapiens) 문명의 도래를 알리며,[27] 코로나 이후 시대의 도전을 포함한다.[28] 소비자에게로 이동한 권력의 속성과 흐름을 보여주는 새로운 문명이지만 그 안에 '사람'이 있음을 제시한다.[29] 기술혁명의 흐름은 인간에 대한 관점이 변해왔음을 제시하지만, 기술혁명과 시장혁명의 중심에는 다양한 유형으로 표현되는 인간이 있는 것이다.

다음으로 살펴볼 수 있는 것은 포스트 휴머니즘과 그 유형에 대한 논의로 인간은 기술의 발전과 함께 끊임없이 진화된 것이 사실이다. 이것은 휴머니즘(humanism), 트랜스 휴머니즘(trans-humanism), 포스트 휴머니즘(post-humanism)으로 표현된다. 먼저 휴머니즘은 인간중심주의(anthropocentrism)를 표방하는 근대주의의 산물로 유럽의 백인을 특정한다는 점에서 유럽 중심적이며 제국주의적인 면모를 지닌다.[30] 반휴머니즘은 휴머니즘에 대해 반동으로 나온 것으로 유럽 백인 남성을 주요 모델로 상정하는 보편주의를 거부하며 부정적 역사에 저항하고 그 행위를 비판한다.[31] 이것은 다양한 담론과 운동들에 영향력을 미치는 강점이 있음에도 인간에 대한 근본적이고 철저한 사유를 시도하지 않는 약점이 있다.[32] 반면에 급진적인 트랜스 휴머니즘은 휴머니즘의 특징을 확대하고 인간의 한계를 넘어서는 데 관심을 둔다.[33] 하지만 이것은 기술 담론의 허세(technological bluff)를 보여주며, 실질적인 유효성과 상관없이 긍정적인 수용의 태도를 나타낸다. 트랜스 휴머니즘은 시장 만능주의와 더불어 더욱 불평등한 사회를 촉발할 수 있는 약점이 있기에 새로운 인간상에는 한계를 지닌다.[34] 포스트 휴머니즘은 후기구조주의(post–structuralism)와 포스트모던(post–modern)의 관점에서 논의를 시작하는데 휴머니즘과 반휴머니즘(anti–humanism)의 대립 종식은 물론, 더욱 새롭고 긍정적인 대안을 마련하는 관점에서 담론을 진행한다.[35] 포스트휴먼은 기존의 '인간–인간'의 관계의 범주를 벗어나서 '반인간(anti–human), 비인간(inhuman), 인간–아님(non–human)' 등을 포함하므로 인간이 '탈중심화' 될 가능성이 있다. 그런데도 '인간과 인간', '인간과 비인간'의 이분법적 관계를 극복하고 새로운 인간상을 제시하는 논의의 중심이 될 수 있다.

마지막으로 탈기계적 인간 이해의 관점으로서 기술혁명 시대의 인간 경험은 어떤 인간상을 요구하고 있는가를 살펴보는 것이다. 기술혁명의 흐름은 '증기기관'으로 제시되는 제1기계시대를 넘어서 '인공지능' 중심으로 표현되는 제2기계시대가 되었음을 보여준다.[36] 하지만 기술 지배적 사회의 심층부로 들어가면 사람 지배적 사회를 나타내며 기술과 사람이 조화를 이루고 과학과 인문학이 균형을 이루는 융복합의 시대인 것이다.[37) 기술혁명 시대의 흐름은 기계가 인간을 점점 닮아가며 서로 공생의 길을 모색하기에 더욱 인간다움을 추구하는 것은 인간의 중요한 과제이다. 이것은 기술혁명 시대의 특징인 초지능, 초융합, 초연결을 포함하는 동시에 인격의 요소로 제시되는 지(知), 정(情), 의(意)의 관점을 통해서 '사람다움(인간다움)'을 확보하는 것과 연결된다. 기계와 인간이 경쟁하지 않으며 공생하는 동시에 공존하는 것을 지향하도록 '초지능'은 '통찰'로[38) '초연결'은 '소통'으로[39) '초융합'은 '공감'으로[40) 나아가는 것이다. 탈기계적 인간 이해를 통해 바람직한 인간 공동체의 자아상을 구축할 수 있는데 소통적 자아, 공감적 자아, 통찰적 자아이다. 이것을 통해 기술혁명 시대의 기계와 인간은 경쟁 대신에 공생하면서 보다 인간적인 모습을 확보할 수 있다.

2) 성서와 기독교 전통을 통한 인간 이해

성서와 기독교 전통을 통해 삼위일체론적 인간 이해를 세 가지 관점으로 살펴볼 수 있는데 삼위일체론의 의미와 의의, 삼위일체론이 진행되어 온 역사적인 과정, 그리고 탈인습적인 인간 이해를 포함한다. 먼저 삼위일체론의 의미와 의의는 중요한 기독교교육의 과제인데 삼위일체론(theory of the Trinity)은 역사적 · 성서적 · 신학적인 핵심 주제인 동시에 독특한 신적 담론이다. 삼위일체론은 하나님의 세 위격이 동등하고 일치한다는 것으로 고린도후서 13장 13절, 마태복음 28장 19절을 포함한 다양한 본문에서 유추된다.[41) 삼위일체론은 역사적으로 4세기(319년) 아리우스 논쟁으로 인해 교회의 공식적인 입장이 되었는데 현대 신학의 흐름을 주도하는 신학자들은 기독교를 구별하는 특성으로 제시한다. 바르트(Karl Barth)는 삼위일체가 다른 종교의 모든 신에 대한 교리와 계시 이해와 차별적으로 기독교적인 것을 구별한다고 보며[42] 몰트만(Jürgen Moltmann)도 다른 종교와 구별되는 요소로 삼위일체를 제시한다.[43] 특히 최근의 삼위일체론 연구는 신론에 대한 '신학적 해석'을 넘어서 기독교인의 '실천적 삶'에 연계하려는 시도로 나타난다.[44] 기독교의 독특한 교리를 넘어 인간 공동체의 삶의 규범이 되고 해방적 관심을 이해하고 규명하는 기본적인 설명 체제의 핵심이라는 점이다. 상호관련성을 용납하지 않는 이기주의적 개인주의, 인간의 평등성을 거부하는 이념적 차별주의, 상호주관적 가치에 대한 수용을 허락하지 않는 배타적 폐쇄주의를 비판적으로 성찰하고 탈인습적 기독교교육의 가능성을 드러내는 것이다.[45]

다음으로 삼위일체론의 역사와 진행 과정을 살펴보면 두 가지 큰 흐름으로 전통적(교리적) 삼위일체론과 사회적 삼위일체론이 제시된다. 전통적(교리적) 삼위일체론을 보면 서방교회는 '세 위격의 통일성'을 강조하고 동방교회는 '세 위격들 간의 한 실체'를 강조한다. 서방교회의 신학적 전통을 계승하는 바르트는 제1차 세계대전의 실상을 경험하며 인간 이성의 무능함과 사악함을 통찰하고 '하나님 말씀의 신학'을 제시한다.[46] 바르트는 삼위일체 하나님이 서로의 관계성 안에서 입체적으로 함께 행동하고 공존하는 것으로 본다.[47] 이것은 교리적 차원에서 진행된 '신학적 해석'을 넘어 그리스도인들의 '실천적 삶'과 연계하는 시도이다.[48] 반면에 몰트만은 바르트의 관점에 대한 비판적 성찰과 수용을 포함하면서 동방교회의 삼위일체론과 대화를 시도하면서 사회적 삼위일체론을 제안한다. 몰트만의 관점은 성서에 뿌리를 두면서 시대적 요청에 적절히 대응하는 시도이다.[49] 사회적 삼위일체론은 '세 위격의 사귐'(gemeinschaf)으로서의 하나님의 일체성을 강조하는 동시에 동방교회 전통의 페리코레시스적 개념으로서 성부 하나님과 성자 예수 그리스도, 그리고 성령의 영원한 순환적 관계로 이해한 것이다. 삼위일체 하나님은 공동체로 존재함은 물론, 생명력 있는 공동체적 원형으로서 인간 공동체에 규범적 원리를 제시한다.[50] 특히 김현숙은 몰트만의 사회적 삼위일체론을 비판적으로 성찰하면서 탈인습적 신관을 추론하는데 관계성(relationality), 개방성(openness), 평등성(equality)의 특징으로 나타난다. 여기서 주목할 점은 탈인습적 신관은 바람직한 인간 공동체의 특징을 규명하고 새롭게 인간상을 정립하고 교육할 가능성을 제공한다는 점이다.[51]

마지막으로 탈인습적 인간 이해인데 성서와 기독교 전통을 통해 본질적인 인간상을 탐구하는 점이다. 몰트만의 사회적 삼위일체론을 통해 추론된 탈인습적 신관은 새로운 인간상을 제시하며 교육하는 방향성을 제공한다. 삼위일체론적 인간 이해는 탈인습적인 자아상을 구현하는 중요한 관점을 제공한다. 우선, 관계적 자아는 계몽주의로부터 강조된 개인주의적 자아개념을 극복하는 동시에 공유적 삶의 형태를 구성하도록 만드는 자아이다. 또한 평등적 자아는 인간의 개별성을 존중하면서 타인과의 공유적 삶을 평등하도록 유지하는 동시에 서로를 존중하도록 하는 당위성에 대해 스스로 인정하는 자아이다. 개방적 자아는 개별적인 자아를 넘어서 타인의 관점을 존중하는 '상호주관성'을 획득한 자아이다. 그러므로 삼위일체론적 인간 이해의 관점은 자신과 타인의 상호주관성을 인정하는 것이 필요한 사회생활에서의 대화를 필요조건으로 삼아야 함을 드러낸다.[52)]

3) 탈기계적·탈인습적 인간 이해

기술혁명 시대의 인간 경험은 성서와 기독교 전통의 비판적 상관관계를 통해서 새로운 인간상을 제시할 수 있다. 이것은 탈기계적 · 탈인습적 인간 이해의 인격적 통섭을 의미한다. 먼저 인간 경험과 성서와 기독교 전통의 인간 이해에 대한 비판적 상관관계(critical correlational method)의 시도는 기술혁명 시대의 인간상을 새롭게 재구성하고 교육적 대안을 마련하는 근거가 된다.[53)] 인간 경험과 성서와 기독교 전통의 비판적 상관관계는 기독교적 가치에 기반을 둔 인간상, 형이상학적 · 초월적 성찰의 인간상, 상호 질문과 대답의 인간상, 인간 경험으로 재형성되는 기독교 텍스트의 인간상, 기독교 텍스트로 인해 재형성되는 인간 경험의 인간상이다.[54)]

다음으로 이러한 논의를 기반으로 기술혁명 시대 새로운 인간상의 모습을 볼 수 있다. 우선, 기독교적 가치를 토대로 과거를 반성하며 미래를 예견하고 개인의 정신과 신체를 포함할 수 있는 인간상이 필요하다. 또한 형이상학적 · 초월적 성찰을 기반으로 인간은 동물과 기계와 구별되는 동시에 공생과 공존을 추구하면서도 기술혁명 시대의 다양한 문제들을 해결하는 존재라는 점이다. 그리고 상호 질문과 대답의 관점에서 기술 · 시장 중심의 패러다임이 아니라 무엇보다 인간이 중요한 존재임을 알 수 있다. 또한 인간 경험으로 재형성되는 기독교 텍스트를 토대로 인간상을 살펴보면 기술혁명은 신흥종교인 기술 인본주의는 물론 데이터교의 출현을 예견함에도 인간은 우주 만물과 조화를 이루면서 변화, 혁신, 갱신, 변혁, 구원, 조화를 추구해 온 것이 사실이다. 그리고 기독교 텍스트로 인해 재형성되는 인간상을 보면 사회적 삼위일체와 탈인습적인 신관은 신적 공동체의 모형을 통해서 인간 공동체의 삶의 규범을 제시함은 물론 사적 영역을 넘어서 공적 영역의 차원으로 역할이 확대될 수 있다는 것이다.

이러한 관점을 토대로 할 때 기술혁명 시대에 적합한 새로운 인간상은 '창조적 인간'으로 '호모 크레토스'(Homo Creators)로 제시할 수 있다. '크레토스'의 의미는 '창작자', '설립자', '창조자'로 기술혁명 시대의 신적인 창조성(creativity of Divinity)을 제시하는 공동체적 존재를 표현한다. 이때 '크레토스'는 '크리에이터스'로 발음되는 동시에 다양한 영역에서 창조적 콘텐츠를 만들고 창조적 임무를 수행하는 다양한 직종과 다양한 직업으로 일반화된 용어이다. 본 연구는 같은 영어 단어를 사용함에도 의미의 구별을 위해 '크레토스'로 표현한다. 크레토스는 기술력과 상상력이 결합한 창의성과 공동체적 존재로서의 창조성을 포함한다. 이때 한국어 발음이 같은 크레토스(kletos)는 칼레오(kaleo)에서 파생된 형태로 '소명을 받다'의 의미이며 하나님의 소명으로 세상을 살아가는 창조적 인간의 의미로 확장된다. 아감벤(Giorgio Agamben)의 사상과 의미를 모두 수용하거나 차용하지는 않지만 크레토스의 폭넓고 깊은 의미는 창조적 인간의 정체성을 규명하며 자아 개념을 회복하는 중요한 역할을 보여준다.[55]

창조적인 인간의 정체성은 탈기계성(post-mechanity)과 탈인습성(postconventionality)의 대화 패러다임을 통해 제시할 수 있다. 탈기계성이 기계와 기계성의 틀을 극복한다면 탈인습성은 인습과 인습성의 틀을 넘어서도록 한다. 이때 탈기계적 자아정체감은 통찰성(insight), 소통성(communication), 공감성(sympathy)의 원칙으로 기독교적 자아정체감을 재구성하도록 돕는다. 또한 탈인습적 자아정체감은 개방성(openness), 평등성(equality), 관계성(relationality)의 원칙으로 기독교적 자아정체감을 재구성한다. 이때 탈기계적 기독교 자아정체감과 탈인습적 기독교 정체감을 만드는 대안으로 대화 교육을 제시할 수 있다.[56] 그런데 이것은 급변하는 기술혁명 시대에서 '사람다움(인간다움)'의 인격을 확립하도록 자신의 한계를 초월하여 교회와 사회 속에서 기독교적 실천과 헌신을 이룰 수 있도록 한다. 특히 탈기계적 · 탈인습적 대화 교육의 원리를 통해서 제시되는 기독교교육의 형태는 '창조적 인간'으로 표현되는 '호모 크레토스'(Homo Creators)로 하여금 하나님 · 인간 · 세상 · 자연 속에서 기술 혹은 기계와도 바람직한 관계를 형성하며 조화로운 삶으로 나아가도록 돕는다. 즉, 기술혁명 시대에도 '사람다움'으로 표현되는 창조적 · 통합적 인격교육을 지향할 수 있음을 제시하는 것이다.

4. 기술혁명 시대의 탈인습적 기독교교육의 방향성

1) 교육목적과 목표

기술혁명 시대의 탈인습적 기독교교육을 위한 교육목적은 기술 패러다임의 변화 및 필요에 적응 · 중재 · 대안을 제시하는 창조적 인간으로서 '호모 크레토스'(Homo Creators)를 지향하고 양육하는 것이다. 이것은 '사람다움'을 실현하도록 하는 인격교육의 중요성을 나타내는 동시에 탈기계적 · 탈인습적 패러다임의 인격적 대화로 탈기계성 · 탈인습성의 자아정체감을 회복하도록 만든다. 특히 이것은 급격한 기술 패러다임의 사회 변화 속에서 개인의 종교적 지속성(continuity)과 일관성(consistency)을 견지하며 타인과 순수한 대화적 관계를 통해 한계를 넘어서며 세계 속에 참여하고 소명과 신앙 성장과 복음 증거의 헌신을 활성화한다.[57]

특히 21세기는 통합의 시대이므로 기존의 지식을 활용하고 통합하는 동시에 혁신적인 새 지식을 창조함으로써 지식 대통합이 되도록 분야를 넘나들며 창조적 사고를 배양하도록 만든다. 창조적인 프레임 안에서 경험을 변형하고 지식을 통합하는 창조적인 인간들이 더욱더 우리를 인격적인 세계로 이끌기 때문이다.[58] 이러한 관점에서 기술혁명 시대의 탈인습적 기독교 인격교육의 목적은 창조적 인간상으로서 '호모 크레토스'를 지향하고 양육하는 것이다.

이때 교육 목표는 창조적 인간의 양육을 위해 사람다움의 기독교교육을 진행하도록 이끈다. 효율적인 이해를 위해 '크레토스'(CREATORS)의 용어로 특성을 살펴본다면 '창조성, 관계성, 평등성, 개방성, 통찰성, 소통성, 공감성, 통합성'으로 표현할 수 있다. 이때 창조적 인간으로서 호모 크레토스의 인격교육을 지향하는 목표는 기독교교육학의 중요한 요소인 소명, 신앙 성장, 복음 증거와 연계된다. 이것은 창조적 · 소명적 질문을 던지고 함께 대화하며, 창조적 통섭으로서 탈기계적 · 탈인습적 패러다임의 인격적 대화를 진행하고 창조적 통합으로서 학제간 대화를 포함함으로써 창조적인 문제해결을 시도한다. 즉, '호모 크레토스'의 해석 능력을 강화하는 동시에 탈기계적 · 탈인습적 자아정체감을 형성하고 기독교 신앙과 책임적 삶을 연결함을 통해 개인은 물론 교회 공동체와 사회와 세상의 모든 영역 속에서 마주치는 다양한 문제들을 창조적으로 해결하도록 돕는다.

2) 교육 내용

기술혁명 시대의 탈인습적 기독교교육에 포함되는 교육 내용은 탈기계적 · 탈인습적 인격 대화로서 창조적 인간의 성장을 지향한다. 먼저, 관계적 · 소통적, 평등적 · 공감적, 개방적 · 통찰적 인격 대화이다. 관계적 · 소통적 인격 대화 교육은 학습자에게 탈기계적 · 탈인습적 관계와 소통을 진행하도록 하며 서로의 의견을 소통하면서 문제해결을 시도하는 대안을 통해 함께 합의에 이르게 한다. 또한 평등적 · 공감적 인격 대화 교육은 학습자들이 동등한 인간임을 확인하는 동시에 상호 신뢰를 바탕으로 타자와의 관계를 통해 공감을 이루는 방식이다. 그리고 개방적 · 통찰적 인격 대화 교육은 개방적이고 통찰적인 사고를 통해서 학습자들이 선입견, 특정한 신념, 편견, 왜곡된 가치관을 지양하고 개방성 가운데 공동선을 향해 노력을 기울이도록 돕는다. 이러한 창조적 대화의 과정으로 '사람다움'의 모습을 이해하고 성장과 성숙으로 나아갈 수 있도록 제시한다.

다음으로 창조적 인간의 성장을 지향하는 대화 교육이다. 기독교 인격교육은 창조적 대화가 실현되는 해석의 현장이며 이때 소명적 질문은 인격적 성장 · 성숙과 더불어 복음 증거로 연결될 수 있다. 현대 시대는 자본주의의 황혼이 언급되며 기술 자본주의와 생명 자본주의 패러다임 전환의 필요성이 언급되는 때이다.[59] 이때 창조적 인간의 대화 교육을 위해서는 창조적 이슈가 중요하다. 실화를 배경으로 하는 '프리덤 라이터스 다이어리'(Freedom Writer's Diary)는 군사적 기술 경쟁이 절정으로 치닫던 세계대전 속에서 살았던 인물과 현재 살고 있는 학생들의 연관성을 통해서 그룸(Thomas H. Groome)이 제시하는 공유적 프락시스의 해석의 틀로 이해될 수 있다.[60] 또한 기독교 신앙의 관점에서 세월호 사건의 재해석을 통한 창조적인 대화가 진행될 수 있다.[61] 기술혁명의 급속한 발전 이면에 인간의 무능력 혹은 인간다움(사람다움)의 상실이 공존하고 있지만 소중한 생명의 가치를 해석의 틀로 바라볼 수 있는 창조적 인간, '호모 크레토스'의 응답과 도전을 보여줄 수 있기 때문이다. 상호 질문과 대답으로 진행되는 인격적인 대화를 통해 더욱 '사람다움(인간다움)'의 모습을 지향하고 성장할 기회가 되는 것이다.

3) 교육 방법

(1) 에듀테크를 활용하는 대화 교육

교수 학습 과정의 역사를 살펴보면 다양한 영역에서 협동 · 협업을 지향하는 융복합교육과 같은 다양한 교수법이 개발되고 진행되고 있다.[62] 그런데 기술혁명 시대의 기계와 인간의 공생적인 관점에서 다양한 에듀테크(EdTech: education technology)의 활용이 가능하다. 예를 들면, SAMR 모델처럼 향상과 변혁을 지향하는 대체(substitution), 보강(augmentation),

변형(modification), 재정의(redefinition)의 형태이다. 이것은 기술의 진보를 통해 이전에 상상할 수 없던 새로운 기능을 발휘되는 다양한 유형의 변화를 설명한다.[63] 또한 기술적 에듀테크와 인지심리학의 메타인지를 통해 창의적 교수 학습 방법을 제안할 수 있다. 메타인지(metacogniton)는 '내가 안다고 믿는 것을 다시 비춰주는 내면의 거울'로 '인지에 대한 인지'(cognition about cognition)와 '생각에 대한 생각'(thinking about thinking)으로 설명된다.[64] 이것은 수단–목적 프레임의 통념을 넘어서 '메타인지 역량을 키우는 과정이 바로 배움의 과정'임을 알도록 하는데 자기 조절 능력(control)과 자기 평가 능력(monitoring)은 중요한 요소이다.[65] 예를 들어, 에듀테크를 활용한 교수 방법을 시도하여 창조적 인간의 자아상을 실현하는 학습 방법을 구성할 수 있다. 먼저, 다양한 에듀테크를 제안하고 자신이 원하는 것들을 선택한 후에 그 기술들이 창조적 인간의 자아상을 구성하도록 만들고 발표하게 한다. 이런 방식을 다양하고 평범한 대상을 선택하여 적용하면서 같은 상황에서 말의 간격이나 시간과 순서의 변화를 주면서 인격적 교육의 차이를 살피는 것이다. 이와 같은 방식을 통해 창조적인 인간으로서 '사람다움(인간다움)'의 소명적 삶을 설계함은 물론 인격적 대화를 통해 구체화하는 방법을 경험할 수 있다.

(2) 대화형 튜터링 시스템(DBTS)을 활용한 공유적 프락시스

인공지능을 활용한 교수 학습 방법으로는 에듀테크(EdTech: education technology)와 더불어 AIED(artificial intelligence in education, 교육 분야의 인공지능)가 있다.[66] 교육 분야의 인공지능(AIED)을 사용할 때 윤리적인 문제는 충분한 연구가 필요한 가장 중요한 부분이다. 특히 데이터를 수집하고, 무시할 데이터를 결정하며 데이터의 소유권과 데이터와 연관된 프라이버시 등의 윤리적 이슈를 검토하는 것이 필요하다.[67] 이러한 관점에서 교육 분야의 인공지능을 활용할 때 지능형 튜터링 시스템(ITS)과 대화형 튜터링 시스템(DBTS), 그리고 탐구학습 시스템, 에세이 자동피드백과 채점, 지능형 튜터링 시스템+ 등을 제안할 수 있다. 이때 대화형 튜터링 시스템(DBTS: Dialogue-Based Tutoring System)은 선호도가 가장 높으며 CIRCSIM과 오토 튜터(AutoTutor), 그리고 왓슨튜터(Watson Tutor) 등이 있다.[68] 특히 오토튜터(Auto Tutor)는 가장 영향력 있는 DBTS(Dialogue-Based Tutoring System)인데, 멤피스 대학교(University of Memphis)를 통해 개발된 오토튜터는 교수와 학생의 대화를 가상으로 구현한다. 이때, 오토튜터가 보여주는 교수 모델(pedagogy model)은 소크라테스의 대화법의 원리를 토대로 교실에서의 개인지도 방법으로 구성한 것이다.[69]교육 분야의 인공지능 중에서 대화형 튜터링 시스템(DBTS)을 활용하고 기독교교육 교수 방법론 중 그룹의 '공유적 프락시스'를 활용하여 기독교 인격교육을 시행할 수 있다. 예를 들면, '엠마오로 가는 두 제자의 이야기'(누가복음 24:13-34)와,[70] 오토튜터의 교수 모델을 활용하여 '대화형 튜터링 시스템(DBTS)의 공유적 프락시스'를 제시하는 것이다. 이러한 방식은 그리스도인으로서 지식적 앎은 물론 실천적 삶을 이해하는 중요한 다리가 될 수 있다.[71] 오토튜터와 토마스 그룹의 공유적 프락시스를 활용하여 대화형 튜터링 시스템을 활용한 공유적 프락시스를 아래와 같이 제시할 수 있다.

〈표 1〉 대화형 튜터링 시스템(DBTS)을 활용한 공유적 프락시스[72]

대화형 튜터링 시스템(DBTS)을 활용한 공유적 프락시스		
①	오토튜터	**〈주질문〉** 예수의 제자였던 두 사람이 엠마오로 돌아가는 길에 있고, 한 사람을 만났다고 해요. 그 사람들은 무슨 이야기를 할까요? 그리고 그렇게 생각하는 이유도 설명해 주세요.
	학습자	두 사람은 지나간 이야기를 하면서 계속 함께 걷고 있어요.
	오토튜터	**〈추가 정보 요구〉** 내 생각에는 당신이 좀 더 설명할 수 있을 거 같은데요.
	학습자	예루살렘에서 일어났던 '나사렛 예수의 일'인디요. '죽음에 관한 대화'에 관해서 이야기할 거 같아요.
②	오토튜터	**〈힌트〉** 두 사람이 볼 때, 예수는 어떤 사람일까요?
	학습자	제자들에 의하면 예수는 선지자로 말할 거 같아요.
③	오토튜터	두 제자를 만난 한 사람은 성경의 이야기를 꺼내는데요. 무슨 이야기를 할까요?
	학습자	성경의 내용은 뭐죠?
	오토튜터	**〈답〉** 제가 설명해볼게요. 그 사람은 성경의 이야기를 매우 솔직하게 풀어주고 있는데요. 성경에서 말한 예수가 구세주라는 거예요.
④	오토튜터	**〈힌트〉** 자, 다시 한 번 해보죠. 세 사람은 이야기를 나누면서 어떤 변화가 일어나고 있나요?
	학습자	뭔가 눈이 밝아지고 가슴이 뜨거워지는 경험을 하고 있어요.
	오토튜터	**〈짧은 피드백〉** 잘했어요.
	오토튜터	**〈힌트〉** 두 제자는 만난 사람을 누구라고 생각하나요?
	학습자	예수라고 느끼고 있어요.
⑤	오토튜터	**〈확인 질문〉** 이걸 해보죠. 두 사람은 엠마오로 가고 있었죠? 두 사람은 이제 어떤 방향으로 가고 있나요? (만화 인물은 학습자에게 무엇인가를 표현하기 위해서 반대 방향으로 손동작을 한다)
	학습자	반대 방향이요.
	오토튜터	**〈힌트〉** 반대 방향은 어디를 말하는 것인가요?
	학습자	예루살렘이요.
	오토튜터	**〈짧은 피드백〉** 맞아요.
	오토튜터	**〈완료〉** 이 이야기를 들으면서 경험한 것이 있나요?
	학습자	예수를 만나는 지점이 유턴(U-turn)의 지점이에요.

	오토튜터	**〈짧은 피드백〉** 맞아요.
		〈추가 질문〉 혹시 이 이야기를 통해 느낀 점이 있다면 무엇인가요? 그것을 말해줄 수 있나요?
	학습자	저도 유턴해야 하는 지점이 있는 거 같아요. (…중략…) 이것을 통해 제가 느낀 것은… (생략)

4) 교사와 학습자

기술혁명 시대의 탈인습적 기독교교육에서 교사는 '탐구자, 개척자, 해석자'로 제안할 수 있다. 먼저, 교사는 탐구자로서 지식의 제반 분야에 대해서 진지한 관심으로 통합을 시도하며 중요한 단계에서는 지식 활동을 활용 혹은 제어할 수 있도록 근본적인 관련성을 인지하고 파악한다. 또한 교사는 개척자이며 더욱 광범위한 지식 활동에 참여하고 탐구 활동은 물론 새로운 것에 대한 개척을 시도하며 현재의 모습보다 더욱 수준 높은 기술에 접근한다.[73] 뿐만 아니라 교사는 해석자로서 감각, 이성, 감정, 분석, 가장 광범위한 지식의 이해력을 통합하고자 분투한다.[74]

반면에 학습자는 '창작자, 개척자, 해석자'로 제시될 수 있다. 먼저, 창작자로서 학습자는 지식의 제반 분야에 관한 관심으로 무엇인가를 새롭게 만드는 창작 활동으로 창의성을 실현한다. 또한 학습자는 개척자로서 기존의 지식에 대한 창의적인 활용은 물론 새로운 지식 활동에 참여하고 도전하면서 통합적인 사고를 이루어낸다. 이때 해석자로서 학습자는 교사와의 만남을 통해서 상호 질문하고 대답하면서 해석의 과정을 거친다. 이때 교사와 학습자와 함께 해석을 통해 연결된 존재이다.[75]

특히 교사와 학습자는 기술혁명 시대를 더불어 살아가는 창조적 인간으로 '호모 크레토스'이다. 이때 예수는 롤 모델로 중요하게 설정되는데 배우는 모습을 강조하고 대화적 자세와 자립적 태도로 교육에 참여하는 모습을 제안한다.[76] 이러한 과정을 토대로 교사와 학습자는 관계적이며 소통적인 인간, 평등적이며 공감적인 인간, 개방적이며 통찰적인 인간으로서 성장해 가며 '인간다움(사람다움)'을 실현하는 것이다.

5) 교육 환경과 평가

기술 패러다임의 관성을 따라 움직이는 기술혁명 시대는 교육 환경의 변화가 뚜렷함으로 세 가지 관점이 요청된다. 첫째, 교육 환경의 변화를 인식하는 동시에 기술을 적극적으로 활용하는 시스템적 접근이다. 둘째, 오프라인(offline)과 온라인(online)의 이분법이 아닌 통합적 사고가 실현되는 교육 환경을 조성하는 것이다. 더구나 기술 패러다임과 더불어 팬데믹(pandemic)과 그 이후의 상황 속에서 온라인과 오프라인의 균형은 더욱 실제적이며 구체적으로 요구받고 있는 것이 사실이다. 아날로그(analogue)와 디지털(digital)이 조화롭게 결합하는 디지로그(digilogue)의 형태가 보편화한 것이다.[77] 따라서 교수자와 학습자를 인식하고 역할을 제시하는 동시에 기술적으로 변화된 교육적 환경에 대한 투자는 간과할 수 없는 문제이다. 셋째, 인격적인 대화 가능성이 진행되는 교육 환경을 중시하는 것이다. 물론, 인격교육은 특정한 장소에 제한을 두지 않으며 기독교 신앙의 앎, 실천적 삶의 형태, 소명과 가치에 대한 요소는 교회 안팎을 구분하지 않는다. 그러므로 기독교교육의 환경 범위를 폭넓게 설정하는 것이 필요하며 종교교육과 일반교육의 차원까지 의미 · 가치 영역의 확대가 가능하다.

특히 교육 평가는 교육의 장 · 단점을 규명하는 것은 물론 가감해야 할 영역을 볼 수 있어서 중요하다. 세 가지 부분에서 교육을 평가할 수 있는데 첫째, 학습자 자신의 평가이다. 기독교교육의 중요한 목표인 '소명, 신앙 성장, 복음 증거'를 고려하여 소명적 질문, 탈기계적 · 탈인습적 패러다임의 인격적 대화, 그리고 창조적인 문제해결을 시도한 것을 평가하는 것이다. 예를 들면, 0부터 10까지 각각의 성과를 계량화하고 구체적인 이유를 글로 써 보는 것이다. 둘째, 또래 공동체의 형성을 시행하면서 평가할 수 있다. 교육 방법의 내용을 토대로 창조적인 대화 이슈를 분별하고 찾아내며 인격적 대화를 통해 해석하는 공동체의 모습을 평가하는 것이다. 일례로, 0부터 10까지 각각의 성과를 계량화하고 구체적인 이유를 제시하며 관계적이며 소통적인 인격적 대화, 평등적이며 공감적인 인격적 대화, 그리고 개방적이며 통찰적인 인격적 대화가 가능한 해석의 공동체가 세워졌는지를 보는 것이다. 셋째, 창조적인 문제해결 과정으로 설정한 교육 목표를 측정할 수 있다. 이때 개인, 교회 공동체, 사회, 세상의 영역에서 마주할 수 있는 이슈를 개발하고 해석 역량을 강화하는 동시에 탈기계적 · 탈인습적 자아정체감을 토대로 기독교의 신앙과 책임적 삶을 연결하는 것이다. 이때 0부터 10까지 각각의 성과를 계량화하고, 구체적으로 나타나는 모순과 해결 방안을 제시하며 대화를 진행하면서 창조적인 문제해결을 이루었는지를 측정해 보는 것이다. 사실 동서고금을 통해서 볼 때 '사람다움'의 삶에 무엇이 필요한지는 차이를 나타내지 않는다. 예를 들면, 건강, 수명, 직업, 생계, 여가생활, 재산, 교육, 행복, 평화, 자유 등의 문제이다. 이러한 항목은 통계 수치로 측정할 수 있을 뿐만 아니라 시 · 공간의 변화 때문에 비교할 수 있다고 볼 수 있다.[78)]

5. 나오는 말

본 연구의 목적은 기술혁명 시대의 탈인습적 기독교교육의 방향성을 제시하는 것이다. 이를 위해 기하급수적으로 변화하는 기술혁명의 흐름을 진단하고 인간과 기계의 상관관계 및 비인격화를 조명하면서 창조적인 인간상을 지향하는 기독교 인격교육을 대안으로 제시하였다. 본 연구에서 시사점은 기술혁명 시대에 요구되는 창조적 인간상을 제시한 점, 구체적이면서도 체계화된 방향성을 제시한 점, 기독교 인격교육을 통해서 개인, 교회, 기독교대학, 그리고 일반 공동체에서도 적용할 수 있는 교육적 가능성을 제시한 점이다. 반면에 특정 대상에 대하여 경험적이고 실증적인 연구가 부족한 점, 폭넓은 사례들과 구체적인 모형들이 제시되지 않은 점, 다양한 대상과 나이를 고려한 교수 학습 방법을 활용하지 않은 것은 한계이다.

차가운 기계문명 안에서도 따스한 심장을 가지고 있는 인류는 더 나은 세상을 꿈꾸고 있으며 더 나은 세상은 충분히 가능하기에 생명의 가치를 소중히 여기는 인간다움이 실현되는 인격교육이 필요한 때이다. 기술혁명 시대가 인류 공동체로 하여금 짐이 아닌 자유가 되도록 생명 사랑과 상생을 실천하도록 만드는 창조적 인간의 겸손한 대화가 필요한 시점이다. 이것이 기술혁명 시대의 탈인습적 기독교 인격교육에 관한 연구가 필요한 이유이고 앞으로 다양한 대상과 사례와 교수 학습 방법을 통해서 진행되어야 하는 후속 연구의 지점이다.

미주

1) 이 논문은 2022년 학술지 「기독교교육논총」 제70권에 게재된 논문을 수정, 보완한 논문임.
2) 토마스 리코나, 『인격교육의 실제』 유병열, 서강식, 김태훈, 김항인 옮김 (파주: 양서원, 2006), 4-5.
3) 차윤경 외, 『융복합 교육론』 (서울: 학지사, 2019), 6.
4) 김형희, "다음세대의 공적 신앙과 공적 책임을 지향하는 기독교교육: 그룸의 Shared praxis를 중심으로," 「기독교교육정보」 63 (2019): 177-202.
5) 이계학 외, 『인격 확립의 초월성』 (화성: 청계, 2001), 39-40.
6) 클라우스 슈밥, 『클라우스 슈밥의 제4차 산업혁명』 송경진 옮김 (서울: 메가스터디, 2016), 12-13.
7) 김성동, 『4차 산업혁명과 인간』 (서울: 연암서가, 2018), 34.
8) 이영주, 『뉴노멀 시대의 이러닝과 원격교육』 (서울: 학지사, 2021), 225.
9) 진교훈 외, 『인격: 고대로부터 현대에 이르기까지의 인격의 의미』 (서울: 서울대학교 출판문화원, 2007), v-vi.
10) 유석상 외, 『사람다움이란 무엇인가』 (서울: 종문화사, 2018), 91, 93-94.
11) 진교훈 외, 『인격: 고대로부터 현대에 이르기까지의 인격의 의미』, 3-4.
12) Ibid., 5-9.
13) Ibid., 16-17.
14) 넬 나딩스, 『넬 나당스의 교육철학』 박찬영 옮김 (서울: 아카데미프레스, 2010), 10-11.
15) 넬 나딩스, 『배려와 도덕교육』 고미숙 옮김 (서울: 교육과학사, 2018), 11.
16) 토마스 리코나, 『인격교육의 실제』, 8-9.
17) 김명자, 『산업혁명으로 세계사를 읽다』 (서울: 까치, 2019), 26-27.
18) 클라우스 슈밥, 『클라우스 슈밥의 제4차 산업혁명』, 12-14.
19) 진교훈 외, 『인격: 고대로부터 현대에 이르기까지의 인격의 의미』, 70.
20) Ibid., 271-274.
21) 차윤경 외, 『융복합 교육론』, 6-7.
22) 이계학 외, 『인격 확립의 초월성』, 39.
23) 윤길근, 김진규, 『전인교육의 담론』 (서울: 신정, 2020), 307-309.
24) 윤철호, 『인간: 인간의 본성과 운명에 관한 학제간 대화』 (서울: 새물결플러스,

2017), 568–571.

25) 박일준, 『인공지능시대, 인간을 묻다』 (서울: 동연, 2018), 26.

26) 레이 커즈와일, 『마음의 탄생: 알파고는 어떻게 인간의 마음을 훔쳤는가』 윤역삼 옮김 (서울: 크레센도, 2016), 23.

27) 최재붕, 『포노 사피엔스』 (서울: 쌤앤파커스, 2019), 15.

28) 최재붕, 『Change 9』 (서울: 쌤앤파커스, 2020), 9.

29) 최재붕, 『포노 사피엔스』, 12.

30) 로지 브라이도티, 『포스트휴먼』 이경란 옮김 (파주: 아카넷, 2017), 26.

31) Ibid., 36.

32) 박일준, 『인공지능시대, 인간을 묻다』, 72.

33) 이화인문과학원, 『인간과 포스트휴머니즘』 (서울: 이화여자대학교출판부, 2013), 6.

34) 이은경, 『나랑 같이 놀 사람, 여기 붙어라: 인간과 기계의 공생을 위한 교육』 (서울: 길밖의길, 2016), 96–101.

35) 로지 브라이도티, 『포스트휴먼』, 53.

36) 에릭 브린욜프슨, 앤드루 맥아피, 『제2의 기계시대』 이한음 옮김 (서울: 청림출판, 2016), 43.

37) 류태호, 『4차 산업혁명, 교육이 희망이다』 (서울: 경희대학교 출판문화원, 2017), 43.

38) 최재천, 『통찰』 (서울: 이음, 2012), 5–6.

39) 유발 하라리, 『호모데우스: 미래의 역사』 김명주 옮김 (서울: 김영사, 2017), 187–188.

40) 제러미 리프킨, 『공감의 시대』 이경남 옮김 (서울: 민음사, 2010), 11–17.

41) 김현숙, 『탈인습성과 기독교교육』 (서울: 대한기독교서회, 2012), 61.

42) 칼 바르트, 『교회교의학 Ⅰ/1』 박순경 옮김 (서울: 대한기독교서회, 2003), 297.

43) 위르겐 몰트만, 『삼위일체와 하나님의 역사』 이신건 옮김 (서울: 대한기독교서회, 2017), 13.

44) 김현숙, 『탈인습성과 기독교교육』, 63.

45) Ibid., 77–88.

46) 칼 바르트, 『교회교의학 Ⅰ/1』, 383.

47) 역사신학연구회, 『삼위일체론의 역사』 (서울: 대한기독교서회, 2008), 490–495.

48) 김현숙, 『탈인습성과 기독교교육』, 63–64.

49) 박만, 『현대 삼위일체론 연구』 (서울: 대한기독교서회, 2003), 208.

50) 위르겐 몰트만, 『삼위일체와 하나님의 역사』, 14–16.
51) 김현숙, 『탈인습성과 기독교교육』, 63–66.
52) Ibid., 73–77.
53) 박일준, 『인공지능시대, 인간을 묻다』, 237–238.
54) 김형희, "공적 신앙과 기독교적 책임으로서의 청소년 생명존중 교육: David Tracy의 비판적 상관관계를 중심으로," 「생명문화연구」 7 (2018): 1–21.
55) 조르조 아감벤, 『남겨진 시간: 로마인들에게 보낸 편지에 관한 강의』 김승훈 옮김 (서울: 코나투스, 2008), 40–41.
56) 김현숙, 『탈인습성과 기독교교육』, 6, 169.
57) Hyun-Sook Kim, "Multicultural Religious Education in a Trinitarian Perspective," *Religious Education* 107 (2012): 247–261.
58) 로버트 루트번스타인, 미셸 루트번스타인, 『생각의 탄생』 박종성 옮김 (서울: 에코의 서재, 2007), 6, 427.
59) 이어령, 『생명이 자본이다』 (서울: 마로니에북스, 2014), 9.
60) 김형희, "다음세대의 공적 신앙과 공적 책임을 지향하는 기독교교육: 그룸의 Shared praxis를 중심으로," 177–202.
61) 백은미, "고통의 종교적 의미 형성을 위한 전환학습," 「신학사상」 174 (2016): 1–41.
62) 양성진, "4차 산업혁명 시대의 기독교교육의 방향에 관한 고찰," 「신학과 실천」 59 (2018): 567–597.
63) 웨인 홈즈, 마야 빌라익, 찰스 파델, 『인공지능 시대의 미래교육: 가르침과 배움의 함의』 정제영, 이선복 옮김 (서울: 피와이메이트, 2020), 8–9.
64) 손리사, 『메타인지 학습법』 (파주: 21세기북스, 2019), 6–7.
65) 이성일, 『메타인지 수업』 (서울: 경향BP, 2021), 20–21.
66) 웨인 홈즈, 마야 빌라익, 찰스 파델, 『인공지능 시대의 미래교육: 가르침과 배움의 함의』, 8, 200.
67) Ibid., 215.
68) Ibid., 137.
69) Ibid., 139–140.
70) 토마스 그룸, 『신앙은 지속될 수 있을까?』 조명관, 김경이, 임숙희 옮김 (서울: 가톨릭대학교출판부, 2015), 300–326.
71) 김형희, "다음세대의 공적 신앙과 공적 책임을 지향하는 기독교교육: 그룸의

Shared praxis를 중심으로," 177–202.

72) Thomas H. Groome, *Christian Religious Education: Sharing Our Story and Vision* (New York: HarperSanFrancisco, 1980), 207–232; 웨인 홈즈, 마야 빌라익, 찰스 파델, 『인공지능시대의 미래교육: 가르침과 배움의 함의』, 141–142; 김형희, "호모 크레토스를 지향하는 기독교교육," 「기독교교육논총」 70 (2022): 160–161.

73) 로버트 루트번스타인, 미셸 루트번스타인, 『생각의 탄생』, 425–426.

74) Ibid., 429.

75) Jack Seymour, Donald Miller, *Contemporary Approaches to Christian Education* (Nashville, MN: Abindgon, 1982), 187, 222.

76) 토마스 그룸, 『신앙은 지속될 수 있을까?』, 75.

77) 이어령, 『디지로그』 (서울: 생각의 나무, 2006), 17.

78) 김명자, 『산업혁명으로 세계사를 읽다』, 13.

더 읽을거리

리코나, 토마스. 『인격교육의 실제』 유병열, 서강식, 김태훈, 김항인 옮김. 파주: 양서원, 2006.

한국인격교육학회. 『인격과 교육 사이의 파열음』 파주: 양서원, 2010.

몰트만, 위르겐. 『삼위일체와 하나님의 역사』 이신건 옮김. 서울: 대한기독교서회, 2017.

홈즈, 웨인., 발라익, 마야., 파델, 찰스. 『인공지능 시대의 미래교육: 가르침과 배움의 함의』 정제영, 이선복 옮김. 서울: 피와이메이트, 2020.

Groome, Thomas H. *Christian Religious Education: Sharing Our Story and Vision.* New York: HarperSanFrancisco, 1980.

09

탈인습적 기독교교육과 영성의 사회적 확장[1)]

● 황인혜 ●

1. 들어가는 말

기독교 영성교육은 학문적 연구와 현장에서의 실천을 통하여 개신교 안에서도 점점 더 영향력을 넓혀가고 있다. 이러한 영성교육은 개인의 내면에 대한 관심에서 시작하므로 그 특성상 학습자 개인을 주목한다.[2] 그렇기에 영성교육을 받은 학습자에게 나타나는 교육 효과는 일반적으로 그 학습자 개인에서 그치는 것으로 생각될 수 있다. 그러나 영향력 있는 개신교 영성학자들 가운데 한 사람인 알리스터 맥그라스(Alister McGrath)는 기독교 영성을 "기독교 신앙의 범위와 규범 안에서 살아가는 삶의 총체적인 경험"으로 정의했다.[3] 이렇게 영성을 기독교인의 삶의 모든 영역을 다 포함하는 것으로 정의한다면 한 사람의 영성은 그가 속해 있는 믿음의 공동체 구성원들과 또한 그 믿음의 공동체가 속한 보다 넓은 사회에까지 영향을 미친다고 볼 수 있다.

전통적으로 기독교교육의 분류를 시도한 개론서들에서 영성교육은 '개인을 교육하기' 또는 교육대상을 개인으로 전제한 '발달적 접근'의 영역에서 논해져 왔다.[4] 그러나 여러 영성학자들에 의해 정의된 영성의 개념은 하나님과의 관계 안에 있는 한 그리스도인의 삶의 영역 모두를 포함하는 것을 특징으로 한다.[5] 특별히 영성교육에 많은 학문적 기여를 한 기독교교육학자 마리아 해리스(Maria Harris)는 영성 교육이 개인을 교육하지만 사회개혁자를 길러내는 데에도 기여할 수 있다고 주장했다.[6] 해리스는 구체적으로 개인(a person)과 개체(an individual)의 비교를 통해 개인이 갖는 사회적 기능을 강조하였다.[7] 하지만 해리스는 개인의 영성이 사회적으로 영향력을 미치는 기전을 제시하지는 못했고 그녀가 이 주제와 관련하여 제안한 실제 교육내용에서 사회적 접근은 교육의 실제에서 단지 부수적 역할을 하는 데 그쳤다. 예를 들면, 개인이 주체가 되는 영성수련 프로그램에서 여러 사람으로 구성된 그룹모임을 부가하여 실시하도록 하였는데 그 그룹모임 자체는 교육의 초점이 아니고 단지 개인들의 영성수련의 지속성을 위한 지지그룹 정도의 역할을 하는 것이었다.[8]

그리스도교 영성사를 살펴보면 분명히 영성수련 자체를 공동체적으로 수행했거나 또는 사회봉사 자체를 목적으로 하여 사회적으로 큰 영향력을 끼친 여러 믿음의 공동체들 또는 수도회들이 존재했다는 것을 알 수 있다. 그렇다면 그 믿음의 공동체들 안에서 그리고 그 공동체들이 속했던 사회에서 분명히 여러 형태로 영성의 사회적 확장이 일어났으리라 추정할 수 있다. 그러나 아직 그 사회적 확장을 촉진할 수 있는 교육적 기전이 제시되지는 못하였다. 한편, 생태영성 분야의 학자들은 생태계의 보존을 위한 사회적 참여를 규범적으로 적극 요청하고 있다. 그러나 그 영성의 사회적 확장을 위한 교육기전을 제시하지는 않는다.[9]

한 그리스도인의 전인적 삶이 그의 영성이라면 사회적 삶에서 그가 참여하는 활동들과 그가 이루어내는 직업적 활동과 사회개혁적 과업도 그의 영성에 포함되는 것이 마땅하다. 이런 개인 영성의 사회적 확장은 크게 두 방면으로 이루어질 수 있다. 하나는 자신이 속한 사회를 개혁하는 노력을 통해서이다. 교회의 역사에서는 나치정권 압제 하의 조국 독일을 구하고자 목숨 걸고 투쟁한 디트리히 본회퍼(Dietrich Bonhoeffer) 목사가 펼친 헌신적 노력이 그 좋은 예가 될 수 있다.[10] 개인 영성의 또 다른 사회적 확장은 교회의 역사에 기록될 만큼 두드러진 업적은 아니지만 자기가 속한 가족이나 믿음의 공동체 구성원들의 영적 삶에 생명력을 불어넣어 그들이 사회적 삶의 현장에서 그리스도인으로서 선한 삶을 살아가도록 긍정적 영향을 끼치는 것을 통해서 이루어질 수 있다.[11] 그런데 이러한 역사적 사실이나 아름다운 이야기들이 책들로 후대에 전해지기는 하지만 한 그리스도인의 영성이 사회적 관계들을 통해 그 영향력을 미치는 구체적 교육기전을 밝히는 영성교육 연구는 찾아보기 힘들다.[12]

그 교육 기전은 하나님과의 관계에서 기능하는 동시에 동료인간(이웃)과의 사회적 관계에서도 기능하는 자아 또는 마음이라는 주체의 역동으로 설명될 수 있을 것이다. 만일 사람의 마음이나 자아에 어떤 열리는 문 같은 것이 양쪽으로 있어 그 사람의 하나님과의 관계의 성격이 그대로 동료인간과의 관계에서도 전달될 수 있다면, 달리 표현하여 그 두 개의 문을 활짝 열리게 하는 기전을 발견한다면 그 기전의 활성화를 통하여 개인 영성의 사회적 영향력의 확장을 촉진할 수 있을 것이다.

이 연구는 바로 이러한 개인 영성의 사회적 확장을 교육적으로 촉진하는 길을 밝히기 위해서 시도되었다. 구체적으로, 한 그리스도인이 갖는 하나님과의 관계가 그 사람이 갖는 다른 사람들과의 사회적 관계에서 영향력을 미치는 기전을 제시하고 그 교육기전에 따른 실제적 교육내용과 방법을 제안하는 것이 이 연구의 목적이다.

연구의 방법은 리차드 아스머(Richard R. Osmer)의 '합의법'을 주로 사용하되 이를 다소 변형하여 활용한다. '합의법'은 다음의 네 가지 과제를 서로 연계하여 연구하는 것이다. 첫 번째 과제와 두 번째 과제는 '현재 무슨 일이 일어나고 있는가?'를 기술하는 것과 '왜 이런 일이 일어나는가?'라는 질문에 대답하는 과제인데, 개인의 영성이 사회적 관계들을 통해 그 영향력을 미치는 구체적 기전을 밝히는 영성교육 연구는 찾아보기는 힘들다는 것에 대해서는 이미 앞에서 논했다. 또한 영성교육 분야에서는 개인에게 일차적 관심을 두고 연구해 왔다는 점, 그리고 이제는 영성교육 영역에서 학습자 개인의 영성을 사회적 관계와 연계시키는 교육 기전에 대한 연구가 절실히 요청된다는 점도 논했다. 세 번째 과제는 바로 그 교육 기전을 밝히는 이론을 제시하는 과제인데, 그 이론은 개인 영성 발현의 세부 기전과 그것이 사회적으로 확장될 수 있는 '사회적 자아'의 개념을 유기적으로 연결하는 이론이어야 한다. 2장과 3장에서는 이 세 번째 과제를 수행하고, 4장에서는 네 번째인 실용적 과제의 내용으로서 그 교육기전에 따른 구체적 교육방안들을 제시할 것이다.

2. 개인 영성의 핵심요소: 역동적 믿음의 상징인 '믿음의 생명막'

개인 영성, 즉 하나님과의 인격적 관계를 한 단어로 표현한다면 종교개혁자 마르틴 루터(Martin Luther)가 강조한 '믿음'이라는 말이 가장 합당할 것이다.[13] 이 장에서는 개인 영성의 핵심요소인 믿음의 역동적 상태를 논한다. 그 역동적 상태가 신자의 사회적 관계까지 연결될 수 있는 가능성을 '믿음의 생명막'이라는 상징으로 나타내는데, 이 상징의 이해를 위해 그 안에서 역동적으로 교차하는 두 가지 의지를 먼저 설명하고 나서 '믿음의 생명막' 개념을 설명한다.[14]

1) '믿음'과 관련된 역동적 요소인 두 종류의 의지

개인 영성의 기초가 되는 하나님과의 인격적 관계, 즉 '믿음'은 하나님의 의지와 신자의 의지라는 두 가지 의지의 상호작용을 통해 설명될 수 있다. 연구자는 이 설명을 위해 하나님의 '자유케 하는 의지'와 신자의 '자기를 드리는 의지'라는 새로운 개념을 제안한다. 이 두 가지 의지 개념의 원천은 종교개혁자 마르틴 루터와 존 칼빈(John Calvin)의 신학에 있다.

루터에 의하면, 사람은 하나님의 율법을 지키려고 노력하는 과정에서 자신이 그것을 완전하게 지킬 수 없다는 것을 발견하게 된다.[15] 루터는 이것을 '노예의지론'에서 분석적으로 설명했으며 사람의 의지의 영역을 "자기 아래 있는 것"과 "자기 위에 있는 것"으로 구분했다. "자기 아래 있는 것"과 관계되는 의지는 대부분의 사람들이 일상생활과 문화생활에서 수행하는 바 먹을 것과 입을 것을 선택하는 능력을 지칭한다. 루터는 이 "자기 아래 있는 것"의 선택에서도 인간의 의지는 자유롭지 못하다고 말하지만 루터가 주장한 '의지의 속박'의 핵심은 바로 "자기 위에 있는 것" 즉 인간이 자신의 구원과 관련해서 자유로운 선택을 하지 못한다는 것이다.[16]

한편, 이러한 루터의 의지의 속박성에 대한 논의는 인격철학자 부버가 그의 주저서인 『나와 너』에서 말한 인격 간의 '사이성'이 가지는 바 '자유'와의 연관성을 통해 더 선명히 이해될 수 있다. 부버는 인간이 '그것의 세계'와 '너의 세계'에 살고 있다고 하는데, 부버가 말한 '그것의 세계'를 자유와 연관된 철학용어로 표현하면 그것은 '자유의지'와 대비되는 '기계적 인과론'의 법칙이 작용하는 세계다.[17] 부버에 의하면, 특정한 사람이 특정한 상황에서 '그것의 세계'에 있을 때, 그에게는 인격체인 사람이 '나-너'의 관계로 인격으로 존중받는 존재가 아니라 '나-그것'의 관계로, 즉 어떤 특정 원인체로써 조종될 수 있는 존재로 여겨질 수 있다. 이것이 바로 타자들을 자기의 의지에 따라 결정할 수 있는 존재, 즉 '결정론적' 존재로 보는 태도이다. 이때 이 사람의 사고는 '결정론적 사고'이며, 이 사고는 '그것의 세계'의 원리에 따른 것이다. '그것의 세계'에 매여 있는 상태의 사고는 '결정론적 사고'라고 칭할 수 있으며, 그 사고의 동기가 되는 그의 의지는 '결정론적 의지'이다. 결정론의 특징은 마치 자연과학의 법칙과 같이 인간 의지의 힘으로 거기에서부터 벗어날 수 없다는 데에 있다.

만일 인간이 그것에서 스스로의 힘으로 벗어나지 못한다면 다른 길을 찾아야만 한다. 이 길을 루터의 개념으로 해석하면 하나님께로부터 나오는 의지, 즉 '자유케 하는' 의지를 받는 것이다.[18] 루터의 신-인관계 묘사에서 보이는 바 이 인간을 '자유케 하는'(liberating) 하나님의 행위는 다름

아닌 하나님의 '의지'(will)에서 나온 것이다. 그 하나님의 '의지'는 '자유케 하는' 일을 한다. 그러므로 연구자는 이 하나님의 의지를 '자유케 하는 의지'(liberating will)라고 명명했다.

하나님의 '자유케 하는 의지'가 한 인격적 존재 안에서 어떤 변화를 가져오는지 그 역동적 과정을 나타내려면 또 다른 독립적 기전이 필요하다. 이 기전에 대한 논의가 바로 앞에서 말한 인간 쪽의 '자유의지' 논의를 이어갈 지점이다. 처음에 인간의 '의지'가 자유로운지에 대한 루터의 논의는 부정적이었다. 그러나 루터는 "그리스도인의 자유"라는 글에서 한 사람이 그리스도인으로 된 순간 그의 '자유'는 회복되고 이제 그는 이웃섬김을 위해 그 '자유'를 사용한다고 한다고 주장한다.[19] 이것이 하나님께로부터 '자유케 함'을 받아서 이제는 선을 행하는 것이 가능해진 그리스도인의 '의지'의 변화에 대한 묘사이다.

이 지점에서 우리는 '루터가 강조하는 바 선행에 사용될 수 있도록 회복된 그 자유는 어떻게 이웃을 섬기는 쪽으로 물길을 틀까?'라는 질문을 가질 수 있다. 자신을 '자유케 하시는' 이와의 관계 안에서 하나님으로부터 들어온 '자유케 됨'의 물길을 유지하면서 동시에 그 물길을 그의 이웃에게로 여는 기전이 발견된다면, 그 기전이 바로 이 질문에 대한 대답이 될 수 있을 것이다. 이때 이 그리스도인은 하나님의 의지를 자신 안에 흐르게 하고 있는 것이므로, 자신의 자유를 사용하고 있는 것이 아니라 하나님과의 관계에 자신의 자유를 드린 상태이다. 이 상태는 이 그리스도인이 하나님을 향해 드리는 자유로운 응답으로서, 바로 자신이 가진 '자유'를 그 자유의 수여자이신 하나님께 돌려드리는 행위이다. 이때 자신의 '자유'를 드린다는 것은, 자신이 좌지우지할 수 있는 모든 것을 하나님께 드리는 것이므로 자기 자신을 드리는 것과 다르지 않다. 그러므로 연구자는 이때의 이 사람의 의지를, 하나님의 '자유케 하는 의지'와의 연관 가운데 '자기를 드리는 의지'로 명명한다.

그런데 '자기를 드리는 의지'의 정의 가운데에는 역설이 존재한다. 이 '의지'는 신자의 의지이지만, 동시에 그 자신은 이미 드려졌기에 이 의지는 자신의 것이 아니다. 오히려 이 '자기를 드리는 의지'는 예수 그리스도의 십자가 죽음에서 나타난 '자기비움'의 의지, 즉 성부하나님과의 관계에서 그 원형을 보인 성자하나님의 특별한 의지(빌 2:5–8)와 같다고 볼 수 있다. 칼빈은 '접붙이심'이라는 말을 사용하여 그리스도인이 갖는 '그리스도와의 연합'을 강조했다. 바로 그리스도의 것이 신자의 것이 된다는 말이다.[20]

2) 개인 영성의 핵심인 '믿음의 생명막'(Living Membrane of Faith)

개인 영성의 핵심요소는 그리스도인이 갖는 역동적 '믿음'이다. 그 '믿음'은 위에서 논한 두 의지가 그 안에서 역동적으로 움직이는 '믿음의 생명막'(living membrane of faith)이라는 상징적 개념으로 설명될 수 있는데, 그 내용은 다음과 같다. '믿음의 생명막'이라는 구조는 인간 편만의 것도 아니면서 그렇다고 하나님 편만의 것도 아니면서 하나님과 인간이 만나는 접촉점으로서의 기능을 한다.[21] 이것은 '믿음'을 생물 안에 있는 세포막과 같은 '막'(membrane)으로 비유한 것이다. 세포막은 하나의 살아있는 세포의 세포질 안과 세포질 바깥의 경계를 짓는 막으로서, 생명 현상이

일어나고 있는 생동적 막이다.[22)]

이 '막'으로 비유된 '믿음'이라는 접촉점에서 한쪽 면은 하나님의 영이, 다른 한쪽 면은 인간의 영이 접촉하고 있다. 이때, 하나님의 영은 하나님 쪽의 의지 즉 '자유케 하는 의지'(liberating will)를 가진다. 이 하나님의 의지에 응답하는 신자 쪽의 의지가 '자기를 드리는 의지'(self–giving will)이다. 이 안과 밖의 물질이 서로 마주하는 방향으로 통과하는 '문'으로서의 세포막의 비유로써 연구자가 말하고자 하는 핵심은 이 막을 통해 하나님 쪽의 '자유케 하는 의지'와 신자 쪽의 '자기를 드리는 의지'가 지속적으로 교환된다는 것이다. 이 비유로써 영성학에서 말하는 영적인 삶을 설명한다면, 한 그리스도인의 영적 삶은 하나님과의 관계에서 이 '믿음의 생명막'을 사이에 두고 하나님의 '자유케 하는 의지'와 그의 '자기를 드리는 의지'의 상호교환이 지속되는 과정이다. 이 상호작용이 지속적으로 일어나면서 그리스도인은 성장한다. 이 때 성장이라는 것은 신자의 '자유케 됨'이 점점 더 넓어지고 깊어지는 것을 의미한다.

구체적으로 이 '자유케 됨'은 하나님과의 관계가 더 깊어지는 가운데 신자가 자기중심적 '고립성'에서 벗어나면서 누리는 자유이기도 하고, 신자가 자신을 하나님께로 개방하면서 상호작용을 할 때 그의 이기적 '폐쇄성'이 깨뜨려짐으로써 오는 자유이기도 하다. 또한 신자가 하나님께서 자신을 사랑하고 존중해 주시는 것에 감사하며 다른 사람을 향하여서도 '차별' 없이 그 동일한 마음이 점점 더 넓어지는 것으로서의 자유이기도 하다.[23)]

만일 이 '믿음의 생명막'과 유사한 기능을 하는 것이 한 그리스도인이 만나는 다른 사람들과의 관계에서도 존재한다면, 그가 현재로서 받고 있는 바 하나님의 '자유케 하는 의지'와 그로 인한 '자유케 됨'이 다른 사람들과의 '만남'을 통해서 그들에게 전해질 수 있을 것이다. 즉, 신자가 하나님과의 관계에서 하나님의 '자유케 하는 의지'를 받으면서 동시에 그 '자유케 하는 의지'를 다른 사람들에게 전해 줄 수 있는 '통로'가 있다면, 하나님의 '자유케 하는 의지'가 그 통로를 통해 그 사람들에게 작용하여 그들을 자유케 할 수 있을 것이다. 이것은 전적으로 하나님이 하시는 일이면서 동시에 하나님의 의지가 전해지는 통로로서 그 그리스도인의 인격이 하는 일이기도 하다.

이 연구가 찾으려고 하는 것이 바로 이 '전해지는 통로'의 기전이다. 그러한 기능을 하는 것을 기독교교육 이론에서 찾는다면, 그것은 다음과 같은 것이어야 한다. 먼저 '믿음'과 관련을 가져야 하고, 둘째로 이 '믿음의 생명막'과 같이 두 인격 양자에 속한 것이면서, 셋째로 문과 같이 열릴 수 있는 것이어야 한다.

3. 사회적 확장 기전의 핵심요소: '탈인습적 기독교 자아정체감'

1) 사회적 자아를 중심으로 한 '탈인습적 기독교 자아정체감'

지금 우리가 찾는 이론은 앞장에서 제시한 바, 신자가 하나님과의 관계에서 하나님의 '자유케 하는 의지'를 받으면서 동시에 그 '자유케 하는 의지'를 다른 사람들에게 전해 주는 기전을 설명할 수 있는 이론, 즉 인간 자아에 대한 이론이다. 이 자아는 '사회적' 특성을 가진 자아라야 한다. 그래

야만 하나님의 '자유케 하는 의지'가 그 사회적 특성을 통해 다른 사람들에게 작용하여 그 사람들을 자유케 할 수 있다. 그렇다면 이에 필요한 교육이론은 '사회적 자아'에 초점을 맞춘 이론이어야 할 것이다. 이렇게 사회적 자아를 다룬 교육이론이 개인 영성의 핵심개념인 '믿음'을 중심요소로 갖고 있다면 그 이론은 개인 영성의 사회적 영향력을 확장하는 기전을 효과적으로 설명할 수 있을 것이다.

바로 이런 특성을 가진 기독교 교육적 개념으로서는 먼저, 믿음을 목적으로 하는 김현숙의 '기독교 자아정체감'을 들 수 있다. 김현숙은 '기독교 자아정체감'을 "외부적 환경의 '변화'와 자연발생적 신체적, 정서적 성장에도 불구하고 기독교인으로서 '동일성'과 일관성을 유지하게 하며, 하나님의 사랑을 인식하고 하나님 나라의 실현을 위해 노력하는 '믿음'을 유지하게 하는 상징적 구조"라고 정의했다.[24] 이 정의의 목적적 요소는 '믿음'이다. 그렇다면 만일 이 '믿음'을 목적으로 하는 일반적 '기독교 자아정체감'이라는 틀 가운데 있으면서 동시에 사회적 자아의 성격을 가진 개념이 있다면, 그것은 신자의 하나님과의 관계인 '믿음의 생명막'과 연결되어있으면서 동시에 다른 사람에게로 가는 통로로서 개인 영성의 사회적 확장 기전을 설명할 수 있는 개념이 될 수 있을 것이다.

앞에서 소개한 김현숙의 일반적 '기독교 자아정체감'에 포함되는 하위개념으로서의 '탈인습적 기독교 자아정체감'(postconventional Christian identity)이 바로 이런 사회적 자아의 성격을 보여준다. 김현숙은 이 '탈인습적 기독교 자아정체감'을 "첫째, 급변하는 사회적 변화의 과정 속에서 타인과 상호주관적 관계를 통해 기독교인으로서의 일관성과 지속성을 유지할 수 있는 인격 체제의 확립을 가능하게 하며," 둘째, "교회에서만이 아닌 사회 속에서의 기독교적 실천을 위한 헌신을 가능케 하고," 셋째, "다원화되고 세계화된 사회 속에서 기독교인들로 하여금 타인과의 개방적인 대화를 통해 자신의 한계를 초월할 수 있게 도움을 주는 상징적 구조"라고 정의했다.[25] 이 '탈인습적 기독교 자아정체감'은 일반적 '기독교 자아정체감'에 속하는 것으로서 "믿음을 유지하게 하는 상징적 구조"의 성격을 가짐과 동시에 급변하는 현대 사회에서 그리스도인들이 효과적으로 사회적 실천을 할 수 있게 하는 기능을 갖는 것이다.

이 '탈인습적 기독교 자아정체감'은 다음과 같이 구체적으로 정의된 '관계적 자아,' '평등적 자아,' '개방적 자아'로 구성된다. 관계적 자아(relational self)는 "자신과 타인들 사이의 상호주관적 관계들로부터 형성되는 자아 개념"이며 "지속적인 상호주관적 관계를 통해 점진적으로 형성되는 자아"이다.[26] 평등적 자아(equal self)는 "21세기 사회에서 살고 있는 이들에게 요청되는 다양한 역할들의 균형과 통합을 위해 특정의 기능을 스스로 통제할 수 있는 주체적 형태의 자아"이다. 이는 "공적 영역과 사적 영역이 분화된 사회에서 두 영역의 가치를 존중하며 그 사이의 긴장과 갈등을 주체적으로 통합할 수 있는 자아"이다.[27] 개방적 자아(open self)는 "문화적으로 다원화된 사회 속에서 자신의 관점과 타인의 관점을 비교하고 성찰할 수 있는 자아"이다. 이 자아는 "다양한 이데올로기 사이의 적대현상과 갈등현상을 넘어설 뿐 아니라, 그 둘 사이를 변증법적으로 통합할 수 있는 수준의 인식능력을 지닌 자아"이다.[28] 김현숙에 의하면 이 세 가지 자아의 형성이 '탈인습적 기독교 자아정체감'의 형성이다.

이 '탈인습적 기독교 자아정체감'은 일반적 '기독교 자아정체감'에 포함된 바 하나님의 사랑을 인식하고 하나님 나라의 실현을 위해 노력하는 '믿음'을 위한 것이다. 이 믿음이 구체적으로 무엇인가를 설명하는 "사회 속에서 하나님 나라의 실현을 위해 노력하는"이라는 수식어는 그리스도인들이 자기가 사는 사회 속에서 하나님 나라의 주권자이신 하나님의 뜻, 의지를 실현하기 위해 노력한다는 것을 나타내 준다. 이것을 달리 표현하면 '탈인습적 기독교 자아정체감'이야말로 하나님의 의지인 '자유케 하는 의지'가 작동하며 그 의지가 실현되는 '통로'가 될 수 있다는 말이다. 이 점에서 '탈인습적 기독교 자아정체감'은 앞장에서 묘사한 하나님의 '자유케 하는 의지'가 통과하는 '믿음의 생명막'과 연결될 수 있는 가능성을 지닌다.

2) '탈인습적 기독교 자아정체감'을 통한 개인 영성의 사회적 확장 기전

(1) '믿음의 생명막'과 '탈인습적 기독교 자아정체감'의 연결 기전

앞에서 한 그리스도인과 하나님과의 인격적 접촉점인 '믿음'을 생명현상을 나타내는 상징적 구조인 '믿음의 생명막'으로 표현한 것은 그의 '믿음'을 통하여 하나님의 '자유케 하는 의지'와 그의 '자기를 드리는 의지'가 지속적으로 상호작용하는 것을 나타내기 위함이었다. 바로 이 하나님의 '자유케 하는 의지'가 그의 '믿음'을 통과하여 다른 사람에게 전달되어서 그 사람을 '자유케 하는 것'을 설명할 수 있다면 그것이 개인 영성의 사회적 확장의 기본적 기전이 될 수 있다. 이렇게 한 사람으로부터 다른 사람에게 하나님의 의지가 전달되려면 두 사람 간에도 마치 하나님과 신자 사이의 접촉점인 '믿음의 생명막'과 같은 하나의 접촉점이 있어야 한다. 바로 그 접촉점이 '사회적 자아'로서의 '탈인습적 기독교 자아정체성'이다.

그 근거는 '믿음', 즉 '믿음의 생명막'으로 하나님께 연결되어있는 신자는 동일하게 그 "믿음이라는 상징적 구조"를 가지고 있는 바 '탈인습적 기독교 자아정체감'에도 잘 연결될 수 있다는 점에 있다. 앞에서 생물학적 비유로 설명했듯이, '믿음의 생명막'은 이미 역동적 생명현상 안에서 뚫려 있고 두 가지의 서로 다른 방향으로 이동하는 의지가 통과하는 막이다. 만일 '탈인습적 기독교 자아정체감'도 이 막과 같이 역동적 현상 안에서 뚫려 있는 것으로 상징될 수 있는 것이라면 '믿음의 생명막'을 통과해서 온 하나님의 '자유케 하는 의지'가 그 뚫린 공간을 통해 다른 사람에게 전달된다고 상징적으로 말할 수 있을 것이다. 비유적으로 '믿음의 생명막'과 '탈인습적 기독교 자아정체감'이 한 인격 안에서 서로 연결되어 붙어있다고 상상한다면, 그 붙어있는 면에서 서로를 향해 뚫려있는 공간을 통해 한 그리스도인으로부터 다른 사람에게 하나님의 '자유케 하는 의지'가 전달될 수 있다.

구체적으로 '탈인습적 기독교 자아정체감'을 구성하는 '관계적 자아,' '개방적 자아,' '평등적 자아' 개념을 가지고 두 사람 사이에 어떤 공간이 뚫려 있는 것을 비유적으로 설명할 수 있는데 그 내용은 다음과 같다. 먼저, 한 그리스도인의 '관계적 자아'는 다른 사람과 관계를 맺는 기능을 하므로 비유적으로 붙어있는 기능을 한다고 생각할 수 있다. 두 번째, '개방적 자아'는 신자가 다른 사람에게 자신의 생각을 내 보이며 마음을 여는 것이므로 문을 열거나 공간을 만드는 이미지로 상상될 수 있다. 세 번째, '평등적 자아'는 자아의 이곳저곳에서 동일한 빈도로 자아의 생명현상 활동이 일어나는 것을 상징적으로 나타낼 수 있다. 위의 논의를 종합하면 '탈인습적 기독교 자아정체감'은 다음과 같이 설명될 수 있다. 첫째로 '관계적 자아'의 기능으로, '믿음의 생명막'이 신자가 하나님과 붙어 있는 상태를 나타내는 것처럼 신자와 다른 사람이 붙어있는 것을 나타낸다. 둘째로 '개방적 자아'의 기능으로, '믿음의 생명막'의 구멍을 통해 하나님의 의지와 신자의 의지가 서로 교환이 되듯이 한 신자와 다른 사람이 서로의 문을 열어 개방함으로써 서로 무언가를 교환한다. 셋째로 '평등적 자아'의 기능으로, '믿음의 생명막' 전체에서 골고루 의지의 교환이 일어나듯이 '평등적 자아'에 의해 한 신자 자아의 상호교환 활동이 이웃과의 관계에서도 차별 없이 골고루 일어나는 것을 나타낸다. 이렇게 본다면 '탈인습적 기독교 자아정체감'은 '믿음의 생명막' 같이 '문'과 같은 역할을 하는 동일한 성격의 상징적 구조라 할 수 있다. 따라서 이 두 개의 상징적 구조는 나란히 서로 연결될 수 있다는 결론이 가능하다.

(2) '탈인습적 기독교 자아정체감'을 통한 영성의 사회적 확장 기전

그러면 이제 하나는 하나님께 향하고 다른 하나는 다른 사람들을 향해 동일한 '문'과 같은 기능을 하면서 서로에게 붙어있다고 상상할 수 있는 이 '믿음의 생명막'과 '탈인습적 기독교 자아정체감'에서 구체적으로 어떤 일들이 일어날 수 있는가를 알아보기로 하자. 그런데 '탈인습적 기독교 자아정체감'은 세 가지 사회적 자아로 구성되어 있기에 이 각각에 대한 묘사가 필요하다. 그 묘사는 다음과 같다.

하나님과의 관계에서 '믿음의 생명막'이라는 접촉점을 가지고 있는 그리스도인은 그가 하나님께로부터 받은 '자유케 하는 의지'를 '탈인습적 기독교인 자아정체성'이라는 상징적 구조 안의 세 가지 사회적 자아의 활동을 통해 다른 사람들에게 나누어 줄 수 있다. 이때, '관계적 자아' 즉 다른 사람들과 상호주관적 관계를 더 많이 맺은 사아일수록 더 많은 사람에게, 그리고 '개방적 자아' 즉 개방적 태도를 가진 자아일수록 타자에게 자신을 개방하는 태도만큼이나 넓은 영역에서 나누어줄 수 있다. 그리고 본래의 '평등적 자아'의 의미에서 더 확장된 의미인 바, 다른 사람들을 평등하게 대하는 태도를 가진 자아일수록 그 주고받는 과정에서 만나는 사람들에게 차별 없이 하나님에게서 받은 것을 잘 전해줄 수 있다.[29] 이렇게 '탈인습적 기독교 자아정체감'은 다른 사람들에게 하나님의 것을 전달해 주는 '문'과 같은 역할을 하는 것인데, 보다 더 잘 양성될수록 그 문은 보다 더 원활하게 기능할 수 있다.

이 단계에서 연구자는 이 세 사회적 자아를 의도적으로 두 차원으로 확대하는 시도를 하고자 한다. 이 두 차원은 앞 절의 논의에서 나타난 대로 하나님과의 차원, 동료인간과의 차원이다.[30]

첫째, '관계적 자아'의 두 가지 차원 중의 하나는 먼저 하나님과의 관계성이다. 하나님과의 관계성은 '믿음'이라는 인격적 신뢰의 관계성을 말하는데, 이 인격적 관계성은 인간에게서 시발한 것이 아니라 하나님께로부터 온 선물이다. '관계성'의 두 번째 차원은 이웃, 즉 동료인간과의 관계성을 말한다. '믿음의 생명막'의 기전에 따르면 이 둘째 차원의 관계성은 첫째 차원에서 흘러들어온 것을 받아 누리는 것이다. 구체적으로 매일 실천하는 영성수련을 통해 하나님과의 이 인격적 신뢰의 관계가 더 깊어지는 가운데 자기중심적 고립성에서 벗어나는 자유를 더 깊이 누리는 사람은 동료인간과의 관계에서도 점점 더 자기중심적 고립성에서 벗어날 수 있게 된다.

둘째, '개방적 자아'도 두 차원을 갖는다. 하나님에 대한 개방성은 하나님 앞에 자신을 숨기지 않고 내어놓는 것이다. 이 의미는 모든 것을 아시는 하나님 앞에 자신이 드러나는 것으로서 실제적으로는 영성수련을 통해 자신에 대해서 모르던 것을 자신이 알게 된다는 의미도 있다. 한편 이웃에 대한 개방성은 의도적으로 자신의 마음과 생각을 열어서 그것을 상대방에게 전하고 그것이 상대방에게서 받아들여지는 상호작용을 의미한다. 동시에 그 역방향의 상호작용도 의미한다. 매일 실천하는 영성수련을 통해 자신을 하나님께로 개방하면서 이기적 폐쇄성을 깨뜨려 가는 사람은 동료인간과의 관계에서도 두려움 없이 자신을 개방하면서, 동시에 상대방의 것을 자신이 받아들이면서 이기적 폐쇄성에서 벗어날 수 있다.

셋째, '평등적 자아'도 두 차원을 갖는다. 그 첫째인 하나님과의 평등성은 완전한 의미의 평등성이 될 수는 없다. 창조주와 피조물은 절대적 의미에서 평등하게 될 수 없기 때문이다. 그러나 '믿음의 생명막'의 비유에서 나타난 바와 같이 하나님이 선물로 주신 '믿음의 생명막'이 개방적으로 유지되는 상태, 즉 생리학에서 말하는 일종의 '동적 평형'(dynamic equilibrium)의 상태에서 상호작용하는 주체로서의 평등성은 가능하다.[31] 한편, 인간 타자와의 평등성은 위르겐 하버마스(Jürgen Habermas)의 의사소통행위 이론에서 나타나는 바, 대화참여자 사이의 대화과정에서 상호존중과 평등한 권리의 인정을 통해 효과적으로 추구될 수 있다.[32] 예를 들면, 매일 실천하는 영성수련을 통해 신자가 하나님께서 자신을 자녀로서 존중해 주시는 것에 매일 더욱 감사하는 마음을 가지면 이웃에게도 자기가 받은 바 동일한 존중의 태도를 가질 수 있어 그를 조건에 따라 차별하지 않고 평등한 권리를 인정할 수 있게 된다.

한편 이 세 가지 자아의 태도 각각은 개별적인 것이라기보다는 다른 두 가지 자아의 태도가 한 그리스도인의 자아 안에 깊어짐에 따라 나머지 한 가지를 증진하게 되는 연관성을 가진다. 그리고 이 세 가지 자아의 태도는 한순간에 완성되는 것이 아니라 날마다 깊어지는 것이다.

위 논의에서 나타난 대로, 동료인간과의 관계에서 정의된 '사회적 자아'의 세 가지 특성은 하나님과의 관계에서도 그대로 작용하므로, '사회적 자아'의 특성이 논해지는 영역이 세 영역에서 그 두 배인 여섯 영역으로 확대되었다. 그러므로 이 새 영역들에서 역할을 하는 자아까지 포괄적으로 칭할 새로운 명칭이 요청된다.

(3) 사회적 자아의 새 명칭: '인격적 자아'

학습자의 자아를 칭할 새로운 명칭은 김현숙의 '사회적 자아'의 개념을 기초로 하여 그 성격을 그대로 유지하면서도 하나님을 향한 기능을 갖는 개념이어야 한다. 그러기 위해서는 영성학자들이 인간의 중심을 지칭한 용어들 가운데 사회적 역할과 연결점이 있는 용어를 찾는 것이 필요하다. 개신교 영성학자 틸든 에드워즈(Tilden Edwards)의 인간 이해에 따르면,

한 그리스도인의 중심은 '영적 마음'(spiritual heart)인데 이것이 작동할 때 하나님과의 관계가 원활하게 열리고 하나님과의 관계와 이웃과의 관계에서 하나님의 존재와 뜻에 합한 사랑을 구현할 수 있다.[33] 그러므로 이것은 이 연구에서 찾는 하나님과의 관계와 인간 동료와의 관계를 동시에 나타낼 수 있는 개념이 될 수 있다. 이 개념을 좀 더 분석적으로 보면 다음과 같다. 에드워드는 인간 안에 이 '영적 마음'의 경쟁자가 되는 것으로 자신의 욕구를 만족시키는 '에고 자기'(ego self)와 세계의 이해를 돕는 '생각하는 정신'(thinking mind)이 있다고 본다. 이 둘도 인간에게 필요한 기능인데, 한 사람 안에 이것들만 작동하면 하나님과의 관계는 멀어지게 된다. '에고 자기'는 자기중심성에 치우치게 하므로 결과적으로 '관계성'의 반대인 고립성, '개방성'의 반대인 폐쇄성, '평등성'의 반대인 차별성에 치우치게 하는 경향을 갖는다. 한편, '생각하는 정신'은 객관적인 세계의 판단에는 유용하지만 인격적 관계에서의 기능은 한계성이 있다.[34] 이 세 가지가 이루는 역동은 에드워드가 권하는 관상적 수련(contemplative practices)의 설명과정에서 잘 나타나는데, 관상적 수련은 바로 한 그리스도인의 중심이 '에고 자기'와 '생각하는 정신'의 매임에서 벗어나 하나님을 향하는 '영적 마음'의 상태가 되도록 하는 수련이다.

이 관상적 수련의 상태를 '믿음의 생명막'과 '탈인습적 기독교인 자아정체성'과 관련시켜서 다음과 같이 설명할 수 있다. 먼저 '영적 마음'은 하나님과의 관계에서 자아가 하나님께 잘 접촉하고 있는 상태를 말하는 것인데, 이 연구의 용어로는 '믿음의 생명막'에 붙어있는 그리스도인의 인격중심의 상태를 나타낸다. 또한 이 '영적 마음'은 인간의 '마음'(heart)이므로 인간의 정동(affection)과 의지(will)의 중심이기도 하지만 특별히 '영적 마음'의 상태에서는 그의 마음 안에 정신이 들어오므로, 인간의 인지적 기능을 포함하는 '전인'의 중심으로 기능하는 것이 특징이다.[35] 그러므로 이 '영적 마음'이 동료인간과의 관계에서도 기능한다는 것은 자명하다. 이 맥락에서 '영적 마음'과 사회적 자아의 관계가 드러나는데, 그것은 '영적 마음'이 하나님과의 관계에서도 작동하면서 동시에 사회직 자아에 연결되어 기능하는 실재라는 것이다. 구체적으로 표현하면, 하나님과 '믿음의 생명막'에서 생명력 있게 교통하고 있는 이 '영적 마음'이 사회적 자아에 연결되어 긍정적으로 기능할 때 사회적 자아의 긍정적 특성인 관계성, 개방성, 평등성이 고양될 수 있다.

그런데 과제가 하나 더 있다. 그것은 영성학자 에드워드는 직접 '탈인습적 사회적 자아'와 관련이 있는 논의를 한 것이 아니기에, 이 연구에서 명확한 개념을 전달하기 위해서는 이 '영적 마음'과 유사한 다른 명칭을 창안하는 것이 필요하다는 것이다. 새로운 명칭을 창안하는 데는 기준이 필요한데, 그 기준은 하나님과의 관계에서 인격적 상호작용을 가지면서 동시에 동료인간과의 관계에서 인격적 상호작용을 할 때 그 상호작용의 질을 동일하게 유지하는 자아를 표현할 수 있어야 한다는 것이다. 이 두 차원에서 관계의 특징은 동일하게 '인격적'이다. 그러므로 이 자아의 새 명칭을 '하나님과 이웃과 인격적 상호작용을 하는 자아'라고 하는 것이 적합해 보인다. '자아'는 일반적으로 사용되는 심리학적 용어로서 역동적인 뉘앙스를 가지므로 이 맥락에 적합하다. 이 새 명칭을 줄여서 '인격적 자아'라고 부를 수 있다. 이 '인격적 자아'는 먼저 하나님과 인격적 관계를 가지면서 동시에 인간 동료와도 인격적 관계를 가지는 주체이다. 이 '인격적 자아'는 먼저 하나님의 '자유케 하는 의지'를 자신의 '자기를 드리는 의지'의 상호작용으로 마치 문을 여는 듯이 받아들여서, 인간 동료와의 관계에서 하나님의 '자유케 하는 의지'의 통로가 된다. 이때 '인격적 자아'는 '믿음의 생명막'에서 관계적 자아로서, 개방적 자아로서, 평등적 자아로서 하나님과 만나면서 동시에 동일하게 그 세 가지 사회적 자아의 성격으로 다른 사람과 접촉한다.

영성교육에서 이 '인격적 자아'를 학습자를 부르는 명칭으로 사용할 수 있다. 학습자인 '인격적 자아'는 하나님의 '자유케 하는 의지'를 받아들여 다른 사람에게 전하는 기능을 지속적으로 더 원활하게 잘하기 위해 영성교육의 내용, 즉 영성수련을 실천해 나가는 주체이다.

4. 영성의 사회적 확장을 위한 탈인습적 기독교교육의 실제

이 장에서는 앞장에서 설명한 영성의 사회적 확장 기전에 따른 실제적 교육방안들을 제시한다. 첫째는 영성교육의 교육내용 영역들의 균형적 구성이고, 둘째는 기존 영성교육 영역 각각에 '관상적 경청'의 성격을 통합한 탈인습적 '대화모형'을 추가하는 것이고, 셋째는 학습자의 인격적 관계망의 '영성교육화'이다.

1) 교육내용 영역들의 균형적 구성

그리스도교 영성사에서 이어져온 영성수련들을 영역별로 묶어 보면, 첫째로 말씀묵상 영역에서는 '렉시오 디비나'라는 영성수련 전통을 들 수 있다.[36] 둘째로, 기도 영역의 영성수련에서는 일반적인 청원기도의 한계를 넘어서는 침묵기도와 성찰기도 등의 기도수련 전통이 이어져 왔다.[37] 셋째로, 믿음의 공동체 안의 사귐 영역에서는 일반적인 사귐을 넘어 교육적 기능을 하는 멘토링의 일종인 영성지도의 전통이 일대일 또는 그룹형태로 이어져왔다.[38] 넷째로, 이웃섬김의 봉사를 집중적으로 하는 몇몇 수도회의 전통이 있는 것을 볼 수 있는데, 이것도 일종의 영성수련의 역할을 했다.[39]

종교개혁자인 루터와 칼빈, 그리고 웨슬리의 가르침에서도 유사한 영역의 신앙생활의 지침들을 찾을 수 있는데, 그 형태는 조금씩 다르지만 현재 개신교 교회들에서 실천되고 있다. 넓게 보아 그것은 하나님의 뜻을 구하는 말씀묵상, 청원기도를 넘어서서 하나님 앞에서 자신을 돌아보는 성찰기도,[40] 믿음의 공동체 안의 사귐으로서 속회와 구역모임, 그리고 여러 형태로 수행되어 온 이웃섬김 등 네 영역으로 분류될 수 있다. 이 네 영역의 실천은 전통적 그리스도교 영성수련들의 네 영역과 정확히 동일한 것은 아니지만 그와 유사한 성격을 갖는다. 한편, 현재 한국교회 안에서 회중 가운데 영성에 대한 관심이 증가하면서 전통적 그리스도교 영성수련과의 연결 속에서 개신교회 회중들이 실천할 수 있는 영성수련들을 발굴하고 개발하고자 하는 노력들이 있다. 김경은의 "개신교 영성훈련의 현재와 전망–관계적 · 통전적 경험의 내면화를 지향하며"는 전반적 영성수련에 대하여, 최창국의 "영성형성의 실천적 방법으로서 렉시오 디비나(Lectio Divina)"는 말씀묵상 영역에서, 채혁수의 "영적 식별과 기독교 교육적 적용," 이강학의 "이세종의 영성지도와 한국교회 목회현장 적용에 관한 연구," 그리고 김기철의 "영혼 돌봄에 기반을 두는 목회상담: 영성지도의 속성을 받아들이는 상담"은 믿음의 공동체 안의 사귐의 영역에서 한국교회 현장의 영성교육에 매우 유용한 통찰을 주는 연구들이다.[41]

이제 위의 연구들이 주는 통찰을 수용하면서, 교육내용 영역들의 명칭을 정해야 하는데, 그리스도교 영성사에 나타난 전통적 영성수련의 영역들과 현재 개신교 교회에서의 실천 영역들의 공통점을 찾아 묶어서 그것을 네 영역의 영성교육의 내용으로 하되 각각을 '수련'으로 칭하기로 한다. 위의 논의를 기초로 한 영성수련의 네 가지 영역은 말씀묵상 수련 영역(영성사의 렉시오 디비나 포함), 기도 수련 영역(영성사의 침묵기도와 성찰기도 포함), 믿음의 공동체 사귐 수련 영역(영성사의 영적지도 포함), 이웃섬김 수련 영역(사회개혁활동 포함)으로 정한다.

영성교육의 이 네 가지 수련 영역이 갖는 상호관련성과 역동은 다음과 같다. 첫 번째의 말씀묵상 수련과 두 번째의 기도 수련은 하나님과의 관계로 분류할 수 있다.[42] 세 번째의 믿음의 공동체 사귐 수련과 네 번째의 이웃섬김 수련은 동료인간과의 관계로 분류한다. 학습자는 먼저 하나님과의 관계 영역인 두 영역의 수련을 힘쓰는 가운데 하나님의 '자유케 하는 의지'를 자신의 '자기를 드리는 의지'를 통해 받아들이는 상태가 계속될 수 있다. 이는 하나님 말씀의 묵상과 기도 가운데, 역동적으로 하나님의 의지와 신자의 의지가 상호교환되는 '믿음의 생명막'을 통해 학습자가 가지는 하나님과의 관계성, 개방성, 평등성이 깊어지는 과정이기도 하다. 또한, 학습자는 이웃과의 관계 영역인 믿음의 공동체 안의 사귐과 이웃섬김을 실천하는 상태에서, 그의 '인격적 자아'를 통해 하나님의 '자유케 하는 의지'의 영향력이 동료인간과의 관계에서 나타나게 된다. 바로 이것이 개인 영성의 사회적 확장 기전이 펼쳐지는 첫 번째 단계이다.

이때 교육내용 구성에서 가장 중요한 점은 영성교육을 중점으로 하는 교육목회의 계획을 세울 때 위의 네 가지 영역의 요소를 균형 있게 포함해야 한다는 것이다. 하나님과의 관계를 중심으로 하는 말씀묵상 수련과 기도 수련만을 영성교육 교육목회의 중점으로 하는 교육은 균형적이지 않을 뿐 아니라 사회적 확장에 거의 영향력을 미치지 못하기 때문이다. 반대로 동료인간과의 관계가 핵심을 이루는 믿음의 공동체 안의 사귐 수련이나 이웃섬김 수련만을 중점으로 하는 교육은 하나님과의 관계 영역의 요소가 약화된 채로 동료인간과의 관계 증진에 노력하는 것이므로 주위 사람들의 영성에 실제적 영향력을 발휘하기 힘들다. 이 점에서 균형 잡힌 교육내용은 그 자체가 개인 영성의 사회적 확장의 촉진이라는 목적에 기여한다고 볼 수 있다.

실제로 한국교회에서 외적으로 영성수련이라는 명칭을 가졌든 갖지 않았든 위의 네 가지 영역에서의 수련 중에서 주로 한 가지를 중점적으로 실천하면서 한국교회에 영향력을 미치는 교회들이 있다. 그 중에 영성일기를 중심으로 영성목회를 하는 선한목자교회, 큐티나눔을 중심으로 회복적 목회를 하는 우리들교회가 잘 알려져 있다. 이 목회들을 연구한 논문으로는 우리들교회의 '큐티목회'를 분석한 구병옥의 "인성회복을 이끄

는 목회: 우리들교회를 중심으로"와[43] '영성일기'와 관련된 유재경의 "기독교 영성형성의 관점에서 본 영성일기"가 있다.[44] 이 연구들이 밝히듯이 이 교회들이 특정 수련 영역에서 탁월한 성과를 내는 것은 한국교회에 긍정적 영향을 미쳤다고 볼 수 있다. 그러나 개인 영성의 사회적 확장이라는 측면에서는 균형적이거나 효과적인 목회라고 보기는 어렵다.

2) 교육내용 영역 각각에 '관상적 경청' 성격의 탈인습적 '대화모형'의 추가

개인 영성의 사회적 확장 기전이 펼쳐지는 두 번째 단계는 영성수련의 네 영역 각각의 교육내용에 김현숙의 탈인습적 기독교교육에서 가장 중심이 되는 교육모형인 '대화모형'을 통합하는 방식으로 이루어질 수 있다.[45] 그것은 소그룹으로 모여 대화하되 그 대화 가운데 관계성, 평등성, 개방성의 원리를 구현하는 '대화모형'을 영성교육의 각 영역에 통합하는 방식인데 그 구체적 진행은 다음과 같다.

첫째는 말씀묵상 수련을 그룹으로 실천한 후 '대화모형'의 원리를 따르는 대화를 나누는 시간을 별도의 교육내용으로 갖는 것이다. 둘째도 기도 수련을 그룹으로 실천한 후 대화를 나누는 시간을 별도로 갖는 것이다. 셋째는 각 교회의 기존의 믿음의 공동체 안에서 기존의 방식대로 사귐의 시간을 갖되 그 후에 의도적 교육그룹으로 재편성하여 '대화모형' 원리의 대화를 나누는 시간을 갖는 것이다. 그리고 넷째는 이웃섬김의 수련 후에 따로 구성원들이 대화를 하는 나눔 시간을 갖는 방식으로 할 수 있다. 이때 중요한 것은 '대화모형'의 형식으로 대화를 하되 특별히 듣는 역할을 할 때 '관상적 경청'(contemplative listening)의 자세로 실천한다는 점이다.

'관상적 경청'은 다른 사람의 말을 '관상적' 태도로 듣는 것이다. 여러 영성학자들이 서로 약간 다른 방식으로 '관상적'이라는 상태를 설명했는데, 그 가운데서 에드워드의 설명이 본 연구의 교육기전과 가장 잘 연결된다. 에드워드는 '관상적 의식'을 "풍성한 삶으로 부르시는 성령님의 초대를 막고 있는 벽을 통과하는 문"이라고 소개했다.[46] 이 '관상적 의식'의 정의 안에 있는 '문'의 이미지는 '믿음의 생명막'이 갖는 문의 이미지와 유사하다. 그리고 '관상적'이라는 상태는 하나님의 '자유케 하는 의지'에 대해 그리스도인의 '자기를 드리는 의지'로 응답하고 있는 것으로 묘사된 바, '믿음의 생명막'의 동적 평형상태와 같은 상태이다. 이때 신자는 자신의 생각이나 정서에 덜 영향을 받으면서 하나님께만 자기 자신을 드리고 있는 상태로 '고요하게 하나님만을 바라보는 상태'가 되는데, 이것이 관상적 상태이다.[47] 학습자의 '인격적 자아'가 바로 이 하나님과의 관계의 상태를 상대방의 이야기를 듣는 시간에 이어가는 것이 '관상적 경청'이다.

이 과정에서의 핵심은, 말하는 사람도 '에고 자아'가 갖는 자기중심성이나 '생각하는 정신'이 갖는 비판의 기능을 내려놓고,[48] 그룹구성원들 앞에서와 하나님 앞에서 자신을 있는 그대로 노출하고, 듣는 사람도 '에고 자아'가 갖는 자기중심성이나 '생각하는 정신'이 갖는 비판의 기능을 내려놓고 최대한 침묵 가운데 상대방의 말을 듣고서 최소한의 말만을 하면서 환대의 태도로 그 말을 받아들이는 것이다. 이 태도는 하나님과의 관계 속에 관상적 상태에 있는 '인격적 자아'가 인간타자에게도 바로 그 '고요하게 하나님을 바라보는 상태'로 대해 주는 태도이다.

이 '관상적 경청'은 자연스럽게 이루어지는 것이 아니므로 수련이 필요하다. 이 수련의 과정에서 '관상적 경청'은 탈인습성의 세 원리를 통합하여 다음과 같이 더 풍성하게 될 수 있다. 첫째로, '관계성'의 원리로 그룹원들이 서로의 곁에 둥그렇게 둘러앉는다. 둘째로, '평등성'의 원리로 모든 사람이 공평한 기회로 동일한 시간 동안 발언한다. 셋째로, '개방성'의 원리로 말하는 사람은 자신의 마음을 하나님 앞에서처럼 드러내고, 듣는 사람은 그 이야기를 받아들이는 수용적인 표현으로만 반응하며 듣는 것이다.

여기서 중요한 점은 이 '관상적 경청' 성격의 탈인습적 대화모형의 대화를 하는 시간은 학습자의 관계적 자아, 개방적 자아, 평등적 자아가 양성되는 교육의 효과가 일어나는 시간이라는 것이다. 동시에 이 시간은 학습자들 상호 간 그들의 영성의 사회적 영향력 전파가 서로에게 이루어지고 있는 시간이다. 이때 학습자 그룹이 어떤 사람들로 구성되어 있느냐에 따라 이 시간에 학습자들은 서로 다른 영적 영향력을 받게 된다. 그러므로 동일한 영역의 수련이고 동일한 교사가 진행한다 하더라도 그룹에서 누구와 만나게 되느냐에 따라 다른 교육 결과가 나타날 수 있다. 이 서로 다른 교육 결과 자체가 바로 개인 영성의 사회적 영향력 전파의 가장 기본적 실제를 나타내는 한 예이다.

3) 학습자의 인격적 관계망의 영성교육화

영성교육의 과정에서 영성수련을 실천하는 학습자들은 자신의 삶의 여러 현장에서 가족, 믿음의 공동체, 사회생활 동료들과 일반 사회인들을 만나게 되는데 각각의 만남에서 그의 역할은 '사회적 자아'로서의 역할이다. 만일 이 세 영역에서의 만남을 '영성교육화'할 수 있다면, '인격적 자아'를 통해 그를 통한 하나님의 '자유케 하는 의지'가 다른 사람들에게 전해질 수 있다. 이것이 개인 영성의 사회적 확장 기전이 펼쳐지는 세 번째 단계이다.

개인의 영적 영향력이 이 세 영역에서의 사회적 만남을 통해 자연스럽게 전해질 수도 있지만 그렇지 않을 수도 있다. 예를 들면, 자신의 영적 성장을 위해 정기적 영성교육에 참여하기 시작한 한 담임목회자가 위의 세 사회적 관계 영역에서 자연스럽게 긍정적 영향력을 끼칠 수 있다고 볼 수도 있으나 늘 그렇게 되는 것은 아니다. 그 목회자는 세 그룹의 구성원들과의 관계를 가질 때 상호주관적인 '관계적' 태도의 정반대인 일방적 지시의 방식으로 가질 수도 있고, '개방적' 태도의 정반대인 폐쇄적 태도를 가질 수도 있고, 구성원들에게 대한 '평등적' 태도의 정반대인 차별적인 태도를 가질 수도 있다. 이러한 권위적인 일방성, 폐쇄성, 차별성으로의 치우침은 일종의 자기중심성이라는 죄의 성격을 가지기에, 한 그리스도인 안에서 언제고 일어날 수 있는 현상이다. 그렇기 때문에 더 잘 양성된 관계적 자아, 개방적 자아, 평등적 자아라는 사회적 자아로서 다른 사람들을 만나려면 지속적인 노력이 필요하다. 그러므로 모든 그리스도인은 평생 동안 어떤 형태이든 지속적으로 영성교육 프로그램에 참여하여 이러한 퇴행을 막고 계속 성장하면서 개인 영성의 사회적 확장을 더 효과적으로 할 수 있는 길을 찾아야 한다. 가장 효과적으로 장기간 꾸준하게 실천할 수 있는 방법은, 한 그리스도인에게 있는 삶의 주요한 만남의 현장들을 선택해 그 만남의 형태를 '영성교육화'하는 것이다.

실제 삶의 현장에서의 만남들, 즉 가족, 믿음의 공동체, 사회생활에서의 동료들과 해 오던 기존의 그룹모임은 다음과 같은 형태로 '영성교육화' 할 수 있다. 즉 학습자가 기존의 인격적 관계망에서 신앙생활과 관련하여 가져온 모임들을 다음과 같이 영성교육의 네 가지 영역으로 변화시킬 수 있다.

첫째, 기존에 그리스도인 가족이 믿음을 중심으로 만나는 자리인 '가정예배'를 다음과 같은 방법으로 영성교육의 네 가지 영역으로 확대한 후에, 네 영역 각각에서 영성의 사회적 확장이 일어나게 촉진할 수 있다. 방법은 가정예배 후에 매번 또는 정기적으로 나눔의 시간을 갖는 것이다. 나눔의 방식은 앞에서 설명한 '관상적 경청'의 방식으로 갖는다. 말씀묵상 영역에서는 한 주에 한 번 또는 한 달에 한 번은 말씀묵상을 그룹 렉시오 디비나 형식으로 할 수 있다. 기도영역에서는 한 달에 한 번은 성찰기도나 침묵기도를 중심으로 하는 예배시간을 가질 수 있다. 믿음의 공동체 사귐 영역에서는 한 달에 한 번은 그룹 영적지도 시간으로 가지면서 가족 구성원의 분별의 문제를 서로 나눌 수 있다. 자녀는 진학이나 진로나 이성교제의 문제에 대한 분별을, 부모는 직장의 일이나 대가족 안에서의 역할의 문제에 대한 분별을 가족 구성원으로 구성된 그룹영적지도 모임에서 나눌 수 있다. 이때 가장 필요한 것이 '관상적 경청'의 자세이다. 부모는 자녀가 내놓은 분별의 문제에 지시적으로 압력을 행사하려고 하지 않고 관상적 경청의 자세로 들어 준다. 이웃섬김의 영역에서는 계절에 한 번이나 일 년에 한번은 가족이 중심이 되는 이웃섬김의 실천을 함께 하고 그 후에 '관상적 경청'의 나눔을 할 수 있다. 이것이 기존의 인격적 관계망을 '영성교육화'하는 기본적 틀이다.

둘째, 기존에 학습자가 가져온 '믿음의 공동체' 안의 만남도 위의 영성교육의 네 영역으로 분화시킬 수 있고, 그럼으로써 그 네 영역을 개인 영성의 사회적 확장의 장으로 만들 수 있다. 특별히 이 만남의 장에서는 세 번째 영역을 우선적으로 변화시킬 수 있다. 그것은 '믿음의 공동체' 안에서 나눔의 대화를 하되 '관상적 경청'의 방식으로 하는 것이다. 선한목자교회의 영성일기 나눔, 우리들 교회의 큐티 나눔 등도 '관상적 경청'의 방식의 대화모임으로 심화시킬 수 있다.[49] 또한, 공동체 안에서 두 사람이 서로 믿음의 삶의 벗이 되면서 공식적 비공식적 영적 멘토링을 해 줄 수 있고 그룹영적지도의 활동을 할 수 있다. 그 이외의 세 영역에서의 구체적 방식은 위의 가족 그룹의 예와 유사하게 할 수 있다.

셋째, 사회생활에서 믿음을 중심으로 해서 동료와 만나는 장인 기존의 직장 신우회 모임도 영성교육의 네 영역으로 분화시킬 수 있고, 그 네 영역이 개인 영성의 사회적 확장의 장이 되게 할 수 있다. 무엇보다 먼저 이 신우회 모임의 목적을 친목이나 전도가 아니라 보다 선명하게 '인격적 자아'의 영향력이 서로에게 전해지는 것으로 변경할 수 있다. 영성교육의 네 영역에서의 구체적 방식은 위의 가족 그룹의 예와 유사하게 할 수 있다.

위에서 제시한 바, 학습자가 가진 기존의 인격적 관계망을 '영성교육화'하는 과제는 실제적으로 한 교회의 목회자가 자신의 교회 목회의 방향을 그렇게 정해서 효과적으로 그 교회 회중 안에서 구현할 수 있다. 그 가운데 가장 중심이 되는 예로서, 인격적 관계망의 중심이 되는 학습자를 한 담임목회자라고 가정하여 도표로 그린 것이 아래의 〈그림 1〉이다.[50] 이 그림에 두 개의 화살표가 있는데, 실선 화살표는 하나님의 '자유케 하는 의지'를 나타내고 점선 화살표는 학습자의 '탈인습적 기독교 자아정체감'이 동시에 문처럼 열린 상태에서 다른 사람과의 상호작용이 이루어지는 것을 나타낸다.

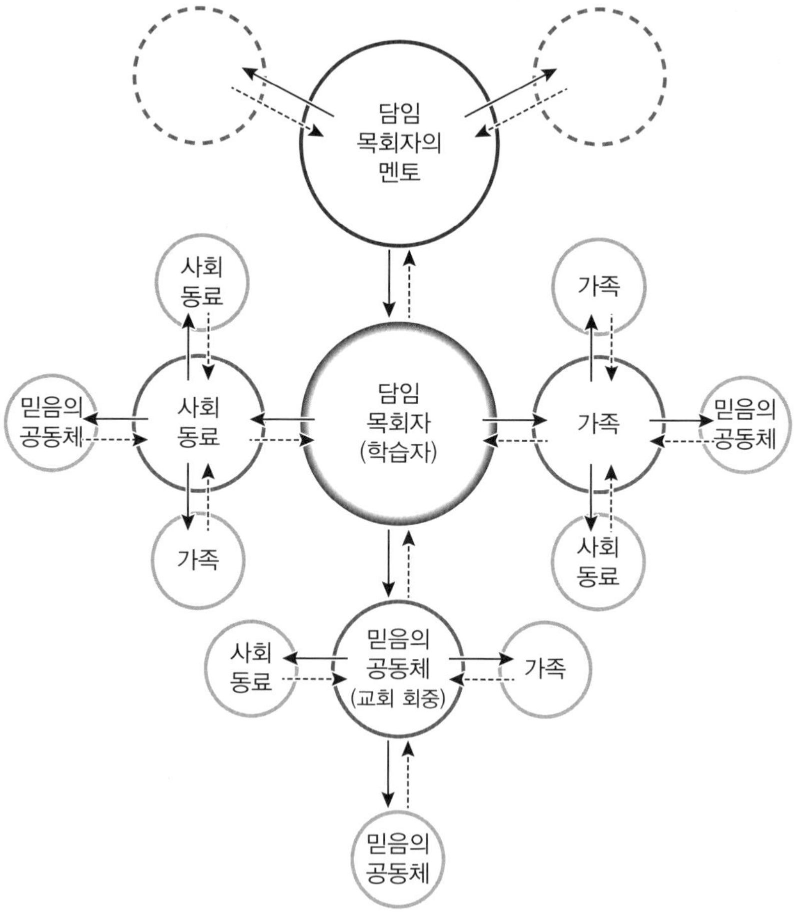

〈그림 1〉 개인 영성의 사회적 확장의 한 양상

이 그림 안의 중심인 담임목회자가 갖는 믿음의 공동체와의 관계와 사회 동료와의 관계는 서로 중첩되는 특징이 있는데 그로 인하여 담임목회자의 영성의 확장은 일반 신자들보다 용이할 수도 있지만 담임목회자라는 특수한 위치 때문에 회중과의 관계에서의 개방성과 평등성이 왜곡될 수도 있다는 한계성을 가진다. 그러므로 목회자들에게는 자신의 교회 회중과는 분리된 다른 신자들과 함께 하는 영성교육 프로그램의 정기적 참여가 절실히 요청된다고 볼 수 있다. 교회지도자들이 위와 같은 개인 영성의 사회적 확장 기전 안에서 나타나는 자신의 강점과 약점을 이해하며 그 부분에 대한 지속적인 성찰을 하면서 네 영역의 영성수련을 지속적으로 실천한다면 그의 영성의 확장은 자신이 목회하는 회중을 통해서 더 넓은 사회로 펼쳐질 수 있을 것이다. 또한 학습자가 부모나 교사라도 이와 비슷한 기전으로 그의 영적 영향력은 사회적으로 확장될 수 있다. 그리고, 사회적 위치와 상관없이 모든 그리스도인이 자신이 속한 인격적 관계망을 통해 영성의 사회적 확장을 이룰 수 있다. 물론 인격적 관계망을 넘어서 다른 매체들을 통한 사회적 영향력의 확장도 가능하겠지만, 이 연구에서는 그에 대한 논의는 생략한다.

5. 나오는 말

한 그리스도인의 탁월한 영성은 특별한 교육적 고안 없이도 사회적으로 큰 영향을 미칠 수 있다. 그러나 한 그리스도인이 갖는 하나님과의 관계와 인간 동료와의 관계를 동시에 증진하는 교육 기전이 제시된다면, 그 교육기전을 사용하여 모든 평범한 그리스도인의 영성의 사회적 확장이 더 효과적으로 이루어질 수 있다. 본 연구는 이러한 모든 그리스도인의 개인 영성의 사회적 확장을 촉진하는 교육 기전을 제시하는 것을 목적으로 수행되었다. 이 연구는 먼저 '믿음의 생명막'이라는 개념과 김현숙의 '탈인습적 기독교 자아정체감'이라는 개념이 '문'과 같이 열리는 공통적 특성을 가지고 있다는 것을 밝혔다. 그리고 이 두 개념이 한 그리스도인 안에서 서로 연결될 수 있다는 것과, 그 '문'과 같은 특성을 통해 일반적으로 개인 영성의 핵심이 된다고 알려진 하나님과의 인격적 관계가 동료인간과의 인격적 관계에 영향을 미치는 기전을 밝혔다.

이 기전에 따른 실제 교육내용의 구성은 다음과 같다. 첫째는 영성교육 내용을 네 영역으로 분류하여 말씀묵상 수련, 기도 수련, 믿음의 공동체 사귐 수련, 이웃섬김 수련 영역으로 정하고, 그 안에 하나님과의 관계와 동료인간과의 관계가 균형적으로 포함되게 하는 것이다. 그리고 그 수련들 안에서 한 그리스도인을 변화시킨 하나님의 '자유케 하는 의지'가 그의 동료들에게 전달되게 하는 것이다. 둘째는 '관상적 경청'의 성격을 통합한 탈인습적 '대화모형'을 영성교육 네 영역 각각에 추가하는 것이다. 셋째는 한 그리스도인이 갖는 세 종류의 인격적 관계망인 가족, 믿음의 공동체, 사회생활에서 동료들과의 만남의 장들을 위의 네 가지 영성교육 내용으로 '영성교육화'하는 것이다.

한 그리스도인의 영성은 위와 같은 영성교육 내용과 학습자의 인격적 관계망을 통해 사회적으로 확장되어 나갈 수 있다. 그리고 그 관계망이 만들어낸 또 다른 관계망이 더 넓은 사회적 관계망을 이루며 그 영향력은 더 힘있게 확장되어 갈 수 있다. 이러한 영성의 사회적 확장을 통해 하나님의 '자유케 하는 의지'가 현대를 함께 살아가는 다양한 그룹의 사람들 가운데 편만하게 전해져서, 이 세상 안에서 하나님 나라가 '계속되는 현재'로서 점점 더 넓고 깊게 구현되기를 소망한다.

미주

1) 이 논문은 2022년 학술지「신학과 실천」제81호에 게재된 논문을 수정 · 보완한 것임.
2) 한 예로, 기독교교육학자 잭 세이무어는 기독교교육을 영역별 주제로 묶어 편집한 책『기독교교육의 지도 그리기』에서 영성교육을 '개인을 교육하기'라는 제목으로 제시했다. 잭 세이무어 편,『기독교교육의 지도 그리기』고용수 옮김 (서울: 한국장로교출판사, 2001), 73–94.
3) 알리스터 맥그라스,『기독교영성베이직』김덕천 옮김 (서울: 대한기독교서회, 2006), 34.
4) 잭 세이무어 편,『기독교교육의 지도 그리기』, 73–94; 잭 세이무어, 도날드 밀러 편『오늘의 기독교교육연구』대한예수교장로회총회교육부 옮김 (서울: 대한예수교장로회총회교육부, 1982), 107–150.
5) 알리스터 맥그라스 외에 개신교 영성학자 어반 T. 홈즈가 내린 영성의 정의도 신자의 삶 전체를 포괄한다. 그는 영성이 "관계성의 형성 능력"이며 "세계 안에서의 창조적 행위를 통해" 드러나는 것이라고 보았다. 어반 T. 홈즈 III,『목회와 영성』김외식 옮김 (서울: 대한기독교서회, 1998), 29.
6) 해리스는 "그 내면적 삶이 넘쳐흘러서 사회화와 사회적 적응을 초월하는 급진적인 정치적, 환경운동적 행동을 낳을 수 있다"라고 주장했다. 마리아 해리스, "개인을 교육하기,"『기독교교육의 지도 그리기』, 86.
7) 마리아 해리스, "개인을 교육하기," 86.
8) Ibid., 80.
9) 김은주, "생태학적 기독교 영성을 통한 기독교교육의 방향과 실천적 제언,"「기독교교육논총」63 (2020): 347–376.
10) 디트리히 본회퍼,『옥중서신–저항과 복종』김순현 옮김 (서울: 복있는사람, 2016).
11) 한 예로, 목회자로서의 유진 피터슨은 그의 아들에게 편지 형식 등의 영적 멘토링을 통해 그의 영성을 전했다. 유진 피터슨, 에릭 피터슨,『젊은 목사에게 보내는 편지』홍종락 옮김 (서울: 복있는사람, 2020).
12) 이 주제와 관련된 것으로 이정순의 "그리스도인의 사회적 실천과 영성"이라는 논문이 있으나 개인 영성의 사회적 확대 기전을 밝히는 논문은 아니다. 이정순, "그리스도인의 사회적 실천과 영성,"「신학과 실천」62 (2018): 187–210.
13) 마르틴 루터,『루터 저작선』이형기 옮김 (서울: 크리스챤다이제스트, 1999), 98.

14) 황인혜, "개신교 '자유케 됨'의 영성에 기초한 기독교 영성교육 모형: '자유케 됨'의 실천" 「기독교교육논총」 68 (2021): 386-392. 역동적 믿음의 상징인 "믿음의 생명막" 개념은 이 내용을 기초로 한다.

15) '노예의지론'으로 번역된 말의 원뜻은 '의지의 속박'(the bondage of will)이다. 마르틴 루터, 『루터 저작선』, 217-261.

16) Ibid., 245.

17) 마르틴 부버, 『나와 너』 표재명 옮김 (서울: 문예출판사, 1995), 77; 안건훈, 『자유의지와 결정론』 (파주: 집문당, 2006), 36-114.

18) 마르틴 루터, 『루터 저작선』, 108.

19) Ibid., 118.

20) 존 칼빈, 『기독교강요-제3권』 김종흡 외 옮김 (서울: 생명의말씀사, 1990), III. ii. 35.

21) 이러한 '믿음의 생명막'의 기전은 에밀 브루너(Emil Brunner)의 '접촉'으로서의 '믿음'의 정의에서 아이디어를 얻은 것이다. Emil Brunner, *Truth as Encounter* (Philadelphia, PA: Westminster Press, 1943), 73-74; 이 기전 설명에서 하나님께 응답하는 인간 주체를 맥락에 따라 그리스도인, 신자 등으로 지칭한다.

22) 정미영, 『친절한 과학사전-생명과학 편』 (서울: 출판문화유람, 2017), 136-138.

23) 이러한 자유의 상태의 성격이 다음 장에 이어지는 사회적 확장 기전의 핵심요소의 성격과 연관성을 갖는다.

24) 김현숙, 『탈인습성과 기독교교육』 (서울: 대한기독교서회, 2004), 25.

25) Ibid., 26.

26) Ibid., 23.

27) Ibid.

28) Ibid., 24.

29) 김현숙이 내린 '평등적 자아'(equal self)의 정의는 "공적 영역과 사적 영역이 분화된 사회에서 두 영역의 가치를 존중함과 더불어, 그 둘 사이의 긴장과 갈등을 주체적으로 통합할 수 있는 자아"이다. 그와 연결된 '평등성'(equality)은 "기독교교육에 참여한 모든 학습자들이 각기 그들 자신의 신앙과 입장을 동등하게 제시하며, 자신의 견해와 구별되는 관점에 대하여 동등하게 비판할 수 있는 기회가 제공되는 차원의 특성"을 의미한다. 이 둘 중에서 후자가 보다 일반적 의미를 지니기에, 탈인습성과 관련된 연구들에서 이 후자의 의미가 '평등적 자아'의 양성을 지향하는 교육내용에도 포함되는 경우가 많이 발견된다. 본 연구에서도 두 가지 의미를 다 포함한다.

Ibid., 23, 135.

30) 여기서 말하는 '동료인간'은 성경의 언어로 하면 이웃이고, 일반적 언어로 하면 사회의 구성원인데, 인격적 존재이시며 동시에 절대타자이신 하나님과의 구별을 위해 사용한다.

31) 생물학에서 제시한 세포막의 기전이다. 정미영, 『친절한 과학사전-생명과학 편』, 136-138.

32) 하버마스가 말하는 이상적인 의사소통행위의 선행조건은 "대화참여자에 대한 상호 배려와 존경" 그리고 "대화 참여자 사이의 평등한 권리의 인정"이다. 김현숙, 『탈인습성과 기독교교육』, 45.

33) 틸든 에드워즈, 『관상으로의 초대』 양혜란 옮김 (서울: 한국살렘, 2021), 239-247.

34) Ibid., 243-244.

35) 틸든 에드워즈는 이것을 "마음 속에 있는 정신(mind in the heart)"로 표현했다. Ibid., 14.

36) 허성준, 『수도 전통에 따른 렉시오 디비나』 (왜관: 분도출판사, 2003), 196-210.

37) 로욜라 이냐시오, 정제천 요한 옮김 『로욜라의 성 이냐시오 영신수련』 (서울: 빅벨-이냐시오영성연구소, 2005), 25-33; 케네스 리치, 『영혼의 친구』 신선명, 신현복 옮김 (서울: 아침영성지도연구원, 2006), 229-230.

38) 케네스 리치, 『영혼의 친구』, 78; 윌리엄 베리, 윌리엄 코놀리, 『영적 지도의 실제』 김창재, 김선숙 옮김 (왜관: 분도출판사, 1999), 18.

39) 그리스도교 영성사에서 프란체스코 수도회가 대표적이다. 기독교교육학자 다익스트라는 이러한 이웃섬김을 현대 교회를 위한 '그리스도인의 실천'의 목록에 포함시켰다. Craig Dykstra, *Growing in the Life of Faith: Education and Christian Practices* (Louisville, KY: Geneva Press, 1999), 42-43.

40) 성찰기도는 개신교 전통에서는 성찰이라는 이름이 아니라 일종의 일기식의 웨슬리의 '영성일지'의 가르침으로 전해졌고, 일지를 쓰는 가운데 삶의 성찰을 하도록 했다. 이후정, "은혜의 수단," 「기독교사상」 44 (2000): 191.

41) 김경은, "개신교 영성훈련의 현재와 전망-관계적 · 통전적 경험의 내면화를 지향하며," 「한국기독교신학논총」 102 (2016): 193-219; 최창국, "영성형성의 실천적 방법으로서 렉시오 디비나(lectio divina)." 「복음과 실천신학」 21 (2010): 124-151; 채혁수, "영적 식별과 기독교 교육적 적용," 「신학과 실천」 62 (2018): 389-419; 이강학, "이세종의 영성지도와 한국교회 목회현장 적용에 관한 연구," 「신학과 실천」

49 (2016): 219; 김기철, "영혼 돌봄에 기반을 두는 목회상담: 영성지도의 속성을 받아들이는 상담," 「신학과 실천」 63 (2019): 239-269.

42) 성찰기도는 하나님과의 관계 안에서 세부적으로 자기와의 관계 영역으로 볼 수 있다.

43) 구병옥, "인성회복을 이끄는 목회: 우리들교회를 중심으로," 「신학과 실천」 58 (2018): 525-550.

44) 유재경, "기독교영성형성의 관점에서 본 영성일기," 「신학과 실천」 57 (2017): 321-347.

45) 김현숙, "기독교적 정체감 형성을 위한 대화 교육," 「기독교교육정보」 3 (2001): 279-310.

46) 틸든 에드워즈, 『관상으로의 초대』, 16.

47) 이 상태는 다른 생각이나 정서에 휘둘리지 않은 상태에서 '고요하게 하나님만을 바라봄'이 실현된 상태이다. 이것이 '관상적(觀想的)'이라는 용어의 어의적 의미이다.

48) 틸든 에드워즈, 『관상으로의 초대』, 243-244.

49) 선한목자교회의 '영성일기'와 우리들교회의 '큐티나눔'은 그 속성상 '관상적 경청'과 관계를 가지기에 실제로 이미 그룹 구성원의 특성에 따라 '관상적 경청'의 방향으로 진행되고 있을 수 있다.

50) 이 표는 황인혜, "개신교 전통에 근거한 '자유케 됨'의 영성을 위한 교육 모형 연구" (박사학위, 연세대학교 대학원, 2021), 273쪽의 표를 수정한 것임.

더 읽을거리

김현숙. “기독교적 정체감 형성을 위한 대화 교육.” 「기독교교육정보」 3 (10, 2001): 279–310.

루터, 마르틴. 『루터 저작선』 이형기 역. 서울: 크리스챤다이제스트, 1999.

쉐릴, 루이스. 『만남의 기독교교육』 김재은, 장기옥 역. 서울: 대한기독교출판사, 1981.

에드워즈, 틸든. 『관상으로의 초대』 양혜란 역. 서울: 한국살렘, 2021.

Dykstra, Craig. *Growing in the Life of Faith: Education and Christian Practices*. Louisville, KY: Geneva Press, 1999.

10

Postconventional Christian Education for Adults amid Radicalization in Indonesia

• Justitia Vox Dei Hattu •

1. The Growing of Religious Radicalism in Indonesia

Radicalism (in the name of religion) has become a problem for many countries worldwide, and Indonesia is one of those countries. Radicalism undermined Indonesian life for many years and happened in various ways. Data from The National Counter-Terrorism Agency of Indonesia shows that acts of radicalism come in various forms, including terror bombings, suicide bombings in places of worship and public facilities, dissemination of radicalism e-books, propaganda on the play store and online games, and the process of indoctrinating specific radical ideas through social media.[1)]

The results of several surveys at the national and local levels support The National Counter-Terrorism Agency's findings which show an increasing number of acts of radicalism. For example, a survey conducted by the Wahid Institute in the year of 2020 confirmed that acts of religious radicalism increased rapidly from 46% to 54% with several triggering factors, such are "hate speeches and hate posts spread in the social media.[2] Ambar Sri Lestari shows that social media, such as Facebook, Twitter, Blogs, YouTube, WhatsApp, and videos, make many things more accessible for radical groups to spread propaganda and to socialize the ideology of radicalism in educational institutions.[3] According to Lestari, the spreading of radicalism in the social media take some steps as follow. At first, the conversations were general to attract the attention of the target, then afterward continued to more intensive conversations aimed at indoctrinating and brainwashing the targeted to make them believe certain teachings conveyed.[4] The teachings in question are oriented towards an excessive understanding of certain religious teachings and ignore the truth of other religious teachings, as well as ideas that damage the unity and integrity of the nation and state, such as anti-Pancasila (Five Principles, the Indonesian state ideology), anti-the Undang Undang Dasar 1945 (the Constitution of the Republic of Indonesia), and anti-Bhinneka Tunggal Ika (the national motto of the Republic of Indonesia which means unity in diversity).[5]

Aside from propaganda through social media, the target of radicals and terrorists mostly are churches, cafes or other public spaces, and embassies.[6] In the case of churches, in recent years, there have been pretty several churches that have become victims of radicalism movement in the name of (a specific) religion. Here and there, some churches that hold government permission must be forcibly closed by some people/groups. Data from the Communion of Churches in Indonesia shows that from 2002–2018, approximately 211 church buildings were forced to close, burned, destroyed, and sealed by both government and non–government sources.[7] Among the 211 church buildings, about 50 churches buildings have been damaged permanently and sealed until now. Based on this forced closure, members of those churches had to worship from house to house or at other churches nearby, or even a few were left stranded because of the unavailability of adequate places to worship.

The various fundamentalist, extremist and radical actions have directly or indirectly affected the church's life, including the church members – from children to elders – life. In the adult context, the issue of radicalism has several significant impacts. On the one hand, issues of radicalism can inspire enthusiasm to keep fighting to maintain the belief even though they have to face various challenges, rejections, and intimidations. In addition, the determination to maintain the Republic of Indonesia's integrity was also solid amid various provocations that wanted to divide the life of the nation and state. However, on the other hand, these radical acts, if not correctly identified, can also generate fanaticism among those who are victims. Jennifer

Pelupessy–Wowor emphasized that this new extremism and radicalism could happen because among other religions, for example, in Christianity, "we always identify radicalism (and terrorism) with certain religions (read: Islam), but to what extent are we as a Christian community critical that we could absorb or preserve the seeds of radicalism in different forms in the Christian community."[8] That is why it is crucial to see the contexts correctly so that the response is appropriate, not cause new radical acts.

Based on the explanation above, this article aims to show the dangers of (religious) radicalism that continues to thrive in Indonesia and affects various aspects of national life, including the Church. Churches in Indonesia cannot avoid the spreading of radicalism and express their uninterest in this issue since there could be exceptionally some church members exposed to radicalism, either intentionally or unintentionally. Radicalism in any form can cause fear and phobia within people from same religion as well as people from other religions. It can also trigger the emergence of new forms of radicalism from victims of perpetrators and other people. In addition, the latest research shows that not only the Y and Z (Youth) Generation are targets of acts of radicalization and extremism, but also adults (including those who actively access social media). In this situation, the Church plays a significant role in countering radicalism and overcoming the impacts of radicalism by setting and conducting Christian education for all church members, particularly adults, as a subject of this article. By actively standing against radicalism, the Church is firmly willing to show its public face. Therefore, this article seeks to answer the question, how does the postconventional Christian identity proposed by Hyun-Sook Kim support the design of Christian education for adults amid growing (religious) radicalism in Indonesia?

2. Radicalism, Church and The Role of Christian Education for Counter-Radicalization

Cambridge English Dictionary defines as "the belief that there should be great or extreme social or political change."[9] While Oxford Dictionary understands radicalism as "belief in radical ideas and principles, especially on political and social issues."[10] Based on the definitions mentioned earlier, it seems clear to us that radicalism can be positive or negative. This definition shows that radicalism is not constantly referring to something negative. If we trace the origin of the word, radical comes from the Latin word, which means root or act of people based on a solid foundation in which they believe. People who think radically can think in a very fundamental and have strong beliefs about what they believe in or the principles they hold. Radicalism becomes a problem when people commit violence and other anarchic actions in the name of their beliefs. In the current context of Indonesia, certain groups in the name of a particular religion or ideology carry out this ideology. These people will assume that other religions, beliefs, or ideologies are wrong and only theirs are the right ones, so these groups force people (who disagree with them) to follow them. If it is not, various acts of violence will happen.

Based on the explanation above, the church should actively participate in a conversation and make all efforts to educate and empower the members, so they know precisely how to respond to (the dangers of) radicalism in a very appropriate way. There are several fundamental reasons for this significant task. Firstly, the church cannot avoid or run away from radicalism and the various impacts caused by it. In everyday life, church members could easily see and even experience these manifestations of radicalism, which happen directly or indirectly. Therefore, they need to see this issue clearly with the proper understanding of it, so they know how to give a response to it. Proper understanding will protect the church members from doing the same things toward those of different religions, beliefs, and ethnicities.

Second, Christian education conducted by the church plays a significant role in reducing and countering various kinds of teaching that could be strengthened in the congregation due to multiple incidents of radicalism that they have seen, heard, and experienced firsthand. Christian education is essential in showing that the unjust action received by church members (or other religious members) is not always getting back with the same lousy action. On the contrary, clarifying the values of these various actions is a significant way to slowly or radically overcome them. This value clarification process allows church members to identify the events, experiences, and values they see, experience, and hold, whether they all are correct or not.

Third, Christian education helps church members to carry out social transformation and not merely participate in the procession of radicalism by bringing up new radicalism actions. Education itself plays a significant role in facing the problem of intolerant to help people to understand each other and also to help people develop their skills on critical analysis and critical thinking skills when they are facing the problem.[11)]

3. Postconventional Christian Identity as a Proposal for Design of Christian Education for Adult in Indonesia

The concept of Postconventional Christian Identity (hereafter cited as

PCI) proposed by Hyun–Sook Kim in her book Christian Education for Postconventionality: Modernization, Trinitarian Ethics, and Christian Identity, based on her exploration of Jürgen Moltmann's trinitarian doctrine and Jürgen Habermas' theory of communicative action in response to the complex problems faced by adults in the modern era.[12) According to Kim, "PCI can be defined as the capacity to engage in conversations of moral import in a modern, individualistic, socially differentiated, and culturally– pluralistic context."[13) There are three characteristics of PCI, which are relational, equal, and openness.[14)

The first characteristic, relational, refers to the typical (social) relationship pattern between the people through which shared understanding occurs. Kim states, "Considering the situation resulting from individualization and institutionalization, a relational identity is required to maintain constancy through the web of intersubjective relationships that can provide both freedom and interdependence."[15) This identity comes up as an effort to respond to the problem of individualization and institutionalization that lead to separation and differentiation.

The second characteristic, equal, refers to the recognition of the presence of adults as equal subjects, either in private and/or public spaces. Kim emphasizes, "This calls for an identity responsible for church as well as society, integrating public with private spheres in a structurally differentiated society."[16] The third characteristic, openness, refers to an ability to open up and engage in dialogue with different people based on trust in one another.

These three identities proposed by Kim become necessary to counter the dangers of radicalism that continue to undermine Indonesia. People who spread the notion of radicalism always build a top–down relationship that makes others (in obedience) surrender themselves to them. In addition, in implementing adult education in the church, the indoctrination (mainly characterized by top–down relation) education/learning model is still sufficient to dominate adult learning spaces in Indonesia.[17] As a result, adults still tend to look at authoritative parties so that the spaces for dialogue with one another, including those who are different, are still quite limited. If this model continues to develop, people (in this case, adults) will become obedient to dominant voices, and there is not enough space for them to dialogue and talk about what they see, hear and experience.

What is the significance of Kim's PCI model in designing Christian education for adults in Indonesia, mainly when radicalization is still growing? From the Indonesian perspective, the theory is very relevant even though, at first, it talks about the context of modernization and not in the context where radicalization occurred and became one of the significant challenges for the design of education organized by the church. However, the issues that are responded to in the context of the modern era, such as individualism, structural differentiation, and particularly cultural pluralism, are one of the main problems which, if not managed properly, can make people act radically. The PCI model helps the churches in Indonesia to see and focus on several things, particularly in the church's efforts to design Christian education for adults. Adults in the context of churches in Indonesia have a strategic position in church life, and these three characteristics significantly contribute to how adults play their significant roles either inside or outside the church, as explained in the following.

First, most adults are decision-makers in the church. Therefore, their decisions must be based on a correct and appropriate perspective—direct or indirect experience dealing with various acts of radicalism influences how adults think. Although acts of radicalism continue to undermine the lives of the people and the context of Indonesian society, the proper perspective helps adults review various phenomena that have occurred and dare to determine attitudes and actions that may differ from the treatment they receive.

Second, aside from being a decision-maker in the church's life, as mentioned in point one above, the position of adults is strategic because they currently play an important role as educators of their children and grandchildren, the generation after them. Adults must interpret this position appropriately so that what is taught and passed on is valuable, not a legacy of hatred and malice towards those who are different. In this situation, adults play an essential role in efforts to clarify the values that young people can accept.

Third, adults must also interpret this strategic position correctly because adult education models in Indonesia are still very strongly dominated by indoctrinating models that do not open up adequate space for adults to assess what they have received from the generation before. In the context of education, which is too dominated by indoctrinating patterns, the seeds of radicalism can flourish because there is not enough space for adults to carry out a clarifying dialogue on the values they accept from the generation before and pass on to the next generation after them.

Based on the explanation above, particularly from Kim's concept of postconventional Christian identity, there are at least several strategies that the churches in Indonesia could develop in designing Christian education for adults amid the challenges of radicalism, as mentioned below.

First, the concept of Christian education for adults in the context of Indonesia, where acts of radicalism continue to occur, needs to be redefined. Christian education for adults, which has been oriented to transmitting and indoctrinating Christian teachings for adults and often ignoring the challenges of the context experienced from day to day by adults, must shift to a Christian education design that is more oriented towards the formation of Christian identity which is characterized by relational, equal and open. This type of identity is significant in the context of Indonesia, which is diverse in ethnicity, race, and religion, and in which radical acts and identity politics continue to this day. The need for Postconventional Christian Education for adult identity formation is significant in this context.

Postconventional Christian Education helps adults understand, explore, and criticize the religious teachings they inherited from their ancestors, the destructive prejudices they have held so far, and dare to move forward beyond the boundaries that make them see things from one point of view only. Postconventional Christian Education opens space for the process of clarifying values and norms and encourages adults to move beyond the given values and norms.

Second, the characteristic of the teaching–learning model/method for adults is dialogic. This dialogical learning model must uphold mutual relationships, equality, and openness. In a more dialogical learning atmosphere, as explained earlier, conversations about radicalism's growth in Indonesia and its various impacts can occur in more mutual conversations. The mutual conversation can be a way for religious literacy to take place. As quoted by Nur Ali et al., Stephen

Prothero defines religious literacy as "the ability to understand and use the basic building blocks of religious traditions – their key terms, symbols, doctrines, practices, sayings, characters, metaphors and narratives – in everyday life".[18] For Prothero, as described by Nur Ali et al., religious literacy can guide people to have a proper understanding of religion, the life and practice of people from different beliefs/religions, how to build mutual understanding among people, and the capacity to be in peace when interacting with people who are different from us.[19] In line with Prothero's thoughts, Syafaatun Almirzanah emphasizes that talking about and living in religious pluralism is not only a matter of recognizing the differences between different religions but also about the ability to appreciate that diversity has positive values.[20]

The question now is, how are the relational, equality, and openness characteristics implemented in adult learning processes? Some concrete suggestions can be made together with adults, both inside and in public spaces outside the church:

A. The church organizes programs for adults oriented toward active engagement among adults in the church. This process helps adults get to know other adults from different ethnicities and backgrounds. Working with different people in the church becomes a kind of exercise for adults to learn from different people with different perspectives and behaviors. Several activities, such as discussion, telling stories, and sharing experiences about living with different people, can be an alternative to this engagement process. In addition, routine programs/activities organized by the church for adults, such as worship, choir, and other creative activities, also need to open up space for creating this mutual engagement.

B. The church arranges activities oriented toward active engagement among adults with people of different religions and beliefs. This encounter and mutual engagement help adults build a sense of understanding through some activities, such as visiting different places of worship, live–in in other religious communities, making cross–religious social programs, and so on. The implementation of this activity should be followed with reflection from participants based on several questions, such as (1) what have you learned from other religious community?; (2) what are the biggest fears you brought when you were joining this activity with friends from other religions?; (3) what has changed in you after involving in this interfaith activity?; and (4) what made you feel that you should join in this activity again? The Peace Train Indonesia program is an example of how to help adults get involved in experiencing active engagement. This program is an interfaith journey to certain cities using the train as transportation. Through this activity, young adults can meet those of different religions and ethnicities, and at the same time, they get a chance to learn from particular religious communities, peace–making communities, and leaders who are working and promoting tolerance and inter–religious peace.[21)]

C. In learning with adults, the use of artistic expressions, such as pictures, paintings, films, songs, poetry, stand–up comedy, stories, and so on, can be alternative methods to help adults express their thought, feeling, stories, experiences, and hope. This artistic expression emphasizes that, at certain times, words can be minimal and even lose their power, especially for adults who experience various acts of intolerance. Judith A. Rubin said, "…there are many times when creating visual imagery is far more effective than anything a person might say."[22)] By using an artistic expression, we give adults space to tell stories, share experiences, and portray hopes for a better life. By using artistic expression, we give adults more varied space to criticize the unfair things they may experience without being guided or limited by words. In the context of Indonesia recently, the role of artistic expression has been more substantial in anti–radicalism campaigning, and my adults learn lots of things through this variety of artistic expressions. In so many cases, critical thinking and creative ideas against the dangers of intolerance and radicalism are delivered softly through stand–up comedy, songs, films, and poetry.

endnote

1) Sujatmiko, "Kebijakan Pencegahan Radikalisme dan Terorisme" [Policy on Prevention of Radicalism and Terrorism]. Webinar, August 3rd 2021.
2) Oki Wahju Budijanto and Tony Yuri Rahmanto, "Pencegahan Paham Radikalisme melalui Optimalisasi Pendidikan Hak Asasi Manusia di Indonesia" [Prevention of Radicalism through Optimizing Human Rights Education in Indonesia], *Journal HAM* 12.1 (2021): 62. See, Endang Supriadi, Ghufron Ajib, and Sugiarso, "Intoleransi dan Radikalisme Agama: Konstruk LSM tentang Program Deradikalisasi" [Religious Intolerance and Radicalism: NGO Constructs on Deradicalization Programs], *Jurnal Sosiologi Walisongo* 4.1 (2020): 54.
3) Ambar Sri Lestari, Narasi dan Literasi Media dalam Pemahaman Gerakan Radikalisme" [Narrative and Media Literacy in Radicalism Movement Understanding] (Depok: Rajawali Press, 2020), 4, 7.
4) Lestari, Narasi dan Literasi Media, 4, 9, 41–42. See, Nur Ali et al, "Interreligious Literacy Learning as a Counter-Radicalization Method: A New Trend among Institutions of Islamic Higher Education in Indonesia," *Islam and Christian-Islam Relations* 32.4 (2021): 386.
5) M. Saekan Muchith, "Radikalisme dalam Dunia Pendidikan" [Radicalism in the World of Education], *ADDIN* 10.1 (2016): 173. Lihat juga, Budijanto dan Rahmanto, "Pencegahan Paham Radikalisme," 61.
6) Nurul Solihin, "Understanding the Radicalism Movement in Indonesia: A Conflict Approach to the Rise of Terrorism," *AJIS: Academic Journal of Islamic Studies* 2.1 (2017): 27.
7) Persekutuan Gereja-gereja di Indonesia (PGI). Menghadapi Hambatan Beribadah: Panduan Advokasi Gereja [Dealing with Obstacles to Worship: A Guide to Church Advocacy] (Jakarta: PGI, 2019), 34–95.
8) Jeniffer Pelupessy-Wowor, "Partisipasi Pendidikan Kristiani di Ruang Publik dalam Menunjang Deradikalisasi" [Participation of Christian Education in the Public Spaces in Supporting Deradicalization], *Kurios* 7.1 (2021): 111.
9) "Radicalism," accessed July 4, 2022, from https://dictionary.cambridge.org/

dictionary/english/radicalism.

10) "Radicalism," accessed July 4, 2022, from https://www.oxfordlearnersdictionaries.com/definition/english/radicalism.

11) Syafaatun Almirzanah, "Celebrating Differences through Dialogue in Indonesia," *Religious Education* 109.3 (2014): 243.

12) Hyun-Sook Kim, *Christian Education for Postconventionality: Modernization, Trinitarian Ethics, and Christian Identity* (Seoul: Kangnam Publishers, 2002), 121.

13) Ibid.

14) Ibid., 122.

15) Hyun-Sook Kim, "Educating in a Postconventional Society," *Religious Education* 101.4 (2006): 454.

16) Ibid.

17) Justitia Vox Dei Hattu, "Crossing the Bridge: Christian Education for Enhancing Adult Meaning-Making Oriented for Transformation in the Contemporary Context of Indonesia" (PhD diss., Yonsei University, 2014), 29-37; Justitia Vox Dei Hattu, Mewarga dengan Hati: Pembelajaran Transformatif sebagai Respons Pedagogis Kristiani terhadap Tantangan Pendidikan Kewarganegaraan dalam Konteks Indonesia Masa Kini [Being a Citizen with Heart: Transformative Learning as a Christian Pedagogical Response to the Challenges of Citizenship Education in the Context of Today's Indonesia] (Jakarta: BPK Gunung Mulia, 2018), 4.

18) Nur Ali, Benny Afwadzi, Irwan Abdullah and Muhammad Islahul Mukmin, "Interreligious Literacy Learning as a Counter-Radicalization Method: A New Trend among Institutions of Islamic Higher Education in Indonesia," *Islam and Christian-Muslim Relations* 32.4 (2021): 386-387.

19) Ibid.

20) Almirzanah, "Celebrating Differences through Dialogue in Indonesia," 242-243.

21) Hattu, Mewarga dengan Hati, 40-41.

22) Judith A. Rubin, *Introduction to Art Therapy: Source and Resource* (New York and London: Routledge, 2010), 168.

more to read

Hattu, Justitia Vox Dei. *Mewarga dengan Hati: Pembelajaran Transformatif sebagai Respons Pedagogis Kristiani terhadap Tantangan Pendidikan Kewarganegaraan dalam Konteks Indonesia Masa Kini* [Being a Citizen with Heart: Transformative Learning as a Christian Pedagogical Response to the Challenges of Citizenship Education in the Context of Today's Indonesia]. Jakarta: BPK Gunung Mulia, 2018.

Kim, Hyun-Sook. *Christian Education for Postconventionality: Modernization, Trinitarian Ethics, and Christian Identity.* Seoul: Kangnam Publishers, 2002.

Lestari, Ambar Sri. *Narasi dan Literasi Media dalam Pemahaman Gerakan Radikalisme* [Narrative and Media Literacy in Radicalism Movement Understanding]. Depok: Rajawali Press, 2020.

Persekutuan Gereja-gereja di Indonesia. *Menghadapi Hambatan Beribadah: Panduan Advokasi Gereja* [Dealing with Obstacles to Worship: A Guide to Church Advocacy]. Jakarta: PGI, 2019.

Rubin, Judith A. *Introduction to Art Therapy: Source and Resource.* New York and London: Routledge, 2010.

탈인습적 기독교교육

2023년 4월 20일 1판 1쇄

지은이 김현숙·김진영·김형희·문수경·유은주·장윤석·정동욱
조미영·최은택·황인혜·Justitia Vox Dei Hattu
펴낸곳 연세대학교 출판문화원
주소 서울특별시 서대문구 연세로 50
등록 1955년 10월 13일(제9-60호)
전화 02) 2123-3378~80
팩스 02) 2123-8673
전자우편 ysup@yonsei.ac.kr
홈페이지 http://press.yonsei.ac.kr
인쇄 (주)동국문화

ISBN 978-89-6850-713-7 (93230)

값 24,000원